BAR DOCE LAR

BAR DOCE LAR

AS MEMÓRIAS DE UM MENINO ADOTADO PELO BAR DA ESQUINA

TRADUÇÃO MAURO PINHEIRO

J.R. MOEHRINGER

EDITORA NOVA FRONTEIRA

Título original: The Tender Bar

Editora Nova Fronteira S.A.
Rua Bambina, 25 – Botafogo – 22251-050
Rio de Janeiro – RJ – Brasil
Tel.: (21) 2131-1111 – Fax: (21) 2286-6755
http://www.novafronteira.com.br
e-mail: sac@novafronteira.com.br

CIP-Brasil. Catalogação-na-Fonte
Sindicato Nacional dos Editores de Livros, RJ

M71t Moehringer, J. R.
Bar doce lar: as memórias de um menino adotado pelo bar da esquina / J. R. Moehringer ; tradução de Mauro Pinheiro. – Rio de Janeiro : Nova Fronteira, 2006

ISBN 978-85-209-1940-8

1. Moehringer, J. R. 2. Bares – Aspectos sociais – Manhasset (N. Y. : Estados Unidos). 3. Jornalistas – Estados Unidos – Biografia. I. Título.

CDD 920.5
CDU 929:070(73)

SUMÁRIO

EPÍLOGO

Para minha mãe.

PRÓLOGO
UM ENTRE TANTOS

Onde não há mar, as águas do coração avançam sua maré
"A luz ilumina onde o sol não brilha", Dylan Thomas

ÍAMOS LÁ PARA TUDO O QUE PRECISÁVAMOS. Íamos lá quando estávamos com sede, com fome, e quando estávamos mortos de cansaço. Íamos lá quando estávamos felizes, para comemorar, e quando tristes, para afogarmos as mágoas. Íamos lá após os casamentos e funerais, para tentar nos acalmar, e sempre para uma dose de coragem, um pouco antes. Íamos lá quando não sabíamos do que precisávamos, na esperança de que alguém nos dissesse. Íamos lá quando procurávamos o amor, ou o sexo, ou aborrecimentos, ou em busca de alguém que andava sumido, porque cedo ou tarde todo mundo acabava aparecendo lá. Principalmente, íamos lá quando precisávamos ser encontrados.

Minha lista pessoal de coisas necessárias era longa. Sendo apenas uma criança, abandonado pelo meu pai, eu precisava de uma família, um lar e homens. Especialmente homens. Precisava de homens como mentores, heróis, modelos de comportamento, e como uma espécie de contrapeso masculino para minha mãe, minha avó, minha tia e as cinco primas com quem vivia. O bar me oferecia todos os homens de que eu precisava, exceto por um ou dois, que eram a última coisa de que eu precisava.

Muito antes de poder beber legalmente, o bar me salvou. Restaurou minha fé quando menino, cuidou de mim quando adolescente e, quando me tornei um jovem adulto, o bar me acolheu de vez. Embora eu tema que sejamos atraídos por aquilo que nos abandona, e pelo que muito provavelmente nos abandonará, no final somos definidos por aquilo que nos acolhe. Naturalmente, eu retribuí a acolhida do bar, até uma noite em que ele me repeliu, e naquele derradeiro abandono o bar salvou a minha vida.

Sempre existiu um bar na esquina, com um nome ou outro, desde o início dos tempos, ou do fim da Lei Seca, o que queria dizer o mesmo na minha ébria cidade natal — Manhasset, Long Island. Nos anos 30, o bar era uma escala para as estrelas de cinema a caminho das marinas e dos elegantes clubes náuticos da vizinhança. Nos anos 40, o bar era um refúgio para os soldados voltando de suas guerras. Nos anos 50, o bar era uma sala de estar para os rapazes com brilhantina nos cabelos e suas namoradas com saias longas e rabos-de-cavalo. Mas o bar só se tornou um ponto de referência nos anos 70, quando Steve comprou o estabelecimento e o rebatizou como Dickens. Em cima da porta de entrada, Steve pendurou uma silhueta de Charles Dickens, e abaixo dela escreveu o nome em estilo Old English: Dickens. Essa espalhafatosa demonstração de anglofilia não agradou muito aos Kevin Flynn e Michael Gallagher de Manhasset. Eles só deixaram passar por conta do Regulamento Fundamental do Bar de Steve: *O terceiro copo é de graça.* Ajudou também o fato de Steve ter contratado sete ou oito membros do clã O'Malley para limpar as mesas, e ter se esforçado para que o Dickens aparentasse ter sido trazido tijolo por tijolo do condado de Donegal.

Steve pretendia que o bar se assemelhasse a uma taberna européia, mas que tivesse uma quintessência americana, um lugar honesto e bom para o público. Seu público. No coração de Manhasset, um subúrbio bucólico de oito mil habitantes a trinta quilômetros de Manhattan, Steve queria criar um santuário onde vizinhos, amigos e companheiros de copo, e principalmente colegas do colégio que voltavam do Vietnã, pudessem experimentar uma sensação de segurança, de volta ao lar. Em todos os seus empreendimentos, Steve confiava no sucesso — a confiança era sua qualidade mais atraente e seu mais trágico defeito —, porém, com o Dickens, ele superou suas maiores expectativas. Logo Manhasset passou a ver o bar de Steve como *o* bar. Assim como dizemos A Cidade ao nos referirmos a Nova York, sempre dizíamos

O Bar, e nunca havia confusão em relação ao bar que tínhamos em mente. Assim, de modo imperceptível, o Dickens se tornou algo mais do que O Bar. Tornou-se O Lugar, o abrigo predileto para todas as tempestades da vida. Em 1979, quando o reator nuclear de Three Mile Island derreteu e o medo do apocalipse varreu o nordeste do país, muitos habitantes de Manhasset telefonaram para Steve reservando um espaço no porão hermético que havia embaixo do seu bar. Evidentemente, todos tinham seu próprio porão. Mas o do Dickens era diferente. As pessoas sempre lembravam dele quando surgia a ameaça do Dia do Juízo Final.

Além do santuário, Steve proporcionava aulas noturnas de democracia, ou sobre a particular pluralidade do álcool. Em pé, no meio do bar, podiam-se ver homens e mulheres de todas as camadas sociais instruindo e injuriando uns aos outros. Podia-se ouvir o homem mais pobre da cidade discutindo "volatilidade do mercado" com o presidente da Bolsa de Valores de Nova York, ou o livreiro local ensinando um candidato à equipe do New York Yankees a importância de se manter sereno com o bastão de beisebol nas mãos. Podia-se ouvir um parvo porteiro dizer algo tão insensato, e ainda assim tão sábio, que um professor de filosofia anotaria suas palavras num guardanapo e o enfiaria no seu bolso. Podiam-se ouvir os garçons — entre apostas e preparativos de coquetéis — conversarem como mestres em filosofia.

Steve acreditava que seu bar na esquina era o local mais igualitário da América, e ele sabia que os americanos sempre veneraram seus bares e tabernas e botecos, como gostava de dizer. Ele sabia que os americanos revestem seus bares de significados e recorrem a eles para tudo, do *glamour* ao socorro e, sobretudo, para alívio desse castigo da vida moderna: a solidão. Ele não sabia que os puritanos, logo que desembarcaram no Novo Mundo, construíram um bar antes mesmo de erguer uma igreja. Ele não sabia que os bares americanos descendem diretamente das estalagens medievais dos *Contos de Canterbury*, de Chaucer, que descendem das cervejarias saxônicas, que por sua vez descendem das velhas tabernas ao longo das estradas da Roma antiga. O bar de Steve podia retraçar toda sua linhagem de modo a voltar às cavernas pintadas da Europa ocidental, onde os antepassados da Idade da Pedra iniciavam rapazes e moças nos costumes tribais quase 15 mil anos atrás. Embora Steve não soubesse dessas coisas, ele as pressentia em seu sangue e as punha em prática a todo momento. Mais do que a maioria dos homens, Steve apreciava a importância do lugar, e sobre a pedra angular deste princípio, ele foi capaz de criar um bar tão estranho e penetrante e amado e extraordinariamente em harmonia com seus clientes, que sua fama superou os limites de Manhasset.

Minha cidade natal era famosa por duas coisas — hóquei canadense e bebidas alcoólicas. Ano após ano, Manhasset produzia um número desproporcional de excelentes jogadores de hóquei e um número ainda maior de fígados inchados. Algumas pessoas também conheciam Manhasset como pano de fundo para *O grande Gatsby*. Enquanto compunha fragmentos de sua obra-prima, F. Scott Fitzgerald, sentado numa arejada varanda em Great Neck, observava nossa cidade do outro lado da baía de Manhasset, acabando por transformá-la na ficcional East Egg, uma distinção histórica que deu ao clube de boliche e à pizzaria certa grandeza arqueológica. Todos os dias caminhávamos pelo palco abandonado de Fitzgerald. Entre uma ruína e outra, dávamos asas à nossa imaginação. Era uma emoção — uma honra. No entanto, como o bar do Steve, aquilo era apenas uma ramificação da famosa afeição de Manhasset pela bebida. Qualquer pessoa familiarizada com Manhasset entendia porque o álcool brotava do romance de Fitzgerald como o Mississippi transbordando sobre uma planície. Homens e mulheres em festas estridentes e bebendo até desmaiarem ou atropelarem alguém com seus carros? Soavanos como uma típica noite de terça-feira em Manhasset.

Manhasset, onde se encontrava a maior loja de bebidas no estado de Nova York, era a única cidade em Long Island com um coquetel batizado em sua homenagem (um Manhasset é um Manhattan, com mais álcool). A principal avenida da cidade, com uns oitocentos metros, Plandome Road, era a rua dos sonhos de todo bom bebedor — um bar após o outro. Muitos em Manhasset associavam a Plandome Road à mítica estrada rural na Irlanda, uma dócil e sinuosa procissão de homens e mulheres encharcados de uísque e transpirando alegria. Os bares na Plandome Road eram tão numerosos quanto as estrelas na calçada da fama em Hollywood, e sentíamos um inabalável e excêntrico orgulho com tal quantidade. Quando alguém incendiava seu próprio bar na Plandome Road para conseguir o dinheiro do seguro, os policiais encontravam o sujeito em outro bar da mesma rua e o convocavam para prestar depoimento. O cara então colocava a mão no coração como um padre acusado de queimar uma cruz. "Como eu poderia fazer isso", perguntava, "como alguém pode *incendiar um bar*?".

Com sua curiosa convergência de membros da classe alta e da classe trabalhadora, sua mistura étnica de irlandeses e italianos, e seu círculo social composto por algumas das famílias mais ricas dos Estados Unidos, Manhasset estava sempre tentando definir a si mesma. Era uma cidade onde rapazes de cara suja com bicicletas se reuniam para jogar pólo no campo do Monumento aos Mortos; onde os vizinhos se escondiam atrás de cercas vivas perfeitas — ainda que mantivessem um registro meticuloso das histórias e dos pontos fracos dos outros; de onde todos partiam ao nascer do sol nos trens para Manhattan — mas ninguém ia embora para sempre, exceto dentro de um caixão. Embora Manhasset desse a impressão de ser uma pequena comunidade rural, e apesar de os agentes imobiliários tenderem a chamá-la de cidade-dormitório, nós nos mantínhamos fiéis à idéia de que vivíamos numa cidade-bar. Os bares nos davam identidade e pontos de interseção. As ligas de futebol americano, beisebol, boliche não apenas realizavam suas reuniões no bar do Steve, como também o faziam freqüentemente na mesma noite.

Brass Pony, Gay Dome, Lamplight, Kilmeade's, Joan e Ed's, Popping Cork, 1680 House, Jaunting Car, The Scratch — os nomes dos bares de Manhasset nos eram mais familiares do que os nomes das ruas principais e das famílias que fundaram a cidade. Os períodos de vida dos bares eram como dinastias: calculávamos o tempo através deles, e sentíamos um conforto primitivo em saber que sempre que um fechava, a cortina subiria em outro. Minha avó me contou que Manhasset era um desses lugares em que as histórias de uma velha senhora eram aceitas como fatos — especificamente a de que beber dentro de casa era coisa de alcoólatra. Mas se você bebesse em público, não secretamente, não era considerado um alcoólatra. Resultado: bares. Uma infinidade de bares.

É claro que vários bares em Manhasset, como acontece em todos os lugares, eram locais repugnantes, repletos de bêbados marinando na tristeza. Steve queria que seu bar fosse diferente. Queria que fosse sublime. Imaginava um bar que atenderia às múltiplas personalidades de Manhasset. Num instante, um *pub* confortável, em seguida um clube animado para clientes saindo do trabalho. Um restaurante familiar no fim do dia e, tarde da noite, uma taberna íntima, em que homens e mulheres podiam contar mentiras e beber até desabar. O essencial para Steve era a idéia de que o Dickens devia ser o oposto do que era o mundo lá fora. Um lugar fresco nos dias abafados, e aquecido desde a primeira geada até a chegada da primavera. Seu bar sempre estaria limpo e bem iluminado, como o retiro daquela família perfeita que todos nós acreditamos que exista, mas que não existe e nunca existiu. No Dickens, todo mundo se sentia especial, embora ninguém sobressaísse. Talvez a minha história predileta do bar do Steve seja a daquele homem que chegou lá por acaso, depois de escapar de um hospício perto dali. Ninguém ficou olhando o cara de viés. Ninguém perguntou quem ele era, ou por que estava vestido com aquele pijama, ou por que trazia um lampejo tão brutal nos olhos. A rapaziada do bar simplesmente o abraçou e lhe contou algumas piadas, pagando sua bebida o dia todo. A única razão que fez com que fosse solicitado a deixar o bar foi ele ter abaixado as calças sem motivo aparente. Mesmo os *barmen* o repreenderam com gentileza, utilizando a advertência padrão: "Ei, você não pode fazer *isso* aqui dentro!"

Como os casos de amor, os bares dependem de uma delicada combinação de senso de oportunidade, química, brilho, sorte e — talvez o mais importante — generosidade. Desde o início, Steve declarou que ninguém no Dickens se sentiria desprezado. Os sanduíches viriam com um pedaço de filé *mignon* de bom tamanho, o horário de fechar era negociável, pouco importando o que dizia a lei, e seus *barmen* distribuiriam uma generosa dose extra aos fregueses. Uma bebida qualquer no Dickens era o equivalente a duas de qualquer outro lugar. Uma dose dupla no Dickens já deixava o cliente vesgo. Uma dose tripla e ele "ficava torto", segundo o irmão mais novo de minha mãe, meu tio Charlie, o primeiro *barman* a ser contratado por Steve.

Filho autêntico de Manhasset, Steve levava fé na bebida. Tudo o que ele era, devia ao álcool. Seu pai, distribuidor da Heineken, morreu deixando para o ainda jovem Steve uma pequena fortuna. A irmã de Steve tinha nome de bebida, Brandy, seu barco a motor foi batizado como Dipsomania, e seu rosto, após anos de homéricas bebedeiras, ganhara um tom escarlate. Ele se via como o Flautista de Hamelin do Álcool, e os habitantes bebuns de Manhasset o viam da mesma forma. Com o passar dos anos, ele despertou seguidores fanáticos, uma legião de devotos. O Culto a Steve.

Todo mundo tem seu lugar sagrado, um refúgio, onde seu coração fica mais puro, a mente mais clara, onde se sente mais próximo de Deus ou do amor ou da verdade, ou seja qual for o objeto de sua adoração. Para o bem ou para o mal, meu lugar sagrado era o bar de Steve. E por tê-lo encontrado ainda na minha juventude, o bar tornava-se ainda mais sagrado, sua imagem parecia coberta por aquela reverência especial que as crianças concedem aos locais em que se sentem seguras. Alguns podem sentir-se assim em relação à sua sala de aula ou pátio de recreio, a um teatro ou uma igreja, um laboratório, uma biblioteca ou um estádio. Mesmo em relação à sua casa. Mas nenhum desses lugares me seduzia. Exaltamos o que está ao nosso alcance. Se tivesse crescido nas margens de um rio ou do mar, encontrando ali algum caminho natural de autodescoberta e fuga, eu poderia tê-lo mitificado. Em vez disso, cresci a 142 passos de uma gloriosa taberna americana, e isso fez toda a diferença.

Eu não passava o dia todo no bar. Eu ia até o mundo, trabalhava e fracassava, me apaixonava, bancava o otário, tinha meu coração partido e meus limites testados. Mas, por causa do bar do Steve, cada rito de passagem parecia associado ao precedente, e ao próximo, assim como cada pessoa que eu conhecia. Nos meus primeiros 25 anos de vida, todos que conheci me mandaram para o bar, conduziram-me até o bar, acompanharam-me ao bar, resgataram-me do bar, ou estavam no bar quando eu cheguei, como se me aguardassem desde o dia em que nasci. Entre esses últimos estavam Steve e os outros.

Eu costumava dizer que encontraria no bar de Steve os pais de que precisava, mas estava enganado. Em algum momento, o próprio bar se tornou meu pai, dezenas de homens com olhares se amalgamando em um único e enorme olho masculino sobre mim, oferecendo a alternativa necessária para a minha mãe, o cromossomo Y que acompanharia o seu X. Minha mãe não sabia que estava competindo com aqueles homens do bar, e eles não sabiam que estavam rivalizando com ela. Todos supunham que estavam no mesmo barco, porque todos partilhavam aquela idéia antiquada sobre a masculinidade. Minha mãe e os caras lá do bar acreditavam que se tornar um homem bom era uma arte, e se tornar um homem mau era uma tragédia, para o mundo e para aqueles que dependem do trágico homem em questão. Embora minha mãe tenha sido a primeira a me apresentar essa idéia, foi no bar de Steve que assisti à sua verdadeira demonstração diária. O bar de Steve atraía todo tipo de mulher, uma variedade surpreendente, mas, quando menino, eu via apenas o sortimento de homens bons e maus. Perambulando livremente no meio daquela improvável fraternidade de elementos, ouvindo suas histórias sobre soldados e desportistas, poetas e policiais, milionários e *bookmakers*, atores e trapaceiros que se apoiavam todas as noites no balcão do bar do Steve, várias vezes os ouvi dizendo que as diferenças entre eles eram enormes, mas os motivos que os levaram a ser tão diferentes eram efêmeros.

Uma lição, um gesto, uma história, uma filosofia, uma atitude — eu apreendia alguma coisa de cada um dos freqüentadores do bar do Steve. Era um mestre em "roubo de identidade" quando esse crime era benigno. Tornei-me sarcástico como Cager, melodramático como o tio Charles, um desordeiro como Joey D. Esforcei-me para ser um cara sólido como Bob, o policial, calmo como Colt, e para racionalizar minha raiva dizia a mim mesmo que ela não era pior do que a ira justificada de Cheiramal. Às vezes, eu empregava a mímica que aprendera no Dickens com as pessoas que encontrava fora do bar — amigos, amantes, parentes, patrões, até estranhos. O bar fomentou em mim o hábito de transformar cada pessoa que cruzava meu caminho num mentor, ou num personagem; eu dou esse crédito ao bar, e o culpo, por ter-me tornado um reflexo, ou uma refração de todas aquelas pessoas.

Todo freguês habitual do bar do Steve era chegado a uma metáfora. Um velho bebedor de Bourbon me disse que a vida de um homem não passa de montanhas e cavernas — montanhas que devemos escalar, cavernas onde nos escondermos quando não conseguimos enfrentar as montanhas. Para mim, o bar era ambos. Minha caverna mais exuberante, minha montanha mais perigosa. E os freqüentadores, embora fossem na essência homens da caverna, eram também meus *sherpas*. Eu os amava, profundamente, e acho que sabiam disso. Embora tivessem experimentado tudo — guerra e amor, fama e desgraça, riqueza e ruína —, acho que nunca haviam sentido sobre eles a expressão de um menino com olhos tão atentos e veneradores. Minha devoção era algo novo para eles, e penso que isso fez com que gostassem de mim, à sua maneira, razão pela qual me seqüestraram quando eu tinha 11 anos. Mas agora quase posso escutar suas vozes. *Uau, garoto, você está se superando.*

Steve teria querido que eu dissesse isso da seguinte maneira: Eu me apaixonei por este bar, e o amor foi recíproco, e foi esse romance que deu forma a todos os outros que tive. Numa tenra idade, dentro do Dickens, decidi que a vida era uma seqüência de romances, cada novo romance uma resposta ao romance anterior. Mas eu era apenas um dos muitos românticos no bar do Steve que haviam chegado a essa conclusão, que acreditavam nessa reação em cadeia do amor. Foi essa convicção, tanto quanto o bar, que nos uniu, e por isso minha história é apenas um fio nos laços que trançaram umas às outras todas as nossas histórias de amor.

PARTE I

Inativa dentro de todo ser humano encontra-se uma infinidade de possibilidades, que não devem ser despertadas em vão. Porque é terrível quando o homem inteiro ressoa com ecos e mais ecos, nenhum deles se tornando a verdadeira voz.

Elias Canetti, *Notes from Hampstead*

UM
OS HOMENS

Se for possível para alguém reproduzir com alguma exatidão sua evolução de menino a beberrão, a minha começou no verão de 1972. Tinha sete anos e estava no carro com minha mãe atravessando Manhasset, quando olhei para o lado e vi nove homens em uniformes de tom laranja, correndo pelo campo do Monumento aos Mortos, a figura de Charles Dickens impressa em preto com *silk-screen* em seus peitos.

— Quem são eles? — perguntei à minha mãe.

— Uns homens do Dickens — disse ela. — Está vendo ali o seu tio Charles? E o patrão dele, Steve?

— Podemos dar uma olhada?

Ela estacionou e fomos sentar na arquibancada.

O sol estava se pondo, e os homens produziam longas sombras, que pareciam ter sido feitas com a mesma tinta preta das figuras impressas nos uniformes. Além disso, os homens ostentavam grossas faixas em volta do torso, esticando as camisas tamanho extragrande até que as silhuetas se parecessem com manchas respingadas, provocadas pelos homens pulando em suas próprias sombras. Tudo neles tinha a aparência surreal de um desenho animado. Com seus cabelos cortados, calçados gigantes e a parte superior do corpo excessivamente desenvolvida, pareciam-se com Brutus, Popeye e o Hortelino Trocaletras bombado, exceto o meu desengonçado tio Charles, que patrulhava o meio do campo como um flamingo com os joelhos doloridos. Lembro-me que Steve brandia um bastão de madeira do tamanho de um poste de telefone, e cada corrida completa do circuito que ele conseguia provocar com a rebatida ficava suspensa no céu como uma segunda lua.

Em pé sobre a base, Steve, o Babe Ruth da liga de cerveja, avançou e rosnou para o lançador tentando rebater qualquer coisa. O lançador parecia estar com medo e ao mesmo tempo se divertindo, porque mesmo latindo para ele, Steve nunca parava de sorrir. Seu sorriso era como a luz de um farol, fazia todo mundo se sentir um pouco mais seguro. Era também uma ordem. Exigia que todos sorrissem também. Era irresistível, e não apenas para aqueles que estavam ao seu lado. O próprio Steve parecia incapaz de parar de mostrar os dentes.

Steve e os homens do Dickens eram jogadores entusiasmados, mas o jogo nunca atrapalhou seu maior objetivo na vida — rir. Independentemente do placar, eles nunca paravam de rir, não conseguiam, tampouco os torcedores na arquibancada. Eu ria mais alto do que todo mundo, embora não entendesse a piada. Eu ria da risada daqueles homens, e daquele ritmo cômico, tão fluido e vivaz que empregavam às suas jogadas.

— Por que esses homens parecem uns bobos? — perguntei à minha mãe.

— Eles só estão... felizes.

— Felizes por quê?

Ela olhou para eles, pensando.

— Cerveja, querido. Estão felizes por causa da cerveja.

A cada vez que um homem passava correndo, deixava em seu rastro uma nuvem perfumada. Cerveja. Loção pós-barba. Tabaco. Tônico capilar. Eu o inalava profundamente, memorizando o aroma, sua essência. A partir de então, sempre que sinto o cheiro de uma garrafinha de loção Schaeffer, Acqua Velva, de uma luva Spalding para beisebol recentemente lubrificada, de um Lucky Strike ardendo, de um frasco de Vitalis, eu volto no tempo, para o lado da minha mãe, admirando aqueles gigantes cheios de cerveja, tropeçando em volta do campo.

Aquele jogo de beisebol marcou para mim o começo de muitas coisas, mas principalmente de uma época. Lembranças anteriores ao jogo de beisebol têm aspectos desconjuntados, fragmentados; depois, as lembranças avançam, vivas, em fila única. Possivelmente eu precisava encontrar o bar, um dos dois princípios de organização da minha vida, antes de poder realizar uma narrativa linear e coerente dela. Lembro-me de ter mencionado para minha mãe o outro princípio organizacional da minha vida, dizendo que eu queria ficar ali para sempre, assistindo àquele jogo.

— Não podemos, meu filhinho — disse ela. — O jogo acabou.

— O quê? — Fiquei em pé, tomado pelo pânico.

Os homens caminhavam para fora do campo abraçados uns aos outros, desaparecendo no bosque de arbustos em torno do campo do Monumento aos Mortos, falando entre si, "Te vejo no Dickens", e eu comecei a chorar. Eu queria segui-los.

— Por quê? — quis saber minha mãe.

— Para ver o que é tão engraçado.

— Nós não vamos para o bar — disse ela. — Vamos para... casa.

Ela sempre tinha dificuldades para dizer essa palavra.

Minha mãe e eu morávamos na casa do meu avô, um ponto de referência em Manhasset, quase tão importante quanto o bar do Steve. Com freqüência, as pessoas que passavam pela casa do meu avô apontavam para ela, e certa vez ouvi um transeunte especular que a casa devia sofrer de algum tipo de "dolorosa doença doméstica". O que a fazia de fato sofrer eram as comparações. Instalada entre elegantes residências vitorianas e belas construções no estilo colonial holandês, os dois andares dilapidados da casa do meu avô eram duplamente pavorosos. O vovô reclamava que não tinha dinheiro para fazer reparos, mas na verdade ele não dava a mínima. Com um toque de provocação e um orgulho perverso, ele chamava sua casa de Pardieiro e não se importou quando o teto começou a se curvar como a lona de um circo. Mal percebia que a tinta estava descascando em placas do tamanho de uma carta de baralho. Ele apenas bocejou quando a vovó lhe mostrou a rachadura que se desenvolvera na entrada da garagem, como se um raio a tivesse atingido — o que de fato aconteceu. Meus primos viram o relâmpago cair perto da entrada da garagem, por pouco não atingindo também a parte coberta. Até Deus, eu pensava, deve estar apontando para a casa do vovô.

Sob aquele telhado abaulado, minha mãe e eu vivíamos com o vovô, vovó, os dois irmãos dela — tio Charlie e tia Ruth — e as cinco filhas e um filho de tia Ruth. "Grande massa desejosa de viver sem pagar aluguel", era assim que o vovô se referia a nós. Enquanto Steve estava criando seu santuário no número 550 da Plandome Road, o vovô administrava uma casa de cômodos no 646.

Vovô também poderia ter pregado uma imagem de Charles Dickens sobre sua porta, já que as condições eram comparáveis às dos abrigos para pobres de Dickens. Com um banheiro em bom estado e 12 pessoas, as esperas na casa do vovô eram com freqüência excruciantes, e a fossa estava constantemente entupida (Pardieiro era às vezes mais do que um apelido irreverente). A água quente acabava todas as manhãs no meio do Banho Número Dois, fazia uma breve aparição durante o Banho Número Três, depois provocava e abandonava cruelmente a pessoa que tomava o Banho Número Quatro. Os móveis, muitos dos quais datados do terceiro mandato de Franklin Roosevelt, eram remendados com fita adesiva sobre fita adesiva. Os únicos objetos novos na casa eram os copos, "emprestados" do Dickens, e o sofá na sala de estar comprado na Sears, estofado e decorado com um tecido hipnoticamente horrendo dos Sinos da Liberdade, águias calvas e os rostos dos Fundadores do País, que nós chamávamos de sofá bicentenário. Estávamos alguns anos à frente de nosso tempo, mas o vovô disse que o nome estava correto e era adequado, já que o sofá parecia ter sido usado por George Washington para atravessar o Delaware.

O pior de tudo na casa do vovô era o barulho, um rumor ininterrupto de imprecações, gritos e discussões, e o tio Charlie berrando que queria dormir e a tia Ruth ralhando com os seis filhos com o mesmo timbre enervante de uma gaivota. Sob toda essa cacofonia, havia uma percussão regular, fraca no começo, mais forte à medida que se tomava consciência dela, como um coração batendo nas profundezas da Casa de Usher. Na Casa do Vovô, o batimento cardíaco era provocado por uma porta que se abria e fechava o dia todo, quando as pessoas entravam e saíam — tuc, tuc, paft, tuc, tuc, paft —, e também pelo modo peculiar com que todos na minha família andavam, sobre os calcanhares, como cavaleiros das tempestades sobre pernas de pau. Entre os berros e a porta, entre as discussões e as batidas de pés, ao anoitecer você começava a latir e tremer mais do que um cachorro que aproveitava todas as chances para fugir de casa. Mas o anoitecer era apenas o prelúdio da hora mais ruidosa e tensa do dia, a hora do jantar.

Sentados em torno de uma mesa bamba, falávamos todos ao mesmo tempo, tentando nos distrair da comida. Vovó não sabia cozinhar e vovô quase não lhe dava dinheiro para as compras, portanto, o que vinha da cozinha dentro de tigelas lascadas era tanto tóxico quanto cômico. Para preparar o que ela chamava de "espaguete com almôndegas", vovó cozinhava um pacote de massa até se transformar em cola, saturava de sopa de tomate Campbell's e cobria com salsichas de cachorro-quente cruas. Para dar algum gosto: sal e pimenta. Contudo, o que de fato provocava a indigestão era o vovô. Um solitário, um misantropo, um pão-duro gago, que a cada noite se encontrava na extremidade da mesa com 12 visitas não-convidadas, contando as salsichas. Uma reconstrução de uma choupana de pobres imigrantes irlandeses na Última Ceia. Enquanto nos olhava de cima a baixo, podíamos ouvi-lo pensando: "Todos vocês me traíram esta noite." A seu favor pode-se dizer que vovô nunca mandou ninguém embora. Mas tampouco fazia algo para que as pessoas se sentissem bem-vindas e muitas vezes desejava em voz alta que todos nós apenas "sumíssemos da sua vida".

Minha mãe e eu teríamos ido embora, satisfeitos, mas não havia outro lugar para irmos. Ela ganhava muito pouco, e meu pai não ajudava em nada, e não queria ter obrigações com a esposa e o filho único. Meu pai era um caso complicado, uma mistura instável de encanto e violência, e minha mãe não teve outra escolha senão deixá-lo quando eu estava com sete meses de idade. Ele retaliou desaparecendo e recusando qualquer auxílio.

Pelo fato de ser tão novo quando ele se foi, eu não sabia com o que meu pai se parecia. Só sabia como era sua voz, e isso eu sabia bem demais. Locutor popular de uma rádio *rock*, meu pai falava todos os dias num grande microfone em algum lugar de Nova York, e seu sonoro barítono descia pelo rio Hudson, cruzava a baía de Manhasset, subia a Plandome Road e repercutia um milésimo de segundo depois dentro do rádio verde-oliva, sobre a mesa da cozinha na casa do vovô. A voz do meu pai era tão profunda e sinistra que fazia minhas costelas vibrarem e os utensílios tremerem.

Os adultos na casa do vovô tentavam me proteger do meu pai, fingindo que ele não existia. (A vovó sequer se referia a ele pelo seu nome — Johnny Michaels — chamando-o simplesmente de A Voz.) Eles saltavam sobre o rádio para mudar de estação sempre que ouviam meu pai e, às vezes, até escondiam o aparelho, o que provocava meus protestos. Cercado por mulheres e dois homens distantes, eu via A Voz como minha única ligação com o mundo masculino. Além disso, era minha única maneira de afogar as outras odiosas vozes na casa do vovô. A Voz, que comandava uma festa todas as noites no mesmo rádio verde-oliva em que cantavam Stevie Wonder, Van Morrison e os Beatles, era um antídoto para toda a dissonância que me envolvia. Quando a vovó e o vovô entravam em guerra sobre o dinheiro das compras, quando tia Ruth, num rompante de raiva, atirava alguma coisa contra a parede, eu apertava o rádio contra meu ouvido e A Voz me dizia algo engraçado ou tocava uma música do Peppermint Rainbow. Eu ouvia A Voz com tanta intensidade, alcançando tamanha capacidade para abafar as demais vozes, que me tornei um prodígio em audição seletiva, o que me pareceu um dom até que se revelou uma maldição. A vida é apenas uma questão de escolher as vozes que você quer sintonizar e as que não quer, uma lição que aprendi antes da maioria das pessoas, porém, que levou mais tempo do que as outras para ser colocada corretamente em prática.

Lembro-me de ter me sentido particularmente solitário certo dia em que tentei sintonizar o programa de meu pai. A primeira música que meu pai tocou foi uma do Four Seasons, "Working my Way Back to You", e depois disse no tom mais suave e sedoso, no qual era possível ouvir o sorriso no seu rosto: "Estou tentando voltar para você, querida — mas tenha paciência, pois minha estrada tem muitas paradas." Eu fechei os olhos e ri bastante, e por alguns instantes esqueci quem era e onde estava.

DOIS
A VOZ

Meu pai era um homem de talentos múltiplos, mas seu maior talento era desaparecer. Sem avisar, ele mudava de horário ou mesmo de estação de rádio. Eu reagia levando o rádio portátil até a varanda, onde a recepção era melhor. Com o aparelho no colo, eu esticava a antena e lentamente movia o dial, me sentindo perdido até encontrar novamente A Voz. Um dia minha mãe me pegou.

— O que você está fazendo? — perguntou ela.

— Procurando meu pai.

Ela franziu as sobrancelhas, depois se virou e entrou em casa.

Eu sabia que A Voz não tinha o mesmo efeito tranqüilizante sobre minha mãe. Na cabeça dela, a voz do meu pai estava "cheia de dinheiro", como Fitzgerald observou em relação a uma outra voz despreocupada em Manhasset. Ouvindo a voz do meu pai ribombar no rádio, minha mãe não ouvia suas piadas, sua magia, sua voz. Ela ouvia todas as pensões alimentícias que ele deixara de pagar. Após passar o dia escutando A Voz, eu podia ver minha mãe verificando a caixa de correio para ver se havia um cheque mandado pela Voz. Jogando uma pilha de envelopes sobre a mesa do jantar, ela me olhava com uma expressão pálida. Nada. Novamente.

Em consideração à minha mãe, eu mantinha o volume do rádio bem baixo. Aconteceu até de eu pensar em deixar A Voz de lado para sempre, mas era impossível. Todos na casa do vovô tinham pelo menos um vício — beber, fumar, jogar, mentir, xingar, vadiar. A Voz era o meu. À medida que minha dependência aumentava, expandia-se também minha tolerância, até o ponto em que apenas ouvi-la não bastava mais. Passei a conversar com ela. Eu falava com A Voz sobre a escola, a Liga de Juniores, a saúde de minha mãe. Ela se sentia exausta todos os dias após o trabalho, eu contei para A Voz, e me preocupava constantemente. Quando eu conseguia sincronizar corretamente — escutando quando A Voz falava e falando enquanto A Voz se calava — era quase uma conversa.

Por fim minha mãe me flagrou.

— Com quem você está falando?

— Com ninguém.

Ela levou sua mão à boca e pareceu chocada. Abaixei então o volume.

Numa tarde, logo após A Voz anunciar o fim do programa, o telefone tocou na sala de jantar do vovô.

— Vá atender — disse minha mãe num tom estranho.

— Alô — eu disse ao aparelho.

— Alô — disse A Voz.

Eu prendi a respiração.

— Papai?

Eu nunca tinha usado aquela palavra antes. Senti uma pressão sendo liberada dentro de mim, como se uma rolha tivesse estourado. Ele me perguntou como eu estava. Em que ano estava na escola? É mesmo? Você gosta de seus professores? Não perguntou pela minha mãe, que havia secretamente preparado aquela ligação após ouvir por alto minha última conversa com o rádio. Ele não explicou onde estava ou o motivo de nunca me visitar. Ficou de conversa fiada, como se fôssemos apenas companheiros do quartel. Então pude ouvi-lo dar um longo trago no cigarro e soltar a fumaça com tanta força que achei que uma baforada fosse sair pelo telefone. Podia ouvir a fumaça em sua voz, e pensei que sua voz *fosse* fumaça. Era assim que eu imaginava meu pai — uma fumaça falante.

— E aí? — disse ele. — Gostaria de assistir a uma partida de beisebol com seu velho?

— Uau! De verdade?

— É claro.

— Mets ou Yankees?

— Mets, Yankees, tanto faz.

— O tio Charlie disse que os Mets foram beber no Dickens numa noite dessas.

— Como vai o seu tio Charlie? Como ele está se saindo lá no bar?

— Eles jogam contra os Braves amanhã à noite.

— Quem?

— Mets.

— Ah... sei.

Ouvi o tilintar de pedras de gelo dentro de um copo.

— Certamente — prosseguiu ele. — Amanhã à noite. Eu vou te apanhar na casa do seu avô... seis e meia.

— Vou esperar.

Eu estava pronto às quatro e meia. Sentado na varanda, meu boné do Mets na cabeça, remexendo as mãos dentro dos bolsos com minhas luvas novas de Dave Cash, eu observava com atenção todo carro que passava em frente à nossa casa. Estava esperando pelo meu pai, mas não sabia o que aquilo significava. Minha mãe não guardara nenhuma foto dele, e eu ainda não tinha ido a Nova York para ver seu rosto nos cartazes de rua e de ônibus. Não sabia se meu pai tinha um olho de vidro, um topete, um dente de ouro. Não o identificaria se a polícia o alinhasse entre alguns suspeitos, coisa que minha avó insinuava com freqüência que eu um dia precisaria fazer.

Às cinco, vovó apareceu na porta.

— Pensei que ele viesse às seis e meia — disse ela.

— Quero estar pronto. No caso de ele chegar mais cedo.

— Seu pai? Mais cedo? — Ela fez um tsc tsc com a língua, desdenhando. — Sua mãe telefonou do trabalho. Ela me pediu para te lembrar de levar um casaco.

— Está muito calor.

Outra vez ela fez tsc tsc com a língua e se foi. Minha avó não era fã do meu pai, e não estava sozinha. Toda a família boicotou o casamento dos meus pais, exceto o irmão rebelde de minha mãe, tio Charlie, quatro anos mais novo do que ela, que a acompanhou até o altar da igreja. Eu senti vergonha por estar tão eufórico com a visita de meu pai. Sabia que não era certo lhe dar uma boa acolhida, pensar nele, amá-lo. Como o homem de minha família, como protetor da minha mãe, eu deveria estar preparado para pedir dinheiro ao meu pai no momento em que ele aparecesse. Mas não queria assustá-lo. Eu ansiava por vê-lo, mais do que ver meu adorado Mets ao vivo pela primeira vez.

Fiquei brincando com uma bola de borracha na varanda e tentei me concentrar em coisas boas. Minha mãe me contara que, antes de começar a trabalhar numa estação de rádio, meu pai foi um daqueles comediantes que se apresentavam sozinhos nos palcos e faziam o público "rolar de rir nos corredores" nos seus *shows*. "Como ele fazia?" "Ele ficava em pé na frente das pessoas e as fazia rir", foi sua resposta. Eu me perguntei se meu pai ficaria em pé na minha frente e me faria rir. Será que ele se parecia com meu ator preferido, Johnny Carson? Eu esperava que sim. Prometi a Deus nunca mais pedir nada, se meu pai se parecesse com Johnny Carson — o piscar daqueles olhos, aquele leve vestígio de sorriso sempre presente nos cantos da boca.

Um pensamento aterrorizante fez com que eu parasse de brincar com a bola na varanda. E se meu pai, sabendo o que toda a família sentia em relação a ele, não quisesse entrar com o carro? E se ele desacelerasse na Plandome Road, verificasse se eu estava lá e depois fosse embora? Corri até a calçada. Agora, eu poderia pular pela janela para o seu carro quando ele reduzisse a velocidade e depois iríamos embora. Inclinado para o lado como se estivesse pegando carona, eu olhava fixamente para cada homem que passava dirigindo, tentando imaginar se podia ser meu pai. Todos olhavam de volta para mim, preocupados, irritados, se perguntando por que aquele menino de sete anos os olhava com tanta intensidade.

Um pouco depois das oito, eu voltei para a varanda e assisti ao pôr-do-sol. O horizonte ficou da mesma cor alaranjada do uniforme do time de beisebol do Dickens e das letras NY no meu boné do Mets. O tio Charlie saiu em direção ao bar. Descendo para a rua, cabisbaixo, estava tão concentrado limpando seus óculos escuros com um lenço que não chegou a me ver.

Às oito e meia, vovó apareceu na porta.

— Entre para comer alguma coisa — disse ela.

— Não.

— Você tem que comer.

— Não.

— Só um pouco.

— Nós vamos comer cachorro-quente no estádio.

— Hum.

— Ele só está um pouco atrasado. Já vai chegar.

Ouvi vovô sintonizando o Mets no canal nove. Normalmente, por conta da audição fraca e de todos os ruídos dentro de casa, era obrigado a colocar o volume altíssimo na TV. Naquela noite, por minha causa, ele o manteve bem baixo.

Às nove, tentei algo diferente. Se eu não olhar fixamente para o próximo carro, pensei, o motorista será meu pai com certeza. Empreguei essa estratégia, na qual tinha total confiança, em trinta carros.

Às nove e meia, fiz uma pequena concessão ao inevitável. Retirei meu boné do Mets. Retirei também minhas luvas e as transformei em almofadas para sentar. E comi um pedaço do frango da vovó.

Às dez, entrei correndo para fazer xixi. Passando a toda velocidade pelo corredor, ouvi a multidão no estádio berrar por alguém ter marcado um ponto.

Às onze, o jogo terminou. Entrei, vesti meu pijama e me meti sob as cobertas. Segundos depois de ter apagado a luz, meu avô apareceu ao pé da cama. Se Lyndon Johnson tivesse aparecido ao pé da minha cama eu não teria ficado mais surpreso.

— Lamento — disse ele. — Pelo seu pai.

— Ah — eu disse, indiferente, arrancando um fiapo solto do meu cobertor. — Estou feliz por ele não ter vindo. De qualquer modo, não estava gostando daquela calça que vesti.

Meu avô assentiu com a cabeça e saiu do quarto.

Deitado no escuro, eu podia ouvir meu avô e minha avó na cozinha conversando sobre o fato de meu pai ter me deixado esperando. Eles pararam de falar no momento em que um carro apareceu na entrada da garagem. Pude ouvir as pedras estalando sob os pneus e o motor sendo desligado. Meu pai! Saltei da cama e corri para fora do quarto. No final da estreita parede que levava até a porta da frente, vi minha mãe.

— Oh, não! — exclamou ela. — O que você está fazendo aqui? Você não foi ao jogo?

Eu balancei minha cabeça. Ela correu na minha direção e eu a apertei com meus braços, surpreso com a intensidade com que eu a amava e como precisava dela. Abraçado à minha mãe, agarrado a ela, chorando contra suas pernas, ocorreu-me de repente que ela era tudo o que eu tinha, e, se não cuidasse muito bem dela, eu estaria perdido.

TRÊS
COBERTOR DE ESTIMAÇÃO

QUANDO NÃO ESTAVA ATRACADO AO RÁDIO, ouvindo A Voz, eu sintonizava as freqüências da minha mãe, monitorando seus humores. Eu a observava, analisava e a seguia de um cômodo a outro. Era mais do que uma dedicação, mais do que vontade de protegê-la. Em parte, se tratava de uma busca contínua, pois não importava o quanto eu a observasse e ouvisse, minha mãe era geralmente um completo mistério para mim.

Quando feliz, quando expressava alegria ou amor, minha mãe podia ser maravilhosamente ruidosa. Mas quando triste ou magoada, quando temerosa e preocupada com dinheiro, minha mãe caía no silêncio e seu rosto empalidecia. Algumas pessoas interpretavam essa tendência como indiferença. Não podiam estar mais enganadas. Mesmo com sete anos, eu entendia que os silêncios de minha mãe e seu rosto pálido escondiam um caldeirão emocional. O que parecia uma ausência de sentimentos era de fato um transbordamento, um surto. Minha mãe se ocultava atrás daquela máscara de fingida serenidade por conta da discrição, como alguém que se coloca atrás de um biombo para mudar de roupa.

Segundo a vovó, que me contou uma história para me explicar melhor, sempre houve vestígios do insondável em relação à minha mãe. Quando minha mãe estava na segunda série, a professora fez uma pergunta aos alunos e minha mãe ergueu o braço. Ela sabia a resposta e mal podia esperar para dizê-la. Mas a professora chamou outro aluno. Alguns minutos depois, a professora notou que minha mãe ainda estava com o braço erguido. "Dorothy", disse ela, "abaixe sua mão". "Não posso", disse minha mãe. "Abaixe essa mão", repetiu a professora. Os olhos de minha mãe se encheram de lágrimas. A professora mandou que ela fosse ver o diretor, que mandou minha mãe para a enfermeira, que concluiu que ela não estava fingindo. Sua mão e seu braço estavam de fato imobilizados naquela posição vertical. A vovó foi convocada a comparecer na escola, e ela me descreveu com certo assombro aquela longa e estranha caminhada de volta para casa, minha mãe a meio passo atrás dela, o braço rigidamente erguido. Vovó mandou minha mãe para a cama — a única coisa em que conseguiu pensar — e, pela manhã, quando a tristeza ou decepção presumivelmente desapareceu, o braço de minha mãe voltou à posição normal.

Embora fosse de natureza misteriosa, alguns dos mistérios da minha mãe eram intencionais. Mesmo sendo uma das pessoas mais honestas que conheci, ela era uma maravilhosa mentirosa. Para evitar magoar os outros, para amortecer o choque das más notícias, ela inventava ou enfeitava histórias toscamente, sem a menor hesitação. Suas mentiras eram tão bem engendradas, contadas com tamanha maestria, que eu nunca pensava duas vezes. Em conseqüência disso, de quando em quando, selecionando minhas lembranças de infância, ainda acabo encontrando uma das mentiras da minha mãe, como um ovo de Páscoa cuidadosamente embrulhado, mas tão bem escondido que acabou esquecido.

A primeira mentira de que me lembro surgiu quando minha mãe e eu nos mudamos para um pequeno apartamento a cinco minutos da casa do vovô.

— Finalmente — ela disse — conseguimos escapar.

Ela estava agitada, ruidosamente alegre, até ser despedida do emprego. Logo comecei a encontrar tíquetes de alimentação dados pela assistente social na sua bolsa.

— O que é isso? — perguntei.

— Cupons — disse ela despreocupadamente.

Ela não queria que eu soubesse que estávamos duros. Não queria que me preocupasse ainda mais. Por esse mesmo motivo, ela mentiu quando perguntei se poderíamos comprar uma TV.

— Sabe, eu estava pensando justamente em comprar uma — disse ela. — Pena que os fabricantes de TV estejam em greve.

Eu a importunei durante semanas sobre a greve dos fabricantes de TV, e ela contava de improviso histórias detalhadas sobre os piqueteiros na fábrica e as interrupções das negociações. Quando conseguiu economizar o bastante para comprar uma Zenith preto-e-branco usada, ela chegou para mim e anunciou que os diretores das fábricas haviam cedido. Durante anos, eu acreditei que tinha havido uma grave paralisação entre os fabricantes de TV em Long Island, até me ouvir contando isso às pessoas num jantar e perceber que me olhavam com espanto.

Nas raras ocasiões em que minha mãe era flagrada mentindo, não demonstrava arrependimento algum. Ela tinha um "relacionamento" com a verdade, explicava calmamente, e, como todo relacionamento, este exigia concessões. Mentir, acreditava ela, não era um pecado maior do que abaixar o volume do rádio para me proteger da Voz. Ela apenas reduzia o volume da verdade.

Sua mentira mais inspirada foi um divisor de águas em nosso relacionamento, porque dizia respeito ao meu bem mais precioso, meu cobertor de estimação. Feito de cetim verde, tecido com linhas brancas e espessas, o cobertor era meu outro vício, além da Voz. Eu ficava irascível quando ele estava fora de alcance. Usava-o como um poncho, uma faixa, uma echarpe e, às vezes, como veste nupcial. Eu considerava meu cobertor como um amigo leal num mundo cruel, ao passo que minha mãe o via como o início de um processo de desordem emocional. Com sete anos, eu estava velho demais para um cobertor de estimação, disse ela, tentando me convencer, mas desde quando a razão pode derrotar um amor obsessivo? Ela tentou confiscar o cobertor, mas eu berrei como se estivesse tentando arrancar meu braço. Por fim, acordei numa noite e a vi na beira da minha cama.

— O que houve? — perguntei.

— Nada. Volte a dormir.

Durante as semanas que se seguiram, percebi que meu cobertor estava ficando mais curto. Perguntei o que estava acontecendo à minha mãe. "Talvez tenha encolhido ao ser lavado", disse ela. "Vou lavá-lo com água mais fria." Muitos anos depois, descobri que minha mãe entrara sorrateiramente no meu quarto todas as noites e, com uma tesoura, cortava faixas imperceptíveis do meu cobertor de estimação, até transformá-lo num xale de estimação, um pano de prato de estimação, um lenço de estimação. Com o tempo, haveria outros cobertores de estimação, pessoas, idéias e particularmente lugares de estimação com os quais eu estabeleceria um apego doentio. A cada vez que a vida arrancava um deles de mim, eu me lembrava como minha mãe havia me afastado delicadamente do primeiro de todos.

Uma coisa sobre a qual minha mãe não conseguia mentir era como a casa do vovô a atormentava profundamente. Ela dizia que a casa do vovô fazia o castelo dos horrores parecer o palácio de Taj Mahal. Dizia que a casa do vovô deveria ser queimada e o solo lavrado com sal. Dizia que a casa do vovô em Manhasset era o equivalente ao presídio de Alcatraz, porém com colchões mais desconfortáveis e piores modos à mesa. Ela fugira de casa aos 19 anos, saiu literalmente voando, pois havia arrumado um emprego de aeromoça na United Airlines, e passou a viajar por todo o país com seu uniforme e chapéu azuis. Tinha tentado também outros empregos inusitados, inclusive um trabalho temporário como assistente na Capitol Records, onde encontrou Nat King Cole e escutou escondida uma conversa telefônica entre seu patrão e Frank Sinatra. Agora, com 33 anos, mãe solteira, sem um tostão, ela estava de volta à casa do vovô, uma amarga derrota e um triste passo para trás. Ela se virava em três empregos — secretária, garçonete e babá — e economizava constantemente para o que ela chamava de Nossa Próxima Grande Fuga. Mas toda fuga era frustrada. Em seis ou nove meses, nossas economias acabavam, nosso aluguel aumentava, e tínhamos que voltar para o Pardieiro. Quando eu estava com sete anos, já havíamos saído três vezes da casa do vovô. E voltado outras três.

Embora não gostasse do Pardieiro, eu não o desprezava como a minha mãe. O telhado em péssimo estado, os móveis remendados com fitas adesivas, a fossa explosiva e o sofá bicentenário — tudo isso parecia um preço justo para estar com meus primos, que eu adorava. Minha mãe entendia, mas a casa do vovô lhe consumia tanta energia que ela não conseguia extrair nenhum prazer da minha compensação. Ela estava tão cansada, dizia. Tão terrivelmente cansada.

Mais do que retornar para a casa do vovô, do que mudar mais uma vez com nossas coisas, o que parecia devastar minha mãe era o momento em que ela se dava conta de que o próximo retorno era inevitável. Lembro de ter acordado em outro apartamento de um único quarto, ido até a cozinha e encontrado minha mãe manipulando a calculadora. Dava para ver que ela estivera fazendo contas desde o primeiro raio de sol, e parecia que era a calculadora que estava manipulando minha mãe. Há muito eu suspeitava que ela conversava com a calculadora, como eu fazia com o rádio, e naquela manhã a peguei em flagrante.

— Com quem você está falando? — perguntei.

Ela virou a cabeça para o alto e depois olhou inexpressivamente para mim. Diante dos meus olhos, ela retrocedeu no tempo, voltando a ser aquela aluna catatônica com a mão suspensa no ar.

Cada vez que voltávamos para a casa do vovô, minha mãe sugeria que fizéssemos intervalos regulares para o bem de nossa saúde mental. Nas tardes de domingo, entrávamos em nosso enferrujado T-Bird 1963, cujo motor soava como um canhão da Guerra Civil, e saíamos para passear. Começávamos pela Shore Drive, a rua mais bonita de Manhasset, onde as casas com altas colunas brancas eram maiores do que a prefeitura, e entre as quais várias possuíam um braço da enseada de Long Island correndo pelo jardim.

— Imagine morar numa dessas residências admiráveis — dizia minha mãe. Ela estacionava em frente à casa mais fascinante, a única com venezianas douradas e uma varanda ao redor. — Imagine ficar deitado, numa manhã de verão, com as janelas abertas e a brisa fresca das águas agitando as cortinas de um lado para outro.

Parecia sempre que uma chuva sombria estava caindo durante nossos passeios, então eu e minha mãe não podíamos sair do carro para olhar mais de perto. Ficávamos sentados, com o motor e o aquecedor funcionando e o pára-brisa oscilando no vidro. Minha mãe examinava a casa e eu examinava minha mãe. Ela tinha cabelos ruivos lustrosos, que lhe caíam sobre os ombros, e seus olhos castanho-esverdeados ficavam mais verdes quando ela sorria. Sua expressão facial mais comum, porém, era a de um perfeito autocontrole, como uma jovem aristocrática sendo fotografada em sua festa de debutante. Era o olhar de uma mulher que podia ser delicada e frágil, mas certamente feroz, se tivesse que proteger aqueles a quem amava. Vejo algumas fotografias de minha mãe, em tempos difíceis, em que ela parece ciente da capacidade de colocar de lado as qualidades gentis para lutar com todas as suas forças, e sentir-se orgulhosa disso. A câmera captou seu orgulho de uma forma que meus olhos de sete anos de idade não conseguiam. O único orgulho que percebi quando menino era o prazer que lhe dava seu senso de estilo. Pequenina e esbelta, minha mãe sabia o que lhe caía bem. Mesmo quando estávamos sem dinheiro, ela conseguia manter aquele ar nobre, o que tinha provavelmente mais a ver com a postura do que com as roupas.

Depois de ficarmos ali parados por algum tempo, os proprietários da casa ouviam o T-Bird e nos espiavam pelas janelas. Então minha mãe manobrava o carro e seguíamos para o sul na direção da Plandome Road, atravessando a área comercial que começava no Dickens e terminava na igreja de St. Mary. Eu gostava do modo como Manhasset era colocada entre parênteses pelos dois locais mais sagrados, cada um era uma casa de comunhão adulta e secreta. Na igreja de St. Mary virávamos à esquerda para entrar no Northern Boulevard, depois à direita para pegar a Shelter Rock Road, passando por aquela geleira gigante de 1.800 toneladas que viera se enraizar ali vários milênios antes, como os pedaços de mármore sobre os quais eu subia no pátio de recreio da Shelter Rock Elementary School, a um quilômetro dali. Havia lendas em torno da Shelter Rock. Durante séculos, o afloramento afiado, um amálgama natural de pedras, havia protegido as pessoas dos animais, dos elementos da natureza e dos inimigos. Reverenciada pelos nativos que viviam ao longo da baía de Manhasset, a rocha foi então apreciada pelos pecuaristas holandeses que vieram para Manhasset em busca de fortuna no século XVII, depois foi adotada pelos colonizadores ingleses que vieram em busca de liberdade religiosa no século XVIII. Em seguida, foi escolhida pelos milionários que construíram suas grandes propriedades ao longo da Shelter Rock Road, no século XIX. Se as coisas ficassem difíceis demais na casa do vovô, eu imaginava, minha mãe e eu poderíamos viver perto da Shelter Rock. Protegidos pela rocha, poderíamos dormir a céu aberto, cozinhar nossa própria comida e, apesar das dificuldades, poderia ser mais duro do que as condições atuais?

Logo depois do rochedo, minha mãe e eu chegamos a um trecho de montanhas sinuosas, onde as casas eram ainda mais extraordinárias do que aquelas junto ao mar.

— As casas mais lindas do mundo — disse minha mãe.

A cada cem metros, através de imensos portões de ferro fundido trancados a cadeado, víamos num relance um gramado ainda mais verde e mais amplo que o campo principal do Shea Stadium, estendendo-se na direção de uma réplica dos castelos irlandeses que existiam nos meus livros ilustrados.

— É aqui que moram os Whitney — disse ela. — E lá é a casa dos Paley. Ali moram os Payson, não é linda?

Depois de darmos meia-volta ao lado da última mansão, retornando para a casa do vovô, invariavelmente, minha mãe começava a cantar. Ela se aquecia com "I Got You Babe", porque gostava dos versos "Dizem que nosso amor não banca o aluguel, antes de a ganharmos nossa grana já foi para o céu". E então ela soltava a sua favorita, uma velha melodia de Tin Pan Alley:

Não, não somos muito endinheirados
Talvez sejamos rotos e engraçados
Mas seguiremos viajando
Os dois cantando
Lado a lado.

Ela sempre cantava o mais alto possível, mas o volume não conseguia disfarçar sua frustração. Aquelas mansões atormentavam e fascinavam minha mãe, e eu podia entender isso. Sentia-me do mesmo modo. Pressionando minha cabeça contra a janela do carro, eu via as mansões desfilarem e pensava: "Tantos lugares lindos no mundo e nós estamos excluídos de todos eles." Obviamente, o segredo da vida era *conseguir entrar nela*. Por que minha mãe e eu não conseguíamos descobrir como fazê-lo? Minha mãe merecia um lar. Não precisava ser uma mansão, apenas uma pequena cabana com rosas no jardim, cortinas cor de creme, tapetes macios e limpos, beijando os pés descalços ao pisar sobre eles. Isso seria o bastante. O fato de minha mãe não possuir coisas bonitas me deixava louco, mais louco ainda por não poder oferecê-las a ela, e eu ficava furioso por não poder dizer isso em voz alta porque minha mãe estava cantando, se esforçando para não perder o ritmo. Tomar conta da minha mãe significava não dizer nada que pudesse destruir seu frágil otimismo, então eu pressionava minha cabeça contra a janela com mais força, até doer, e desviava o pensamento das mansões para meu reflexo no vidro.

Embora mantivesse meus sentimentos hermeticamente fechados, às vezes eles acabavam fermentando e então efervesciam até a superfície na forma de um comportamento bizarro. De um dia para outro, me tornei uma criança compulsiva e neurótica. Meti na cabeça que iria consertar a casa do vovô — reparar os tapetes, empilhar as revistas, reforçar os adesivos dos móveis. Meus primos morreram de rir e começaram a me chamar de Gato Félix, mas eu não estava me tornando um garoto asseado, eu estava era ficando louco. Além de fazer o que podia para tornar a casa menos hostil para minha mãe, eu estava tentando pôr ordem no caos, uma empreitada que, no final das contas, levou-me a procurar uma reconfiguração mais dramática da realidade.

Comecei dividindo a vida em absolutos. Manhasset era assim, pensei — por que não o mundo? Em Manhasset você era Yankee ou Mets, rico ou pobre, sóbrio ou bêbado, igreja ou bar. Você era "alho ou bugalho", como me disse um colega da escola, e eu não podia admitir, para ele ou para mim, que tinha ascendência irlandesa e italiana. A vida era governada por opostos polares, concluí, como provava o rigoroso contraste entre o Pardieiro e a mansão dos Whitney. As coisas e as pessoas eram perfeitamente más, ou perfeitamente boas, e quando a vida não obedecia a essa regra, quando as coisas ou as pessoas eram complexas e contraditórias, eu buscava outra interpretação. Transformava cada derrota num desastre, cada sucesso num triunfo épico, e separava todas as pessoas em heróis ou vilões. Incapaz de suportar a ambigüidade, ergui uma barricada de ilusões contra ela.

Minha outra ilusão era mais óbvia e, portanto, mais preocupante para minha mãe. Fiquei extravagantemente supersticioso, colecionando fobias como os outros meninos colecionavam figurinhas de beisebol. Eu evitava escadas e gatos pretos, lançava sal sobre meus ombros. Batia na madeira, prendia minha respiração ao passar por um cemitério. Estava tão determinado a não pisar sobre as rachaduras, receando que minha mãe partisse a coluna dorsal, que eu avançava pela calçada como se estivesse bêbado. Falava palavras "mágicas" três vezes para repelir os perigos e ficava atento aos sinais e presságios dos céus. Enquanto eu escutava a voz do meu pai, também escutava a voz do universo. Comungava com as pedras, as árvores e os objetos inanimados, especialmente nosso T-Bird. Como um encantador de cavalos, eu afagava o painel de controle e implorava para que continuasse funcionando. Se o T-Bird enguiçasse, eu temia, minha mãe também pararia de funcionar. Medos irracionais me assombravam, e o pior era o receio de ser o último a adormecer na casa do vovô. Se todos estivessem dormindo menos eu, o que sentia era uma insuportável solidão, meu corpo ficava frio e rígido. Talvez tivesse relação com a ausência de todas aquelas vozes. Quando confessei esse medo à minha prima Sheryl, cinco anos mais velha do que eu, ela pôs o braço sobre meus ombros e disse algo perfeito: "Mesmo que todos nós estejamos dormindo, pode ter certeza de que o tio Charlie e todos no Dickens estarão acordados."

Minha mãe esperava que eu superasse aquele comportamento bizarro. Em vez disso, fiquei pior, e, quando comecei a ter acessos de raiva, ela me levou a um psiquiatra infantil.

— Qual é o nome do menino? — perguntou o psiquiatra enquanto minha mãe e eu nos instalávamos nas cadeiras em frente à mesa. Ele tomava notas num bloco de papel.

— JR — respondeu minha mãe.

— O nome verdadeiro.

— JR.

— São as iniciais, certo?

— Não.

— Muito bem. — O psiquiatra parou de escrever e disse: — Aí está a resposta.

— Desculpe, não entendi.

— O menino está obviamente sofrendo uma crise de identidade, o que provoca essa irritabilidade. Dê-lhe um nome, um nome *de verdade*, e não haverá mais ataques de raiva.

Levantando-se da cadeira, minha mãe disse para eu colocar o casaco. Estávamos indo embora. Ela então lançou um olhar para o psiquiatra que poderia ter rachado a Shelter Rock em duas e, num tom ponderado, informou-lhe que meninos de sete anos de idade não sofrem crises de identidade. Voltando para a casa do vovô, ela segurou com firmeza o volante e pôs-se a interpretar seu repertório. De repente, parou de cantar e perguntou o que eu achara do comentário do médico. Eu não gostava do meu nome? Estava sofrendo uma crise de identidade? Alguma coisa ou alguém estava provocando em mim aquela... raiva?

Eu descolei meu olhar das mansões que desfilavam lá fora, virei lentamente da janela para minha mãe, e dei a ela meu próprio ar inexpressivo.

QUATRO
VOVÔ

Isso me ocorreu um dia. Eu me dei conta de que o que importunava a minha mãe, mais do que a casa do vovô, era ele próprio. Os consertos que se faziam necessários a entristeciam porque eles a lembravam do homem que se recusava a efetuá-los. Eu compreendi isso surpreendendo seu olhar de relance para o vovô e depois vendo-a afundar numa melancolia infinda, embora achasse que seu problema com o vovô tinha alguma coisa a ver com a aparência dele.

Junto com sua casa, vovô se deixava arruinar. Usava calças remendadas, sapatos com furos, as camisas ficavam babadas e com restos de comida após o café da manhã, e passava dias sem pentear os cabelos, sem usar a dentadura e sem tomar banho. Ele utilizou e reutilizou a lâmina de barbear tantas vezes, que sua face parecia ter sido atacada por um gato selvagem. Ele era áspero, amarrotado, suarento e — outra coisa que minha mãe não podia tolerar — preguiçoso. Vovô há muito deixara de fazer um esforço sequer. Quando jovem, perdeu ou deixou de lado qualquer ambição que possuía. Quando seus sonhos de se tornar jogador de beisebol profissional esfarelaram, ele entrou no ramo de seguros, desfrutando um sucesso que lhe virava o estômago. Que crueldade do destino, ele pensou, fazê-lo excelente num trabalho que lhe repugnava. Mas ele conseguiu se vingar. Assim que juntou dinheiro suficiente para uma renda segura para o resto da vida, deixou o emprego. Desde então, ele se contenta em observar a casa cair aos pedaços e constranger a família.

Nossa humilhação era maior quando ele fazia suas cenas na rua. Todo dia, ao entardecer, vovô ia até a estação esperar os trens lotados que vinham da cidade. Quando os passageiros pisavam na plataforma e jogavam fora a última edição dos jornais, meu avô enfiava a mão dentro da lata de lixo e pescava um deles, com a intenção de economizar alguns centavos. Vendo-o debruçado dentro da lata de lixo, nenhum passageiro poderia imaginar o motivo real para aquele velho vagabundo querer a edição final do jornal — verificar os preços de fechamento de seu considerável portfólio de ações e títulos.

Vovô tinha uma memória fotográfica, um vocabulário surpreendente, o domínio seguro do grego e do latim, mas a família não era capaz de se beneficiar de seus dons intelectuais porque ele nunca nos fazia participar das conversas. Ele nos mantinha afastados com incessantes jargões de *jingles* da TV, *slogans* publicitários e *non sequiturs*. Se contávamos como fora nosso dia, ele berrava: "Este é um país livre!" Se pedíssemos para nos passar o feijão, ele diria: "O bom gosto de um bom cigarro!" Se mencionássemos que o cachorro estava com pulgas, ele diria: "Não conte para ninguém — todos querem ter um!" Seu linguajar particular era como uma cerca que armara em torno de si mesmo, uma cerca que ficou alguns centímetros maior no dia em que ele ouviu de relance um de meus primos dizendo para o cachorro com problemas intestinais "faz cacá". Assim surgiu a assinatura do vovô. Pelo menos uma dúzia de vezes por dia ele dizia "faz cacá", o que poderia significar olá, ou vamos comer, ou o Mets perdeu — ou absolutamente nada. É possível que meu avô falasse desse jeito para compensar sua gagueira, ensaiando frases mais fáceis de serem ditas. Contudo, é também possível que ele fosse moderadamente insano.

Vovô tinha duas paixões, uma era segredo, outra não. Todas as manhãs de sábado, ele descia a escada com os cabelos escovados, a dentadura na boca, as roupas passadas e impecáveis. Do bolso do terno azul de risca-de-giz surgia um lenço de renda que lembrava uma orquídea. Sem dizer uma palavra, ele entrava no Ford Pinto e arrancava, só voltando bem tarde, algumas vezes no dia seguinte. Ninguém perguntava aonde ia. Seus encontros dos sábados eram como a fossa, tão obviamente podres que dispensavam comentários.

Sua paixão não secreta eram as palavras. Meu avô ficava horas sentado em seu quarto resolvendo suas palavras cruzadas, lendo livros, olhando no dicionário com uma lente de aumento. Considerava Shakespeare o maior homem que já existira, "porque *inventara* a língua ing, ing, inglesa — quando não conseguia encontrar uma palavra, ele inventava". Vovô creditava sua paixão etimológica aos seus professores jesuítas que, quando não conseguiam fazer com que decorasse uma palavra, o espancavam. Embora as surras tivessem funcionado, vovô acreditava que elas também lhe haviam causado aquela gagueira. Os religiosos fizeram com que amasse as palavras, e fizeram com que fosse difícil para ele pronunciá-las. Meu primeiro exemplo de ironia.

Um dos únicos momentos de ternura que partilhei com meu avô aconteceu por causa de uma palavra. Foi quando ele, acidentalmente, atendeu o telefone. Com a gagueira e a audição precária, ele tendia a evitar o telefone, mas por acaso passou ao seu lado quando o ouviu tocar, e o atendeu. Um reflexo, talvez. Ou então estava entediado. Incapaz de ouvir o que diziam no outro lado da linha, fez sinal para que eu me aproximasse.

— Traduza — disse ele me entregando o fone.

A pessoa que ligou estava fazendo um levantamento para uma empresa de pesquisa com os consumidores. Ela tagarelou uma lista de produtos, carros, alimentos que meu avô nunca usara, dirigira ou provara. Mas ele concedeu sua opinião sobre cada um deles, mentindo alegremente.

— Agora — disse a moça ao telefone. — O que há de melhor na sua cidade?

— O que existe de melhor em Manhasset? — eu traduzi.

Vovô pensou com calma, como se estivesse sendo entrevistado pelo *Times*.

— A cercania de Manhattan — respondeu ele.

Transmiti a resposta ao telefone.

— Ótimo — disse ela. — E, para concluir, qual é sua renda anual?

— Qual é sua renda anual? — traduzi de novo.

— Desligue.

— Mas...

— Desligue.

Coloquei o aparelho no lugar. Meu avô sentou-se em silêncio, os olhos fechados, e eu fiquei à sua frente, esfregando as mãos, um hábito que eu tinha, sempre que não achava nada para dizer.

— O que é “cercania”? — perguntei.

Ele se levantou, pôs as mãos nos bolsos e fez tilintar algumas moedas.

— Estar próximo — respondeu. — Por ex... ex... exemplo, eu estou muito próximo da minha família.

Ele riu. Primeiro sem muito entusiasmo, depois um ah, ah, ah rouco, que me fez rir. Estávamos ambos rindo, gargalhando, até que a risada do vovô se transformou num acesso de tosse. Ele pegou um lenço no bolso e o encheu de catarro, então deu uns tapinhas na minha cabeça e se afastou.

Após aquele breve episódio, senti uma nova proximidade emocional em relação ao meu avô. Comecei a bolar umas idéias para conquistá-lo. Talvez pudesse ignorar seus defeitos, me concentrar nos pontos positivos, quaisquer fossem eles. Só era preciso pular a cerca lingüística. Escrevi um poema sobre ele, que solenemente lhe mostrei numa manhã dentro do banheiro. Ele estava espalhando espuma pelo rosto para se barbear, usando um pincel de pêlo de castor que parecia um cogumelo gigante. Ele leu o poema, devolveu-me e se virou para o reflexo no espelho.

— Obrigado pelo el... el... elogio — disse ele.

Mais tarde tive um acesso de culpa. Ficando amigo de meu avô, estaria traindo minha mãe? Eu me dei conta de que deveria pedir sua permissão antes de ir mais longe, então, na hora de ir para cama, perguntei-lhe novamente por que odiávamos o vovô. Ela me cobriu com meu definhado cobertor de estimação até o queixo e escolheu com cuidado as palavras.

— Nós não o odiamos — ela explicou.

Na verdade ela esperava encontrar um meio para se relacionar bem com ele enquanto vivêssemos sob aquele teto. Eu deveria continuar conversando com o vovô, acrescentou ela, mesmo se ele não me respondesse. E eu não devia dar muita importância ao fato de ela não conversar com ele. Nunca.

— Mas por que não? — perguntei. — Por que você fica tão triste sempre que olha para ele?

Ela começou a descascar o papel de parede.

— Porque — respondeu — o seu avô é um verdadeiro avarento, não apenas com dinheiro.

Vovô economizava amor, minha mãe disse, como se temesse faltar um dia. Ele a ignorara e ignorara tia Ruth e tio Charlie quando estavam crescendo, não lhes dera atenção ou afeição alguma. Ela descreveu uma excursão familiar à praia, quando ela estava com cinco anos. Vendo como o pai de sua prima Charlene brincava afetuosamente com a filha, minha mãe pediu ao vovô que a colocasse nos ombros e a levasse até o mar. Ele a atendeu, mas seguiu levando-a além da rebentação e, quando estavam bem longe, quando ela mal conseguia ver a praia, assustada, minha mãe suplicou que a soltasse. Então ele a lançou dentro d'água. Ela foi mar abaixo, mergulhando para o fundo, bebendo água salgada. Depois conseguiu voltar à superfície, tentando recuperar o ar, e viu o vovô rindo. "Você me pediu que soltasse", disse ele, ignorando as lágrimas. Saindo com dificuldades do mar por conta própria, minha mãe teve uma epifania precoce: seu pai não era um homem bom. A consciência disso, ela me disse, veio como um alívio. Sentiu-se independente. Perguntei-lhe o que era "independente".

— Livre — respondeu ela. Olhando outra vez para o papel de parede que descolava, repetiu com mais suavidade. — Livre. Mas teve outra coisa que doeu mais profundamente.

Meu avô proibira que ela e tia Ruth fossem para a faculdade. Ele fizera isso numa época em que não existiam créditos educativos ou qualquer tipo de ajuda de custos, portanto não puderam contornar a situação. Além dessa negligência de sua parte, esse foi o golpe que alterou a trajetória de vida da minha mãe. Ela ansiava por entrar na faculdade, se preparar para alguma carreira empolgante, mas vovô suprimiu essa oportunidade. Meninas se tornam esposas e mães, decretou ele, e esposas e mães não precisam ir para a faculdade.

— É por isso que você vai estudar o que eu não pude — disse minha mãe. — Harvard ou Yale, querido. Harvard ou Yale.

Tratava-se de uma declaração extraordinária vinda de uma mulher que ganhava vinte dólares por dia. E ela não parou aí. Depois, acrescentou, eu iria estudar Direito. Eu não sabia o que era um advogado, mas parecia uma coisa muito chata. Então resmunguei algo nesse sentido.

— Nada disso — disse ela. — Você vai ser advogado. Assim poderei contratá-lo para processar seu pai por não ter me ajudado financeiramente na sua criação. Pronto. — Ela sorriu, mas não parecia estar brincando.

Eu lançava meus pensamentos para o futuro. Depois de me formar em direito, talvez minha mãe pudesse realizar seu tão esperado sonho de fazer uma faculdade. Eu queria isso para ela. Se ao me tornar um advogado eu conseguisse fazer isso acontecer, então eu seria um advogado. Enquanto isso, esqueci de estreitar minha amizade com o vovô.

Virando meu corpo para o outro lado, afastando-me dela, prometi que com meu primeiro salário como advogado eu pagaria sua faculdade. Ouvi sua respiração ofegante, como se ela estivesse lutando para escapar do fundo do mar, e então senti seus lábios me beijando a nuca.

CINCO
JUNIOR

Dias antes do meu oitavo aniversário, bateram na porta da casa do vovô e ouvi A Voz vindo de um homem sob o alpendre da garagem. O sol estava atrás dele, brilhando diretamente nos meus olhos, tornando impossível para mim distinguir seu rosto. Pude ver somente o contorno de seu torso, um bloco maciço de músculos muito pálido, dentro de uma camiseta branca apertada, montado no alto de duas pernas arqueadas. A Voz parecia um dente gigante.

— Dê um abraço no seu pai — ordenou A Voz. Eu fui até ele, tentei envolvê-lo com meus braços, mas seus ombros eram largos demais. Era como abraçar a garagem. — Isso não é um abraço. Me dê um abraço decente. — Fiquei na ponta dos pés e apertei-o com força. — Mais forte — disse ele.

Eu não podia fazer mais do que aquilo. Odiei-me por ser tão fraco. Não era capaz de abraçar meu pai com força o bastante e, se eu não conseguisse, ele nunca voltaria.

Depois de consultar minha mãe, que me olhava o tempo todo com uma expressão nervosa, meu pai disse que ia me levar até a cidade para conhecer sua família. No trajeto, ele me distraiu com uma estonteante Babel de sotaques. Aparentemente, A Voz não era sua única voz. Além de ser um comediante, ele disse, certa vez fora um "impressionista", uma palavra nova e linda para mim. Ele me demonstrou. Ele havia sido um oficial nazista, um cozinheiro francês. Agora era um matador da máfia, em seguida um mordomo britânico. Saltando bruscamente de uma voz para outra, meu pai parecia o rádio quando eu girava o dial rapidamente para trás e para frente, uma habilidade que me deixava nervoso assim como me fazia rir.

— Então — disse ele, acendendo um cigarro. — Você gosta de morar na casa de seu avô?

— Gosto — respondi. — Quero dizer, não.

— Um pouco dos dois?

— É.

— Seu avô é um homem bom. Ele dança conforme sua própria música, mas aprecio isso nele.

Eu não sabia ao certo o que dizer sobre o assunto.

— Do que você *não* gosta morando na casa de seu avô? — meu pai perguntou.

— A mamãe fica triste.

— E do que você *gosta*?

— De ter minha mãe perto de mim.

Meu pai virou a cabeça na minha direção, deu uma tragada no cigarro e me olhou nos olhos.

— Sua mãe disse que você ouve seu velho aqui no rádio o tempo todo.

— É verdade.

— E o que você acha?

— Você é engraçado.

— Você gostaria de trabalhar no rádio quando crescer?

— Vou ser advogado.

— Advogado? Meu Deus, logo isso. Por quê?

Não respondi. Ele lançou uma nuvem de fumaça contra o pára-brisa e ficamos observando-a envolver o vidro e voltar sobre si mesma como uma onda.

Minhas lembranças do meu pai naquele dia são um tanto vagas. Eu estava nervoso demais para olhar para ele por mais de um segundo a cada vez, e estava fascinado pela sua voz. E também estava concentradíssimo no discurso que eu estava prestes a fazer. Ia pedir ao meu pai que me desse dinheiro. Se conseguisse escolher as palavras perfeitas, se conseguisse dizê-las como era preciso, voltaria para a minha mãe com um punhado de dinheiro e poderíamos fugir da casa do vovô e ela nunca mais teria que cantar de raiva ou manipular a calculadora. Ensaiei na minha cabeça, enquanto respirava fundo e tentava me sentir forte. É como pular do trampolim na piscina pública, disse a mim mesmo, fechando os olhos. Um. Dois. Três.

Não consegui. Não queria dizer nada que fizesse A Voz desaparecer novamente. Em vez disso, olhei pela janela as ruas sujas, as lojas de bebidas e papéis espalhados ao longo das calçadas. Devíamos estar muito longe de Manhasset, pensei, imaginando vagamente o que faria se meu pai seguisse dirigindo e nunca me levasse de volta, e me sentindo culpado por essa possibilidade provocar em mim um arrepio de excitação.

Chegamos a uma casa de tijolos na cidade que exalava um cheiro de tomates cozidos e lingüiças grelhadas. Fui colocado num canto da cozinha, onde fiquei admirando uma série de enormes traseiros femininos. Cinco mulheres, incluindo uma gorda chamada tia Gorda, estavam preparando o almoço. Depois de devorar várias porções de berinjelas da tia Gorda, meu pai me levou até um apartamento perto dali para conhecer sua "galera". Outra vez, fui colocado num canto com a recomendação de me divertir com alguma coisa. Em vez disso, fiquei observando meu pai e três casais sentados em volta de uma mesa, jogando cartas e bebendo. Em seguida, eles começaram a tirar as roupas.

— Você está blefando — disse alguém.

— Tem razão! Ainda bem que vesti minha cueca limpa hoje.

— Ainda bem que estou usando cueca hoje — disse meu pai, desencadeando uma gargalhada coletiva.

Meu pai estava só com a cueca e uma meia preta. Então ele perdeu a meia. Ele examinou suas cartas, arqueou uma sobrancelha, fazendo todos rirem, fingindo que estava em pânico pois logo perderia sua última peça de roupa.

— Johnny — alguém lhe disse. — O que você tem na mão?

— Momma, estou sem roupa. Você pode ver o que tenho nas mãos.

— Johnny não tem nada na mão.

— Oh, merda. Não estou a fim de ver as coisas do Johnny.

— Eu também não. Johnny, sai fora.

— Esperem! — exclamou meu pai. — O garoto! Eu aposto o garoto! — Ele me chamou e eu me aproximei. — Olhem só esse jovem e belo espécime. Vocês preferem ficar com ele a ter de olhar para minha virilidade? Não preferem ficar com este filho que eu gerei? Eu pago sua aposta e aumento, Junior!

Meu pai perdeu. Seus amigos se levantaram das cadeiras soluçando de tanto rir. Em seguida, houve uma acalorada discussão para saber quem iria pagar minha escola, e quem explicaria para minha mãe o que aconteceu.

Não me recordo de mais nada depois de meu pai ter me apostado, o que era pior do que se tivesse me batido. Não me recordo dele tendo recuperado a sobriedade, vestindo sua roupa ou me levando para casa, e não me recordo do que eu disse à minha mãe sobre a visita. Sei apenas que não lhe contei a verdade.

Algumas semanas depois, eu estava aquecendo o rádio, esperando começar o programa do meu pai. Tinha a intenção de contar para A Voz sobre os preocupantes rumores que diziam que meu ídolo do Mets, Tom Seaver, estava para ser negociado. Bonito, esbelto, antigo fuzileiro naval e ás dos lançadores do Mets, Seaver começava seu arremesso com as mãos no queixo, como se estivesse rezando, em seguida inclinava o corpo poderoso para frente, apoiando-se na perna direita, como se fosse pedir a mão do batedor em casamento. Era difícil acreditar que o Mets iria negociá-lo. Eu me perguntava o que A Voz diria sobre isso. Mas chegou a hora do programa e A Voz não estava lá. Meu pai trocara de horário ou de emissora mais uma vez. Levei o aparelho para a varanda e procurei em todas as estações. Nada. Fui ver minha mãe e lhe perguntei se ela sabia o que havia acontecido com A Voz. Ela não me respondeu. Perguntei novamente. Seu rosto continuou inexpressivo. Perguntei com maior urgência. Ela soltou o ar e olhou para as nuvens.

— Você sabe que faz tempo que eu venho pedindo a seu pai para nos ajudar, não sabe?

Eu assenti com a cabeça.

Ela tinha contratado advogados, preenchido a queixa, se apresentado ao juiz e ainda assim meu pai não lhe pagara. Então ela empreendeu uma última tentativa. Assinou uma ordem de prisão para meu pai. No dia seguinte, dois policiais algemaram meu pai e o levaram no meio do programa, deixando os ouvintes sem explicação. Quando soltaram meu pai da prisão um dia depois, minha mãe disse que ele estava louco de raiva. Ele pagou uma fração do que nos devia e não compareceu no tribunal na semana seguinte. Seu advogado disse ao juiz que meu pai havia fugido do estado.

Minha mãe deu um tempo para que tudo isso fosse absorvido e então me contou que recebera uma ligação do meu pai na véspera. Ele não dissera onde estava e a ameaçou dizendo que se ela não parasse de importuná-lo por causa de dinheiro, ele me seqüestraria. Anos mais tarde, eu descobriria que ele também a ameaçara de contratar alguém para acabar com ela, e sua voz soara tão aterradora que ele não parecia estar blefando. Durante algumas semanas, sempre que saía com seu T-Bird, suas mãos tremiam ao volante.

Meu pai não queria me ver, mas estava disposto a me seqüestrar? Aquilo não fazia sentido. Lancei um olhar oblíquo para minha mãe.

— Ele deve estar apenas tentando me amedrontar — disse ela. — Mas, se seu pai aparecer em Shelter Rock, ou se alguém disser que vai levá-lo até seu pai, você não deve obedecer. — Ela segurou nos meus ombros e me virou na sua direção. — Está me ouvindo?

— Estou.

Então me afastei, voltando para a varanda, voltando para o rádio. Talvez estivesse enganada. Talvez meu pai estivesse trabalhando em outra estação, falando com uma daquelas vozes engraçadas para não ser reconhecido. Girei o dial, mexi na antena, analisei cada voz, mas nenhuma era engraçada como a do meu pai, nenhuma era suficientemente profunda para fazer meu corpo vibrar e os utensílios tremerem. Minha mãe veio sentar-se ao meu lado.

— Você quer falar sobre isso?

— Não.

— Você nunca diz como está se sentindo.

— Nem você.

Ela ficou pálida. Não era minha intenção ser tão brusco. Lágrimas começaram a escorrer pelo meu rosto. Pensei que minha mãe ia me contar toda a verdade sobre meu pai, e era por isso que doía tanto, mas evidentemente ela estava editando, selecionando informações, escondendo o pior. Nos anos que se seguiram, ela foi gradualmente me revelando os fatos, cortando com delicadeza todas as ilusões que eu criara em relação à Voz, um pouco de cada vez. Ainda assim, me lembro muito bem do que ela me contou na varanda, naquela tarde melancólica, pois foi quando ela fez o primeiro corte doloroso.

Meu pai era uma mistura improvável de qualidades magnéticas e repulsivas. Carismático, vivaz, sofisticado, suicida, hilariante, irascível — e, antes de tudo, perigoso. No casamento, ele arrumou uma briga com ela. Embriagado, meu pai deu um empurrão na minha mãe, e quando o padrinho do casamento censurou aquele tratamento com a noiva, meu pai o agrediu. Vários convidados saltaram sobre ele, tentando contê-lo, e quando a polícia chegou, encontrou meu pai inquieto na calçada, querendo bater em quem passasse por ali.

A lua-de-mel foi na Escócia. Ao voltarem, minha mãe descobriu que aquela viagem deveria ter sido o grande prêmio num concurso entre os ouvintes de seu programa. Ele teve sorte de não ser preso. Nos dois anos em que permaneceram casados, ele estava sempre flertando com a ilegalidade, fazendo amizade com criminosos, ameaçando taxistas e garçons, surrando um de seus patrões. Já no final, ele passou a empregar seus modos de fora-da-lei com a minha mãe. Quando eu tinha sete meses de vida, meu pai atirou minha mãe sobre a cama e tentou sufocá-la com o travesseiro. Ela conseguiu se safar. Duas semanas depois, ele voltou a fazer a mesma coisa. Ela se livrou dele novamente, mas dessa vez ele a perseguiu e a encurralou no banheiro com sua navalha. Ele explicou com detalhes cruéis como iria desfigurar seu rosto. Então partiu para cima dela e somente meu choro no quarto ao lado foi capaz de interromper aquele surto de ódio. Foi nesse dia que nós o deixamos. O mesmo dia em que chegamos na casa do vovô, sem outro lugar para ir.

— Por que você se casou com ele? — eu perguntei naquele dia em que estávamos na varanda.

— Eu era jovem — respondeu ela. — Uma boba.

Eu não queria que ela dissesse mais nenhuma palavra. Só mais uma coisa eu precisava saber antes de parar de vez de falar sobre meu pai.

— Por que meu pai não tem o mesmo nome que nós?

— Ele usa um pseudônimo no rádio.

— O que é um pseudônimo?

— Um nome falso.

— O que é um nome *verdadeiro*?

— John Joseph Moehringer.

— Meu pai me chamava de Junior — eu disse. — Por quê?

— Ah... — Suas sobrancelhas se franziram. — Tudo bem. O nome oficial é John Joseph Moehringer Junior. Eu não gostei do nome John e não queria chamar você de Joseph. Ou Junior. Então eu e seu pai concordamos em chamá-lo JR. Jota erre, como uma abreviatura de Junior.

— Você quer dizer que meu nome verdadeiro é exatamente o nome do meu pai?

— É isso.

— E JR significa Junior?

— Exatamente.

— Alguém sabe disso?

— Ora, sua avó, seu avô... e...

— Não vamos contar para mais ninguém, promete? Nunca. Podemos dizer às pessoas que meu nome verdadeiro é JR? Por favor.

Ela me lançou o olhar mais triste que eu tinha visto em seu rosto até então.

— Claro — disse ela.

Ela me abraçou, e cruzamos os dedos mindinhos. Nossa primeira mentira conjunta.

SEIS
SR. SANDMAN

Eu estava apenas tentando substituir uma voz, assim não precisava de muito. Apenas de uma outra entidade masculina, outro pai de faz-de-conta. No entanto, percebi, mesmo um pai de faz-de-conta seria melhor se eu pudesse vê-lo. Masculinidade é mimese. Para ser um homem, um menino precisa ver um homem. Com vovô não tinha funcionado. Naturalmente eu me voltei para o outro único homem que havia por perto, tio Charlie — e o tio Charlie era alguém que valia a pena ver.

Quando ele tinha cerca de vinte anos, os cabelos do tio Charlie começaram a cair. Primeiro pequenos tufos, depois tufos maiores, depois em grandes chumaços, em seguida caíram os pêlos do peito, das pernas e dos braços. Por fim, como germes de trigo ao vento, se foram os cílios, as sobrancelhas e os pêlos púbicos. Os médicos diagnosticaram uma alopecia, uma enfermidade rara do sistema imunológico. A doença devastou tio Charlie, mas a destruição foi mais interna do que externa. Depois de desnudar seu corpo, a alopecia despojou-o de sua alma. Ele tornou-se um cara doentiamente cônscio de si mesmo, incapaz de sair de casa sem um chapéu e óculos escuros, um disfarce que, na verdade, o deixava ainda mais exposto. Ele parecia o Homem Invisível.

Pessoalmente, eu adorava a aparência do tio Charlie. Muito antes de a careca virar moda, muito antes de Bruce Willys, tio Charles era careca — bacana. Mas vovó me disse que o tio Charlie detestava a própria aparência, que ele fugia dos espelhos como se fossem pistolas carregadas.

Para mim, o que havia de extraordinário no tio Charlie não era a aparência, mas o jeito de falar, uma louca, jazzística fusão de linguajar acadêmico e gírias da bandidagem, soando como um cruzamento lingüístico de Oxford com a máfia. Ainda mais estranho era que, depois de derramar jovialmente uma torrente de palavras vulgares, ele se desculpava por empregar um termo mais caprichado, como se sua erudição fosse mais chocante do que sua vulgaridade.

— Você não se importa se eu empregar o termo "verossimilhança", não é? — ele perguntava. — Você não se importa se eu disser "perspicaz"?

Tio Charlie herdara do vovô o amor pelas palavras, porém, ao contrário do meu avô, ele pronunciava cada palavra com exatidão, com uma ondulação floreada da língua. Às vezes, eu achava que o tio Charlie podia estar querendo se gabar, esfregando na cara do vovô o fato de não gaguejar.

Logo que A Voz desapareceu, eu comecei a conversar mais com o tio Charlie. Quando ele ía para a mesa de jantar, eu parava de mastigar e o observava, ouvindo atentamente cada palavra. Algumas vezes, ele ficava em silêncio durante toda a refeição, mas quando falava era sempre o mesmo assunto. Ao acabar de jantar, ele empurrava o prato para frente, acendia um Marlboro vermelho e nos oferecia uma história do Dickens para acompanhar a sobremesa. Ele nos contou, certa vez, sobre dois homens que estavam no Dickens e fizeram uma aposta de "vida ou morte" numa disputa de queda-de-braço. O perdedor teve que usar um boné do Boston Red Sox durante nove turnos inteiros no estádio do seu maior rival, os Yankees. "E foi a última vez que ouvi falar dele", disse tio Charlie, rindo. Ele nos contou sobre uma noite em que Steve e os homens do bar "seqüestraram" um caminhão de entrega da confeitaria Entenmann. Eles roubaram centenas de tortas e travaram uma batalha intensa dentro e em volta do bar, atirando pudins e merengues uns nos outros e em inocentes espectadores que se encontravam na Plandome Road. Na batalha de Entenmann, como chamava tio Charlie, das feridas jorrava gelatina. Noutra ocasião, tio Charlie descreveu como Steve e os rapazes compraram uma frota de velhos calhambeques e os transformaram em *stock cars*. Eles encheram as malas com concreto, soldaram as portas e estacionaram os carros ao longo da Plandome Road. Iam procurar um local no dia seguinte para realizar uma corrida demolidora, mas começaram a beber e Steve não quis esperar. Às três da madrugada, começaram a apostar corrida na Plandome Road, batendo um carro no outro numa velocidade estonteante. Os policiais não acharam graça. Os policiais raramente se divertiam quando tinham de ir até o Dickens, salientou tio Charlie. O pessoal no bar tinha uma rixa com um dos policiais em particular, um que ficava de guarda numa guarita perto do Monumento aos Mortos. Certa noite, bem tarde, eles se reuniram e atacaram a guarita vazia com flechas flamejantes e a queimaram até virar cinzas.

Flechas flamejantes? Corridas demolidoras? Batalhas de tortas? O Dickens parecia ser ao mesmo tempo um lugar absurdo e sinistro, como uma festa de aniversário infantil dentro de um navio pirata. Eu gostaria que minha mãe fosse até lá de vez em quando, e levasse meus avós, pois eles todos precisavam de uma dose de absurdo em suas vidas. Mas minha mãe quase nunca bebia, a vovó só bebia daiquiris no seu aniversário e vovô bebia duas cervejas vagabundas durante o jantar, nem mais, nem menos. Ele era muito pão-duro para ser um alcoólatra, minha mãe dizia, embora também tolerasse mal o álcool. Nos feriados, depois de um copo de Jack Daniel's, ele apagava no sofá bicentenário, o ronco fazendo mais barulho do que o T-Bird.

Superficialmente, tio Charlie não parecia alguém capaz de se envolver nas aventuras absurdas do Dickens. Ele era muito melancólico, muito cheio de longos suspiros ondulantes. Como a minha mãe, ele era um mistério para mim. E, quanto mais eu o estudava, mais profundo se tornava o mistério.

Todas as tardes, um homem com voz áspera telefonava para casa procurando o tio Charlie.

— O Chas está? — dizia ele, falando rapidamente, como se estivesse sendo perseguido.

O tio Charlie dormia a maior parte do dia, e eu e meus primos conhecíamos as regras.

— Se alguém do Dickens telefonar para o tio Charlie, anote o recado. Se o Sandman telefonar, acorde o tio Charlie imediatamente.

Isso geralmente cabia a mim. Eu gostava de atender o telefone — achando que poderia ser A Voz e, quando era o Sandman, eu pedia que aguardasse, por favor, e corria até o quarto do tio Charlie. Depois de bater delicadamente na porta, eu abria uma fresta.

— Tio Charlie? — eu dizia. — Aquele cara está no telefone.

Na úmida escuridão, eu ouvia ranger as molas da cama. Depois um gemido, seguido por um longo suspiro.

— Diga que estou indo.

Quando o tio Charlie chegava ao lado do telefone — vestindo seu roupão, um cigarro apagado entre os dentes — eu estava agachado atrás do sofá bicentenário.

— Alô — tio Charlie dizia para o Sandman. — Certo, certo, é o seguinte: Rio aposta cinco no Cleveland. Tonny no Minnesota dez. E todos estão colocando 15 no Jets... Me passa os pontos dos Bears. Eles devem cobrir isso... Isso... Oito vezes e meia, é isso? Certo. E qual é a margem inferior dos Sonics?... Duzentos? Nossa! Eu pego... Ótimo. Vejo você mais tarde no Dickens.

Minha prima mais velha me disse que o tio Charlie era um "jogador", que estava fazendo algo ilícito, mas eu não achava que podia ser assim tão ilícito — provavelmente era como avançar um sinal vermelho, eu supunha — até descobrir que o mundo das apostas e a miopia particular dos apostadores estavam além da minha compreensão. Isso aconteceu quando fui à casa do meu amigo Peter. A mãe dele abriu a porta.

— Acho que você não pode mais usar *isso* — disse ela apontando para meu peito. Olhei para baixo. Eu estava usando meu pulôver preferido — NEW YORK KNICKS CAMPEÕES DO MUNDO — do qual eu gostava quase tanto quanto do meu cobertor de estimação.

— Por que não? — perguntei, espantado.

— Os Knicks perderam ontem à noite. Eles não são campeões.

Eu comecei a chorar. Corri para casa e esbarrei no vovô ao entrar pelos fundos, em seguida, irrompi no quarto do tio Charlie, uma violação impensável, invadir o santuário sem que o Sandman estivesse o chamando ao telefone. Tio Charlie saltou da cama.

— Quem está aí? — berrou ele.

Ele estava usando uma máscara do Cavaleiro Solitário, com orifícios para os olhos. Eu lhe disse o que a mãe do Peter acabara de me contar.

— Os Knicks não perderam ontem, perderam? — gritei. — Eles não podem ter perdido.

Ele retirou a máscara, voltou a se deitar na cama e apanhou o maço de Marlboro que estava sempre sobre a mesa-de-cabeceira.

— Pior ainda — respondeu com um suspiro. — Eles não jogaram nada.

No verão, tio Charlie e os rapazes do Dickens requisitavam a garagem do meu avô e realizavam partidas de pôquer com apostas altas que se estendiam por dias. Os caras jogavam cartas durante seis horas, desciam até o Dickens para comer alguma coisa, iam para casa, faziam amor com suas esposas, dormiam, tomavam um banho, e voltavam, encontrando o jogo ainda rolando. Eu gostava de ficar deitado acordado na cama até tarde, ouvindo o som das vozes aumentando e diminuindo. Podia ouvir as cartas sendo embaralhadas, as fichas tilintando na mesa, os arbustos farfalhando quando os jogadores buscavam um lugar para urinar. Aquelas vozes eram mais reconfortantes do que uma canção de ninar. Por alguns dias, pelo menos, eu não precisava me preocupar por ser o último a ficar acordado.

Enquanto eu observava o tio Charlie apostando com interesse cada vez maior, os adultos na casa do vovô fingiam que ele não existia. Especialmente minha avó. O telefone tocou um dia e eu não o alcancei a tempo, então ela atendeu. Como não era o Sandman, ela se recusou a acordar o tio Charlie. A pessoa ao telefone implorou. Vovó se manteve firme.

— Recado? — exclamou ela, pegando uma lista de compras e um toco de lápis no bolso do avental. — Pode falar. Sim. Hum-hum. Boston dez vezes? Pittsburgh cinco? Kansas City... quanto?

Evidentemente, era impossível que ela não soubesse o que significava aquilo. Mas suspeito que ela simplesmente não queria saber.

Aos olhos da vovó, o tio Charlie era incapaz de fazer algo de errado. Era o único filho homem. E havia entre eles dois um laço que me era familiar. Ao contrário da minha mãe, contudo, vovó não fazia questão de que o filho fosse respeitador e cortês. Não importava de que maneira o tio Charlie falava com a vovó — e de ressaca ele podia ficar malvado — ela o afagava e o idolatrava, chamando-o de "pobre menino", pois a má sorte evocava nela uma inexaurível piedade. Deus abençoe o Steve, dizia ela com freqüência. Steve dera um emprego ao tio Charlie naquele bar simpático, quando ele estava tomando dezenas de injeções dolorosas e, no fim das contas, inúteis no seu couro cabeludo. O tio Charlie precisava de um lugar para se esconder, e Steve veio em seu socorro. Steve salvou a vida do tio Charlie, dizia a vovó, e eu concluí que ela fazia a mesma coisa, permitindo que o tio Charlie se escondesse no seu quarto dos tempos de menino, com o papel de parede — desenhos de jogadores de beisebol — que havia sido fixado quando meu tio tinha minha idade.

Várias noites, quando o tio Charlie estava no Dickens, eu ficava no quarto olhando seus pertences. Examinava os canhotos de aposta, cheirava a camiseta do Dickens, arrumava a cômoda, que estava sempre cheia de dinheiro. Notas de cinqüenta e de cem se espalhavam por todo canto, numa casa em que minha avó nem sempre tinha dinheiro para comprar leite. Eu pensava que podia apanhar algumas e dá-las para minha mãe, mas sabia que ela recusaria e ficaria furiosa comigo. Então eu empilhava as notas ordenadamente, percebendo que Ulysses Grant se parecia com um dos homens que eu vira no jogo de beisebol do pessoal do Dickens. Depois, esticava as cobertas sobre a cama do tio Charlie, ajeitava o travesseiro de pena de ganso e fingia ser o tio Charlie. Eu assistia aos Mets jogando e fingia ter feito o que meu tio chamava de "aposta pesada" no jogo. Eu me perguntava se o tio Charlie já teria apostado pesado contra os Mets. Uma coisa dessas me incomodaria mais que ele descumprir a lei.

Certa noite, com a partida transferida por causa da chuva, mudei de canal, esperando achar um velho filme de Abbot e Costello, e acabei caindo no *Casablanca*. "Fico chocado... chocado... em saber que está havendo jogatina por aqui." Sentei para assistir. O homem vestido com um *smoking* — era tio Charlie. Aquela cara de cão de caça, aquele olhar melancólico, aquele entalhe na sobrancelha. Não somente Humphrey Bogart era a cara do tio Charlie — exceto pelos cabelos —, como também falava como o tio Charlie, com os lábios se abrindo apenas o necessário para prender o cigarro. Quando Bogart disse "Ele está de olho em você, rapaz", os pêlos da minha nuca tremeram, pois parecia que o tio Charlie estava na sala comigo. Bogart chegava a andar como o tio Charlie, naquela ginga de flamingo com dores nos joelhos. E o mais surpreendente: Bogart passava o dia todo dentro de um bar. Aparentemente, ele também sofrera uma maré de má sorte e escolhera o bar para ficar na moita, ao lado de um bocado de outros refugiados brincando de esconder com o mundo. Eu não precisava de muita ajuda para romantizar o Dickens, mas depois de descobrir *Casablanca* tornei-me um caso perdido. Aos oito anos de idade, comecei a sonhar em ir até o Dickens como outros garotos sonham em ir à Disneylândia.

SETE
NOKOMIS

Sempre que me encontrava no quarto do tio Charlie, minha avó achava uma desculpa para me tirar de lá. Um dia, entrando com uma pilha de camisetas do Dickens limpas para colocar na gaveta do tio Charlie, ela me viu estirado na cama e olhou firme para mim. Em seguida, examinou minuciosamente o quarto — pilhas de dinheiro, canhotos de apostas, chapéus, dados e guimbas de cigarro — e então o azul-claro de seus olhos escureceu.

— Comprei um bolo de café Entenmann — disse ela. — Vem comer um pedaço.

As palavras vinham resumidas, os movimentos apressados, como se houvesse algo de contagioso naquele quarto e ambos estivéssemos correndo risco. Eu não dava muita importância a isso porque a vovó estava sempre com medo de alguma coisa. Todos os dias, ela dedicava um tempo para o temor. E não era um temor inominável. Ela tentava ser específica em relação às várias tragédias à sua espreita. Temia a pneumonia, as marés violentas, os meteoros, motoristas bêbados, viciados em drogas, assassinos em série, furacões, médicos, quitandeiros inescrupulosos e os russos. Para mim, o cúmulo do temor da minha avó foi quando ela comprou um bilhete lotérico e sentou-se diante da TV para ouvir o sorteio. Depois dos três primeiros números serem sorteados, começou a rezar febrilmente para não acertar os outros três. Ela temia ganhar, com medo de o coração não agüentar.

Eu sentia pena da vovó, e a olhava de soslaio, e mesmo quando passávamos algum tempo juntos, eu me surpreendia sentindo medo como ela. Sozinho, eu já vivia sentindo medo — eu tinha consciência disso e ficava preocupado —, e de vez em quando eu temia que, se passasse muito tempo com minha avó, seus temores seriam somados aos meus e eu acabaria ficando paralisado pelo pavor. Além disso, a vovó estava sempre me ensinando coisas de meninas, como passar roupas, costurar, e embora eu gostasse de aprender qualquer coisa nova, temia o efeito que essas habilidades poderiam ter sobre mim.

Ainda assim, por mais que temesse a influência de minha avó, eu desejava sua atenção, porque era a pessoa mais gentil naquela casa. Então, quando ela me convidava para comer uma fatia de bolo na cozinha, eu abdicava do meu trono na cama do tio Charlie e a seguia imediatamente.

Antes que o primeiro pedaço de bolo estivesse dentro da minha boca, ela já começara a contar uma história. Tio Charlie era um ótimo contador de histórias, como minha mãe, mas a vovó era mestre. Aprendera a arte ainda menina, freqüentando salas de cinema em Hell's Kitchen. Depois de assistir incontáveis vezes a qualquer bangue-bangue ou romance que estivesse passando, ela voltava para casa de tarde e reunia as crianças mais pobres da vizinhança, que não tinham dinheiro para comprar ingresso. Cercada por essa audiência — que eu imagino um punhado de anjos de cara suja —, a minha avó recriava os diálogos e reproduzia as cenas, e as crianças exclamavam, suspiravam e aplaudiam, fazendo a pequena Margaret Fritz sentir-se momentaneamente uma estrela de cinema.

Minha avó conhecia seu público. Sempre enfatizava uma convicção moral que tivesse significado especial para a audiência. Comigo, por exemplo, ela falava sobre seus irmãos, três irlandeses musculosos que pareciam saídos de um conto de Grimm. "Aqueles moleques não aceitavam desaforo", dizia a vovó, em sua versão de "era uma vez..." Sua história clássica sobre os irmãos Fritz era sobre certa noite em que, voltando para casa, encontraram o pai surrando sua mãe. Eram ainda jovens, da minha idade, mas agarraram o pai pelo pescoço e lhe disseram: "Ponha novamente as mãos nela e nós te matamos". Moral: homens de verdade tomam conta de suas mães.

Dos irmãos, minha avó emendava para outra história sobre meus primos, os Byrne, que moravam no extremo leste de Long Island. (Eu não conseguia entender direito os laços de parentesco — eram netos da irmã da vovó.) Havia dez primos Byrne, uma menina e nove meninos, que a minha avó colocava no mesmo pedestal que seus irmãos. A Gangue dos Byrne tinha a mesma combinação de músculos e elegância, dizia ela, os apresentando para mim como os "perfeitos cavalheiros", o que me deixava ressentido. Fácil para eles serem perfeitos, eu pensava — eles têm um pai. O tio Pat Byrne era um desses irlandeses bonitos, de pele escura, e jogava futebol com os filhos toda noite, depois do trabalho.

Aos oito anos, eu era singularmente ingênuo, mas mesmo assim era capaz de adivinhar o motivo dissimulado de muitas das histórias da minha avó. Embora não gostasse de meu pai, vovó entendia o que eu conseguia extrair da sua voz, e o que perdia quando a voz sumia, e ela fazia o que podia para convocar novas vozes masculinas para mim. Eu lhe era grato, e estava vagamente consciente de que esta não era a única substituição acontecendo durante nossas sessões de bolo com histórias. Minha avó sentia-se na obrigação de preencher a ausência da minha mãe, que trabalhava longos expedientes, mais determinada do que nunca a nos tirar da casa do vovô.

Quanto mais tempo eu e minha avó passávamos juntos, mais ficávamos íntimos, ambos receosos de que viesse a lhe faltar matéria-prima. Por fim, nossos temores se realizaram. O arquivo de histórias se exauriu, ela foi forçada a recorrer à literatura, recitando passagens líricas de Longfellow, seu poeta predileto, cujos versos ela memorizara nos tempos de escola. Eu gostava de Longfellow até mais do que dos irmãos Fritz. Quando a vovó recitava *A canção do Hiawatha*, eu parava de respirar, extasiado, enquanto ela descrevia como o pai do menino-índio desaparecera logo após seu nascimento, e como a mãe de Hiawatha então faleceu, fazendo com que o garoto fosse criado pela avó, Nokomis. Apesar dos avisos de Nokomis, apesar do senso de temor, Hiawatha partiu em busca do pai. O menino não tinha escolha. A voz do pai o perseguia com o vento.

Eu apreciava as reminiscências da vovó sobre seus épicos irmãos e seus recitais poéticos sobre homens heróicos, mas me sentia incomodado, envergonhado mesmo, porque minhas histórias favoritas eram sobre uma mulher — a mãe dela, Maggie O'Keefe. A mais velha de 13 irmãos, Maggie foi obrigada a cuidar dos menores enquanto a mãe estava doente ou grávida, e ela se tornou uma heroína popular no condado de Cork pelos diversos sacrifícios, inclusive carregar a irmãzinha nos ombros para a escola, quando esta não estava a fim de andar. Maggie jurara que a irmã aprenderia a ler e escrever, coisa que ela sempre desejara para si. O que fez Maggie sair da Irlanda, abandonar os irmãos e os pais e viajar para Nova York no século XIX, isso nunca soubemos. Desejávamos avidamente saber, pois ela era a primeira de uma linhagem de imigrantes, a matriarca de um clã de homens e mulheres que viveram momentos misteriosos e dramáticos. Mas o motivo que a levou a partir devia ter sido tão horrível, tão doloroso que, apesar de Maggie ter sido conhecida como uma contadora de histórias nata, aquela história foi a única que ela nunca contou.

Por seu tormento secreto, por suas muitas e boas qualidades, Maggie merecia um pouco de felicidade quando desembarcou em Ellis Island. Em vez disso, a vida ficou mais difícil. Trabalhando como criada numa das grandes propriedades em Long Island, certa vez ela estava passando ao lado de uma janela no segundo andar quando viu o jardineiro sob uma árvore lendo um livro. Ele era "indignamente bonito", disse ela anos mais tarde, e obviamente, bem educado. Maggie caiu de amores por ele. Confidenciou seu amor a uma amiga, outra criada, e elas elaboraram um plano. A amiga, que sabia escrever, anotaria os pensamentos de Maggie e os transformaria numa carta de amor, que Maggie assinaria e colocaria dentro do livro do jardineiro, enquanto ele podava as roseiras. Claro, o jardineiro ficou admirado com a carta de Maggie, seduzido pela prosa sublime e, após um namoro ardoroso, ele e Maggie se casaram. Quando descobriu que Maggie era analfabeta, contudo, o jardineiro sentiu-se enganado, e daí nasceu um ressentimento que durou a vida toda, e que ele usou para justificar os porres e as surras que lhe aplicava — até que os três filhos o surpreenderam e o agarraram pelo pescoço.

Certa noite, quando, já tarde, vovó estava me contando uma história, meu avô apareceu na cozinha.

— Me dê um pedaço de bolo — disse ele.

— Estou bem no meio de uma história — disse minha avó.

— Me dê um pedaço dessa droga de bolo e não me faça pedir outra vez, mulher estúpida!

Se o vovô era apenas frio com os filhos e repelente com os netos, com a vovó ele era medonho. Ele menosprezava, provocava, atormentava-a por esporte, e a crueldade com ela estava cristalizada no nome. Nunca o ouvi chamá-la de

Margaret. Ele a chamava de Mulher Estúpida, que parecia uma perversão de certos nomes indígenas — Grande Urso, Água Sorridente — em Hiawatha. Eu não entendia como a vovó deixava meu avô maltratá-la, porque não entendia a profundidade da sua dependência emocional e financeira dele. Meu avô entendia, e a explorava, mantendo-a malvestida para se parecer com ele. Dos quarenta dólares que ele lhe dava todas as semanas para comida e despesas domésticas, nada sobrava para um vestido ou sapatos novos. Seu uniforme diário era um avental esfarrapado. Era a farda de submissão, a mortalha.

Depois que o vovô saiu da cozinha — depois que minha avó lhe serviu um pedaço de bolo — sobreveio um silêncio apavorante. Observei a vovó, o olhar fixo no prato. Ela retirou os óculos de lentes espessas e tocou no olho esquerdo, que agora tremia, piscava, um tique nervoso. A foto tirada quando vovó tinha 19 anos mostra seus olhos azuis calmos e firmes, seu rosto arredondado emoldurado pelos cabelos louros cacheados. Não era um rosto convencionalmente bonito, mas os traços se harmonizavam pela vitalidade, e quando a vitalidade se foi — escorraçada pelo medo e pela intimidação — os traços caíram em desarmonia. Além da contração dos olhos, o nariz curvou-se, os lábios se retraíram, as bochechas declinaram. Os dias de degradação e vergonha se revelavam. Mesmo quando estava calada, o rosto da minha avó contava uma história.

Embora não entendesse por que minha avó não reagia, por que não obedecia a seu legado genético e partia, eu entendia muito bem, depois da visita do vovô à cozinha, por que ela contava todas aquelas histórias sobre homens. Não era só para o meu proveito. Ela própria era a melhor ouvinte, relembrando-se, renovando a confiança de que existem homens bons, capazes de correr em seu resgate a qualquer momento. Como continuava olhando para as migalhas, senti que deveria dizer alguma coisa, alguém deveria dizer alguma coisa antes que nós dois fôssemos engolidos pelo silêncio.

— Por que existem tantos homens maus em nossa família?

— Não é só em nossa família — disse ela sem olhar para frente. — Existem homens maus em todos os lugares. É por isso que eu quero que você seja um homem bom quando crescer. — Aos poucos seus olhos foram se abrindo. — É por isso que eu quero que você pare de ficar zangado o tempo todo, JR. Chega de crises de raiva. Chega de pedir uma TV nova ou um brinquedo, pois sua mãe não tem dinheiro. Você precisa cuidar de sua mãe. Está me ouvindo?

— Estou.

— Sua mãe trabalha muito e está muito cansada. Não tem ninguém para ajudá-la. Só você. Ela conta com isso. Eu conto com você.

Cada vez que ela dizia "você", a palavra parecia ressoar no meu ouvido. Minha boca ficou seca, porque eu já estava tentando o meu melhor, mas minha avó dizia que meu maior medo, a coisa que eu mais temia, estava se tornando realidade. Eu estava deixando minha mãe na mão. Falhando com minha mãe. Prometi à minha avó que me esforçaria ainda mais, depois pedi que me desculpasse e voltei rapidamente pelo corredor até o quarto do tio Charlie.

OITO
MCGRAW

— O QUE VOCÊ ESTÁ FAZENDO? — perguntou meu primo McGraw.

Ele estava em pé no meio do quintal, agitando um bastão para um lançador imaginário, fazendo um som como se acertasse na bola. Eu estava sentado no alpendre, o rádio sobre as pernas. Eu tinha quase nove anos e McGraw tinha sete.

— Nada — respondi.

Alguns minutos se passaram.

— Não, de verdade — disse ele. — O que você está fazendo?

Abaixei o volume.

— Tentando ver se meu pai voltou para o rádio.

Depois de acertar mais um lançamento imaginário, McGraw endireitou o capacete de batedor do Mets, que nunca tirava da cabeça, e disse:

— E se existisse uma máquina que deixasse você ver e ouvir seu pai quando bem entendesse? Não ia ser bacana?

O pai de McGraw, meu tio Harry, quase nunca aparecia, mas sua ausência era quase mais marcante que a do meu pai, pois o tio Harry morava numa cidade próxima. As visitas eram assustadoras, porque às vezes ele batia na tia Ruth e nos meus primos. Certa vez, ele esvaziou uma garrafa de vinho sobre a cabeça da tia Ruth na frente de McGraw. Em outra ocasião, arrastou a tia Ruth pelos cabelos na frente de todos os primos. Ele chegou mesmo a me dar um tapa na cara, o que despertou em mim um sentimento mortal no fundo do peito.

McGraw era meu melhor amigo e mais fiel aliado na casa do vovô, depois da minha mãe. Com freqüência o apresentava como meu irmão, e não estava mentindo. Eu buscava alguma coisa mais verdadeira que a verdade. Como McGraw não seria meu irmão, se levava a mesma vida, orientada pelas mesmas coordenadas? Pai ausente. Mãe cansada. Tio sombrio. Avós tristes. O nome singular gerando provocações e confusão. Da mesma forma como ocorria com meu nome, havia um certo mistério sobre as origens do nome de McGraw. Tia Ruth contou ao vovô que aquele nome fora inspirado em John McGraw, o lendário administrador de times de beisebol, mas eu também a ouvi contando à minha mãe que escolhera o nome mais escabroso que encontrara para ter certeza de que McGraw, cercado pelas irmãs, não se tornasse um efeminado.

Eu compartilhava os receios de tia Ruth. Eu também temia que McGraw e eu estivéssemos condenados a ser efeminados. Quando McGraw, que era mais despreocupado do que eu, não se inquietava com isso, eu o obrigava a fazê-lo. Iniciei McGraw nas minhas neuroses, enfiando em sua cabeça a idéia de que cresceríamos sem uma cultura masculina, como consertar automóveis, caçar, acampar, pescar e, especialmente, lutar boxe. Para o próprio bem de McGraw, exigi que me ajudasse a encher a bolsa de golfe do tio Charlie com trapos de pano e jornais, e com esse saco de pugilista provisório ensinamos um ao outro como esmurrar com a direita e a esquerda. Arrastei McGraw contra sua vontade até o lago ao lado dos trilhos do trem, onde lançamos anzóis dentro das águas espumosas, usando pão de forma como isca. E acabamos pescando alguma coisa, um peixe manchado parecido com o ator Barney Fife, que levamos para a casa do vovô. Colocamos o peixe na banheira e o esquecemos lá. Quando a vovó o encontrou, ela foi severa conosco, confirmando minha paranóia de que estávamos vivendo sob uma tirania feminina.

Apesar de nossas vidas idênticas, McGraw e eu éramos crianças diferentes, e nossas diferenças pareciam se expandir a partir de nossos relacionamentos com nossas mães. McGraw tendia a se irritar com a dele, a quem tratava por Ruth, ao passo que eu me apegava à minha, a quem nunca chamei de Dorothy. Era sempre mamãe. Minha mãe me deixou usar os cabelos como os de Keith Patridge, da família Dó-ré-mi, a mãe de McGraw fazia com que lhe cortassem os cabelos duas vezes por mês no estilo militar. Eu era tenso, McGraw era despreocupado. Eu tinha propensão para meditar, McGraw era um gozador, e sua risada era distinta, emitia um trinado sinfônico que exprimia uma alegria irrepreensível. Eu era enjoado para comer, McGraw comia qualquer coisa posta à sua frente com litros de leite. "McGraw", gritava a vovó, "eu não tenho uma vaca no quintal", ao que ele respondia com um acesso de riso. Eu era moreno e magro, McGraw era louro e grande, cada vez maior. Ele crescia como um menino de contos de fadas, quebrando cadeiras, rasgando redes, destruindo camas e o aro da cesta de basquete na garagem. Como o tio Harry era um gigante, me parecia lógico que McGraw estivesse crescendo como um pé de feijão.

McGraw não falava sobre o pai, e não falava porque não queria falar sobre o pai. Eu suspeitava, porém, que sempre que um trem passava ao lado da baía de Manhasset, estalando sobre os trilhos e se fazendo ouvir em toda Manhasset, McGraw não podia deixar de pensar no seu pai, um condutor da estrada de ferro Long Island. Embora McGraw não o dissesse, eu acreditava que o som do trem o afetava do mesmo modo que a estática do rádio me afetava. Em algum lugar, dentro daquele ruído transparente, estava seu pai.

Quando McGraw conseguia vê-lo, não se tratava de uma visita, mas de uma emboscada. Tia Ruth mandava meu primo a um bar qualquer para pedir dinheiro ao pai ou fazê-lo assinar alguns documentos. Era fácil saber quando ele acabara de chegar de uma dessas emboscadas nos bares. O rosto bochechudo ficava vermelho, os olhos vítreos. Ele parecia traumatizado, mas também animado, pois acabara de ver o pai. Então queria jogar beisebol no quintal imediatamente, para queimar a adrenalina e o ódio. Ele batia forte com o bastão, arremessando a bola além do alvo que havíamos marcado com giz na garagem. Certa vez, após uma dessas emboscadas, ele bateu tão forte na bola que o vovô disse ter certeza de que McGraw acabaria demolindo a garagem.

Havia também outra maneira infalível de saber se McGraw estava aborrecido. Como o vovô, ele gaguejava. Sua gagueira era muito mais sutil do que a do vovô, mas sempre que via McGraw lutando para formar palavras, meu coração ficava em frangalhos e eu renovava minha certeza de que ele era uma das pessoas que necessitavam da minha proteção naquela casa. Em todas as fotos tiradas naqueles anos eu estou com uma mão no ombro de McGraw, ou segurando sua camisa, como se ele estivesse sob minha responsabilidade, sob minha guarda.

Um dia, McGraw foi convocado para ver o pai, mas não se tratava de uma emboscada típica dentro de um bar. Eles passaram um tempo juntos, comeram *cheeseburguers*, conversaram. McGraw pôde até conduzir o trem. Quando voltou, carregava uma sacola de supermercado. Dentro havia um dos chapéus de condutor de seu pai, grande e pesado como um vaso de frutas. "É do meu pai", disse McGraw, retirando o boné do Mets e colocando o chapéu de condutor. A aba da frente caiu sobre seus olhos e o chapéu escondeu suas orelhas.

A sacola de compras continha também centenas de bilhetes de trem.

— Olhe — disse McGraw. — Podemos ir a qualquer lugar com eles. Qualquer lugar! Até ao Shea Stadium!

— Esses bilhetes já foram usados — eu lhe disse, tentando abrandar seu entusiasmo, porque estava com inveja por ele ter visto o pai. — Não servem para nada, *imbecil*.

— Meu pai me deu esses bilhetes.

Ele afastou a sacola de compras de mim.

Com o chapéu de condutor na cabeça e um cinto que o pai também lhe dera, McGraw nomeou a si mesmo condutor da sala de estar. Ele cambaleava para os lados, imitando o modo de caminhar dos condutores num trem em movimento, embora se parecesse mais com o tio Charles voltando do Dickens. "Bilhetes!", dizia ele. "Todos os bilhetes. Próxima parada, Penn Station!" Todos tínhamos que apanhar moedas nos bolsos, sem exceção, embora a vovó comprasse vários bilhetes no sofá bicentenário com biscoitos e copos de leite.

Tia Ruth puxou o freio de emergência da locomotiva do McGraw na sala de estar. Disse-lhe que estava processando seu pai por não lhe ajudar financeiramente com o filho, e ele seria chamado como testemunha. Ele teria que depor, jurando sobre a Bíblia Sagrada que o tio Harry deixara a esposa e seis crianças à míngua. McGraw resmungou e pôs as mãos sobre os ouvidos, depois saiu correndo pela porta dos fundos. Corri atrás dele e o encontrei atrás da garagem, sentado na lama. Ele mal conseguia falar.

— Vou ter que ficar em pé e falar coisas ruins do meu pai! Ele nunca mais vai querer me ver! Nunca mais vou ver meu pai!

— Não — eu lhe disse. — Você nunca precisará dizer coisas ruins do seu pai, se não quiser.

Se fosse necessário, eu o levaria clandestinamente para Shelter Rock antes que isso acontecesse.

O caso nunca chegou aos tribunais. Tio Harry deu algum dinheiro para tia Ruth e a crise foi superada. Mas, durante muito tempo, McGraw não voltou a visitar o pai. Discretamente, McGraw retirou o chapéu de condutor, recolocou o boné do Mets, e todos nós pudemos então viajar gratuitamente no sofá bicentenário.

Na cama sobressalente que dividíamos no canto do quarto do vovô, McGraw e eu ficávamos acordados à noite, conversando sobre tudo, exceto o assunto que nos unia, embora esse assunto às vezes se intrometesse. Meu avô gostava de dormir com o rádio ligado, então, a todo instante, a voz profunda do locutor chamava minha atenção. E todo trem que passava à distância fazia com que McGraw levantasse a cabeça. Depois de meu primo adormecer, eu escutava o rádio e os trens, e apreciava o luar penetrando o quarto e despejando listras amarelas sobre o rosto rechonchudo de McGraw. Eu agradecia a Deus por ele e me preocupava, pensando no que faria se ele não estivesse lá.

E então ele se foi. Tia Ruth se mudou com meus primos para uma casa alguns quilômetros acima da Plandome Road. Ela também estava decidida a escapar da casa do vovô, embora isso não tivesse nada a ver com as condições locais e o excesso de habitantes. Depois de uma discussão violenta com o vovô e a vovó, minha tia se foi num arroubo de cólera, ficando ela e meus primos afastados de nós. Ela os proibira de nos visitar.

— A tia Ruth seqüestrou meus primos? — perguntei ao meu avô.

— Podemos dizer que sim.

— Um dia ela vai trazê-los de volta?

— Não, houve um embargo.

— O que é um embargo?

Eu tinha ouvido essa palavra várias vezes em 1973. Havia um embargo imposto pelo Oriente Médio, significando que os árabes se recusavam a nos vender combustível, motivo pelo qual não se podia comprar mais de quarenta litros de cada vez no posto Mobil, perto do Dickens. O que aquilo tinha a ver com a tia Ruth?

— Isso quer dizer que estamos na sua lis... lis... lista negra — respondeu meu avô.

Além disso, tia Ruth tinha barrado meu acesso à sua casa. Estava proibido de ver McGraw e as primas.

— Você também está na lista negra — disse o vovô.

— Por que eu estou na lista?

— Culpado por associação.

Lembro-me do embargo McGraw em 1973 como uma época em que eu também fiquei sem combustível. Eu me arrastava pelos dias, indiferente, carrancudo. Estávamos em outubro. Os bordos sacarinos de toda Manhasset se transformaram em tochas vermelhas e alaranjadas, e dos cumes mais elevados a cidade parecia estar ardendo em chamas. Vovó estava sempre me dizendo para ir brincar lá fora, aproveitar as cores do outono e o clima agradável, mas eu ficava apenas deitado na cama do tio Charlie, assistindo à TV. Estava assistindo a *Jeannie é um gênio* certa noite, quando ouvi a porta da frente ser aberta, seguida pela voz de Sheryl.

— Tem alguém em casa?

Saí correndo do quarto do tio Charlie.

— Ora, veja — exclamou a vovó, abraçando a neta.

— Você atravessou a linha inimiga — disse minha mãe, beijando-a.

— Bobagem — respondeu Sheryl com um largo gesto de mão.

Sheryl não tinha medo de ninguém. Com 14 anos, ela era a filha mais bonita de tia Ruth, e a mais ousada.

— Como vai o McGraw? — perguntei.

— Ele sente sua falta. E me pediu para perguntar como você vai se fantasiar no *Halloween*.

Olhei para o chão.

— Não vou poder levá-lo, pois vou trabalhar essa noite — disse minha mãe.

— Eu o levarei — propôs Sheryl.

— E sua mãe? — quis saber a vovó.

— Eu darei uma volta com ele no quarteirão — respondeu ela. — Enchemos a sacola de doces e volto para casa antes de Ruth perceber que eu saí. — Ela se virou para mim. — Pego você às cinco.

Às quatro eu estava na varanda, vestido de Frito Bandito, um personagem de desenho da época, com poncho, sombrero e um bigode desenhado sobre a boca. Sheryl chegou na hora marcada.

— Pronto? — perguntou.

— E se nos pegarem?

— Seja homem.

Sheryl conseguiu acalmar meus nervos fazendo um bocado de piadas e zombando de todos que nos davam doces. Quando nos afastávamos de uma casa, ela sussurrava: "O senhor pode abaixar o volume de suas calças, *mister*?" Se a luz da varanda se acendia quando nos aproximávamos da porta, ela dizia: "Não precisa servir um café, não vamos demorar!" Eu morria de rir, me divertindo um bocado, embora de vez em quando verificasse atrás de nós se alguém estava nos seguindo.

— Nossa — disse Sheryl —, você está me deixando nervosa. *Relaxe*.

— Desculpa.

Estávamos de mãos dadas, entrando na Chester Drive, quando a caminhonete da tia Ruth parou ao nosso lado. Olhando fixamente para a Sheryl e me ignorando, tia Ruth sibilou:

— Entre... neste... *carro*.

Sheryl me abraçou se despedindo e disse para eu não me preocupar. Eu fui andando na direção da casa do vovô, mas parei na metade do caminho. O que Hiawatha faria nessa situação? Era preciso me certificar de que Sheryl estava bem. Ela precisava de minha proteção. Dei a volta pela Plandome Road e me aproximei da casa da tia Ruth, rastejando pelas vielas e quintais até alcançar a cerca dos fundos. Ficando em pé sobre uma lata de lixo, vi sombras numa janela e ouvi tia Ruth gritando. Pude escutar Sheryl falando alguma coisa, depois mais berros e então o ruído de vidro se partindo. Eu queria correr até lá e salvar Sheryl, mas estava com muito medo para conseguir me mexer. Eu me perguntava se McGraw iria defender a irmã, e se isso lhe traria problemas. Tudo por minha culpa.

Caminhei a passos lentos até a casa do vovô, removendo meu bigode, parando de vez em quando para espiar pelas janelas das casas. Famílias felizes. Lareiras acesas. Crianças vestidas de piratas e bruxas, selecionando e contando seus doces. Eu seria capaz de apostar pesado que nenhuma daquelas crianças sabia qualquer coisa sobre emboscadas e embargos.

NOVE
DICKENS

Minha mãe conseguiu um emprego melhor como secretária no North Shore Hospital, e o salário foi exatamente o suficiente para alugarmos um apartamento de quarto-e-sala em Great Neck, a poucos quilômetros da casa do vovô. Ainda continuaria freqüentando a quinta série em Shelter Rock, ela me explicou, e depois da escola o ônibus ainda me deixaria na casa do vovô, mas quando ela terminasse o trabalho à noite, nós iríamos para nosso novo... *lar*. Notei que ela não hesitara em usar a palavra, apenas a enfatizara.

Mais do que qualquer outro apartamento para o qual tínhamos escapado, minha mãe adorava aquele lugar em Great Neck. O soalho de madeira corrida, a sala de estar com o pé-direito elevado, as fileiras de árvores na rua; cada detalhe lhe era precioso. Ela mobiliou o apartamento o melhor possível, com objetos dispensados na recente reforma das salas de espera do hospital, tralhas que estavam prontas para serem postas no lixo. Sentados naquelas cadeiras duras de plástico, reproduzíamos as mesmas expressões sérias das pessoas que as tinham ocupado antes. Nós também estávamos prestes a receber más notícias, porém, em nosso caso, essas seriam um conserto inesperado do carro ou um aumento do aluguel. Eu temia que, quando elas chegassem, quando minha mãe se desse conta de que teríamos de abandonar Great Neck e voltar para a casa do vovô, esta decepção fosse diferente. Esta seria capaz de destruí-la.

Eu estava me tornando um apavorado crônico, diferente da minha mãe, que se defendia cantando e emitindo declarações otimistas ("tudo vai ficar bem, querido"). Às vezes eu a deixava me fazer crer que nada a amedrontava, até ouvir um grito na cozinha e correr, encontrando-a em pé numa cadeira, apontando para uma aranha. Como tivesse matado a aranha e seguido na direção da lixeira pelo corredor, eu chegava à conclusão de que minha mãe não era tão corajosa assim, que era eu o homem da casa, e a partir daí meu medo se multiplicava.

Mais ou menos uma vez por ano, minha mãe deixava de lado toda pretensão de otimismo, cobria o rosto com as mãos e chorava. Eu colocava meu braço sobre seus ombros e tentava reconfortá-la, repetindo suas declarações otimistas para ela mesma. Eu não acreditava nelas, mas elas pareciam ajudar minha mãe.

— Isso é verdade, JR — dizia ela, fungando. — Amanhã será um novo dia.

Pouco depois de nos mudarmos para Great Neck, contudo, seu acesso de choro veio mais forte, e eu passei para o plano B. Iniciei um monólogo que vira um comediante fazer no programa *The Merv Griffin Show*. Eu o tinha escrito numa folha solta de papel e enfiado dentro de meu livro da escola para uma ocasião como aquela.

— Ei, gente — eu disse, lendo a folha. — Sinto-me feliz por estar aqui, feliz por estar aqui. Não estou mentindo. Não senhor, eu odeio os mentirosos. Meu pai era um mentiroso. Ele me disse que conhecia o sistema de transportes como a palma de sua mão, viajava o país inteiro pedindo carona!

Minha mãe lentamente abaixou as mãos e olhou para mim.

— É isso — continuei. — Meu pai me disse que a mobília de nossa sala de estar era de Luís XIV. Ela teria mesmo voltado a pertencer ao Luís se não tivéssemos pagado a prestação antes do dia 14!

Minha mãe me abraçou e disse que se sentia muito mal por me apavorar, mas não conseguia se segurar.

— Estou tão cansada — disse ela. — Cansada de ter medo e de batalhar e de ser tão... tão *só*.

Só. Aquilo não me ofendeu. Não importava o quanto éramos próximos, minha mãe e eu, a falta de um homem em nossas vidas nos fazia sentir, de tempos em tempos, sós. Algumas vezes, eu me sentia tão só, que desejava que existisse uma palavra maior, mais longa do que "só". Tentei falar com minha avó sobre aquela impressão, sobre aquela minha suspeita de que a vida estava arrancando pedaços de mim, primeiro A Voz, e depois McGraw, mas ela não me entendeu. Disse que era um pecado reclamar do tédio quando tantas pessoas no mundo seriam capazes de matar para ter o tédio como o maior problema. Eu disse que não era tédio, era solidão. Sua resposta foi que eu não estava sendo o homem forte que ela me pedira para ser.

— Vá sentar numa cadeira e olhe para o céu — recomendou ela. — E agradeça a Deus por não estar sentido dores.

Fui até o andar de cima e vasculhei o sótão, onde encontrei um toca-discos e uma máquina de escrever dos anos 1940. Usando esses itens para compensar meu isolamento, comecei a escutar discos de Frank Sinatra enquanto criava algo que chamei de a *Gazeta da Família*. O número inaugural saiu no começo de 1974, com um "perfil" da minha mãe na primeira página e uma análise em quatro linhas do governo Nixon. Havia também um breve editorial censurando o comércio internacional de "marirruana" e um breve e confuso resumo sobre o racha na família. Entreguei o primeiro exemplar para o meu avô.

— *Gazeta da Família?* — exclamou ele. — Ah! Nós não somos uma fam... fam... família.

Com o número da *Gazeta da Família* do dia seguinte pronto, eu costumava sair para dar uma volta de bicicleta. Subia a íngreme ladeira da Park Avenue, a parte mais antiga de Manhasset, onde ficavam as melhores casas para arrumar dinheiro. Entrando e saindo de algum esplêndido edifício antigo, eu espiava pelas janelas, contemplando os segredos da vida — penetrando-os. Podia sentir o cheiro da fumaça que escapava enovelada das chaminés, tão deliciosamente inebriante. As pessoas ricas, concluí, deviam fazer suas compras em alguma loja secreta, na qual compravam lenha com fragrância de melhor qualidade. E a mesma loja devia vender lâmpadas mágicas. As pessoas ricas tinham as melhores porcelanas, cortinas e os melhores dentes, é claro, mas também tinham lâmpadas que emitiam uma luz excruciantemente aconchegante. Em contraste, todas as lâmpadas na casa do vovô lançavam uma luz escaldante de holofote de penitenciária. Até as mariposas evitavam aquelas lâmpadas.

Voltando para a casa do vovô, eu reclamei novamente com a vovó que estava me sentindo só.

— Vá sentar numa cadeira e olhe para o céu...

Finalmente, desci até o porão.

Como o bar, o porão do vovô era escuro, remoto e estritamente proibido às crianças. Era no porão que o forno roncava, a fossa regurgitava e as teias de aranha eram grandes como redes de pescar atum. Descendo pela frágil escada, eu estava pronto para sair correndo ao primeiro ruído de alguma coisa que passasse rastejante pelo chão de cimento, mas em poucos minutos decidi que o porão era o lugar ideal para se esconder, a única parte da casa do vovô que oferecia sossego e privacidade. Ninguém podia me achar lá embaixo, e o forno era melhor do que A Voz para abafar a fúria dos adultos no andar de cima.

Avançando corajosamente até os cantos mais recônditos do porão, descobri a maior atração, o tesouro escondido. Enfiados dentro de caixas, empilhados sobre mesas, transbordando de malas e de baús de viagem, havia centenas de romances, biografias, livros escolares e de arte, além de memórias e manuais práticos, tudo abandonado por sucessivas gerações e ramos amputados da família. Lembro que aquilo me deixou ofegante.

Eu me apaixonei por aqueles livros à primeira vista, e foi minha mãe que me predispôs a amá-los. Desde os meus nove meses até eu entrar para a escola, minha mãe me ensinou a ler, usando uns cartões ilustrados que encomendava pelo correio. Sempre me lembrarei daqueles cartões de leitura com a mesma clareza e precisão, e dos títulos em letras vermelhas sobre fundo creme e, por trás deles, o rosto da minha mãe, com aquelas mesmas cores adoráveis, sua pele de leite de rosas cingida pelos cabelos ruivos. Eu adorava a aparência daquelas palavras, as formas, a associação subliminar do tamanho dos caracteres com o lindo rosto de minha mãe, mas na época pode ter sido a funcionalidade que conquistou meu coração. Como nenhuma outra coisa, as palavras organizavam meu mundo, colocavam ordem no caos, dividiam nitidamente as coisas em preto e branco. As palavras me ajudaram até a organizar meus pais. Minha mãe era a palavra impressa — tangível, presente, real — ao passo que meu pai era a palavra falada — invisível, efêmera, instantaneamente parte da memória. Havia algo de reconfortante naquela rígida simetria.

Agora, no porão, eu tinha a impressão de estar dentro de um mar de livros que subia até a altura de meu peito. Eu abri o livro maior e mais pesado que encontrei, a história do seqüestro de Lindbergh. Levando em conta as advertências de minha mãe sobre meu pai, pressenti uma ligação com esse bebê Lindbergh. Observei as fotos do pequeno cadáver, aprendi a palavra "resgate", que eu julguei fosse algo como pensão alimentícia para os filhos.

Muitos dos livros dentro do porão eram avançados demais para mim, mas não dei importância a isso, estava contente por poder venerá-los antes de ser capaz de lê-los. Empilhada dentro de uma caixa de papelão, encontrei uma magnífica coleção com capa de couro. A obra completa de Dickens. E, por causa do bar, dei mais valor a esses livros do que aos demais, e sentia fome de saber o que eles diziam. Admirei por um bom tempo os desenhos, especialmente os de David Copperfield, da minha idade, dentro de um bar. A legenda dizia: "Minha primeira despesa num *pub*."

— Este livro é sobre o quê? — perguntei a meu avô, entregando-lhe *Grandes expectativas.*

Estávamos tomando o café da manhã com a vovó.

— Sobre um menino que tem grandes ex... ex... expectativas — respondeu ele.

— O que é expectativa?

— Expectativa é uma mal... mal... maldição.

Engoli uma colher cheia de cereais, confuso.

— Por exemplo — prosseguiu ele. — Quando eu ca... ca... casei com sua avó, eu tinha grandes ex... ex... expectativas.

— Isso lá é maneira de falar com seu neto? — protestou ela.

Vovô soltou uma gargalhada cruel.

— Nunca se case só pelo sexo — ele me disse.

Engoli outra colher de cereais, arrependido de ter perguntado.

Dois livros do porão se tornaram meus companheiros constantes. O primeiro era *O livro da selva,* de Rudyard Kipling, no qual conheci Mogli, que passei a considerar um primo meu, como McGraw. Passava horas com Mogli e seus pais de adoção, Balú, o urso camarada, e Baguera, a sábia pantera, ambos desejosos de que Mogli se tornasse um advogado. Estavam sempre insistindo para que Mogli aprendesse as Leis da Selva. O segundo era um livro caindo aos pedaços, dos anos 1930, chamado *Biografias resumidas.* As páginas cor de caramelo eram repletas de breves narrativas e retratos a bico-de-pena dos grandes homens através da história. Adorava a profusão de pontos de exclamação. *Rembrandt — O homem que pintou com as sombras!; Thomas Carlyle — O homem que deu dignidade ao trabalho!; Lord Byron — O dândi da Europa!* Eu apreciava a fórmula tranqüilizadora: Toda vida começa na penúria e acaba inexoravelmente em glória. Durante horas, eu ficava olhando profundamente nos olhos de César e Maquiavel; Aníbal e Napoleão, Longfellow e Voltaire, e guardei na memória a página dedicada a Dickens, padroeiro dos meninos abandonados. Seu retrato no livro apresentava a mesma silhueta que Steve havia afixado sobre o bar.

Certa vez, eu estava tão absorvido na leitura das biografias que nem percebi a presença da minha avó ao meu lado, com uma nota de um dólar na mão.

— Procurei você em todos os cantos — disse ela. — Seu tio Charlie está tendo um surto de abstinência de nicotina. Corra até o bar e traga para ele um maço de Marlboro vermelho.

Ir ao Dickens? *Entrar* no Dickens? Apanhei o dinheiro, enfiei as *Biografias resumidas* sob o braço e corri até a esquina.

Quando cheguei ao bar, porém, eu parei. Com uma das mãos na maçaneta, senti meu coração disparado, sem saber o motivo. Eu me sentia atraído para dentro do bar, mas a atração era tão poderosa e irresistível, que me pareceu ser perigosa, como o oceano. Minha avó estava sempre lendo artigos do *Daily News* para mim, sobre banhistas arrastados pela correnteza para o alto-mar. "Deve ser essa a impressão que se tem numa correnteza." Respirei fundo, abri a porta e mergulhei. A porta bateu atrás de mim e fui engolido pela escuridão. Uma alcova. À minha frente, uma segunda porta. Empurrei-a e as dobradiças rangeram enferrujadas. Mais um passo à frente e me encontrei numa longa e estreita caverna.

À medida que meus olhos se adaptavam, notei que a atmosfera tinha uma leve tonalidade amarela maravilhosa, embora não pudesse ver nenhuma lâmpada ou outra fonte qualquer de luz. O ar tinha cor de cerveja, tinha cheiro de cerveja, e a cada respiração eu sentia gosto de cerveja — maltado, espumoso, espesso. Interferindo no cheiro de cerveja havia um odor de perversão e decadência, embora nada desagradável, mais parecido com o de uma floresta na qual as folhas e os húmus podres revigoram sua fé no ciclo infinito da natureza. Havia também tênues sinais de perfumes e água-de-colônia, tônicos capilares e graxa de sapato, limões, bifes, charutos, jornais e um leve aroma de salmoura vindo da baía de Manhasset. Meus olhos se encheram de água, como acontecera no circo, onde a atmosfera tinha um almíscar selvagem semelhante.

Outra reminiscência do circo foi a visão daquele bando de homens pálidos com cabelos cor de cenoura e narizes vermelhos. Entre eles estava o homem da relojoaria, que sempre me dava cigarros de chocolate. Havia o dono de uma papelaria que mascava tabaco, que olhava para minha mãe de um modo que me dava vontade de chutar sua canela. E uma dúzia de homens que eu não reconheci, que pareciam ter acabado de desembarcar do trem na cidade, e vários que reconheci, usando a camiseta laranja de beisebol do Dickens.

Muitos estavam sentados nos bancos ao lado do balcão, um muro de tijolos coberto por uma superfície lustrosa de carvalho castanho. Mas eles não estavam confinados naquela área ao longo do balcão. Havia homens pelos cantos, homens nas sombras, homens em volta da cabine de telefone, homens na sala dos fundos — um vasto bando de animais raros que eu fiquei espreitando.

Também havia mulheres no Dickens, mulheres surpreendentes. A mais próxima de mim tinha longos cabelos louros e lábios cor-de-rosa. Eu a vi percorrer com suas unhas pintadas o pescoço de um homem e se apoiar sobre o seu braço. Senti um arrepio. Era a primeira vez que testemunhava uma afeição física entre um homem e uma mulher. Como se tivesse pressentido meu arrepio, ela se virou e disse:

— Olha só!

— O que é? — perguntou o homem ao seu lado.

— Um garoto.

— Onde?

— Ali, perto da porta.

— É filho de quem?

— Não olhe para mim.

Saindo das sombras, Steve apareceu diante de mim.

— Posso ajudar, garoto?

Reconheci-o do jogo de beisebol. Era tranqüilamente o maior de todos ali dentro. Os cabelos bem encaracolados, o rosto vermelho-escuro, quase da cor do mogno, os olhos, duas ranhuras azuis. Ele sorriu para mim com seus dentes grandes e tortos e o salão do bar ficou mais iluminado. Eu tinha descoberto a fonte de luz.

— Ei, Steve — disse um cara no balcão. — Pode servir uma bebida para o garoto na minha conta.

— Tudo bem — respondeu ele. — Garoto, o Bobô está bancando a conta.

Os lábios rosados disseram:

— Calem a boca, seus otários, não estão vendo que ele está apavorado?

— O que você quer, meu filho?

— Um maço de Marlboro vermelho.

— Caramba!

— O menino fuma coisa boa.

— Quantos anos você tem?

— Nove, vou fazer dez em...

— Isso retarda seu crescimento.

— É para o meu tio.

— Quem é seu tio?

— Tio Charlie.

Uma tempestade de gargalhadas.

— Ouviram isso? — um dos homens exclamou. — Tio Charlie, que coisa chique!

Mais gargalhadas. Um vendaval de gargalhadas. Se juntássemos todas as gargalhadas do mundo, pensei, o resultado seria o mesmo.

— Certo — disse Steve. — É o sobrinho do Chas!

— O filho da Ruth?

— Nada disso, da outra irmã — respondeu Steve. — Você é filho da Dorothy, não é?

Eu assenti com um gesto da cabeça.

— Como você se chama, garoto?

Sua voz era deslumbrante. Cálida e grave.

— JR — eu disse.

— JR? — ele piscou o olho. — O que quer dizer esse nome?

— Nada. É só o meu nome.

— É mesmo? — Ele ergueu uma das sobrancelhas na direção do *barman*. — O nome de todo mundo significa alguma coisa.

Meus olhos se arregalaram. Nunca havia pensado naquilo.

— Você vai precisar de um apelido, se quiser freqüentar o Dickens — disse Steve. — Na próxima vez que vier aqui, ou você escolhe um apelido, ou nós escolheremos um.

— O que você está lendo? — perguntaram os lábios rosados.

Estendi o livro para ela.

— *Biografias re-su-mi-das* — ela disse.

— É um livro sobre homens famosos — expliquei.

— Pensei que você tivesse escrito um livro sobre os homens — disse Steve olhando para a dona. Ela riu.

O *barman* pegou um maço de Marlboro sob o balcão e fez sinal para mim. Dei alguns passos à frente e todos me viram colocar o dólar no balcão, apanhar os cigarros e recuar lentamente.

— Volte sempre — disse Bobô.

Gargalhadas e mais gargalhadas. As risadas eram tão altas que ninguém escutou minha resposta.

— Eu volto.

DEZ
O CORREDOR DE EMERGÊNCIA

TIA RUTH SUSPENDEU SEU EMBARGO mais ou menos na mesma época em que os árabes suspenderam o deles. Novamente fui autorizado a visitar McGraw, Sheryl e as outras primas. Depois da escola, eu subia correndo a Plandome Road, chamava McGraw e íamos para o campo do Monumento aos Mortos brincar ou então para o lago pescar, animados por podermos estar juntos de novo. Poucas semanas depois, aconteceu algo ainda pior do que o embargo. Era uma mistura de embargo-emboscada-seqüestro. Tia Ruth e os primos estavam se mudando para o Arizona. Tia Ruth anunciou a decisão de repente, enquanto tomava café com a vovó na cozinha. Era na região oeste que os filhos deviam morar, ela disse. Montanhas. Céu azul. O ar era como vinho, e os invernos pareciam primaveras.

Eu nunca entendia por que os adultos faziam as coisas que faziam, mas ainda assim percebi que a verdadeira razão para a tia Ruth se mudar para o Arizona devia ser o tio Harry. Minhas suspeitas se confirmaram dias depois, quando a vovó me disse que a tia Ruth e o tio Harry iam tentar se reconciliar. Tia Ruth esperava que uma mudança de paisagem fizesse com que o tio Harry se emendasse e se tornasse um pai para meus primos.

Era tudo uma piada de mau gosto. Eu e McGraw tínhamos acabado de nos reencontrar e ele foi embarcado na caminhonete Ford da tia Ruth com as malas e transportado para um lugar tão longe e desconhecido que eu não era sequer capaz de imaginar. Quando a tia Ruth saiu com a caminhonete pela Plandome Road, a última coisa que eu vi foi McGraw com o boné do Mets acenando para mim pela janela.

Minha reação à perda de McGraw foi me lançar ainda mais fundo nos meus três *hobbies* — beisebol, porão e bar — e transformá-los em uma obsessão tricéfala. Depois de ficar uma hora jogando bola na garagem, fingindo que era Tom Seaver, eu voltava para o porão e lia sobre Mogli ou os grandes homens. (*Dante — Ele glorificou o inferno!*) Depois, com o O *livro da selva* e as *Biografias resumidas* no cesto, as mãos segurando o guidão, eu pedalava minha bicicleta até o Dickens e ficava dando voltas na porta, vendo quem entrava e quem saía, particularmente os homens. Ricos e pobres, elegantes e decrépitos, todo tipo de homem freqüentava o Dickens, e todos atravessavam a porta com passos cansados, como se carregassem um peso enorme nas costas. Eles andavam como eu, quando minha mochila estava cheia de livros escolares. Mas, quando saíam, pareciam flutuar.

Depois de um tempo, eu pedalava do bar até o campo que havia no final da rua, onde os garotos jogavam beisebol no final da tarde. Se o jogo se estendia por mais tempo, invariavelmente apareciam espectadores. O crepúsculo era aquele momento mágico em que os freqüentadores do Dickens olhavam as horas, secavam seus copos e corriam para casa. Ao saírem do bar, eles quase sempre davam uma olhada no nosso jogo e eram vítimas de fortes recordações de suas infâncias. Vendedores e advogados jogavam suas pastas para o lado e imploravam para dar uma rebatida com o taco. Eu estava lançando a bola, quando um cara apareceu, sorrindo, arregaçando as mangas. Ele veio na minha direção como um técnico que quisesse me substituir por outro lançador. A um passo de onde eu estava, ele parou.

— E que porra de jogador é você? — perguntou.

— Tom Seaver.

— E por que está escrito PI na sua camiseta?

Olhei para minha camisa branca, na qual eu escrevera o número 41 com um marcador.

— Isso aqui é um 41. O número do Tom Seaver.

— Está escrito PI. O que é esse PI? Você é um gênio da matemática ou coisa parecida?

— Isso é um quatro e isso é o número um. Está vendo?... Tom Terrific.

— Prazer em conhecer, Tom Terrific. Estou completamente bêbado.

Ele explicou que precisava "suar o álcool" antes de voltar para casa e para sua "esposinha". A partir daí ele ficou sendo nosso corredor de emergência. Os meninos olharam uns para os outros.

— Vocês são uns otários — berrou ele. — Nunca ouviram falar de um corredor de emergência? Ele entra para ficar ao lado da base e corre cada vez que o batedor acerta a bola!

— E se ninguém acertar a bola? — indaguei.

— Ora — respondeu —, seu folgado! Essa foi boa. Só lança a merda dessa bola, Tom.

Esperei que ele estivesse pronto. Depois, arremessei uma bola rápida para o batedor, que a acertou. O corredor de emergência disparou na direção da primeira base, os membros contraídos, a gravata voando atrás dele como uma fita atada à antena de um carro. Já ia longe e continuava correndo. Dirigia-se agora para a segunda base. Alcançada, partiu para a terceira. Alcançou-a também. Mas não parou por aí. Saiu correndo na direção da primeira base. Com a cabeça abaixada, ele deu um salto no ar e deslizou sobre a própria barriga até a base, onde seu corpo ficou imóvel. Nós nos aproximamos dele, como liliputianos em torno de Guliver. Discutimos para saber se estava vivo ou morto. Por fim, ele virou-se para o lado e começou a rir como um maluco.

— Ponto — disse ele.

Todos os garotos começaram a rir com ele, ninguém mais do que eu. Eu era um garoto sério, minha mãe era séria e nossa situação era séria, mas aquele homem aos meus pés era o oposto do sério, e eu notei que ele viera do Dickens. Mal podia esperar para me juntar a ele. Mal podia esperar para me tornar alguém como ele.

Em vez disso, fiquei ainda mais sério. Tudo ficou mais sério.

Eu tinha imaginado que a sexta série seria moleza, como todas as séries anteriores, mas por algum motivo o volume de deveres duplicou e tudo se tornou drasticamente mais difícil. Além disso, meus colegas de sala, de repente, começaram a parecer mais espertos do que eu, e mais conscientes de como o mundo funcionava. Meu amigo Peter me contou que, quando se candidatava a uma faculdade, o aluno devia apresentar uma lista de todos os livros que já lera. Ele já contava com cinqüenta livros na sua lista, gabou-se. Eu lhe disse que não me lembrava de todos os livros que tinha lido. Nesse caso, disse Peter, provavelmente você não será aceito na faculdade.

— E na escola de Direito? — perguntei.

Ele mexeu lentamente a cabeça de um lado para o outro.

Na aula de ciências da sra. Williams, na sexta série, tivemos que assinar um contrato nos comprometendo a fazer o melhor possível. O que a sra. Williams considerava um inteligente dispositivo motivacional eu via como uma sentença de morte. Examinei bem aquele contrato, desejando já ser um advogado, assim poderia encontrar algumas brechas. Todas as manhãs, com o contrato dentro da mochila, eu embarcava no ônibus da escola como se me dirigisse para um campo de trabalho forçado. Pouco depois de me instalar, o ônibus passava por um asilo. Eu colocava o rosto contra o vidro e sentia inveja daquelas pessoas, sentadas em suas cadeiras de balanço, livres para assistirem à TV e lerem o dia todo. Quando mencionei isso para a minha mãe, ela disse com muita calma:

— Entre no T-Bird.

Dirigindo pelas ruas de Manhasset, minha mãe disse que eu precisava parar de me preocupar.

— Apenas tente dar o *melhor* de si mesmo, querido — disse ela.

— É exatamente isso que diz o contrato da sra. Williams — resmunguei. — Como posso saber que estou dando o melhor de mim?

— O melhor de você é o que você pode fazer tranqüilamente, sem ter um colapso.

Ela não entendia. Segundo minha visão branco-ou-preto do mundo, dar o melhor de mim não bastava. Eu tinha que ser perfeito. Cuidar da minha mãe, mandá-la para a faculdade, era preciso consertar todos os erros. Erros que nos levaram aos apuros em que nos encontrávamos — vovó casando com vovô, vovô contrariando a vontade de minha mãe de ir para a faculdade, minha mãe casando com meu pai — e continuavam a nos prejudicar. Era necessário corrigir esses enganos evitando que outros acontecessem, e conseguindo notas perfeitas, depois ingressando numa faculdade perfeita, em seguida numa escola de direito perfeita, e depois então processar meu pai imperfeito. Mas com a escola ficando cada vez mais difícil, eu não conseguia ver como eu ia ser perfeito, e se fosse imperfeito, então minha mãe e minha avó ficariam decepcionadas comigo, e eu não valeria mais do que meu pai, e minha mãe cantaria e choraria, manipulando sua calculadora — era assim que os pensamentos corriam na minha mente quando estava no pátio da escola, assistindo aos outros garotos jogarem bola.

Numa noite, minha mãe fez com que eu me sentasse na sala de jantar. A vovó estava a seu lado.

— A sra. Williams me telefonou hoje no trabalho — disse ela. — Ela me contou que durante o recreio você ficou sentado no pátio, olhando para o vazio, e quando ela perguntou o que estava fazendo, você respondeu: "Me preocupando."

Minha avó soltou um grunhido de desaprovação.

— Olhe aqui — prosseguiu minha mãe. — Quando eu sinto que estou começando a me preocupar, digo para mim mesma "Não vou me preocupar com uma coisa que não vai acontecer", e isso sempre me acalma, porque a maior parte das coisas que nos preocupam nunca acontece. Por que você não tenta uma vez?

Assim como a sra. Williams com seu contrato, minha mãe pensava que seu conselho me motivaria. Em vez disso, me hipnotizou. Converti-o numa fórmula mágica, num mantra, e o cantava no pátio até me induzir a um estado de transe. Eu o usava como palavras encantatórias, para afastar os desastres, e como um bastão, para rebater o ataque furioso de pensamentos preocupantes sobre os desastres. Estou ficando atrasado e vou ter que repetir a sexta série. "Não vou me preocupar com uma coisa que não vai acontecer." Vou fracassar na escola e depois não serei capaz de tomar conta da minha mãe. "Não vou me preocupar com uma coisa que não vai acontecer." Sou igualzinho ao meu pai. "Não vou me preocupar..."

Funcionou. Depois de ter repetido meu mantra mais de mil vezes, a sra. Williams informou que faríamos um intervalo em nosso programa regulamentar do dia. Todas as crianças vibraram, e eu mais do que todas.

— Hoje — continuou a sra. Williams —, nós começaremos a planejar o café da manhã anual de pais e filhos da sexta série! — Nesse ponto eu parei de comemorar. — Nós — prosseguiu a professora com papel e cola nas mãos — vamos criar e fabricar nossos convites, que vocês levarão para casa depois da escola. Sábado de manhã, prepararemos o café da manhã para seus pais, leremos para eles textos de nosso livro escolar e teremos a oportunidade de nos conhecermos melhor.

Quando a aula terminou, a sra. Williams me chamou à sua mesa.

— O que houve? — perguntou.

— Nada.

— Eu vi sua expressão.

— É que eu não tenho um pai.

— Ah... ele... faleceu?

— Não. Quero dizer, talvez. Não sei. Só sei que não tenho um.

Ela olhou na direção da janela ao lado de sua mesa, depois virou-se para mim.

— Você tem um tio?

Franzi minhas sobrancelhas.

— Um irmão?

Pensei em McGraw.

— Alguém para vir no lugar dele?

Aí foi minha vez de olhar para a janela.

— Posso simplesmente não vir a esse café da manhã?

A sra. Williams telefonou para minha mãe, que convocou mais uma reunião na sala de jantar.

— Como podem ser tão estúpidos — exclamou minha avó. — Eles não sabem que o mundo não é mais o mesmo hoje em dia?

Minha mãe misturava o leite ao café na xícara, enquanto eu permanecia ao seu lado.

— Eu deveria ter falado na escola sobre o pai de JR — disse ela. — Mas eu não queria que ele fosse tratado... sei lá.

— Vou dizer uma coisa para vocês dois — interrompeu minha avó. — Não fiquem com raiva de mim. Mas, bem... vamos lá: que tal o vovô?

— Isso não! — eu protestei. — Não posso simplesmente fazer um embargo no sábado?

Meu avô entrou na sala de jantar. Estava usando uma calça manchada e uma camisa de flanela com respingos de cereal colados. Seus sapatos negros tinham buracos na altura dos dedos suficientemente grandes para revelar as meias, que também estavam furadas. Como sempre, sua braguilha estava aberta.

— Onde está o bolo de pão que você andou elogiando? — ele perguntou à vovó.

— Nós gostaríamos de perguntar uma coisa a você — disse minha avó.

— Fala, Mulher Estúpida, fala.

Minha mãe fez uma tentativa:

— Você seria capaz de tomar o lugar do pai do JR no café da manhã de pais e filhos na escola dele? — perguntou ela. — Neste sábado.

— Você teria que vestir uma calça limpa — advertiu a vovó. — E pentear esses cabelos. Você não pode ir desse jeito.

— Cale essa boca! — Ele fechou os olhos e coçou a orelha. — Posso fazer isso — respondeu. — Agora me dê um pedaço desse bolo, Mulher Estúpida.

Minha avó foi para a cozinha com meu avô. Minha mãe me ofereceu seu olhar inexpressivo. Eu sabia que ela estava imaginando o que aconteceria se o vovô se referisse à sra. Williams como Mulher Estúpida.

Sábado de manhã, minha mãe e eu saímos do apartamento em Great Neck bem cedo. Eu estava vestido com uma jaqueta e uma calça de veludo. Na casa do vovô, minha mãe e vovó se atrapalharam colocando minha gravata, que era marrom e mais larga do que o pano de mesa na sala de jantar. Nenhuma delas sabia fazer um nó de gravata.

— Talvez não precise de uma gravata — sugeriu vovó.

— Preciso, sim — protestei.

Ouvimos passos na escada. Nós três nos viramos e vimos o vovô descendo devagar. Seus cabelos estavam penteados para trás. Seu rosto estava tão bem escanhoado que ganhara uma tonalidade azulada, as sobrancelhas e os pêlos do nariz haviam sido aparados. Vestia um terno cinza-pérola ornamentado com uma gravata preta e um lenço de linho irlandês. Estava mais elegante do que jamais se fizera para um de seus encontros secretos dos sábados.

— Qual é o pro... pro... problema? — perguntou.

— Nada — responderam minha mãe e vovó.

— Não conseguimos dar um nó na minha gravata — eu disse.

Ele se sentou no sofá bicentenário e fez um gesto para eu me aproximar. Fui até ele e me coloquei entre seus joelhos.

— Mulheres estúpidas — resmungou ele, dando uma piscada de olho. — Esta gravata é uma merda — disse.

Em seguida, subiu a escada e escolheu outra em seu armário, que ele colocou em volta do meu pescoço e deu um nó rápido e impecável. Pude sentir o cheiro de lilás de loção pós-barba no seu rosto enquanto ele se concentrava no meu pomo-de-Adão e senti vontade de abraçá-lo. Mas fomos empurrados até a porta, vovó e mamãe acenando, como se embarcássemos numa longa viagem oceânica.

Quando o carro do vovô saiu tossindo pela Plandome Road, eu olhei para ele. Ele não disse nada. Até alcançarmos a Shelter Rock, ele ainda não havia dito sequer uma palavra, e eu me dei conta de que aquilo tinha sido um terrível engano. Ou o vovô estava tenso por encontrar novas pessoas, ou estava aborrecido por ter sacrificado seu sábado. Qualquer que fosse o motivo, meu avô estava zangado e, quando estava zangado, ele era capaz de dizer e fazer coisas sobre as quais as pessoas de Manhasset falariam durante os próximos cinqüenta anos. Eu queria pular fora do carro, sair correndo e me esconder sob a Shelter Rock.

No momento em que chegamos ao estacionamento da escola, contudo, o vovô mudou. Saiu do carro como se saísse de uma limusine para a festa do Oscar e entrou na escola como se fosse um dos sócios do estabelecimento. Segui atrás dele, e quando encontramos a primeira leva de professores e pais, o vovô pôs uma mão leve sobre meu ombro e se transformou em Clark Gable. A gagueira desapareceu, os modos ficaram mais delicados. Alternadamente, ele se mostrava cortês, engraçado, humilde — e são. Apresentei-o à sra. Williams e pensei por um instante que ela podia se interessar por cavalheiros idosos.

— Estamos esperando grandes realizações do JR — disse ela, afetadamente.

— Ele tem o cérebro da mãe — disse o vovô cruzando os braços nas costas, mantendo-se rigidamente aprumado, como se estivessem a ponto de condecorá-lo com uma medalha no peito. — Eu gostaria que ele se concentrasse mais no beisebol. Sabe, esse garoto tem a força de um fuzil nos braços. Poderia jogar na terceira base dos Mets um dia. Eu jogava nessa posição. É uma posição difícil.

— Ele tem sorte de ter um avô que se interessa tanto por ele.

Os alunos serviram ovos mexidos com suco de laranja para seus pais, depois se juntaram a eles numa longa mesa colocada no meio da sala de aula. Os modos do meu avô eram impecáveis. Não deixou cair migalhas na camisa, não fez nenhum dos ruídos explosivos que normalmente indicavam que estava empanturrado e a digestão começara. Bebericando seu café, ele instruiu os outros pais sobre uma variedade de temas — história americana, etimologia, mercado de ações — e fez um relato sensacional do dia em que viu Ty Cobb completar o circuito no campo de beisebol sem falhas. Os pais o observavam como meninos ouvindo uma história de fantasma em torno de uma fogueira de acampamento, enquanto vovô descrevia como Cobb alcançou a segunda base, "berrando como um guerreiro irlandês", as travas dos sapatos mirando as canelas dos adversários.

Quando eu trouxe seu chapéu e o ajudei com o sobretudo, todos lamentaram que ele se fosse. Dentro do carro, deixei minha cabeça pender contra o assento e disse:

— Vovô, você é fantástico.

— Este é um país livre.

— Muito obrigado.

— Não conte para ninguém. Todos querem um.

De volta a casa, meu avô subiu direto para o quarto, enquanto minha avó e a mamãe fizeram-me sentar na sala de jantar e me interrogaram. Queriam saber todos os detalhes, mas eu não queria quebrar o encanto. E, de qualquer modo, não acho que elas acreditariam em mim. Eu disse que tudo havia corrido bem e parei por aí.

O meu avô só reapareceu no final da tarde, quando começou a partida do Jets. Ele sentou-se diante da TV com a calça manchada e a camisa com crostas de cereais. Fui me sentar ao seu lado. Sempre que algo de interessante acontecia, eu olhava na sua direção, fixamente, mas ele não se perturbava. Eu disse alguma coisa sobre Joe Namath. Ele soltou um grunhido. Fui procurar a vovó para conversar sobre a personalidade ambígua do meu avô, mas ela estava ocupada preparando o jantar. Fui ver minha mãe. Ela estava tirando um cochilo. Acordei-a, mas ela disse que estava cansada e me pediu que a deixasse dormir um pouco mais.

Minha mãe tinha um bom motivo para estar cansada. Ela estava sendo escravizada para poder pagar nosso aluguel em Great Neck. Mas, no início de 1975, descobrimos outro motivo. Ela tinha um tumor na tireóide.

Nas semanas que precederam a cirurgia, a casa do vovô esteve de fato sossegada, todos tomados de pavor. Eu só consegui me manter calmo graças ao mantra. Meu mantra ficou bem desgastado. Quando ouvi a vovó e o tio Charlie sussurrando sobre minha mãe e os riscos da operação, e sobre as chances de seu tumor ser maligno, fechei meus olhos e respirei fundo. "Não vou me preocupar com uma coisa que não vai acontecer."

No dia da cirurgia, sentei sob o pinheiro no quintal do vovô, dizendo meu mantra para as pinhas, que Sheryl certa vez me disse serem "pinheiros-bebês". Eu me perguntava se aquela árvore era a mãe ou o pai das pinhas. Coloquei as pinhas que estavam no chão perto da árvore, reaproximando-as de sua mãe-pai. A vovó apareceu na porta. Um milagre, disse ela. A cirurgia havia terminado e estava tudo bem. O que ela não disse, o que ela não sabia, era que eu tinha sido responsável por aquilo. Usara meu mantra para salvar minha mãe.

Com o pescoço enfaixado, minha mãe saiu do hospital uma semana depois e, na nossa primeira noite em Great Neck, ela foi direto para a cama. Comi um prato de talharim e fiquei observando enquanto ela dormia, dizendo meu mantra em voz baixa, soprando-o sobre seu corpo como se fosse um cobertor.

O vovô e a vovó felicitaram minha mãe pela pronta recuperação após a cirurgia. Está novinha em folha, disseram. Mas eu notei algo diferente. Minha mãe passou a ficar mais propensa àquele olhar inexpressivo. Ela tocava nas ataduras e olhava para mim, ausente, e mesmo quando acabava por retirar a mão das ataduras, a expressão ausente não desaparecia. Sentado ao seu lado, fazendo meus deveres de casa, eu olhava para ela e a surpreendia com o olhar fixo sobre mim, e era preciso que eu a chamasse pelo nome três vezes, até que ela voltasse a si. Eu sabia no que ela estava pensando. Enquanto estivera doente e sem trabalhar, nossas contas haviam se acumulado. Perderíamos o apartamento de Great Neck. Teríamos que voltar para a casa do vovô. A qualquer momento, eu acordaria e veria minha mãe fazendo contas e conversando com a calculadora. A qualquer momento, ela cobriria o rosto com a mão e começaria a chorar.

Quando o momento inevitável chegou, minha mãe me surpreendeu.

— Somos uma família, você e eu — disse ela, fazendo-me sentar à mesa da cozinha. — Mas somos também uma democracia. E eu gostaria de pôr uma coisa em votação. Você sente falta dos primos?

— Sinto.

— Eu sei. E tenho pensado um bocado sobre isso. Tenho pensado sobre um monte de coisas. Então, é o seguinte, querido: o que você acharia de nos mudarmos para o Arizona?

Uma tempestade de imagens inundou minha cabeça. Andar a cavalo com McGraw. Escalar montanhas com McGraw. *Halloween* com a Sheryl.

— Quando vamos partir? — perguntei.

— Você não quer pensar primeiro?

— Não. Quando vamos partir?

— Quando bem entendermos. — Ela sorriu, um sorriso frágil, mas corajoso. — Este é um país livre.

ONZE
ESTRANHOS NO PARAÍSO

Bastaram 18 meses no deserto para meus primos se transformarem em metais preciosos. Seus cabelos tinham virado ouro, suas peles cobre, os rostos brilhavam como bronze. Quando eles correram em nossa direção no aeroporto de Sky Harbor, minha mãe e eu demos um passo para trás. Embrulhados em nossos casacos escuros e echarpes de lã, parecíamos vindos de um outro século.

— Como vocês estão brancos! — exclamou Sheryl, comparando seu braço ao meu. — Olha só! Chocolate... baunilha! Chocolate... *baunilha*!

Somente as três meninas mais velhas vieram nos encontrar no aeroporto. No caminho da casa da tia Ruth, onde minha mãe e eu ficaríamos até encontrarmos outro lugar, Sheryl jurou que adoraríamos o Arizona.

— Vivemos no paraíso — disse ela. — Literalmente! É o que dizem todos os cartazes nas ruas. "Bem-vindo ao *Paradise* Valley." É um subúrbio chique de Scottsdale. Uma espécie de Manhasset do Arizona.

Eu observei a escuridão, que era duas vezes mais escura do que as noites em Nova York. Tudo o que vi foram os vagos contornos de montanhas ameaçadoras, uma sombra mais negra do que a própria noite. Eu tinha lido que havia montanhas no Arizona, mas esperava algo diferente, algo parecido com as montanhas em *Heidi* e *A noviça rebelde*, magníficas e verdejantes, com prados ensolarados onde uma mulher de avental e crianças angelicais colhiam narcisos silvestres. As montanhas que eu via agora eram toscas, triângulos pontiagudos se erguendo abruptamente do deserto plano, como pirâmides. Olhei para a mais alta, que Sheryl disse chamar-se Camelback. Perguntei o motivo e ela disse como se eu fosse um cretino, que era porque se assemelhava às costas de um camelo. Voltei a olhar para a montanha. Não conseguia ver camelo algum. Para mim, parecia com um corredor de emergência do Dickens estirado no chão, e as duas elevações eram seus joelhos e sua pança.

Minha mãe imediatamente achou um emprego, como secretária no hospital local. Encontrar um apartamento revelou-se mais difícil. No Arizona, os prédios de residência mais baratos eram destinados à terceira idade, e neles a presença de crianças não era permitida. Por fim, minha mãe mentiu para um proprietário dizendo que era divorciada e vivia só. Depois de nos mudarmos, ela contou para o proprietário que seu ex-marido, que tinha minha custódia, havia se mudado para outro estado e ela cuidaria de mim até que ele se instalasse. O proprietário não gostou da novidade, mas não quis enfrentar o problema de nos despejar.

Com o dinheiro que conseguimos vendendo os móveis da sala de espera e o T-Bird, minha mãe e eu alugamos duas camas, uma cômoda, uma mesa de cozinha e duas cadeiras. Para a sala de estar, adquirirmos duas cadeiras dobráveis numa loja de conveniência. Depois de comprar um velho fusca 1968, sobraram 750 dólares, que minha mãe guardava dentro do congelador.

Pouco depois de nossa chegada, tia Ruth e meus primos nos levaram até Rawhide, uma cidade de faz-de-conta no meio do deserto, onde havia uma mina de ouro de faz-de-conta, uma cadeia de faz-de-conta e até pessoas de faz-de-conta. Na entrada, dentro de um círculo formado por autênticas carroças cobertas de lona, havia um grupo de manequins mecânicos vestidos de caubóis reunido em torno de uma fogueira. Eles sussurravam vozes que crepitavam, vindas de autofalantes ocultos nos cactos. Estavam preocupados com os apaches. E as cobras. E a meteorologia. E o Grande Desconhecido, que se encontrava do outro lado do Rio Grande. "Se não atravessarmos o Rio Grande antes de agosto", dizia o manequim-protagonista, "estaremos perdidos". Os outros concordaram sinistramente. Eu e McGraw também. Longe de casa, cercado pelo deserto, a diferença entre as carroças cobertas de lona e a caminhonete da tia Ruth parecia mínima.

Andamos pela rua principal da falsa cidade, que começava ao lado de um bar. A fumaça da fogueira dos manequins nos acompanhou pela rua. Eu achava que a fumaça de fogueira em Manhasset era inebriante, mas a fumaça de lenha do Arizona era ainda mais perfumada, mágica, com essências que eu não conseguia identificar e Sheryl me disse tratar-se de noz, artemísia, pinhão e algarobo. As estrelas do deserto eram melhores também. Mais próximas. Cada uma era uma caneta-lanterna contra meu rosto. Olhei para cima, enchi meus pulmões com o ar puro do deserto, e concluí que Sheryl tinha razão. Aquilo era o paraíso. As montanhas e os cactos e as aves do deserto, tudo que me pareceu tão estranho no início, agora me transmitia esperança. Minha mãe e eu precisávamos de algo diferente, e aquilo não podia ser mais diferente. Dava para sentir que as coisas tinham mudado. Minha mente estava mais clara agora, meu coração mais leve. Meus medos habituais diminuíram. E o melhor de tudo é que eu podia notar a diferença na minha mãe. Fazia semanas que ela não me olhava com aquela expressão ausente, e ela parecia ter sua energia duplicada.

Pouco depois de nossa viagem até Rawhide, minha mãe telefonou para a tia Ruth para saber se McGraw queria brincar comigo.

— Ninguém responde — disse minha mãe colocando o fone no lugar. — Como pode ninguém responder numa casa onde moram oito pessoas?

Fomos de carro até a casa da tia Ruth e batemos na porta. Aproximamos nossos rostos dos vidros, mas aparentemente não havia ninguém. Quando voltamos para nosso apartamento, minha mãe ligou para Manhasset, uma extravagância sem precedentes. Deve ter sido a primeira chamada à longa distância na história da minha família. Depois de falar rapidamente com vovó, mamãe desligou. Estava pálida.

— Eles foram embora — disse.

— O quê?

— Tia Ruth e os primos voltaram para Manhasset.

— De vez?

— Acho que sim.

— Quando eles foram embora?

— Não sei.

— *Por que* foram embora?

A expressão ausente.

Nunca descobrimos o motivo. Nosso melhor palpite era que tia Ruth e tio Harry haviam brigado, ele voltou para Nova York e ela foi atrás. Mas não se podia ter certeza, e tia Ruth não era o tipo de pessoa que explicava as coisas.

Sem meus primos, o Arizona mudou da noite para o dia, passando de paraíso a purgatório. Comecei a sentir calor, um calor horrível, e ainda faltavam alguns meses para o verão. O fusca não tinha ar-condicionado. Quando minha mãe e eu íamos para o mercado comprar refrigerantes, em todas as direções só havia ondas de calor, nada se movendo no horizonte ressecado, exceto o vento carregando poeira e plantas ressecadas. Numa foto da época, em que estou esperando o ônibus da escola, eu pareço o primeiro menino a pisar em Marte.

Para espairecer, minha mãe e eu dávamos longos passeios ao pôr-do-sol. No Arizona, todavia, não há casa às margens dos rios para distração, nem Shelter Rock. Apenas deserto plano e mais deserto plano.

— Vamos voltar para Manhasset — sugeri.

— Não podemos — disse ela. — Vendemos tudo. Saí do meu emprego. Vamos ficar *aqui*. — Ele olhou em volta e sacudiu a cabeça. — Aqui é nosso... lar.

Num sábado, ajudando minha mãe a desencaixotar nossos últimos pertences enviados pela vovó, descobri um aparelho de um metro que parecia um pistão com uma alça em cada extremidade. Era um Realçador Mágico de Tórax, segundo a embalagem que o continha. Resolvi experimentar.

— Que diabos você está fazendo? — exclamou minha mãe quando me viu, sem camisa, usando o aparelho diante de um espelho.

— Realçando meu tórax.

— Isso é para mulheres — disse ela. — Não vai lhe dar o tipo de *realce* que você espera.

Ela apanhou o aparelho e franziu as sobrancelhas. Vi no seu rosto que, ocasionalmente, eu podia ser para minha mãe um mistério tão insondável quanto ela era para mim.

— Você está entediado, não é?

Olhei em outra direção.

— Vamos até a cidade de faz-de-conta?

Na entrada de Rawhide, cumprimentamos os caubóis manequins. "Se não atravessarmos o Rio Grande antes de agosto..." Paramos no bar e minha mãe comprou dois refrigerantes e um saco de pipoca. O cheiro de cerveja e charuto do bar me fizeram pensar no Dickens. Eu me perguntei se eles tinham travado outra guerra de tortas. Sentamos num banco que havia do lado de fora do bar e comemos pipoca. Um tiroteio irrompeu à nossa frente, no meio da rua. Quatro homens tinham avisado ao Xerife que iriam tomar conta da cidade. Eles sacaram. O Xerife sacou. Pouh! O Xerife caiu. "Estava em desvantagem", disse minha mãe, "e foi baleado".

Enquanto o Xerife morto se levantava, limpando a poeira, minha mãe virou-se e olhou para mim.

— Tive uma idéia — disse. — Você pode voltar para Manhasset durante o verão. É nossa única opção — acrescentou. — Não posso deixar você sozinho no apartamento durante todo o verão. Algumas horas depois da escola é uma coisa, mas você não pode ficar sozinho o dia todo, durante três meses. E com você em Manhasset eu posso fazer horas extras, arrumar um segundo emprego e economizar para a mobília.

— Como você vai se virar sem mim?

Ela riu, até se dar conta de que eu não estava brincando.

— Eu vou me virar — disse ela. — O tempo passa voando, porque você vai estar se divertindo, e eu saberei que você está se divertindo e está com pessoas que gostam de você.

— Como pagaremos a passagem de avião? — perguntei.

— Posso colocar no cartão de crédito e depois dou um jeito.

Nunca tínhamos nos separado sequer por três dias, e agora minha mãe estava me propondo três meses? Tentei argumentar, mas o assunto não estava aberto para debate. Nossa democracia de duas pessoas havia se tornado uma benévola ditadura. Dava no mesmo. Não consegui convencer minha mãe de que a perspectiva de rever McGraw e Sheryl não me animava. Eu não era um bom mentiroso, ainda.

Na noite anterior à minha partida, enquanto eu dormia, minha mãe me escreveu uma carta que eu só deveria ler no avião. Ela escreveu que eu deveria tomar conta da vovó e brincar direito com meus primos, e que ela sentiria muito minha falta, mas sabia que eu estaria bem em Manhasset. "Não posso pagar uma colônia de férias para você", ela escreveu. "Então Manhasset será sua colônia de férias."

Nenhum de nós podia imaginar que ela estava me mandando para a Colônia Dickens.

DOZE
COLT, BOBÔ E JOEY D

Eu já estava em Manhasset havia mais ou menos duas semanas quando aconteceu. Estava atirando minha bola de borracha contra a garagem, Tom Seaver fazendo outro ponto para conquistar o campeonato, quando, abafando o clamor da torcida — o vento sacudindo os galhos das árvores —, ouvi chamarem meu nome.

— Não está me ouvindo chamar? — disse o tio Charlie. — Caramba!

— Desculpe — eu disse.

— Praia de Gilgo.

— Não entendi.

Ele soltou um suspiro e falou com exagerada lentidão, pronunciando cada sílaba com mais rigor do que de costume.

— Gilgo. Praia. Quer ir à praia de Gilgo?

— Quem?

— Você.

— Com quem?

— Com seu tio. O que está havendo com você?

— Nada.

— Em quanto tempo você fica pronto?

— Cinco minutos.

— É muito.

— Dois.

Ele concordou.

A casa estava vazia. Minha avó saíra para fazer compras, vovô tinha ido dar um passeio, meus primos, embora vivessem perto, nunca estavam por ali, por causa de outra briga entre tia Ruth e vovó. Eu poderia ir para a praia sem avisar a ninguém? Minha mãe me advertira várias vezes antes de eu partir do Arizona: "Não vá a lugar nenhum sem permissão." Os seqüestros ainda a preocupavam, e minha avó com freqüência ratificava suas advertências. Eu não sabia que minha mãe e vovó tinham *pedido* ao tio Charlie para "fazer alguma coisa" comigo, porque eu estava passando muito tempo sozinho e porque eu reclamava da falta que minha mãe fazia. Elas tinham recorrido ao tio Charlie para ajudá-las, supondo que ele explicasse tudo para mim. Não sabiam que o tio Charlie, como a tia Ruth, nunca explicava nada.

Vesti meu calção de banho sob meu macacão e coloquei uma toalha e uma banana dentro de uma sacola de compras, depois sentei na varanda para pensar. Não houve tempo para pensar. Tio Charlie se dirigia para a rua, vestido na sua versão de trajes de praia: chapéu de golfe à Bing Crosby, óculos escuros e *jeans*. Ele se instalou atrás do volante do velho e sólido Cadillac preto, que acabara de comprar de um amigo de Steve. Ele adorava aquele carro. Observei-o endireitando delicadamente o retrovisor, como se afastasse os cachos de cabelo dos olhos de alguém que amasse. Depois, ele ajeitou a aba do chapéu, acendeu um Marlboro e ligou o motor. O carro balançou quando ele engrenou a primeira marcha. O tempo acabou. Prendi a respiração e corri em direção a ele. Quando abri a porta e pulei dentro do carro, tio Charlie teve um sobressalto, espantado em me ver ali.

— Oh! — exclamou. — Ah, é você. — Ficamos nos encarando por um instante. — Melhor pular para o banco de trás.

— Por quê?

— Tem outros passageiros.

Sentei-me na elevação que havia bem no meio do banco traseiro, como um príncipe sendo levado num riquixá, enquanto cruzávamos a Plandome Road, passando pelo Dickens e pelo campo do Monumento aos Mortos. No sul da cidade, paramos diante de uma casa com todas as cortinas e persianas fechadas. Tio Charlie buzinou. De uma porta lateral, surgiu um homem cerca de dez anos mais jovem do que o tio Charlie, com cabelos negros lustrosos e olhos escuros e tristes. Com uma compleição sólida, ombros largos e peito forte, parecia um Dean Martin mais jovem. Achei que fosse um dos jogadores de beisebol que eu vira anos antes, embora ele estivesse agindo diferente agora. Ele não estava rindo nem bancando o cretino. Estava sofrendo, protegendo os olhos como um prisioneiro ao ser solto de um confinamento solitário. Curvando-se sobre a janela do tio Charlie, ele disse numa voz rouca:

— E aí, Charlie. O que você conta de novo?

Sua voz era fina, como a minha na manhã seguinte à retirada de minhas amídalas, mas esse não era o aspecto mais notável em relação ao seu modo de falar. Ele falava exatamente como o Zé Colméia.

— Dia — disse o tio Charlie.

O homem o cumprimentou com um gesto da cabeça, como se aquilo fosse tudo o que tinha a dizer. Depois deu a volta no carro e sentou-se à frente.

— Mãe de Deus — resmungou ele, deixando sua cabeça cair sobre o encosto do assento. — Eu bebi como o diabo ontem.

— Como sempre — retrucou tio Charlie.

Depois meu tio olhou pelo retrovisor. Mais uma vez se assustou ao me ver.

— Ah — disse ele. — Colt, este é meu sobrinho. Ele vai conosco hoje.

Colt se virou e me examinou de onde estava.

Minutos depois, o carro foi soterrado por um monte de homens. Eu tinha pensado que íamos para a praia, mas estávamos preparados para assaltar um banco. Tio Charlie me apresentou de maneira formal e fria a cada um deles. Prazer em conhecer, garoto, disse Joey D, um gigante com um topete de cabelos ruivos no alto da cabeça corada e esponjosa, com a boca, o nariz e os olhos colados em ângulos bizarros. Ele parecia ter sido fabricado com peças recuperadas dos Muppets, como um Frankenstein da Vila Sésamo — cabeça de Grover, feições de Elmo, tórax de Garibaldo. Colt era dez anos mais novo do que meu tio Charlie, e o tratava com extrema deferência, como se fosse um irmão mais velho idolatrado. Apesar do tamanho e da largura dos ombros, Joey D tinha a energia maníaca de um homem pequeno. Andava rápido, agitava as mãos, falava por meio de espasmos verbais que o deixavam sem fôlego. Como se espirrasse febrilmente, frases inteiras explodiam de sua boca num só rajada: "omarvaitábrabohoje!" Na maior parte do tempo, Joey D dirigia esses espasmos verbais a si mesmo, mais precisamente ao bolso de sua camisa pólo. Ele estava tão absorvido e animado com seu bolso no peito que eu pensei que estivesse carregando um camundongo lá dentro.

Em seguida conheci Bobô, cuja idade era impossível imaginar, embora o julgasse da mesma faixa de meu tio — trinta e poucos anos. Bobô era o membro mais bonito do grupo, com seus longos cabelos louros de surfista e braços que sobressaíam sob as mangas da camisa, mas ele dava a impressão de poder ficar ainda mais bonito se conseguisse uma boa noite de sono. Ele exalava o odor do uísque da véspera, uma fragrância de que eu gostava, embora ele tentasse disfarçá-la com um excesso de loção pós-barba de baixa qualidade. Enquanto Colt e Joey D mostravam deferência para com meu tio, Bobô não respeitava ninguém, exceto seu parceiro, Wilbur, um cão preto com olhos desdenhosos.

Eu escutei a conversa daqueles homens com minha cabeça oscilando de um lado para o outro, como se assistisse a quatro partidas de tênis de uma vez. Lendo as entrelinhas, concluí que todos trabalhavam no Dickens, como *barman*, cozinheiros e leões-de-chácara e, conseqüentemente, Steve era O Patrão. Eles reverenciavam Steve. Quando falavam dele, pareciam mais apóstolos do que empregados. Nem sempre ficava muito claro se estavam falando sobre Steve, pois ele tinha uma série de apelidos, incluindo Patrão, Rio e Feinblatt. Cada um daqueles homens também tinha um apelido dado por Steve, exceto o tio Charlie, que tinha dois — Chas e Ganso. Depois de dez minutos, eu havia compilado tantos apelidos que parecia ter uma dúzia de homens no carro, em vez dos quatro que eu contara. Os caras então me confundiram ainda mais citando uma lista de outros apelidos de gente que tinha passado no Dickens na noite anterior, como Fuligem, Marreta, Carabina, Skeezix e Quissidane.

— Quem é Quissidane? — perguntei. Eu sabia que não devia falar nada, mas a pergunta escapou da minha boca.

Os homens olharam uns para os outros.

— Quissidane é o faxineiro — disse o tio Charlie. — Ele varre o bar e faz uns outros serviços.

— E por que vocês chamam ele de Quissidane?

— Ele está sempre dizendo isso — explicou Colt. — Ou melhor, é a única coisa que ele diz que todos entendem. Como jogaram os Yankees hoje? "Ah, que se dane." Como vai a vida? "Ah, que se dane."

Não ouvi o resto do que Colt estava dizendo, estava fascinado demais pela sua voz de Zé Colméia. Cada inflexão soava nos meus ouvidos como: "Ei, Catatau, vamos procurar umas cestas de piquenique."

Joey D se lembrou do tempo em que Quissidane morava atrás do Dickens, dentro de um carro. Steve pôs fim naquilo, disse Joey D, quando Quissidane começou a lavar roupa na pia da cozinha do Dickens. Não foi o fato de lavar as roupas que incomodou Steve, interrompeu Colt, mas o problema era que Quissidane pendurava tudo nas árvores atrás do bar. Todos riram da história e Bobô contou um episódio relacionado a Steve. Tudo levava aqueles homens a lembrarem de uma história de Steve. A vez em que Steve roubou um carro da polícia e dirigiu por Manhasset, as luzes e a sirene acesas, parando ao lado de seus amigos e quase lhes provocando um ataque cardíaco. A vez em que Steve ficou andando de um lado para o outro no corredor do avião com um engradado cheio de champanhe, deixando todos os passageiros bêbados. A vez em que Steve levou alguns freqüentadores habituais do Dickens até Montauk no seu barco, *Dipsomania*, mas bebeu demais, se perdeu na neblina e acabou no meio do caminho para a "porra da Nova Escócia".

Tio Charlie falou sobre quando encontrou Steve pela primeira vez, quando ambos estavam no último ano na Manhasset High School. Steve acabara de ser expulso da Cheshire Academy, em Connecticut, uma escola em que todos os meninos usavam casacos azuis e sorriam cheios de ironia.

— O que Cheshire perdeu, Manhasset acabou ganhando — disse meu tio.

Eu queria perguntar se tinha sido na Cheshire Academy que Steve aprendera a sorrir daquele modo. Na minha memória, Steve parecia um pouco com o gato de *Alice no país das maravilhas*.

Os homens debateram acaloradamente sobre as reformas que Steve ameaçava fazer no Dickens, um empreendimento complicado e caro. Além de remodelar o salão do bar e criar um cardápio mais elaborado, Steve estava pensando em acabar com as apresentações das bandas de *rock* que aconteciam por lá nos finais de semana. E, mais chocante, falava sobre a possibilidade de rebatizar o bar — Publicans. Os homens não aprovavam. Nem um pouco. Não gostavam de mudanças, nunca, especialmente quando se tratava do bar.

— O que quer dizer publicano?

— É um pássaro com dois queixos.

— Isso é um pelicano, seu merda.

— Um publicano, em inglês, significa um *barman*.

— Então por que o Patrão não chama o lugar simplesmente de Barmen?

— Quem é que vai beber num bar chamado Barmen?

— Eu, por exemplo.

— Publicanos são os *barmen* e donos de bar na Inglaterra — disse tio Charlie. — E na Roma antiga um publicano era o cara que arrecadava os impostos.

— Faz sentido. Só existem três coisas garantidas na vida. A morte, os impostos e os *barmen*.

— Ei, Bobô — disse meu tio. — Como você conseguiu chegar em casa ao sair do Dickens/Publicans ontem à noite?

— Adivinha — sugeriu Bobô.

O tio Charlie sorriu e Bobô abraçou o pescoço de seu cachorro.

— Wilbur, rapaz, você me levou para casa novamente? Hein? — Ele enterrou a cabeça no pêlo do animal e o cão se virou para o lado, como se estivesse envergonhado com aquela demonstração pública de afeto.

Joey D começou a me explicar — embora estivesse principalmente o explicando para o camundongo no bolso de sua camisa — que Wilbur era um ser humano aprisionado num corpo de cachorro. "Serumanopresonocorpodumcachorro!" Olhei para Wilbur a fim de conferir se era verdade, e ele olhou para mim com uma expressão que dizia — *E daí?* A prova da inteligência extracanina de Wilbur, disse Joey D, era o modo inflexível com que se recusava a entrar no carro de Bobô quando ele estava bêbado.

— Ele também viaja de trem — acrescentou Bobô. — Me mostre outro cão que vai para a estação todas as manhãs e toma sempre a porra do mesmo trem.

— De verdade? — perguntei.

— Juro por Deus. Este vira-lata sabe andar de trem, garoto. Pega o de 8h16 todas as manhãs. Um condutor foi até o Dickens certa vez e me contou. Wilbur deve estar namorando uma cadela em Great Neck.

Bobô continuou afagando Wilbur. Eu observei os dois. Sabia que olhar fixo para os outros era falta de educação, mas não conseguia evitar. Além de bonito, Bobô era também um tipo ursino. Não só tinha um nome como o Balú, mas também se parecia com o urso do *Livro das selvas* — era felpudo, roncava e tinha um focinho grande e úmido. Bastaria ter um urso dentro do carro — Colt, também conhecido como Zé Colméia. Dois ursos faziam o Cadillac parecer uma caravana de circo. Caso a ligação de Bobô com o *Livro das selvas* não fosse bastante nítida, Wilbur tinha o pêlo preto e lustroso, uma pantera em miniatura. Bobô lembrava Balú, mas Wilbur *era* o Baguera. Minha cabeça estava fervilhando.

Quando alcançamos a rodovia, tio Charlie acelerou o Cadillac até atingir 120, e então apareceram os Zippos. Charutos e cigarros foram acesos e as histórias se emendavam. Ouvi com atenção e descobri que havia uma guerra de nervos entre aqueles homens e a polícia local, que o tio Charlie chamava de *gendarmes*. Pelo menos um deles havia sido formalmente "detido". Fiquei sabendo que numa noite agitada os *barmen* do Dickens conseguiam faturar mil dólares, e o bar embolsava tanto dinheiro que Steve estava se tornando o homem mais rico de Manhasset. Soube também que o bar contava com cinco times masculinos diferentes de beisebol e uma equipe feminina, Dickens Chickens, no qual atuava não apenas a melhor jogadora de liga, como as "gatas" mais gostosas. Soube que metade dos *barmen* tinha caso com metade das garçonetes; que uma mulher no bar era conhecida como "Cher dos pobres", enquanto outra, com pêlos faciais, era a "Sonny dos pobres"; que atender no balcão era também chamado ficar "atrás do taco"; que Steve contratava somente homens para *barmen*, para o caso de haver brigas ou assaltos, e por esse mesmo motivo exigia que houvesse dois *barmen* de serviço o tempo todo; que os *barmen* que trabalhavam lado a lado desenvolviam uma parceria como um lançador e um apanhador no beisebol; que, durante uma pancadaria no salão do bar, um *barman* que entrasse na briga tinha que pular o balcão com os pés na frente, para evitar ser agredido na cabeça; que o maior perigo no Dickens, maior do que as brigas, as mulheres e os assaltos, era a ressaca, uma espécie de resfriado que se pegava ao beber álcool; que existia uma infinidade de nomes para coquetéis, mais ainda do que para o sexo, incluindo tapa, cinturão, detonador, trago, tiro e cadáver.

Eu fechei os olhos, encostei a cabeça no banco e senti as vozes e a fumaça girando ao meu redor. Alguém viu o Mahoney na noite da última sexta-feira? A questão é saber se o Mahoney viu alguém. O cara não estava enxergando mais nada. Bêbado como um gambá. Deve ter tido uma dessas ressacas no dia seguinte. Ele devia tentar se curar. Ouvi dizer que a mulher dele não agüenta mais. Onde você ouviu isso? Foi ela que me disse, ha-ha. Você é uma cadela. Está me chamando de cadela? Se ouvir mais uma palavra sobre o maldito bicentenário da América, vou acabar vomitando. Grande patriota, esse cara. A namorada dele pensa que ele é um patriota, porque ele está sempre pronto para defender seu território. Eu sou patriota, só não quero ouvir mais uma palavra sobre Benjamin Franklin, Bunker Hill e Paul Revere. Nem tanto ao mar, nem tanto à terra. Falando em mar, Chas, preciso dar uma mijada na praia, não dá para ir mais rápido?

Gradualmente, as vozes convergiram numa única voz masculina, até eu ter a impressão de que estava escutando A Voz. Mas aquilo era ainda melhor, porque quando eu abria os olhos, a fonte dessa voz estava bem à minha frente.

Bobô, que parara de conversar para ler as páginas esportivas do jornal, olhou para frente e se dirigiu ao tio Charlie.

— Ganso — disse ele. — O que você vai fazer com o Mets hoje à noite? O Koosman vai jogar e eu sempre me dou mal com aquela besta. Não posso perder de novo. O que você acha?

Tio Charlie apanhou o acendedor no painel do carro e o encostou delicadamente na ponta de seu Marlboro. A fumaça saiu pela boca quando ele respondeu.

— Conhece a regra do Chas: Apostar no Koos é perder dinheiro.

Bobô concordou, sorrindo.

Gilgo não era a praia mais bonita de Long Island, nem a mais afastada, mas entendi que eles nunca iam a outra — nem mesmo na que havia ao lado, onde as mulheres se bronzeavam com os seios nus — porque Gilgo era a única praia em Long Island na qual se podia comprar bebida alcoólica. Bebidas fortes, sem sair da areia. O Gilgo Bar não passava de uma cabana caindo aos pedaços com o chão coberto de areia e uma longa fileira de garrafas empoeiradas, mas os homens entravam pela porta como se estivessem no bar do Waldorf. Eles tinham um respeito profundo e inabalável pelos bares, e pela decência dos bares. A primeira coisa que faziam era pagar uma rodada para todo mundo — três velhos pescadores e uma dona com o rosto cansado e a boca rachada. Em seguida, pagavam uma rodada para eles próprios. Ao primeiro sabor das cervejas geladas e dos *bloody marys*, eles começavam a se comportar de modo diferente. Os braços e pernas pareciam soltos, as gargalhadas mais vivazes. O bar tremia com as risadas e eu podia ver a ressaca se esvair deles como a neblina matinal subindo do oceano. Eu ria também, embora não entendesse as piadas. Não tinha importância. Eles também não entendiam. A vida era uma piada.

— Está na hora — disse Bobô, soltando um arroto vulcânico. — Já molhei a garganta, agora vou molhar o resto do corpo. Vamos para o mar!

Caminhando pela areia, fiquei vários passos atrás deles, percebendo como se esparramavam numa formação pré-ordenada. Tio Charlie, o mais baixo, andava na dianteira, como um flamingo guiando dois ursos, um Muppet e uma pantera ofegante. Eu não conseguia deixar de ver aqueles homens como animais exóticos, quando não estava os vendo como diferentes arquétipos de homens perigosos. Carregando as cadeiras de praia sob os braços, eu os via como assaltantes carregando estojos de violino. Quando os reflexos de luz iluminavam suas cabeças, com o sol brilhando no mar, eu via um pelotão de soldados avançando em meio às detonações da artilharia. Naquela manhã, eu soube que os seguiria aonde quer que fossem. Até as batalhas. Até as mandíbulas do inferno.

Mas não até o mar. Parei à beira da água verde e fria enquanto eles avançavam pela rebentação. Eles apenas pararam rapidamente para largar as cadeiras dobráveis e as roupas. Dentro d'água, continuaram avançando, segurando as cervejas no alto como Estátuas da Liberdade, até a maré alcançar suas cinturas, seus peitos, seus pescoços. Bobô foi mais longe, até chegar a um banco de areia distante da praia, Wilbur remando freneticamente ao seu lado.

Eu não era um bom nadador e não conseguia esquecer as histórias apavorantes da vovó sobre correntezas que arrastavam famílias inteiras, mas os homens não queriam que eu ficasse na areia. Ordenaram-me que os seguisse dentro d'água, e quando eu entrei, eles me atiraram contra as ondas. Lembrando da história da minha mãe, quando o vovô a largou no fundo, fiquei tenso. Joey D mandou-me "relaxar".

— Relaxa, garoto. É só relaxar, porra. *Relaxagarotoésórelaxarporra.*

Embora em terra firme Joey D parecesse à beira de um colapso nervoso, dentro d'água ele era um profissional do relaxamento. Boiando no mar, conseguia liberar toda a tensão de seus músculos e flutuar como uma medusa — uma medusa irlandesa de 130 quilos. Observei seu rosto quando ele estava boiando, uma máscara de pura serenidade que eu nunca vira em homem algum. Então seu rosto ficou ainda mais sereno e eu me dei conta de que ele devia estar mijando.

Se Joey D identificasse uma onda que lhe parecesse promissora, ele se lançava nela, deixando o corpo ser levado e arremessado na areia. Era o chamado surfe de peito, disse ele. Depois de muita insistência e persuasão, aceitei que me mostrasse como fazer aquilo. Deixei meu corpo relaxar, tendo a impressão de que era a primeira vez que fazia isso na vida, e boiei sobre as costas. Embora meus ouvidos estivessem sob a água, podia ouvir Joey D dizendo "que beleza, garoto, que beleza". Ele me empurrou numa onda e eu senti meu corpo ser içado de repente, bem alto, ser embalado pela água por um instante e ser atirado de cambalhota. Girei como um bumerangue humano, uma sensação inebriante de estar fora de controle que eu iria para sempre associar a Joey D e aos outros. Ao aterrissar na areia, eu levantei e me arrastei, cheio de algas marinhas e arranhões. Ao me virar para o mar, pude vê-los assobiando e aplaudindo, Joey D era o que fazia mais barulho.

Voltamos para as cadeiras, as línguas de fora, como Wilbur. Nenhum deles tinha uma toalha, e eu me sentia como uma mocinha coberto na minha. Os homens desabaram em suas cadeiras e deixaram o sol secar seus corpos enormes. Com os dedos molhados, acenderam cigarros e charutos e bafejaram com prazer a fumaça que lhes invadiu os pulmões. Eu fumei também, usando uma pata de caranguejo.

Revigorados pelo banho, os homens colocaram suas cadeiras em círculo, abriram seus jornais e começaram uma conversa espirituosa sobre as notícias do dia, a fala girando e girando como um carrossel. E essa tal de Patty Hearst? Essa dona é pirada. Pode ser, mas ainda assim eu comeria ela. Se ela estivesse com uma metralhadora na mão você se arriscava com ela? *Especialmente* assim, com uma metralhadora na mão ah, ah. Você é um doente. Falando em se arriscar, estou pensando em apostar dez por um contra o Mets hoje à noite. O Koos tem que ganhar uma partida, uma hora ou outra, certo? Seu porra-louca. Apostar no Koos é perder dinheiro. Anote no seu caderninho cinco contra um no imbatível Mets. Como foi que o Foreman conseguiu parar o Frazier, alguém sabe me dizer? O melhor lutador de boxe que já vi foi o Benny Bass. É mesmo, meu velho viu quando ele perdeu o título para Kid Chocolate. Caramba, Beirute está um caos. Reagan diz que ele é a resposta. Meu Deus, neste caso, qual é a porra da pergunta? O gancho de direita de Foreman é fenomenal. Ele é capaz de parar um trem. Você leu onde o bisneto de Nathan Hale se casou nesse fim de semana? Me dê a liberdade ou a morte. É isso que vai dizer a noiva daqui a um mês. Olhem só isso: dois homens são achados numa mala de carro no aeroporto Kennedy. A polícia acredita em vingança. A polícia de Nova York é a mais esperta. Resenha elogiosa do novo romance de Leon Uris sobre a Irlanda. Comedores de Batata encontram Comedores de Lótus. O que quer que essa porra queira dizer, acho que será essa minha leitura de praia neste verão, não sei muita coisa sobre a terra natal de meus ancestrais. A terra natal de seus ancestrais fica no Queens, seu babaca. Ei, está passando *Tubarão* hoje no Rosilyn, vamos assistir? Não posso ver *Tubarão* outra vez, levou um mês para eu voltar a ter coragem de entrar no mar depois do último verão. Você não precisa se preocupar com tubarões, seu merda, você é o próprio repelente. Sua cabeça é como um coquetel de azeitonas — uma mordida e o tubarão está fodido. Gostaria de saber como é que você sabe tanto sobre minha cabeça. Sabe quem está fodido? Você, se comer a Patty Hearst.

— Quem é Patty Hearst? — perguntei ao tio Charlie.

— Uma dona que foi seqüestrada — respondeu ele. — Depois se apaixonou pelos seus seqüestradores.

Olhei para meu tio. Olhei para os outros homens. Concluí que sabia como Patty Hearst tinha se sentido.

Eles desenharam um relógio solar no centro do círculo e me instruíram a acordá-los quando a sombra alcançasse o pedaço de madeira que haviam enfiado na areia. Estudei a sombra movendo-se lentamente. Ouvi os homens roncarem e as gaivotas pescando no mar, e pensei em retirar o pedaço de madeira. "Se eu arrancar o graveto do relógio solar, o tempo irá parar e este dia nunca acabará." Quando a sombra alcançou o graveto, acordei cada um deles com a maior gentileza possível.

Ninguém disse nada no caminho para casa. O sol e as cervejas os tinham derrubado. Mas, ainda assim, continuavam se comunicando através de um código elaborado de gestos e expressões faciais. Estabeleciam longos diálogos com o movimento dos ombros e das sobrancelhas. Joey D se saía melhor com os gestos do que com o relaxamento dentro d'água.

Nossa primeira parada em Manhasset foi no Dickens. Os homens pararam na porta dos fundos, olhando para mim, dando de ombros uns para os outros, até que o tio Charlie assentiu com a cabeça e eles me deixaram segui-los. Entramos na área do restaurante. À esquerda, havia uma longa fileira de mesas, que chamavam de O Saguão. Depois, vinha o salão do bar, onde um grupo de homens bebia encostado no balcão. Seus rostos estavam mais vermelhos do que os nossos, embora não parecessem bronzeados pelo sol, e seus narizes pareciam uma fiada de produtos frescos — ameixa, tomate, maçã, cenoura. Tio Charlie me apresentou a cada homem e, por último, ele deixou o menor, o mais durão, o temível Quissidane, que se afastou do balcão e veio na minha direção. Sua cabeça era pequena, sua pele morena escura era bem esticada, parecendo iluminada a partir do interior através de uma combinação de alegria infantil e doses generosas de vodca. Seu rosto parecia com um saco de papel marrom com uma vela gotejante no interior.

— Este deve ser o sobreleco com seu tiobrinho — disse ele apertando minha mão e sorrindo, um sorriso bonito, apesar dos lábios ressecados e dos dentes marrons. — Chas, não vou deixar o garoleque curtar com minha tira, estou te falando, que se dane, que se dane.

Olhei para o tio Charlie, pedindo ajuda, mas ele estava rindo, dizendo que Quissidane tinha toda razão. Então, Quissidane olhou para mim e perguntou:

— Qual foi a maior coisa que você e a porra do seu tio já fizeram com louca porra do maquilnal eletropilha?

Meu coração estava acelerado.

— Não tenho certeza — eu disse.

Quissidane começou a rir e me afagou a cabeça.

— Fica frieira que tô de brincanagem — disse ele.

Tio Charlie serviu uma bebida para si mesmo, me preparou um Roy Roger, uma coca-cola com xarope de romã, e disse para eu me distrair com qualquer coisa enquanto ele e os rapazes davam uns telefonemas. Esperei sentado num banco alto ao lado do balcão, girando-o lentamente e absorvendo cada detalhe do salão do bar. Presos de cabeça para baixo em uma ripa de madeira sobre o balcão, havia centenas de copos de coquetel, que acolhiam e refletiam a luz do bar como um vasto candelabro. Ao longo de uma prateleira de 12 metros atrás do bar, havia uma variedade de garrafas de bebidas, num arco-íris de cores que por sua vez refletiam a luz refletida pelos copos pendurados sobre o balcão. O efeito geral era o de se encontrar dentro de um caleidoscópio. Passei a mão sobre a superfície do balcão. Carvalho maciço. Sete centímetros de espessura. Ouvi um dos homens dizer que a madeira recebera recentemente várias mãos de verniz. Dava para notar. O balcão emitia uma cor fulvo-alaranjada como a pele de um leão. Experimentei tocá-la. Admirei o soalho com pranchas de madeira encaixadas, polidas por milhões de passos. Examinei meu reflexo na antiga caixa registradora prateada, que parecia ter vindo de um armazém do Velho Oeste. Com o mesmo êxtase e arrebatamento que costumava sentir quando fingia ser Tom Seaver, agora eu fingia ser A Pessoa Mais Popular do Dickens. O bar estava apinhado de gente. Já era tarde da noite. Eu estava contando uma história e todos me ouviam. *Silêncio, pessoal — o garoto está contando uma história!* Eu prendia a atenção de todos somente com minha voz e minha história. Gostaria de conhecer uma história suficientemente boa para prender a atenção de alguém. Eu me perguntei como a vovó se sairia no Dickens.

Atrás do balcão havia dois grandes painéis feitos de vitrais. Bobô apareceu ao meu lado e disse que eu não deveria olhar para eles de muito perto.

— Por quê? — perguntei.

— Não percebeu nada neles? — ele quis saber, comendo uma cereja.

Inclinei-me para frente, olhei com atenção. Não percebi nada.

— Foi a Crazy Jane que criou esses painéis — disse Bobô. — Ela é uma amiga de Steve. Está vendo alguma coisa naquele desenho ali?

Observei o lado esquerdo do painel. Seria possível?

— Aquilo é um...

— Pênis — disse ele. — Pode apostar que é. E isso faz com que o outro painel seja...

Eu não sabia com o que se parecia, mas com base na lógica, só podia ser uma coisa.

— É o... de uma mulher?

— Exatamente.

Envergonhado, perguntei o que havia na sala dos fundos.

— É lá que realizamos eventos especiais. Despedidas de solteiros, reuniões familiares, escolares, festas natalinas, rodadas de *pizzas* depois dos jogos da liga juvenil. E rinhas de peixes.

— Rinhas de galo? — perguntei.

— Rinhas de *peixes* — disse Colt, aparecendo também ao meu lado.

Os *barmen*, explicou-me Colt, geralmente colocam dois peixes siameses lutando e apostam no resultado.

— Mas os peixes — continuou ele — se cansam e, normalmente, consideramos que houve um empate.

Tio Charlie surgiu, saindo do porão, e ligou o aparelho de som.

— Ah — suspirou Bobô. — "Summer Wind".

— Essa música é demais — concordou tio Charlie, aumentando o volume.

— Eu gosto de Sinatra — eu disse para meu tio.

— Todo mundo gosta de Sinatra — disse ele. — Ele é conhecido como A Voz.

Ele não notou minha expressão espantada.

Logo chegou a hora de eu e meu tio voltarmos para casa. Tentei reter as lágrimas, pois sabia que o tio Charlie ia apenas tomar banho e voltaria para o bar, enquanto eu jantaria algo não comestível num ambiente tenso entre minha avó e meu avô. Eu estava sendo afastado dos homens e do bar pela correnteza da casa do vovô.

— Foi realmente um prazer contar com sua companhia hoje na praia — disse Joey D. — Vamos fazer isso de novo, garoto.

Vamosfazerissodenovogaroto.

— Com certeza — respondi, enquanto tio Charlie me puxava pela porta dos fundos. — Com certeza.

Naquele verão, eu fui à praia todos os dias em que o clima e as ressacas permitiram. Ao abrir meus olhos pela manhã, a primeira coisa que eu olhava era o céu, depois consultava minha avó sobre a hora que meu tio voltara do Dickens. Céu claro e tio Charlie tendo voltado cedo, isso significava que, ao meio-dia, eu estaria descendo de peito nas ondas com Joey D. Céu nublado e uma volta tardia para casa significavam que passaria o dia no sofá bicentenário, lendo *Biografias resumidas*.

Quanto mais tempo eu passava com o tio Charlie, mais eu falava como ele, imitava seus maneirismos. Colocava a mão nas têmporas quando me concentrava. Inclinava-me me apoiando no cotovelo enquanto mastigava. E eu também o procurava, sempre tentando engatar uma conversa com ele. Pensei que seria fácil. "Passar um tempo juntos na praia de Gilgo significa que somos amigos, certo?" Mas tio Charlie era filho de seu pai.

Certa noite, encontrei-o sozinho à mesa do jantar, lendo o jornal e comendo um bife. Sentei-me ao seu lado.

— As chuvas estão causando muitos problemas — eu disse.

Ele deu um pulo e colocou a mão sobre o coração.

— Meu Deus — exclamou. — De onde você veio?

— Arizona.

Silêncio.

Ele sacudiu a cabeça e retomou a leitura do jornal.

— As chuvas estão causando muitos problemas — eu disse outra vez.

— Eu gosto — respondeu ele, sem desviar o olhar do jornal. — Vai bem com meu estado de espírito.

Esfreguei nervosamente minhas mãos.

— O Bobô vai aparecer no Dickens esta noite? — perguntei.

— Negativo — ainda olhando para o jornal. — Bobô está de folga.

— O que Bobô faz no bar?

— Cozinha.

— Wilbur vai estar lá?

— Wilbur fica dentro do carro.

— Eu gosto do Wilbur.

Não houve resposta.

— E o Colt, ele vai esta noite?

— Negativo. Colt vai assistir a uma partida dos Yankees.

Silêncio.

— O Colt é engraçado — eu disse.

— É — ele repetiu com a voz solene. — Colt é engraçado.

— Tio Charlie, posso assistir à próxima corrida demolidora na Plandome Road?

— Toda noite é uma corrida demolidora na Plandome Road. A cidade toda está inebriada. Você não se importa se eu disser "inebriada", não é?

Eu fiquei pensando. Tentando achar a melhor resposta. Após alguns minutos, eu disse:

— Não.

Ele desviou o olhar do jornal e se virou para mim.

— O quê? — perguntou.

— Não me importo que você diga "inebriada".

— Ah! — e retomou sua leitura.

— Tio Charlie? — eu disse. — Por que o Steve chama o bar de Dickens?

— Por que Dickens foi um grande escritor. Steve deve gostar de escritores.

— Por que ele foi tão grande?

— Ele escreveu sobre as pessoas.

— Mas todos eles escrevem sobre as pessoas, não?

— Dickens escreveu sobre pessoas excêntricas.

— O que é excêntrico?

— Algo único. Sem par.

— Mas todo mundo é único, não?

— Por Deus, não, garoto! Este é o diabo do problema. — Ele se virou para mim novamente e me olhou com firmeza. — Quantos anos você tem?

— Onze.

— Para um menino de 11 anos você faz um bocado de perguntas.

— Minha professora diz que eu sou o Joe Friday.

— Sei.

— Tio Charlie?

— Fala.

— Quem é o Joe Friday?

— Um policial.

Longo silêncio.

— Onze anos — disse meu tio. — Ótima idade. — Ele colocou *ketchup* no bife. — Fique por aí. Não importa o que faça, continue com 11 anos. Não se mexa. Está me acompanhando?

— Estou.

Se o tio Charlie tivesse me dito para sair correndo e buscar alguma coisa na lua, eu o teria feito, sem perguntar nada, mas como eu poderia ficar com 11 anos? Esfreguei as mãos com mais força.

— O Mets vai ganhar hoje à noite? — ele perguntou, olhando para sua folha de apostas.

— Koosman está arremessando — respondi.

— E daí?

— Apostar no Koos é perder dinheiro.

Ele parou de mastigar o bife e me encarou.

— Você não perde uma, não é?

Depois, ele engoliu, dobrou o jornal e se levantou da mesa, olhando para mim o tempo todo. Em seguida, saiu pelo corredor em direção ao quarto. Dei um gole na sua cerveja um instante antes de minha avó entrar na sala de jantar.

— Que tal um bom pedaço de bolo?

— Negativo. Biscoitos. Está me acompanhando?

Ela ficou boquiaberta.

Se o tio Charlie estivesse com muita ressaca para ir à praia, vovó não dizia que ele estava de ressaca. Dizia que ele comera muita batata frita no bar e estava com o estômago avariado. Certa manhã, ela nem se importou com as histórias das batatas fritas, porque o tio Charlie estava muito mal, e o cheiro de uísque vindo de seu quarto chegava a ser opressor. Fiquei me balançando na rede do quintal, de mau humor.

— O que está acontecendo, garoto?

Dei um salto. Era o Bobô na entrada da garagem, com Wilbur ao seu lado. Tinham vindo me "resgatar", ele disse.

— Por que o tio Ganso vai estragar a diversão de todo mundo? — perguntou. — Dane-se o Ganso. Hoje, somos só você, eu e o Wilbur. Os três amigos.

Eu não conseguia imaginar por que o Bobô tinha vindo me convidar. Talvez ele não soubesse o caminho para a praia de Gilgo e precisasse da minha ajuda. Ou talvez ele gostasse mesmo da minha companhia. Ou talvez fosse o Wilbur que gostasse. Minha avó ficou ainda mais desorientada do que eu. Ela saiu de casa, olhou para Bobô e parecia pronta para chamar a polícia. Só porque Bobô era amigo do tio Charlie e por causa do olhar suplicante de Wilbur ela acabou concordando.

Quando saímos pela Plandome Road, imaginei que Bobô estivesse com sono. Não entendia que ele estivesse bêbado e doidão. Ele esvaziou uma Heineken em três goles e pediu que eu apanhasse outra dentro do isopor no banco traseiro. Vi o Wilbur escondido lá atrás e me lembrei do que Joey D dissera sobre o Wilbur, que ele sabia quando Bobô havia ultrapassado os limites.

Cerca de três quilômetros antes da praia, eu estava voltando para o banco da frente com mais uma Heineken, quando o carro começou a derrapar. Saímos de lado, rodando através das três pistas e Wilbur e eu fomos arremessados contra a porta de trás. Foi cerveja para todo lado. Cubos de gelo voavam em todas as direções. Ouvi os pneus cantando e os vidros se partindo. Wilbur gania. Quando o carro ficou imóvel, abri os olhos. Wilbur e eu estávamos arranhados e ensopados de cerveja, porém aliviados, pois sabíamos que poderíamos estar mortos. Tínhamos sido salvos por uma duna grande e macia, que absorveu o impacto da colisão.

Naquela noite tive um sonho. (Ou um pesadelo, não tinha certeza.) Eu estava na praia. Começava a escurecer e eu precisava voltar para casa. Bobô, no entanto, não estava em condições de dirigir. Wilbur teria que dirigir, ele me disse. Enquanto Bobô dormia no banco traseiro, eu vigiava os movimentos de Wilbur ao volante, dirigindo o carro pela rodovia. De vez em quando, o cachorro mexia no botão do rádio e depois virava-se para mim com um sorriso dentuço e demoníaco, sua expressão dizendo — *Qual é o problema?*

Tia Ruth ficou sabendo de minhas excursões e resolveu que McGraw deveria ir também. Ela o deixou na casa do vovô certa manhã e eu nunca o vira tão agitado. A manhã foi passando e o tio Charlie não se mexia, então ele foi desanimando.

— Acho que não vamos — disse McGraw, apanhando o taco de beisebol e se dirigindo para o quintal. Eu o segui.

Naquele exato momento, ouvimos o tio Charlie batendo a porta, tossindo e pedindo coca-cola e aspirina. Vovó apareceu imediatamente no corredor e perguntou se ele ia à praia.

— Não — respondeu ele. — Talvez. Não sei. Por quê?

A voz da vovó caiu. Eu e McGraw conseguíamos ouvir somente algumas poucas palavras murmuradas.

— *A Ruth se perguntou... levar McGraw... bom para os meninos...*

Em seguida, ouvimos o tio Charlie.

— *Barman, não babá... pouco espaço no Cadillac... responsabilidade por duas crianças...*

Depois de mais alguns sussurros que não conseguimos ouvir, tio Charlie apareceu no quintal e viu que McGraw e eu estávamos no alpendre, ambos com roupa de banho sob nossos macacões, carregando uma sacola de supermercado com nossas versões de provisão de viagem no interior — uma revista esportiva, uma banana, uma toalha. Tio Charlie, que estava só de cuecas, veio até o meio do quintal.

— Os dois patetas querem ir à praia?

— Claro — eu disse casualmente.

McGraw concordou em silêncio.

Tio Charlie olhou para o alto das árvores, como costumava fazer quando ficava irritado. Às vezes eu pensava que ele sonhava em viver em cima delas, numa casa que ficasse mais alta do que o pinheiro do vovô, uma fortaleza mais afastada e segura do que seu quarto.

— Dois minutos — disse ele.

McGraw e eu sentamos no banco traseiro e tio Charlie arrancou pela cidade. Primeiro apanhamos Bobô. Quando Bobô e Wilbur sentaram à frente, ambos olharam para McGraw e depois se viraram olhando para o tio Charlie.

— Ei, Ganso — disse. — Nossa pequena família está crescendo.

— Pois é — respondeu tio Charlie. — Esse é meu outro sobrinho. McGraw, cumprimente Bobô e Wilbur.

— Quantos sobrinhos você tem exatamente, Ganso?

Meu tio não respondeu.

— Ganso — prosseguiu Bobô —, um dia desses, você vem me apanhar dirigindo um ônibus escolar, pô!

No instante em que paramos em frente à casa de Joey D, Bobô ainda estava pegando no pé do meu tio.

— Ganso, acho que a partir de agora vou chamar você de *Mamãe* Ganso. Vivia dentro de um sapato, tinha tanto sobrinhos que não sabia o que fazer com eles.

— Mamãe Ganso — disse McGraw, rindo.

Dei-lhe uma cutucada. Nada de rir do tio Charlie.

— Quem é este? — perguntou Joey D sentando no banco de trás e apontando para McGraw.

— Meu sobrinho — respondeu meu tio.

— Filho da Ruth?

— Isso.

Só o Colt pareceu feliz em nos ver.

— O quê? — disse ele, se espremendo entre nós, fazendo com que McGraw quase ficasse no meu colo. — Mais um moleque? Quanto mais, melhor, rapaziada!

McGraw ficou abrindo e fechando a boca e eu sabia o porquê. Zé Colméia.

Tio Charlie dirigiu a toda velocidade, talvez porque o carro estivesse lotado e todo mundo queria chegar logo. Em Gilgo, ele comprou um hambúrguer para mim e outro para McGraw. Todas as vezes que fui à praia ele nunca fizera isso, mas McGraw parecia estar sempre esfomeado. Devorando como um lobo o hambúrguer em três mordidas, McGraw perguntou se havia leite no bar. Balancei a cabeça negativamente. Então, Bobô soltou um arroto e eu disse ao McGraw que aquele era o sinal. Todos ao mar.

Eu e McGraw seguimos os homens pela areia e, como eles, largamos nossas coisas e nossas roupas ficando só de roupa de banho e alcançamos o mar a passos largos. McGraw, porém, continuou em frente. Ele passou nadando por mim, pelos outros e até pelo banco de areia do Bobô. Só Joey D percebeu. Quando McGraw foi ficando cada vez menor na distância, Joey D gritou:

— McGraw, volte aqui!

McGraw o ignorou.

— Você acredita no que está vendo? — disse Joey D quando eu me aproximei dele.

Ele estava falando comigo, ostensivamente, mas não respondi, porque eu sabia que ele estava falando com seu camundongo. Eu me perguntei onde ele escondera o camundongo, já que estava sem camisa.

— O garoto pensa que é o Tarzan. Está a quilômetros da praia. Vai, continua nadando, garoto. Próxima parada: Madri. Se ficar com câibra vai virar comida de peixe. — Joey D se virou e viu que o tio Charlie voltara para a areia e, sentado na sua cadeira de praia, lia o jornal calmamente. — Ótimo — ele disse ao seu camundongo. — Ganso não quer nem saber. *Gansonãoquernemsaber.* E eu tenho de ficar de olho na porra do sobrinho dele enquanto ele lê. Puta que o pariu, não é hoje que vou poder relaxar um pouco.

Eu fiquei furioso com o McGraw por irritar Joey D. Se um dos homens reclamasse de nossa companhia em Gilgo — reclamar mesmo, não aquelas provocações do Bobô — nunca mais voltaríamos à praia. Havia regras de conduta com aqueles homens, e quando McGraw não obedecia àquelas regras ao pé da letra, eu sentia vontade de lhe dar uns trancos. Ao mesmo tempo, me surpreendi com inveja dele. Estava nadando para Madri, enquanto eu estava apenas obedecendo as advertências da vovó e me mantendo perto da areia. Não era só McGraw não ter medo. Ele parecia buscar a correnteza, procurá-la como se quisesse muito ser levado para longe. Ele tinha um parafuso a menos, o que fazia com que se parecesse mais com aqueles homens.

Quando McGraw saiu da água, eu lhe lancei um olhar enraivecido que ele fingiu não notar. Veio sentar ao meu lado no meio do círculo formado pelos homens e começou a fazer um castelo de areia. Eu lhe disse que não deveríamos fazer nada que aborrecesse os mais velhos, mas Joey D me interrompeu:

— Isso. Comecem a sair na porrada — e virando para os outros, acrescentou: — Qualquer coisa que mantenha o golfinho Flipper fora d'água.

Ao lado do castelo de areia, eu desenhei um relógio solar, que me ajudaria a controlar o tempo quando os homens apagassem. O motor de jato que eram os roncos deles, e a figura de Joey D dormindo e falando com seu camundongo fizeram McGraw rolar de tanto rir, o que me fez rir também, e tivemos que tapar a boca com as mãos para não acordar todos.

Era mais tarde do que de costume quando voltamos para Manhasset. Não houve tempo para uma parada no bar. Todos precisavam ir para casa. McGraw estava cabisbaixo quando chegamos à casa do vovô. Eu exultava em silêncio. "Ha, Ha. Bem feito. Você nadou até o banco de areia, mas não sentou no banco que interessa, o banco do bar." Então me lembrei dos muitos bares que McGraw já vira na vida, os bares nos quais tivera de entrar para armar uma emboscada para seu pai, e soube que ele não se sentia frustrado por não visitar mais um. Estava triste apenas porque tinha que se despedir dos homens.

Eu e McGraw sentamos no sofá bicentenário naquela noite e assistimos ao filme *Um estranho casal*, mas ele não conseguia parar de falar de Gilgo.

Queria que fôssemos todos os dias. Queria morar em Gilgo. Disse que um dos atores, Jack Klugman, se parecia com Bobô. Adverti-o para que não ficasse esperançoso demais. Existem variáveis, expliquei. O clima e as ressacas. Nunca se sabia, de um dia para o outro tudo podia acontecer. No caso de McGraw havia ainda outra variável. Algumas vezes, a tia Ruth não o deixava ir à praia. Fosse porque tinha treino de beisebol, fosse porque estava de castigo. E algumas vezes tia Ruth simplesmente não dizia o motivo.

Quando McGraw não podia ir para Gilgo, eu ficava sentado no meio do círculo dos homens sentindo sua falta, preferindo que ele nunca tivesse vindo, porque agora aquela experiência parecia menos divertida sem ele. Tudo era mais divertido com o McGraw. Era alguém com quem eu podia partilhar os homens, e rir com ele das coisas surpreendentes que diziam e faziam. Uma mosca-varejeira picou a perna de Bobô, depois saiu voando em círculos ébrios e acabou caindo morta, e eu queria que o McGraw estivesse lá para ver aquilo.

Embora os homens fossem invariavelmente gentis comigo, eles tendiam a me ignorar e, na ausência de McGraw, eu passava horas sem ouvir minha própria voz. Quando falavam comigo diretamente, às vezes era meio embaraçoso. Uma troca típica era assim: Joey D olhava para mim. Eu olhava para ele. Ele me olhava com mais firmeza. Eu continuava encarando-o. Finalmente ele dizia: "Contra quem os White Sox jogam hoje?" "Rangers", eu respondia. Ele concordava. Eu concordava. Fim de papo.

Sentindo falta de McGraw, eu acabava me lembrando da minha mãe, cuja falta também sentia, cada vez mais. Um dia fiquei olhando para o mar e me perguntando o que ela estaria fazendo. Como não podíamos pagar ligações de longa distância, nos correspondíamos com fitas cassete. Eu ouvia suas fitas incessantemente, buscando na voz indícios de estresse ou cansaço. Na fita mais recente, ela parecia feliz. Feliz demais. Disse que tinha alugado um sofá com um lindo estampado marrom e dourado — sem as figuras dos Fundadores. "Nunca tivemos um sofá antes!", ela dizia cheia de orgulho. Mas eu me preocupei. E se não conseguíssemos pagar o sofá? Se ela ficasse devendo? E se ela começasse a fazer contas na calculadora e chorasse? O que aconteceria se eu não estivesse lá para diverti-la com minhas piadas? Não vou me preocupar com uma coisa que não vai acontecer. Meu mantra parecia não funcionar em Gilgo. Os pensamentos perturbadores vinham muito rapidamente. "Por que estou aqui? Eu deveria estar no Arizona, ajudando minha mãe. Ela deve estar agora dirigindo pelo deserto, sozinha, cantando." Como cada nova onda que se esparramava na areia, um outro pensamento infeliz inundava minha mente.

Para me distrair, procurei observar os homens. Tio Charlie estava zangado.

— Esse jogo de rimas está me deixando louco.

— Que porra de jogo de rima é esse? — perguntou Bobô.

— Uma charada no jornal — explicou o tio Charlie. — Eles dão uma pista incompleta e a resposta são duas palavras que rimam. Por exemplo, Manto Santo. Ou Rola a Bola. Fácil até para uma criança. A primeira eu acertei: O carro de Jane. Honda de Fonda. Mas as outras... O uísque afetou meu cérebro.

— Com um pouco de vodca.

— Esse é seu estado crônico.

— Leia uma para nós.

— Tudo bem — disse meu tio. — Vamos ver se vocês são espertos, seus palhaços. Música do Richard.

Bobô fechou os olhos. Joey D mexeu na areia com um graveto. Colt coçou o queixo.

— Essas charadas são uma merda — disse Bobô. — A vida já é suficientemente complicada do jeito que é.

— O Som do Nixon — eu disse.

O silêncio me cobriu como uma sombra. Olhei de onde estava para os homens e eles estavam me encarando, imóveis. Não ficariam mais surpresos se Wilbur começasse a falar de repente. Até Wilbur ficou surpreso.

— Esse garoto é bom — disse Colt.

— Caramba! — exclamou Bobô.

— Pergunte outra para ele — disse Joey D para seu camundongo. *Pergunteoutraparaele.*

Tio Charlie olhou para mim, depois novamente para o jornal.

— O Incrível Gary — disse.

Pensei um instante.

— Super Cooper — respondi.

Os homens ergueram as mãos no ar e vibraram.

Foi nesse dia que tudo mudou. Eu sempre achara que devia existir uma senha secreta para ingressar no círculo daqueles homens. As *palavras* eram a senha. A linguagem me legitimava aos olhos deles. Depois de decodificar as charadas do jornal, eu já não era mais o mascote do grupo. Os homens não me incluíam em todas as conversas, é claro, mas tampouco me tratavam como se eu fosse uma gaivota voando entre eles. Passei de uma vaga presença para uma pessoa de verdade. Tio Charlie parou de tomar um susto cada vez que me via ao seu lado, e os outros homens prestavam mais atenção em mim, conversavam comigo, ensinavam-me coisas. Ensinaram-me como pegar uma bola numa trajetória curva, como utilizar um taco, como fazer um lançamento em espiral e jogar pôquer com uma das cartas expostas. Ensinaram-me como posicionar os ombros, como franzir as sobrancelhas e como levar a vida como um homem. Ensinaram-me como manter a postura, e juraram para mim que a postura de um homem *é* sua filosofia. Ensinaram-me a usar a palavra "porra", me deram essa palavra como se fosse um canivete ou um conjunto de roupas, algo que todo garoto devia ter. Mostraram-me as várias maneiras de dizer "porra" e assim aliviar minha raiva, assustar os inimigos, reunir aliados, fazer as pessoas rirem apesar de seus problemas. Ensinaram-me a pronunciá-la violentamente, guturalmente, graciosamente, para obter todos os benefícios da palavra. Por que dizer humildemente "o que está acontecendo", diziam eles, quando se pode perguntar: "Que porra é essa?" Demonstraram para mim diversas receitas verbais nas quais "porra" era o principal ingrediente. Um hambúrguer em Gilgo, por exemplo, era duas vezes mais gostoso quando era "a porra de um hambúrguer em Gilgo".

Tudo o que me ensinaram naquele verão era guardado no amplo armário da confiança. Ensinaram-me a importância de se ter confiança. Só isso. Mas era o bastante. Isso, mais tarde me dei conta, era tudo.

Além das lições aleatórias, os homens também me davam tarefas específicas. Mandavam-me ir até o bar de Gilgo apanhar bebidas ou cigarros, pediam-me para ler a coluna de Jimmy Breslin ou me enviavam como emissário até um grupo de moças atraentes. Eu considerava essas tarefas uma demonstração de confiança e me esforçava para cumpri-las. Quando os homens jogavam pôquer em Gilgo, por exemplo, e o vento agitado era sempre um problema, era minha responsabilidade segurar as cartas para que não saíssem voando da toalha. Era tarefa para um polvo, mas eu conseguia, e quando uma carta era levada pelo vento, eu corria atrás dela. Ainda me lembro com orgulho das expressões deles quando eu persegui um valete de ouros, apanhando-o cinqüenta metros à frente, pouco antes de cair no mar.

TREZE
PAT

Acordei com o céu ainda escuro, num dia surpreendentemente fresco para o mês de julho. Nada de praia. Deitei no sofá bicentenário e abri as *Biografias resumidas*. Mas quando tio Charlie acordou, ele disse para que eu me preparasse.

— Gilgo? — indaguei.

— Negativo. Mets. Phillies. Rodada dupla.

Eu havia sido promovido.

Como se ir ao Shea Stadium já não fosse suficientemente extraordinário, tio Charlie disse que eu poderia usar um de seus bonés. Escolhi um verde-limão com uma tira xadrez e me coloquei diante do espelho, admirando a mim mesmo, virando o boné de um lado para o outro, até o tio Charlie me dizer para acelerar.

Primeiro apanhamos Joey D. Ele me cumprimentou pelo meu novo *chapeau*. Em seguida, fomos buscar um cara bem forte chamado Tommy. Ele era grande como Joey D, e embora não se parecesse muito com um Muppet, seus traços davam a mesma aparência de simpatia casual e passageira a seu rosto. Ele era mais rechonchudo do que Joey D, mais elástico, e quando Tommy cerrava as sobrancelhas, o que acontecia a cada dois minutos, seus lábios decaíam, acompanhados pelo nariz, olhos e bochechas, todos se precipitando em direção a seu queixo, como se fossem sugados. Tommy também apreciou meu boné e depois, franzindo as sobrancelhas, disse que ele também estava "usando um boné novo"... Arrumara um novo emprego, ele disse.

— Tommy acabou de ser contratado pelo Shea Stadium — explicou tio Charles, olhando-me pelo retrovisor. — Chefe da segurança. Ele que manda. Conseqüentemente, hoje ele nos fará entrar sem pagar.

Paramos no Manhasset Deli para comprar chá gelado e cigarros. Então, em vez de tomarmos a estrada, demos a volta e fomos para o Dickens.

— Quem mais vem com a gente? — perguntei quando nos instalamos no balcão.

Tio Charlie olhou para o lado, depois disse:

— Pat.

— Quem é ele? — perguntei.

— Ela — corrigiu tio Charlie.

— Pat é a namorada do seu tio — sussurrou Tommy.

Ficamos sentados no bar, esperando por aquela tal de Pat. Não me agradava a idéia de uma mulher fazer parte do grupo, e me irritava mais ainda o fato de ela estar atrasada. Até que ela surgiu bruscamente, como se uma rajada de vento tivesse aberto a porta e ela tivesse sido arremessada para dentro. Tinha os cabelos da cor do uísque, olhos verdes brilhantes e sardas que pareciam pequeninas folhas úmidas coladas sobre o nariz. Era magricela como o tio Charlie, uma fêmea flamingo, embora mais animada.

— E aí, rapaziada! — disse ela jogando a bolsa sobre o balcão.

— Oi, Pat!

— Desculpe, estou atrasada. O trânsito está uma droga. — Ela acendeu um cigarro e me olhou de cima a baixo. — Você deve ser o JR.

— Sim, senhora — respondi, pulando do banco, retirando o boné e apertando sua mão.

— Olha só, um cavalheiro de verdade. O que você está fazendo, andando com esses vagabundos?

Ela disse que gostaria que seu filho, que estava com a minha idade, tivesse as mesmas boas maneiras.

— Você deve ser um orgulho para sua mãe.

Em dez segundos, ela encontrara o atalho mais rápido para meu coração.

Nossos lugares no estádio ficavam três filas atrás da base do batedor. Tio Charlie e os homens se instalaram, esticaram as pernas, fizeram amizade com todos em volta. Tio Charlie me disse que se eu quisesse ir ao banheiro, podia ficar à vontade, "mas repare bem onde estamos sentados e não demore a voltar". Depois, ele chamou o vendedor de cerveja e lhe disse: "Repare bem onde estamos sentados e não demore a voltar."

— Qual o seu palpite hoje? — Joey D perguntou ao tio Charlie.

— Estou na dúvida. Minha cabeça diz Mets, mas meu bolso diz Philadelphia. E você JR?

— Hum... Mets.

Tio Charlie cerrou os lábios e me olhou de lado, como se eu acabasse de dizer algo muito sensato. Ele foi telefonar para fazer as apostas e Pat se virou na cadeira, olhando para mim.

— E aí, como vai sua mãe? — ela quis saber.

— Vai bem.

— Ela está no Novo México?

— No Arizona.

— Oh, ela deve estar tão sozinha sem você.

— Pô, eu espero que não.

— Confie em mim. Sou mãe solteira. Ela deve estar muito mal.

— É mesmo?

— Você não tem irmão nem irmã, não é?

Acenei a cabeça negativamente.

— Oh, ela está tão só, lá longe! Mas ela está fazendo um sacrifício, porque sabe o quanto seus primos, sua avó e seu tio significam para você! Vocês não se falam por telefone?

— Não — respondi, olhando para o meio do campo e sentindo um nó na garganta. — Sai muito caro. Nós gravamos fitas cassetes e mandamos um para o outro.

— Oh! Ela deve estar se sentindo tão só!

"Não vou me preocupar com uma coisa que não vai acontecer."

O tio Charlie voltou.

— O que você fez? — perguntou Joey D.

— Apostei dez no Mets — respondeu meu tio. — O garoto parece ter tido uma premonição.

Joey D olhou para mim com os olhos arregalados.

— O que significa apostar dez? — perguntei.

— Depende de onde você aposta — respondeu tio Charlie. — Às vezes, significa dez dólares, às vezes cem. Está me acompanhando?

— Estou.

Tio Charlie olhou para Tommy e perguntou se estava tudo certo.

— Tudo certo — Tommy se levantou e ajeitou a calça. — Em pé, garoto.

Pulei da minha cadeira.

— Não esqueça — disse meu tio. — Seu ídolo é o Tom Seaver.

— Chas, é como eu disse, o Seaver às vezes é meio retraído.

— Tommy — disse tio Charlie.

— Chas — disse Tommy, franzindo as sobrancelhas.

— Tommy.

— Chas.

— Tommy.

— Chas!

— É o ídolo dele, Tommy.

— É meu emprego, Chas.

— Tente, pelo menos.

Tommy franziu a sobrancelha de modo ainda mais intenso, depois fez sinal para que eu o seguisse. Descemos uma rampa, tomamos um elevador, passamos por um portão, subimos uma escada. Um policial fez sinal para que passássemos por uma porta de metal e entrássemos num túnel escuro que parecia um cano de esgoto. No fundo eu percebi um ponto luminoso, que foi ficando maior à medida que avançávamos. Tommy repetiu, com a voz ecoando nas paredes, que eu não devia sair do lado dele, não importava o que acontecesse. Atravessamos um portal, saímos sob a luz penetrante do sol, e lá, em volta de nós, estava o New York Mets de 1976. O azul dos uniformes era ofuscante. Os bonés em tom laranja pareciam incandescentes. Eles não eram reais. Não podiam ser reais. Eles eram como os manequins mecânicos vestidos de caubóis de Rawhide.

— Willie Mays — disse Tommy me cutucando. — Cumprimente esse cara.

Ele se abaixou apanhando uma bola no gramado e a entregou para mim. Caminhei na direção de Mays e estendi a bola. Ele a autografou.

— Você precisava ver o Cadillac que ele tem — disse Tommy, quando nos afastamos. — Rosa choque. Uma verdadeira máquina.

— Como o do tio Charlie?

Tommy soltou uma gargalhada.

— É. Igualzinho.

Ele me levou até Bud Harrelson, John Matlack e Jerry Koosman, que estavam juntos, apoiados em seus bastões como se fossem bengalas irlandesas. Eu quase contei para o Koosman a Regra do Tio Charlie, mas Tommy me puxou naquele exato momento e me apresentou ao locutor do Mets, Bob Murphy, que estava vestido com um casaco esportivo que parecia um dos xales de lã da vovó. Murphy riu com o Tommy, lembrando de um bar fuleiro que ambos tinham visitado. Sua voz familiar vinha do mesmo aparelho de onde saía a voz de meu pai, o que me fez sentir confusamente íntimo dele.

Tommy me levou até o banco dos jogadores e disse para eu sentar. Eu me empoleirei na ponta do banco, ao lado de alguns jogadores. Cumprimentei todos. Eles não responderam. Eu disse que tinha permissão para estar ali porque o amigo de meu tio era o chefe da segurança. Os jogadores continuaram calados. Tommy apareceu e sentou-se ao meu lado. Eu lhe disse que aqueles jogadores estavam bravos comigo.

— Eles? — indagou ele. — Eles são de Porto Rico. *No habla inglés*, garoto. Agora, ouça. Procurei em todo canto. Para cima e para baixo. Alguém o viu arremessando umas bolas, mas depois sumiu. Portanto, vamos ter que deixar para a próxima vez, certo? Vou mostrar para você o vestiário do Jets, depois voltamos.

Seguimos por uma porta na extremidade do banco, entramos num corredor e chegamos ao vestiário, que tinha um cheiro parecido com o do Dickens — mentol, tônico capilar e loção Brut — e, enquanto olhávamos o armário de Namath, senti Tommy apertando meu antebraço. Olhei para ele.

— Alguém que eu gostaria que você conhecesse — disse ele, virando a cabeça na direção da porta. Eu me virei também.

Seaver.

— O que você tem na sua mão? — perguntou Seaver.

— Uma bola de beisebol.

Ele a apanhou. Tommy me empurrou para mais perto dele. Vi os músculos se contraírem e incharem no braço de Seaver, na altura dos meus olhos, enquanto assinava a bola com a caneta. Olhei para o número 41 no seu peito, bem acima da minha cabeça. Quando ele me devolveu a bola, tentei olhar para cima, mas não consegui.

— Muito obrigado — murmurei na direção do chão.

Ele se afastou, seguindo pelo túnel.

— Eu sou um imbecil — disse ao Tommy. — Sequer olhei para ele.

— Que nada. Você foi bastante educado. Um perfeito cavalheiro. Fiquei *muito orgulho* em te apresentar a ele.

Voltando para os nossos lugares, carreguei minha bola como se fosse um ovo de passarinho.

— E então? — indagou tio Charlie.

— Missão cumprida — respondeu Tommy.

Eles trocaram olhares de extrema afeição.

Joey D examinou minha bola de beisebol, tomando cuidado para segurá-la pelas costuras. Queria agradecê-lo por ser tão cuidadoso, ao contrário de Pat, que a manuseava e esfregava como se fosse uma bola de neve.

— Quem é esse tal de Jerry Grote? — perguntou ela, lendo os autógrafos.

— Jerry Grote é o apanhador predileto de Tom Seaver.

— Quem é Wanda Mays?

— Não é Wanda, é Willie Mays.

— Ele ainda está jogando? Pensei que estivesse aposentado.

— Não joga mais. Ele é técnico, agora. E tem um Cadillac rosa.

— O nome dele é Willi ou Mary Kay?

O jogo começou. O Mets estava horrível naquele dia, e a cada erro que cometiam o tio Charlie fazia sinal para o vendedor de cervejas. Ao mesmo tempo, ele acompanhava o painel de resultados dos demais jogos em todo o país, e nenhum deles transcorria como ele previra. Pat se cansou de vê-lo tenso e começou a se chatear com o jogo. Ela disse que ia procurar uma lembrança para seu filho. Quinze minutos depois de ter partido, meu tio foi tentar encontrá-la. Voltou sozinho.

— Sumiu — disse ele, com um ar desanimado.

— Quando ficar com fome, ela volta para casa — sugeriu Tommy.

— Ou com sede — completou Joey D.

Tio Charlie estava tendo um dia ruim, e eu me senti culpado porque aquele já era para mim um dos melhores dias da minha vida, e porque fui eu que o convenci a apostar no Mets. Para evitar que ele continuasse pensando nas suas perdas, e no sumiço de Pat, bombardeei-o com perguntas. Aquilo pareceu funcionar. Com alegria, ele me explicou as nuances do beisebol — batidas e corridas, dupla substituição, batidas leves propositais, como calcular a média de rebatidas e corridas. Igualmente, ele me apresentou o linguajar secreto do beisebol. Em vez de dizer que as bases estão carregadas, ele me instruiu a dizer, "os sacos estão bêbados". Em vez de dizer rodada extra ele dizia "faixa bônus". Lançadores eram "disparadores". Num momento, ele elogiou a escolha de meu ídolo.

— Seaver é um danado de um Rembrandt — disse ele.

Fiquei contente por entender a referência, graças ao meu livro de *Biografias resumidas*.

— Grote pede a bola na extremidade do campo. Seaver a põe exatamente onde ele pediu. Como uma pincelada de tinta branca. E Seaver tem um pincel de um metro e oitenta. Está me acompanhando?

— Estou.

Mas nem mesmo Rembrandt poderia salvar meu tio do impasse em que ele se metera naquele dia. Quando o Mets reagiu, seu humor melhorou um pouco, mas depois o Phillies retomou a vantagem carregando nas bases.

— Os sacos estão bêbados — eu disse, tentando animá-lo, mas sem sucesso. O batedor do Philadelphia, Greg "touro" Luzinski, deu uns passos sobre a base, parecendo o Steve num jogo em Manhasset, um homem no meio de meninos.

— Ganso — disse Joey D —, não sei como dizer isso, mas estou sentindo que o jogo está perdido.

— Vire essa boca para lá.

Luzinski arremessou a bola com força para o lado esquerdo do campo. Ficamos em pé e vimos a bola atingir o alambrado mais distante com um barulho retumbante.

— Está tudo errado na minha vida — reclamou tio Charlie.

— Eu estava pressentindo isso — disse Joey D, encolhendo os ombros.

— Filho-da-puta — tio Charlie disse na direção de Joey D. — Se não me custasse tanto dinheiro, eu celebraria o seu poder psíquico. Você deve ser presciente. Não se importa se eu disser "presciente", não é?

No final do jogo, o Mets pareceu melhorar. Conseguiram uma vantagem inicial e o tio Charlie ficou entusiasmado. Mas novamente o Phillies passou à frente, retomando uma boa vantagem com uma jogada de Mike Schmidt. Meu tio acendia um cigarro atrás do outro e não parava de acenar para o vendedor de cervejas, e eu imaginei as pilhas de notas de cinqüenta e de cem na sua cômoda cada vez menores. Quando a segunda partida acabou, saímos à procura de Pat, que estava sumida há três horas. Nós a encontramos no mezanino, bebendo cerveja e rindo com um grupo de policiais. Caminhando até o carro, ela se aproximou de mim, elogiando minhas boas maneiras, dizendo o quanto minha mãe devia estar orgulhosa. Eu sabia que ela não havia se comportado direito. No início do dia, eu tinha a impressão de ter sido promovido, mas era Pat que estava sendo promovida, e ela não havia aproveitado ao máximo a oportunidade. Ainda assim, eu gostei dela, desejei que tivéssemos feito um esforço maior para apoiá-la. O problema era que ela era mais pesada do que parecia, e eu estava segurando com carinho minha bola de beisebol autografada e, ao mesmo tempo, carregando-a. Tio Charlie a segurou para mim. Colocando seus braços inertes em volta do pescoço, ele a conduziu até o carro, como um soldado arrastando o companheiro ferido para ser socorrido.

Quando ficamos sabendo, algum tempo depois, que Pat estava com câncer, a primeira coisa que pensei foi que tio Charlie tinha sido gentil e paciente com ela naquele momento. Eu não notara o quanto tio Charlie era profundamente atencioso com Pat — tampouco os outros notaram — até ela ficar doente. Ele se mudou para a casa dela, alimentava-a, lavava-a, lia para ela, injetava-lhe morfina e, quando ela morreu, ele sentou-se na cozinha do vovô, o corpo convulsionado pelos soluços, enquanto a vovó tentava consolá-lo.

Fui ao enterro com a vovó. Fiquei em pé, ao lado do caixão aberto de Pat, olhando seu rosto, sua face emaciada pela doença. Embora não houvesse vestígio de seu sorriso simplório, era como se eu pudesse ouvir sua voz, aconselhando-me a tomar conta do tio Charlie. Desviei o olhar do caixão e vi os homens do Dickens em volta do tio Charlie, como jóqueis e garotos de estrebaria em volta de um cavalo de corrida que tivesse ficado aleijado. Eu disse a Pat que ambos podíamos relaxar. Tio Charlie vai voltar para o bar, eu disse. Ficará escondido lá dentro, como aconteceu quando perdeu os cabelos. Disse a ela que o pessoal do Dickens cuidaria bem dele. Jurei que era capaz de ver isso acontecendo. Que eu era presciente.

QUATORZE
JEDD E WINSTON

QUANDO DESCI DO AVIÃO NO aeroporto do Arizona, vi minha mãe apoiada num poste, o rosto cheio de expectativa. Quando ela me viu, seus olhos se encheram de lágrimas.

— Como você cresceu! Como seus ombros estão largos!

Ela também passara por algumas mudanças. Seus cabelos estavam diferentes. Mais encorpados. Ela transpirava energia, como se tivesse tomado café demais. E não parava de rir. Fazê-la rir sempre exigira muito esforço, mas no caminho de casa ela ria de tudo que eu dizia, como o McGraw.

— Você está diferente — eu disse.

— Bem — a voz tremia. — É que eu tenho um novo amigo.

Seu nome era Winston, disse ela, num tom que prenunciava problemas. Era alto, bonito e gentil. E engraçado? Oh, ele era incrivelmente engraçado. Como um comediante, ela disse. Porém, tímido, ela acrescentou rapidamente.

— Como você o conheceu? — perguntei.

— No Howard Johnson — ela respondeu. — Estava comendo sozinha no balcão e...

— O que você estava comendo?

— Estava tomando um sorvete e bebendo chá.

— Como você consegue beber chá quente neste calor?

— O chá era gelado. Então reclamei com a garçonete e ela foi grosseira comigo, e o Winston, que também estava no balcão, fez uma cara simpática para mim. Em seguida se aproximou e começamos a conversar e, depois, ele me acompanhou até o meu carro e perguntou se podia me telefonar.

— Ele não me parece um cara tímido.

Durante vários quilômetros, não dissemos nada.

— Você está apaixonada? — perguntei.

— Não! Não sei. Talvez.

— O que o *Winston* faz da vida?

— Ele trabalha com vendas. Vende adesivos. Adesivos industriais, adesivos para embalagens, todo tipo de adesivo.

— Adesivo para móveis?

— Não sei. Acho que sim.

— A vovó vai gostar dele. Ele poderá reformar toda a sala de estar.

Meus sentimentos em relação a Winston eram confusos. Gostava de ver minha mãe feliz, mas não conseguia deixar de pensar que eu fracassara com ela. Eu devia fazê-la feliz. Em vez disso, tinha ido para Manhasset e me divertido com os homens do bar. E, embora tivesse dificuldades em admitir para mim mesmo, tinha sentido prazer em estar com um grupo de homens com os quais não era preciso me preocupar. Agora, como punição por ter fugido à minha responsabilidade, por ter *relaxado*, um vendedor qualquer de adesivos encontrado no Howard Johnson tomara meu lugar.

Mais preocupante era o fato de minha mãe ter achado algo de que gostava no Arizona, o que significava que ficaríamos por lá. Eu pensava que era hora de admitirmos que o Arizona não tinha sido um sucesso para nós. Ainda estávamos lutando para viver, nos preocupando com dinheiro, sem contar que ali não tínhamos a vovó e os primos para compensar. E ainda por cima havia o calor.

— Como pode fazer tanto calor em setembro? — perguntei, me abanando com a passagem de avião. — O que aconteceu com o outono? O que aconteceu com as estações?

— Aqui só tem uma estação — respondeu ela. — Pense no dinheiro que economizaremos com calendários.

É, indiscutivelmente, ela estava apaixonada.

Em vez de uma escola secundária coberta de heras verdejantes com vista para o Manhasset Valley, naquele outono eu fui matriculado numa escola intermediária da vizinhança, plantada no meio do deserto. Eu me perguntava se era por isso que a chamavam de escola intermediária, porque estava instalada no meio de lugar nenhum. Grande parte da escola, como grande parte do Arizona, ainda estava sendo construída, e as aulas eram dadas em *trailers* temporários pousados sobre blocos de concreto. Sob o sol do deserto, os *trailers* se transformavam em estufas e mal conseguíamos respirar, muito menos aprender alguma coisa.

Mas os *trailers* era o que menos me preocupava. Após um verão na companhia dos rapazes do Dickens, meu sotaque de Long Island ficara perceptivelmente mais denso ("Tô morren di sedi! O que num daria prum copu d'água!"). Perto de mim, o Sylvester Stallone falava igual ao príncipe Charles, o que queria dizer que eu parecia um cara durão, e todos os arruaceiros do pátio da escola queriam provar suas capacidades trocando socos comigo. Indo para a aula, podia ouvir "Olha só, lá vai o *cover* do Rocky Balboa", e a briga começava. Eu me virava como podia, preservando os meus dentes e a integridade do meu nariz, porque quando eu brigava não sentia raiva, mas perplexidade. Não conseguia entender porque os garotos do Arizona implicavam tanto com o modo como eu pronunciava certas palavras. As palavras que tinham me ajudado a penetrar no círculo dos homens em Gilgo, agora me impediam de ser aceito em minha nova escola. Por exemplo: os garotos do Arizona zombavam do modo como eu dizia água. Qual era a importância, já que, de qualquer maneira, água era coisa que não se via no Arizona.

O fato de minha mãe e eu não termos dinheiro para comprar roupas não ajudava muito. Eu estava começando a crescer. Minhas camisas eram muito curtas, as calças viravam bermudas de repente. Os garotos riam dizendo que eu ia pescar siri. Ei, forasteiro, quando é que você vai pescar siri? Como se houvesse alguma possibilidade de pescar siri no deserto.

O que tornava a escola especialmente difícil para mim era meu nome. JR Moehringer era um nome que pedia para ser ridicularizado.

— Qual é o problema, JR? — eles diziam o tempo todo. — Sua mãe só teve dinheiro para comprar duas letras?

Eles zombavam do Moehringer, conjugando meu sobrenome como se fosse um verbo em espanhol e inventando todo tipo de apelido, o que acabava provocando mais uma briga no pátio, embora as mais sangrentas ocorressem quando me chamavam de Junior.

Depois da escola, eu corria para o nosso novo apartamento, que minha mãe alugara enquanto eu estava em Manhasset. Era barato — 125 dólares por mês — porque ficava ao lado de um canal suspenso que transportava ruidosamente a água escoada do Salt River. Eu deitava no nosso sofá alugado, colocando gelo nos meus machucados e esperando minha mãe voltar para casa. Eu nunca fazia os deveres de casa. Quando me sentia ambicioso, trabalhava num conto interminável que eu estava escrevendo sobre um menino seqüestrado por uma criatura do deserto e mantido cativo dentro de um cacto gigante. A maior parte do tempo, eu apenas assistia às retransmissões de séries policiais. Podia sentir que estava me tornando alguém que eu não reconhecia, alguém que eu não esperara me tornar. Eu sabia que estava sendo empurrado na direção de um penhasco e, algumas vezes, a única coisa que me impedia de cair no abismo era o Jedd.

Jedd havia sido o namorado da escola de Sheryl quando ela morava no Arizona, e ele ficou arrasado quando ela e os primos desapareceram de repente, voltando para Manhasset. Ele ainda lhe escrevia ou falava com ela por telefone, e planejava mudar para a costa leste e se casar com ela tão logo se formasse na Universidade Estadual do Arizona. Enquanto isso, ele me considerava o parente mais próximo e passava para me visitar em casa de vez em quando, para conversarmos sobre Sheryl.

Eu achava que Jedd era a pessoa mais legal do mundo. Ele tinha um MG conversível, cor de bronze, com estofamento de couro marrom e um câmbio cor de nozes que saía de um console dourado. O MG tinha a forma de uma prancha de *surf*, e não era muito maior, então, quando ele descia pela rua, parecia que estava deslizando numa onda sobre o deserto. Jedd era magro, sarcástico, valente e fumava Marlboro vermelho, como o tio Charlie. Com o cigarro bem preso entre os dedos da mão direita, Jedd fazia o sinal da vitória cada vez que dava um trago. Era de uma calma surpreendente, que ele conservava com doses intravenosas de cerveja Coors e um programa de estranhos exercícios de alongamento. Enquanto assistia à TV, Jedd estalava os dedos. Depois, girava a cabeça para um lado até que o pescoço também estalasse. Depois desse auto-realinhamento, seu corpo inteiro ficava relaxado, como se tivesse sido liberado de alguma torção interna.

Quando menino, Jedd fizera todas as coisas que os meninos fazem com seus pais — acampar, caçar, pescar — e ele deve ter percebido a expressão no meu rosto quando falava sobre suas aventuras, pois um dia sugeriu que fizéssemos uma excursão no grande mundo lá fora.

— Quem?

— Eu e você. Você está sempre choramingando, dizendo que sente falta da mudança das estações, das folhas caindo e de toda essa besteira. Vamos para o norte no final de semana ver a neve.

Quando Jedd propôs essa viagem à minha mãe, ela lhe fez perguntas que me deram vontade de me esconder sob nosso sofá alugado. Faria muito frio? Eu deveria levar luvas?

— Luvas?

Ela se calou. Uma expressão de autocensura no rosto.

— É. Parece divertido — disse ela. — Me tragam uma bola de neve.

Saímos antes do sol nascer, na caminhonete do pai de Jedd, já que no MG não caberiam todas as nossas roupas e o isopor cheio de comida. Em uma hora, o deserto plano deu lugar a pequenas colinas. O ar ficou fresco. Vestígios de neve começaram a aparecer ao longo da estrada, depois, campos cobertos de um puríssimo branco. Jedd colocou uma fita de Billy Joel, que o fazia lembrar de Nova York, que o fazia lembrar de Sheryl, deixando seus olhos tristes.

— Meu irmão — eu lhe disse —, todo mundo à minha volta está apaixonado.

Ele me deu um tranco no ombro.

— Você também sente falta dela. E do McGraw. E da turma toda, não é?

Ele me perguntava coisas sobre Manhasset, seu segundo assunto predileto, depois de Sheryl. Eu lhe contei uma história que ouvira em Gilgo, sobre o Bobô servindo no bar completamente nu debaixo do roupão de banho, se expondo aos fregueses. Quando um deles se sentiu ofendido, teve início uma briga e Quissidane foi atirado pela janela. Eu devia estar com uma expressão nostálgica no rosto enquanto descrevia a cena, porque Jedd disse:

— Você vai voltar para lá antes que possa perceber. Todos vamos estar em Manhasset brevemente, e haverá uma grande festa para comemorar. No Dickens.

— Ele vai mudar o nome para Publicans — eu disse. — Steve vai renovar os funcionários. Você vai adorar. É o melhor bar do mundo.

— Como você sabe?

— Eu passo muito tempo lá.

— Um moleque como você? Num bar?

— Tio Charlie e seus amigos me levam à praia, aos jogos do Mets e, depois, eu fico me divertindo com eles no bar. Eles me deixam beber cerveja e fumar cigarro e apostar nas rinhas de peixe que organizam na sala dos fundos. Uma vez, meu peixe ganhou.

A criatividade das minhas mentiras fez Jedd achar graça.

Estávamos bem ao sul do Grand Canyon, quando Jedd deu uma guinada para a direita com o volante, levando o veículo para o acostamento. Ele puxou com força o freio de mão e a carroceria produziu um estampido como o de seu pescoço.

— Aqui me parece um bom lugar — ele disse.

— Para o quê?

— Fazer um boneco de neve.

— Como?

— Como! Como e quem são tudo o que você pergunta. Você faz uma bola de neve e vai rolando na neve até ficar grande. Não é complicado.

Em pouco tempo, estávamos face a face com um homem de neve de dois metros. Jedd usou duas moedas para fazer os olhos e uma salsicha dos nossos mantimentos para o nariz. Parece com o Joey D, eu lhe disse. Jedd enfiou um Malboro na boca do boneco.

— Vamos acender o cigarro? — perguntei.

— Não. Vai atrapalhar seu crescimento.

Observei o boneco de neve. O sol refletia nas moedas e fazia seus olhos cintilarem. Achei que Jedd era um gênio. Não, um deus. Não era este o requisito básico para ser um deus, fazer um homem do nada?

— Vamos acampar aqui, perto dele — propôs Jedd.

Ele estacionou a caminhonete entre as árvores. Ao lado dela, Jedd estendeu um cobertor, sobre o qual lançou um saco contendo parafusos, hastes e estacas, e em poucos minutos uma tenda se ergueu do chão. No interior, ele estendeu os sacos de dormir, travesseiros e um rádio.

— Agora é festa — disse ele, olhando para o sol se pondo.

Jedd me mostrou como colher lenha, acender o fogo e cozinhar salsichas nos espetos. Comemos sentados num tronco de árvore enquanto a floresta era coberta pela escuridão. Limpei a louça enquanto Jedd consumia a embalagem de seis latas de Coors.

— Cerveja é uma coisa surpreendente — disse ele, erguendo uma na minha direção. — Nutritiva. Medicinal. Uma bebida, mas também uma refeição.

— Bobô diz que uma cerveja gelada num dia quente é razão suficiente para não se cometer suicídio.

— Esse Bobô me parece um cara bem esperto.

Depois de uma sobremesa de *marshmallow* derretido, Jedd me ensinou como apagar o fogo e como pendurar os restos de comida para que os ursos não se aproximassem. Em seguida fechou meu saco de dormir, vedou a tenda e ligou o rádio.

— Aqui, longe de tudo — ele disse —, é possível sintonizar as estações que transmitem os jogos em todo o país.

Meu coração bateu forte quando ele percorreu as estações e pudemos ouvir vozes de Salt Lake City, Los Angeles e Denver. Eu quase lhe contei sobre A Voz, mas achei melhor não fazê-lo. Em vez disso, falei um pouco mais sobre Manhasset. Contei que Steve havia roubado um carro de polícia e tentado prender todo mundo na cidade, contei que Wilbur andava de trem sozinho. Evitei alguns tópicos, como a casa do vovô. Não queria dizer nada que o desencorajasse a fazer parte da família. No meio de meu monólogo, ele começou a roncar. Coloquei o rádio dentro de meu saco de dormir. Não podia desperdiçar a oportunidade de procurar A Voz — mas havia vozes demais, cidades demais. Era assustador e hilariante ao mesmo tempo. O céu estava repleto de vozes, mais vozes do que estrelas, e como as estrelas, elas sempre flutuavam no ar, mesmo quando não era possível vê-las.

Jedd me acordou ao amanhecer com uma caneca de café. Era a primeira vez na vida que eu bebia café. Embora estivesse cheio de açúcar e creme, eu me senti como um verdadeiro homem da floresta, bebendo uma caneca de café como um caubói ao lado das cinzas da fogueira. Jedd fritou alguns ovos com *bacon* e, depois do café da manhã, disse que era hora de voltarmos. Quando retomamos a estrada, eu olhei para trás. O boneco de neve parecia ter inclinado a cabeça para o lado, triste por nos ver partir.

A viagem de volta pareceu não levar mais de dez minutos. À medida que fomos chegando ao deserto, comecei a sentir um nó na garganta.

— Odeio os cactos — eu disse.

— Eu gosto — retrucou Jedd. — Sabe por que eles têm esses braços enormes?

— Não.

Ele acendeu um Marlboro.

— Quando um cacto começa a se inclinar para um lado — disse ele —, nasce um braço no *outro* lado, para se endireitar. Então, quando ele começa a pender para esse lado, nasce um braço no outro. E daí por diante. É por isso que eles têm 18 braços. Um cacto está sempre tentando se manter em pé, em linha reta. É admirável uma coisa que se esforça tanto para manter o equilíbrio.

Eu queria contar a Jedd sobre minhas brigas na escola, minha paixão por uma menina chamada Helen, sobre o ódio que eu sentia pelo meu nome e também sobre como ninguém conversava ou almoçava comigo porque eu era novo na escola e o meu nome soava como o de um membro da máfia. Não entendi porque eu não lhe contara essas coisas quando seguíamos para o norte, ou em volta da fogueira. Talvez não quisesse pensar nelas. Talvez para não ser maçante. Agora era tarde demais. Já estávamos ao lado do canal.

Convidei-o para uma cerveja. Fica para uma outra vez, ele disse. Tinha que estudar. Aliás, acrescentou, com as provas finais chegando, ele ia ficar sumido por uns tempos. Agradeci por tudo e apertamos as mãos. Ele me deu a fita de Billy Joel, disse adeus e arrancou pela rua. Em pé, ali na calçada, vendo a caminhonete sumir na curva, eu me senti enraizado no chão.

Durante o jantar, minha mãe me perguntou sobre o passeio. Eu não conseguia falar e não conseguia entender por que me sentia tão insuportavelmente triste depois de ter me divertido tanto, e não conseguia engolir o nó que tinha na garganta. Eu tinha tendência a sentir um nó na garganta quando estava triste, mas nunca assim tão forte. Era como se uma pinha estivesse entalada no meio do caminho. À medida que continuei tentando engolir, enquanto fazia um boneco de neve com o purê de batata no meu prato, minha mãe se levantou e veio sentar-se ao meu lado.

— Cadê minha bola de neve? — ela perguntou.

Lágrimas escorreram pelo meu rosto. Minha mãe me abraçou e eu chorei tudo o que tinha para chorar, o que mais tarde vim a lamentar, pois não me restava mais nada quando, poucos dias depois, Sheryl rompeu com Jedd e ele nunca mais apareceu.

Minha mãe e eu passávamos várias noites na casa de Winston, uma espécie de ensaio para quando nos tornássemos uma família. A idéia de ter Winston como padrasto era assustadora. Ele não era como o Jedd. Ele era o oposto de Jedd. No lugar da simpatia, ele apresentava uma frieza glacial. Não que ele não gostasse de mim. Isso teria sido possível resolver. O problema era que Winston se entediava comigo.

A pedido de minha mãe, ele fez um esforço. Passou a buscar minha companhia, puxava conversa, procurava lugares onde nossos interesses e personalidades pudessem convergir. Mas ficava sempre óbvio que ele preferia estar em outro lugar e, inevitavelmente, seu tédio se transformou em ressentimento e, em seguida, em rivalidade. Dentro do carro, percorrendo o deserto, certa vez mencionei para Winston como eu detestava os cactos, achando que seria interessante saber sua opinião sobre o assunto.

— Cactus — ele me corrigiu. — O plural correto é cactus.

— Não importa — eu disse. — Estou cansado deles.

Mesmo a escola em que eu estava estudando, Saguaro, tinha o nome de uma espécie de cacto.

— Aposto que você não sabe soletrar Saguaro — disse ele.

Eu soletrei a palavra para ele.

— Está errado. É com um *h* no lugar do *g*.

Eu discordei e ele insistiu. Apostamos um dólar. Quando voltamos para casa, ele procurou o nome da minha escola secundária no catálogo de telefones, depois ficou um tempão emburrado.

As coisas deterioraram rapidamente depois de Winston trazer do escritório uma cartela de apostas de futebol.

— Nunca consigo ganhar — disse ele.

— Deixa eu tentar?

— Ora, o cara é um sabichão. Acha que pode saber mais do que eu?

Ele me passou a cartela. Examinei-a com atenção e me lembrei das muitas regras do tio Charlie. O Green Bay nunca perde quando joga em casa em dezembro. O Kansas City não consegue se recuperar se perde a vantagem. Os jogadores da defesa do Washington gostam de beber e geralmente não estão na melhor forma quando a partida começa cedo. Eu preenchi a cartela de apostas e, quando ganhei, Winston me deu o prêmio de cinqüenta dólares.

— Sorte de iniciante — disse ele.

E pude ouvi-lo dizer algo bem desagradável em voz baixa, quando entreguei o dinheiro para minha mãe.

Depois disso, a tensão ficou tão grande entre mim e Winston, que passei a evitar sua casa, buscando refúgio na quadra de basquete da rua, onde eu ficava arremessando durante horas. Invariavelmente, Winston vinha me procurar, com uma expressão de mártir, obviamente obedecendo à minha mãe. O basquete o entediava tanto quanto eu. Seu esporte era o futebol, ele dizia. E o batedor de falta era o elemento mais importante de todos. Enquanto jogávamos um contra o outro, ele me entretinha com histórias do tempo de jogador de futebol na faculdade, "ganhava os jogos simplesmente usando meu pé". Ele considerava essa frase o máximo.

Não me lembro o que finalmente fez Winston estourar. Pode ter notado que eu bocejava enquanto ele falava como chutava a bola. Pode ter se sentido humilhado por ter perdido a partida que jogávamos.

— Vamos começar um novo jogo — disse ele, batendo na bola com tanta força que o barulho chegava a ser insuportável. — Bas-*chute*-quete.

Ele pediu que eu imobilizasse a bola com a ponta do pé enquanto contava dez passos para trás e erguia o dedo molhado contra o vento. Em seguida, veio correndo na minha direção e chutou minha bola de basquete por cima das grades, lançando-a no deserto.

— Foi forte — gritou ele. — E excelente!

Observamos minha bola de basquete saltando entre os cactos como uma bola de fliperama resvalando nos obstáculos. Quando atingiu em cheio um cacto, ela estourou.

Pouco tempo depois desse dia, minha mãe me disse que ela e Winston estavam "dando um tempo". A voz dela estava áspera, como a dos homens do Dickens quando o tio Charlie os apanhava de manhã para irmos a Gilgo. Seu cabelo, eu notei, estava menos penteado. E ela parecia exausta. Eu não disse mais nada o resto da manhã. Enquanto minha mãe circulava pelo apartamento, ouvindo Burt Bacharach, fui me sentar num banco perto do canal, tentando entender como eu me sentia. Estava contente por não ter mais que lidar com Winston, mas triste também, porque minha mãe estava com o coração partido. Eu sabia que minha mãe estava à procura de um amor romântico, e embora não entendesse o que era isso, suspeitava que fosse semelhante ao que eu estava buscando, algum tipo de ligação, e temia que, por mais que gostássemos um do outro, o que nos unia de fato era a solidão. No sótão da casa do vovô, certa vez encontrei um diário que minha mãe escrevia quando tinha 14 anos. Na primeira página, ela anotou: "Se alguém ousar virar uma página além desta, que sua consciência, se tiver alguma, o atormente para o resto da vida." Ela relacionava em seguida as 42 qualidades que esperava encontrar num homem. Meu pai não possuía mais do que duas e meia, então compreendi que ela fizera concessões na primeira tentativa de amor, e agora estava tentando ser mais cuidadosa, para o bem de nós dois. Mais tarde, entendi que sua busca era obstruída por mim. Lembrei do vendedor de lâmpadas de Nova York, de quem ela gostava um bocado. Depois de me conhecer, ele sugeriu que eu fosse estudar num colégio interno na Europa. Imediatamente. Lembro do mecânico tendo um surto quando eu apresentei McGraw como meu irmão. "Pensei que você só tivesse um filho", ele disse furiosamente para minha mãe, e não aceitou a explicação de que eu simplesmente considerava McGraw um irmão. Poucos homens estavam dispostos a criar o filho do meu pai, o que reduzia as chances de minha mãe para encontrar um amor, e essa realidade, tornando-se mais clara naquele dia, encheu-me de culpa. "Eu deveria ter me esforçado mais para me dar bem com o Winston. Deveria ter feito com que ele gostasse de mim." De alguma maneira, na minha guerra fria com Winston, eu perdera de vista meu principal objetivo: cuidar da minha mãe. Agora eu era apenas mais um homem que tornava a vida dela mais difícil.

Quando voltei para o apartamento, minha mãe sugeriu que fôssemos ao cinema.

— Alguma coisa para nos distrair — ela disse. E propôs *Nasce uma estrela*, e eu concordei. Queria que ela se sentisse melhor, e se isso significava ficar sentado assistindo a um musical romântico, eu estava mais do que disposto a fazer o sacrifício.

E foi um sacrifício. Durante duas horas, Barbra Streisand e Kris Kristofferson se separam, se reconciliam e se separam novamente sem motivo aparente, até que Kristofferson, misericordiosamente, morre. Sem se deixar abater, Streisand termina o filme cantando a trilha sonora, "Evergreen", como se fosse "Amazing Grace". As luzes do cinema se acenderam, virei para minha mãe, olhando-a de lado, mas ela estava cobrindo os olhos, e chorando. As pessoas se viravam e olhavam. Tentei reconfortá-la, mas ela não parava. Ela chorava quando saímos do cinema, e chorou ainda mais quando eu abri a porta do fusca para ela. Dei a volta correndo e entrei no carro. Ela não deu partida no motor. Ficamos sentados esperando o choro diminuir, como se esperássemos a passagem das monções. Passando-lhe um lenço de papel após o outro, me lembrei do que Jedd dissera sobre os cactos, como se mantêm firmes, como estavam sempre procurando ficar eretos. Era isso que minha mãe e eu estávamos tentando fazer, concluí.

Se pelo menos nossos braços parassem de cair o tempo todo.

QUINZE
BILL E BUD

Minha mãe e eu não conseguíamos viver com 160 dólares por semana. Mesmo com o segundo emprego vendendo produtos Avon, e com o meu de entregador de jornais, faltava dinheiro no fim do mês, e começamos a afundar em dívidas. Havia sempre uma conta inesperada, despesas com a escola, um problema com o fusca.

— O T-Bird em Nova York colaborava com a gente — disse ela, olhando zangada para o fusca. — Essa porcaria está querendo acabar com a gente.

Eu ficava acordado na cama, me preocupando com as finanças da minha mãe, e seu cansaço. Além da recente ruptura com Winston, ela nunca recuperou a energia após a cirurgia, e eu temia que ela acabasse ficando demasiadamente cansada para poder trabalhar. Iríamos acabar vivendo num abrigo? Eu teria que deixar a escola secundária e arrumar um trabalho para nos sustentar? Uma noite, me levantei para buscar um copo d'água e encontrei minha mãe usando a calculadora. Um pouco antes de começar o ensino secundário, em 1978, a calculadora venceu. Declaramos falência.

Minha avó me escrevia longas cartas, ressaltando o óbvio. "Cuide da sua mãe", ela dizia. "Faça tudo o que puder, o que ela precisar em momentos difíceis, JR, e cabe a você se certificar de que ela está se alimentando direito e tirando tempo para descansar." Os homens de verdade tomam conta de suas mães.

Depois da escola, eu me sentava perto do canal, tão tenso e preocupado com minha mãe que achava que ia morrer. Queria conseguir relaxar como o Joey D no mar, e então mentalizar minha mãe para que ela também relaxasse. Quando me sentia especialmente tenso, eu ia para um centro comercial desolado no outro lado do canal, à sombra da Camelback Mountain. Embora o lugar parecesse condenado, apesar de a maioria das lojas estar desocupada, eu achava sua atmosfera deprimente bastante apaziguadora. Escuro, calmo, cavernoso, o centro comercial me lembrava o porão da casa do vovô. E lá também se escondia um tesouro secreto de livros.

Nas profundezas do centro comercial, havia uma livraria com um acervo bastante eclético. Havia uma enorme seleção de clássicos — mas poucos *best-sellers*. A seção de religiões orientais era farta, mas havia poucas Bíblias. Havia uma seção sempre cheia de jornais e publicações periódicas européias — mas nenhum jornal local. Como eu não tinha dinheiro para comprar livros, me tornei um prodigioso folheador. Aprendi a ler um romance em cinco visitas, examinar uma revista em meia hora. Ninguém nunca me repreendeu nem tentou me botar para fora, porque não havia ninguém lá. A caixa registradora estava sempre abandonada.

Certa vez, eu olhava enfeitiçado as modelos numa revista francesa, quando vi uma fila de clientes que se estendia da caixa registradora até a seção infantil. Os fregueses procuravam alguém para receber o dinheiro. Como ninguém se materializava, eles desistiam e partiam. No fundo da loja, notei um par de olhos espiando por trás de uma porta sem identificação, apenas entreaberta. Quando nossos olhares se cruzaram, a porta foi fechada bruscamente. Andei até lá e bati devagar. Pude ouvir o ruído de passos se arrastando e a porta foi aberta de repente. Diante de mim, surgiu um homem com calça de veludo e camisa xadrez, a gravata preta de tricô desajeitada. Os óculos estavam cobertos com a mesma poeira fina que cobria tudo dentro da loja, trazia na mão um cigarro apagado.

— Posso ajudar? — perguntou ele.

— Só queria avisar que algumas pessoas estavam esperando para pagar.

— É mesmo?

Viramos na direção da caixa registradora.

— Não estou vendo ninguém — disse ele.

— Foram embora.

— Tudo bem. Obrigado por ter nos avisado.

Quando ele mencionou "nos", um segundo homem apareceu. Era mais alto do que o primeiro, mais magro e os óculos bem mais limpos. Era um com par grosso e preto, e as lentes cintilavam sob as luzes fluorescentes. Estava de tênis e vestia uma camisa pólo com uma gravata mais larga e ainda mais antiquada que a do outro homem. Eu nunca vira antes alguém usar gravata com camisa pólo.

— Quem é esse aí? — perguntou ele, olhando para mim.

Balbuciei que eu não era ninguém. Nós três ficamos um tempo trocando olhares, como se disputássemos uma partida para ver quem piscaria primeiro. Então eu tive uma idéia. Perguntei se não haveria uma vaga para alguém que quisesse ficar no caixa durante a tarde.

— Quantos anos você tem? — perguntou o primeiro homem.

— Treze. Farei 14 no próximo...

— Já trabalhou numa livraria? — quis saber o segundo homem.

— Isso não tem importância — interrompeu o primeiro homem. — Espere um pouco.

Ele fechou a porta e os ouvi sussurrando furiosamente. Quando abriram a porta outra vez, estavam sorrindo.

— Você pode começar às duas horas?

— Saio da escola às três.

— Ótimo. Depois veremos seus horários.

Todos apertamos as mãos e o primeiro homem se apresentou como Bill, o gerente, e o segundo chamava-se Bud, assistente de gerência. Bill disse que eu poderia trabalhar vinte horas por semana ganhando 2,65 dólares por hora — uma fortuna. Agradeci profusamente e apertei outra vez sua mão, então procurei a mão de Bud, mas ele já desaparecera atrás da porta.

Voltei correndo para casa a fim de contar à minha mãe.

— Meu Deus! — exclamou ela, me abraçando. — Isso vai fazer uma enorme diferença!

Tentei abrandar sua empolgação, avisando que os dois homens da livraria não eram muito "comuns". Não consegui encontrar uma outra palavra.

— Eles vão adorar você — ela disse. — Você se dá muito bem com pessoas fora do comum.

Não entendi direito o que ela quis dizer com isso.

Eu estava nervoso para saber se me daria bem com Bill e Bud, mas nas primeiras semanas de trabalho quase não os vi. Eu batia na porta do depósito quando chegava, para cumprimentá-los, e não tinha mais contato algum com eles até bater na porta de novo para me despedir. A livraria fazia parte de uma rede nacional, mas eu conclui que Bill e Bud deviam tê-la abandonado ou sido esquecidos pela matriz. Eles administravam a loja como se fosse uma livraria particular, encomendando livros e revistas que atendiam e expressavam sua visão de mundo, e raramente saíam do depósito, que também servia de quarto para Bill. Algumas noites ele caía no sono enquanto lia numa cadeira atrás do bebedouro.

Tímido, reservado, Bill não podia ser mais diferente dos homens do bar, e aquelas primeiras semanas na livraria foram tão perturbadoramente calmas que eu quis partir. Então, de repente, Bill e Bud começaram a se mostrar curiosos em relação a mim e, quando não havia clientes na loja, o que era o habitual, eles me convidavam para me aproximar da porta do depósito para conversarmos.

No início eu tinha dificuldade em acompanhar a conversa porque estava muito intrigado com as várias peculiaridades de Bill e Bud. Bill, por exemplo, fumava um cigarro atrás do outro, mas não tinha um cinzeiro. Ele colocava as guimbas ardentes em pé ao longo das mesas e estantes dentro do depósito, deixando-as queimar e criando uma imagem semelhante a um incêndio florestal. Seus olhos também pareciam queimados, por conta de tanta leitura, e as lentes dos óculos eram mais espessas do que seus adorados romances russos. Ele adorava os russos, e falava de Tolstoi com uma familiaridade irresistível, como se conversasse com o grande escritor freqüentemente pelo telefone. Ele possuía apenas duas gravatas, uma preta e outra verde, ambas feitas de tricô, e quando ele a retirava ao final do dia, não desfazia o nó, apenas a pendurava num gancho que havia na parede, como se fosse um cinto de ferramentas.

Bud, quando ficava agitado, cheirava os punhos como se fossem rosas premiadas. Tinha também o hábito de ajeitar os cabelos salpicados de caspas, alisando-os com a mão esquerda até o lado direito da cabeça, como um orangotango, uma manobra que expunha a eterna e enorme mancha de suor sob o braço. Ele cortava as unhas compulsivamente, e os pedaços cortados podiam ser encontrados em todo canto. Um dia, sem querer, eu entreguei o troco de cinqüenta centavos a um freguês junto com uma unha de Bud em formato de lua crescente.

Tanto Bill quanto Bud pareciam ter medo das pessoas, de todas, exceto deles próprios, motivo pelo qual estavam sempre escondidos no depósito. O outro motivo eram as leituras. Constantes. Liam tudo que havia sido escrito e estavam decididos a ler as novas publicações todos os meses. Embora estivessem na faixa dos 35 anos, ambos moravam com as respectivas mães, não tinham se casado e pareciam destituídos de qualquer ambição de se mudarem ou se casarem. Não tinham outra aspiração além das leituras e nada lhes interessava fora da livraria, embora o interesse deles por mim aumentasse dia a dia. Faziam-me perguntas sobre minha mãe, meu pai, tio Charlie e os homens do bar. Minha relação com o Dickens os fascinava. Queriam saber mais sobre o Steve e sua motivação para batizar o bar com um nome tão literário, o que acabava levando a uma conversa sobre livros em geral. Bill e Bud logo vislumbraram meu amor pelos livros e minha ignorância sobre eles. A partir de uma série de perguntas rápidas e profundas, eles descobriram que eu só estava intimamente familiarizado com *O livro das selvas* e *Biografias resumidas*. Ficaram horrorizados e furiosos com meus professores.

— O que você está lendo na escola neste momento? — perguntou Bill.

— *A letra de Scarlett* — respondi.

Ele tapou os olhos com uma das mãos. Bud cheirou as suas.

— O título é *A letra escarlate* — corrigiu Bud. — Não "de Scarlett". Não é a seqüência de *...E o vento levou*.

— Está gostando? — perguntou Bill.

— É um pouco chato — respondi.

— Claro que é — disse Bud. — Você não tem as referências necessárias. Só tem 13 anos.

— Na verdade, eu fiz 14 no último...

— Você sabe tudo sobre luxúria e nada sobre degradação — opinou Bud.

— Ele está precisando de uma boa dose de Jack London — Bill sugeriu a Bud.

— Talvez Twain? — propôs Bud.

— Talvez — assentiu Bill. — Mas o garoto vem da costa leste, deve ler escritores de Nova York. Dos Passos. Wharton. Dreiser.

— Dreiser! Você quer que se torne um cínico como você? E ninguém mais lê Dos Passos. Dos Passos é coisa Dos Passados. Se quiser ler algo que venha da costa leste, deve ler Cheever.

— Quem é Cheever? — perguntei.

Eles se viraram lentamente na minha direção.

— Está resolvido — disse Bud.

— Venha comigo — intimou-me Bill.

Levando-me até a seção de ficção, ele apanhou todos os títulos de John Cheever, inclusive uma espessa coletânea de contos que acabara de ser lançada. Depois de carregar os livros para o depósito, começou a arrancar as capas de todos eles. O gesto parecia lhe causar dor, como se removesse um curativo. Perguntei o que estava fazendo. Ele disse que as livrarias não podiam devolver todos os livros não vendidos para os editores — os editores não tinham espaço para tantos livros — então eles devolviam apenas as capas. Quando Bill e Bud queriam um livro, eles simplesmente arrancavam a capa e a enviavam para o editor, que reembolsava a rede de livrarias, "e todo mundo ficava feliz". Ele me garantiu que aquilo não era roubo. O que para mim não tinha a menor importância.

Passei o fim de semana lendo Cheever. Não sabia que frases podiam ser escritas daquele modo. Cheever tratava as palavras como Steve rebatendo os arremessos de bola. Ele descrevia um jardim cheio de rosas de um jeito cheiroso como uma geléia de morango. Ele escrevia sobre a vontade de viver num "mundo pacífico". Escrevia sobre meu mundo, os subúrbios em volta de Manhattan, com odor de lenha queimada (sua expressão favorita) e povoados por homens correndo da estação de trem para os bares e de volta às estações. Todas as histórias abordavam coquetéis e o mar e, desta forma, todas pareciam ser situadas em Manhasset. Uma delas de fato o era. O primeiro conto da antologia mencionava o nome de Manhasset.

Nas tardes de sexta-feira, Bill e Bud me questionavam sobre o que eu havia lido na escola durante a semana. Eles então desaprovavam minhas leituras e me levavam para dar uma volta dentro da livraria, enchendo uma cesta com livros sem capas.

— Todo livro é um milagre — disse Bill. — Todo livro representa um momento em que alguém se sentou calmamente. E essa calma faz parte do milagre, não se engane. E então tentou contar uma história para nós.

Bud era capaz de falar sem cessar sobre a esperança dos livros, a promessa dos livros. Disse que não era por acidente que um livro se abria exatamente como uma porta. Disse também, intuindo uma das minhas neuroses, que eu podia usar os livros para pôr em ordem o caos. Aos 14 anos, eu me sentia mais do que nunca vulnerável ao caos. Meu corpo crescia, pêlos brotavam e ele estremecia com ânsias que eu não compreendia. E o mundo além do meu corpo parecia igualmente volátil e caprichoso. Meus dias eram controlados pelos professores, meu futuro estava nas mãos da genética e da sorte. Bill e Bud garantiram, porém, que meu cérebro era só meu e sempre seria. Disseram que ao escolher os livros, os livros certos, e lendo-os lenta e cuidadosamente, eu poderia ter o controle pelo menos disso.

Os livros compunham a maior parte dos planos pedagógicos de Bill e Bud, mas não era só isso. Eles implicavam com meu modo de falar e tentaram modificar meu sotaque de Long Island. Certas palavras que eu dizia, eles me obrigavam a repeti-las de outra forma. Procuraram melhorar meu modo de vestir. Apesar de não serem ícones da moda, tinham aprendido uma coisa ou outra folheando as revistas italianas e francesas que encomendavam para a livraria. Pediram às vendedoras das lojas vizinhas para me dar conselhos de como expandir meu "enxoval". Mudaram meu hábito de me vestir sempre com uma calça *jeans* e uma camiseta branca, e Bud me deu camisas Lacoste que haviam ficado "curtas" para ele, embora eu suspeitasse que fossem presentes de sua mãe que, na verdade, ficaram grandes demais para ele. Abasteceram-me com informações básicas sobre arte, arquitetura e, especialmente, música. Sinatra é bom, disse Bud, mas existem outros "imortais". Cheirando as mãos, ele fez uma lista de discos que "todo jovem culto devia possuir". Dvorak. Schubert. Debussy. Mozart. Especialmente Mozart. Bud era devoto de Mozart. Dobrei a lista, coloquei no bolso, guardando-a por vários anos, pois era uma receita tocante e séria para o auto-aperfeiçoamento. Mas tive que dizer ao Bud que não podia comprar discos. No dia seguinte, ele trouxe todos os discos da lista de sua própria coleção. Digamos que é um empréstimo, ele disse. Ficávamos sentados no depósito ouvindo os discos numa vitrola portátil, Bud regendo a música com um lápis e me explicando porque a Sonata para Piano de Mozart em dó maior era uma perfeição, porque as peças musicais para três instrumentos de Beethoven eram sublimes, porque a *Planets suite* de Holst era assustadora. Enquanto Bud agia como meu tutor para a música, Bill fazia um sacrifício ainda maior. Ele cuidava da caixa registradora todas as tardes. Fazia isso por mim, ele dizia, só por mim ele conseguia encarar a "multidão ensandecida".

Pouco antes do final do meu primeiro ano no ginásio, Bill e Bud perguntaram que faculdades eu pensava cursar. O assunto faculdade sempre me deixava deprimido, porque minha mãe e eu não tínhamos dinheiro. Nesse caso, disseram os dois, você precisa entrar numa das melhores, pois só as melhores faculdades dão bolsas de estudo. Contei para eles de brincadeira sobre a canção de ninar da minha mãe, quando eu era mais novo: Harvard e Yale, querido, Harvard e Yale.

— Harvard, não — protestou Bud. — Você quer se formar em quê? Contador?

— Não. Advogado.

— Minha nossa! — ele se deixou cair sobre o banco e cheirou freneticamente as mãos.

Bill acendeu um cigarro e se espreguiçou na cadeira.

— Que tal Yale?

— Isso — apoiou Bud. — *Yale*.

Eu lhes disse com a voz magoada que estavam sendo cruéis me provocando daquele jeito.

— Yale é para os garotos ricos — eu disse. — Garotos elegantes. Outro tipo de gente.

— Não — interrompeu Bud. — Yale é para todo tipo de garoto. É isso que é genial em Yale.

Os dois começaram a falar ao mesmo tempo, entusiasmados em relação a Yale, contando sua história, a lista de alunos célebres, de Noah Webster passando por Nathan Hale e Cole Porter. Cantaram alguns trechos do hino de Yale, elogiaram os professores do Departamento de Inglês — os melhores do mundo, me garantiram. Fiquei surpreso com o quanto eles sabiam. Mais tarde, percebi que eles também devem ter sonhado um dia em estudar em Yale.

— Os estudantes de Yale são espertos — disse Bill. — Mas não são gênios.

— Um estudante de Yale não sabe tudo sobre uma única coisa — acrescentou Bud, erguendo o dedo indicador. — Eles sabem alguma coisa sobre tudo.

— O estudante de Yale é um ser urbano — disse Bill. — Você sabe o que quer dizer "urbano"?

— Sei — respondi, rindo.

Eles esperaram um instante.

— Quer dizer alguém que vive na cidade.

Bud me passou um dicionário.

— O estudante de Yale é um cidadão do mundo — continuou Bill. — Um homem da Renascença. É isso que você deve ser. Ser capaz de atirar com um revólver, dançar o foxtrote, preparar um martíni, dar um nó na gravata, conjugar verbos em francês — embora não chegue a ponto de falar totalmente o idioma — e dizer quais sinfonias de Mozart foram compostas em Praga, e quais em Viena.

— Eles são como Scott Fitzgerald — disse Bud. — Você se lembra que todos os personagens de Fitzgerald estudaram em Yale? Nick Carraway, por exemplo.

Eu desviei meu olhar. Com um suspiro, Bill levantou-se da cadeira e foi até uma seção da livraria para arrancar a capa de *O grande Gatsby*.

Sem querer explicar para Bill e Bud que minha mãe e eu não éramos o tipo de gente que consegue ser "aceita", eu disse simplesmente:

— É muito assustador pensar em Yale — o que era a coisa errada a se dizer.

— Então está resolvido — disse Bud, levantando-se do banco e vindo na minha direção, cheirando os punhos e ajeitando os óculos grossos como os de Buddy Holly. — Você deve fazer tudo o que te assusta, JR. Tudo. Não estou falando em arriscar a vida, mas o resto. Pense no medo, resolva agora mesmo como você vai lidar com o medo, porque o medo será a grande questão da sua vida, eu garanto. O medo vai ser o combustível de todo o sucesso e a raiz de todos os fracassos, e o dilema essencial de toda história que contar a si mesmo. E sabe qual é sua única chance de vencer o medo? Não pensar no medo como um vilão. Sempre pensar nele como um guia, como o seu batedor... seu Natty Bumppo, como o personagem de James Fenimore Cooper.

Me pareceu um discurso estranho para um homem que se escondia dentro do depósito de uma livraria num centro comercial semi-abandonado. Mas me surpreendeu que Bud pudesse se mostrar tão empolgado com o assunto, pois ele estava me dando conselhos que ninguém lhe dera. Senti que aquele era um momento crucial entre nós, que algo profundo precisava ser dito, mas não me ocorria nada, então sorri timidamente e disse:

— Quem é Natty Bumppo?

Ele suspirou intensamente pelo nariz.

— O que andam te ensinando na escola?

Naquela noite, durante o jantar, eu disse duas coisas para a minha mãe. Eu queria fazer economia e comprar uma cadeira nova para o Bill no Natal. E tinha decidido tentar uma vaga em Yale. Tentei fazer com que soasse como uma resolução minha, mas ela conseguiu me fazer contar a minha conversa com Bill e Bud.

— Você encantou aqueles dois — disse ela com um sorriso.

— O que você quer dizer?

— Eu sabia que seria assim.

Mas não era nada disso. Eles tinham arrancado a minha capa.

De algum modo, meses após ter declarado falência, minha mãe conseguiu outro cartão de crédito. Ela o usou para comprar uma passagem de avião para mim em maio, com destino a Nova York — estava decidida que eu devia passar todos os verões em Manhasset, já que eu me divertia tanto lá —, e uma passagem para si mesma em agosto, assim poderíamos ir até Yale e dar uma olhada antes de eu iniciar meu último ano do ensino secundário. Pegamos emprestado o Cadillac do tio Charlie, e vovó e Sheryl nos acompanharam.

Enquanto minha mãe dirigia, eu me encolhi ao lado dela, ouvindo o que conversavam. Em vez de Colt e Bobô falando sobre quem estava "desossando" quem no Dickens, elas cacarejavam sobre moda, culinária e penteados. Sacrilégio. Para mudar o curso da conversa, eu inseria aleatoriamente itens que constavam no folheto sobre Yale que estava nas minhas mãos.

— Vocês sabiam que Yale foi fundada em 1701? Quer dizer que é tão antiga quanto Manhasset. Vocês sabiam que o lema de Yale é *Lux et Veritas*? Isso quer dizer "Luz e Verdade" em latim... Sabiam que o primeiro diploma de Ph.D. foi dado em Yale?

— Eles dizem aí quanto vai custar todo esse negócio? — perguntou Sheryl no banco traseiro.

Li em voz alta.

— Uma estimativa razoável dos custos totais de um ano em Yale é de 11.809 dólares.

Silêncio.

— Por que não ouvimos um pouco de boa música? — sugeriu minha avó.

Antes de vermos Yale, nós a ouvimos. Quando chegamos a New Haven, os sinos soavam na torre Harkness. Mal pude suportar tanta beleza. Coloquei a cabeça para fora do carro e pensei: "Yale tem voz e está falando comigo." Alguma coisa dentro de mim reagia àqueles sinos, alguma mistura explosiva de pobreza e ingenuidade. Eu já estava inclinado a ver tudo o que admirava como se fosse sagrado, e os sinos exploravam essa ilusão, lançando uma aura santificada sobre o *campus*. Estava também inclinado a tornar todo lugar que me excluía um castelo, e lá estava Yale, deliberadamente decorada com torres, muralhas e gárgulas. Mas havia também um fosso — como o canal ao lado de nosso apartamento no Arizona. Quando estacionamos o carro e começamos a dar umas voltas, eu entrei em pânico.

Nossa primeira parada foi na biblioteca Sterling. Com sua nave escura, tetos arqueados e arcadas medievais, a biblioteca destinava-se a evocar uma igreja, uma casa de adoração para os leitores, e nós éramos apropriadamente devotos. Nossos passos no chão de mármore soavam como tiros à medida que passávamos pelo corredor e entrávamos na sala de leitura, onde estudantes do curso de verão se debruçavam sobre livros, sentados em velhas e acolchoadas cadeiras em couro verde. Saímos da Sterling e caminhamos através do vasto gramado até a Biblioteca de Livros e Manuscritos Raros Beineck, onde se encontrava o inestimável tesouro de Yale. Era um prédio baixo com as paredes adornadas com pequenas placas de mármore que mudavam de cor conforme o sol se movia no céu. Passamos pelo refeitório dos calouros, com as enormes colunas de mármore e os nomes das batalhas da Primeira Guerra Mundial gravados sobre a fachada. Naquele momento eu já estava dominado pelo desespero, e minha mãe percebeu. Ela sugeriu então que parássemos um pouco. Numa lanchonete nos confins do *campus*, me sentei com o rosto apoiado nas mãos.

— Coma seu hambúrguer — disse vovó.

— Ele está precisando de uma cerveja — sugeriu Sheryl.

Minha mãe pediu que eu falasse, colocasse em palavras o que estava me perturbando. Eu não queria dizer em voz alta que daria tudo para estudar em Yale, que a vida não valia a pena ser vivida se não conseguisse estudar ali, mas que certamente eu não seria admitido, porque não éramos o tipo de gente que é "aceita". Não precisei dizer nada. Minha mãe apertou minha mão.

— Nós vamos ser aceitos — disse ela.

Eu me desculpei e saí correndo da lanchonete. Como um lunático foragido, perambulei pelo *campus*, olhando os estudantes, espiando pelas janelas. Toda janela emoldurava uma cena idílica. Professores expondo idéias. Estudantes bebendo café e pensando coisas brilhantes. Fui até a livraria de Yale e quase desmaiei quando vi paredes e mais paredes repletas de livros. Sentei num canto e escutei o silêncio, Bill e Bud não tinham me prevenido sobre isso. Haviam me contado a história de Yale, seu fascínio, mas não me prepararam para sua tranqüilidade. Não me disseram que Yale era o lugar mais sossegado do mundo, pelo qual eu tanto ansiava. Outra vez os sinos começaram a tocar. Eu queria me jogar no chão e chorar.

No parque New Haven Green, me sentei sob um amplo olmo e observei os baluartes de trinta metros que guarneciam o Velho Campus, tentando me imaginar do outro lado. Não fui capaz. De todas as grandes edificações que podia ver de longe, Yale era a mais intransponível. Uma hora depois, me levantei e voltei andando devagar para a lanchonete. Sheryl e vovó estavam zangadas porque eu sumira por tanto tempo. Minha mãe estava preocupada com meu estado mental. Ela me entregou um presente que comprara na loja de suvenires, uma espátula para cartas com o emblema de Yale.

— Para você abrir a carta de admissão — ela disse.

De volta a Manhasset, minha mãe e eu fomos jantar no bar. A reforma de Steve estava concluída e o bar chamava-se agora oficialmente Publicans, um lugar diferente, mais sofisticado, com lagosta no cardápio. Tio Charlie estava atendendo no balcão, vestido com sua calça cáqui e um suéter de casimira com a gola em V. Ele também passara por uma reforma. Ao nos ver, veio nos cumprimentar à mesa.

— O que há com ele? — perguntou à minha mãe, virando a cabeça na minha direção.

— Ele acaba de se apaixonar por Yale — respondeu ela. — E está achando que o amor não é recíproco.

— Bobô está aqui? — perguntei. Bobô e Wilbur poderiam me reanimar um pouco.

— Morto em combate — disse meu tio.

Fiquei cabisbaixo.

Tio Charlie encolheu os ombros e voltou para o bar, mergulhando numa cortina de fumaça. Os homens o receberam avidamente e clamaram para que voltasse a lhes encher os copos.

— Acalmem-se! — berrou ele. — Tenho que dar um telefonema.

Todos começaram a rir. Eu também, apesar de tudo, e comecei a rever meus sonhos. Após a recusa de Yale, decidi, eu estudaria em alguma faculdade pequena e anônima. Daria um jeito de entrar para a Escola de Direito, depois convenceria algum escritório de advocacia a me contratar. Eu ganharia menos do que esperava — eu *seria* menos do que esperava — mas se vivesse modestamente conseguiria cuidar da minha mãe, mandá-la para uma faculdade e processaria meu pai. E, como compensação para minhas decepções, todas as noites, quando voltasse para casa do escritório de advocacia, pararia no Publicans e tomaria uns tragos. Conversaria com aqueles homens, riria das preocupações diárias e dos arrependimentos da minha vida. Olhando para o balcão, vendo tio Charlie servindo bebidas, senti-me de repente à vontade, certo de que assim como Yale me rejeitaria, o Publicans me acolheria. Se não podia ter a luz e a verdade de Yale, poderia sempre contar com a verdade sombria do bar. E apenas ocasionalmente, quando bebesse muito, ou nem tanto assim, me permitiria imaginar como tudo poderia ter sido diferente se tivesse sido aceito por Yale.

DEZESSEIS
JR

Dois tiros no peito a sangue frio e o criminoso sem rosto saiu correndo. Minha mãe e eu vimos tudo, e mais de dois milhões de pessoas. A tentativa de assassinato de J.R. Ewing marcou o fim da temporada da emocionante série televisiva *Dallas*, o programa mais assistido no planeta, e quando J.R. Ewing caiu no chão, as mãos sobre os ferimentos, JR Moehringer soube que estava diante de um verão longo e quente.

A identidade do homem que atirou em J.R. se tornou uma obsessão nacional, e minha crise adolescente de identidade tornou-se uma provação diária. Meu nome, que eu odiava um pouco mais do que meu sobrenome, de repente se popularizou, decorando camisetas e capas de revistas. Os tanques russos estavam invadindo o Afeganistão, 52 norte-americanos tinham sido reféns no Irã, mas J.R. Ewing era o principal assunto naquele verão de 1980. Todo mundo que eu encontrava chegava a gaguejar na pressa de fazer A Pergunta: Quem atirou em você? Eu sorria, como se estivesse ouvindo aquilo pela primeira vez, depois eu respondia alguma coisa idiota, do tipo: "Lamento. Jurei sigilo aos produtores." Às vezes eu apenas fazia uma careta imitando alguém com a barriga cheia de chumbo. As pessoas adoravam.

Quando cheguei a Manhasset para passar as férias de verão, J.R. se transformara numa epidemia. Eu esperava poder bater papo com alguém ou fazer o jogo das rimas, mas tio Charlie e seus amigos estavam obcecados pelos acontecimentos que envolviam Ewing.

— Só pode ter sido o Bobby — disse meu tio, estendido na cadeira de praia, o sol e a manteiga de cacau nos lábios fazendo sua cabeça brilhar como uma concha de molusco. — A velha história de Abel e Caim.

— De jeito nenhum — retorquiu Colt. — Bobby é uma bichinha.

— Sue Ellen apagou o filho-da-puta — disse Bobô.

— Eu li que as apostas em Vegas apontam para diferentes suspeitos — comentou Joey D.

— Eu me pergunto: como é possível fazer uma aposta dessa? — indagou meu tio Charlie.

— Se houver uma possibilidade — acrescentou Joey D —, tenho certeza de que você a encontrará.

Ser chamado JR sempre fora um problema. Muito antes de J.R. Ewing tomar uns tiros, meu nome já era uma sugestão pavloviana infalível, desencadeando a mesma resposta, sempre que encontrava alguém que não conhecia. "O que quer dizer JR?" Envergonhado por ter o nome de um pai desaparecido, durante anos minhas respostas eram evasivas. Depois, gradualmente, desenvolvi argumentos mais palatáveis por temer que viessem a me chamar de Junior. Junior era um cara simplório, comprido, que usava um babador e jogava xadrez sobre um barril rachado à frente do armazém-geral. Junior era o contrário de tudo o que eu queria ser. Para me afastar daquela imagem, para me proteger de possíveis apelidos, para ofuscar o espectro do meu pai ausente, eu passei das evasivas para uma mentira extravagante.

— JR não significa nada — eu dizia às pessoas. — É meu nome *oficial.*

Isso era parcialmente verdade. JR, sem os pontos, era como eu assinava meu nome em todos os documentos oficiais. Minha certidão de nascimento trazia um *J* e um *R.* Eu simplesmente não mencionava que essas letras eram uma abreviação do meu nome, significando o grande vazio da minha vida.

Durante anos, a mentira funcionou maravilhosamente, encerrando com eficiência qualquer questionário. Até *Dallas.* Então ficou difícil dispensar as pessoas — encontrar alguém chamado JR era uma delícia, como alguém chamado DH — e quando era interrogado, assediado, era obrigado a elaborar uma mentira ainda maior.

— Eu fui concebido logo após John F. Kennedy ser assassinado e meus pais não conseguiam decidir qual Kennedy deviam homenagear: John ou Robert. Viveram um drama típico de Camelot. Então inventaram um nome que homenagearia ambos. JR. Sem pontos.

À medida que a onda envolvendo *Dallas* atingia níveis histéricos, passei a funcionar no piloto automático, e contava minha maior mentira no tom inexpressivo de um aluno que recita um juramento à bandeira. Mais uma vez encontrei um santuário em minha mentira — até que Yale me apresentasse outro desafio. Depois de enviar minha candidatura, escrevi para minha mãe e informei-lhe que pretendia grafar JR Moehringer, sem pontos, no alto da primeira página. Ela respondeu em outra carta. "Você não pode se candidatar a Yale com um nome fictício."

Você que me levou a essa situação, eu pensei. Mas minha mãe estava certa. Eu não queria fazer nada que prejudicasse minhas chances. Para Yale, e só para Yale, concordei em ser chamado John Joseph Moehringer JR, um nome que me parecia tão estranho quanto Engelbert Humperdinck.

Cada vez que mencionavam meu nome naquele verão, cada vez que se discutia o que "representava" JR, a lembrança de meu pai voltava à tona. Eu me perguntava por onde ele andaria. Se ainda estava vivo, e como eu poderia saber se não o estivesse. Muitas noites, bem depois de vovó e vovô irem para a cama, eu me surpreendia à mesa da cozinha, o ouvido colado no rádio. Depois de achar que havia dominado aquele vício antigo, tive uma recaída, e meu lapso fez com que me sentisse fraco e envergonhado. Queria conversar com alguém sobre isso, mas não havia ninguém. Não ousava tocar no assunto com minha avó, que ralharia comigo e escreveria à minha mãe. Tentei falar com McGraw mas, quanto mais ele crescia, menos vontade ele tinha de falar sobre os pais.

— Tenho medo de começar — ele disse — e não conseguir parar.

Teria gostado de conversar com o tio Charlie, mas naquele verão ele estava sendo assombrado por suas próprias vozes. Sentado na cozinha, tarde da noite, ouvindo rádio e lendo, ouvi a porta do alpendre se abrir, em seguida, passadas pesadas, como se alguém estivesse matando baratas na sala de jantar. Com um estampido, tio Charlie apareceu na porta da cozinha. A dois metros de distância, eu podia sentir o cheiro de uísque.

— Olhe quem está aqui — ele disse. — Olhe quem está aqui, olhe quem está aqui. O que você conta, rapaz? Eu não esperava encontrar alguém acordado.

Ele puxou uma cadeira, arrastando-a ruidosamente no chão. Desliguei o rádio.

— Como vão as coisas? — perguntei.

Ele se sentou, pôs um cigarro entre os lábios, pensando. Acendeu um fósforo. Pensando ainda.

— JR — disse ele, fazendo uma pausa para acender a ponta do cigarro. — As pessoas não valem nada.

Eu achei graça. Ele se contorceu na cadeira e olhou para mim.

— Você acha que estou brincando?

— Não, senhor.

— JR, JR, JR. Seu tio é um homem muito perspicaz, está me acompanhando?

— Sim, senhor.

— Quem é mais perspicaz do que mim?

— Ninguém.

— Desculpe, pobre gramática. Quem é mais perspicaz... do que eu?

— Ninguém.

— Pode apostar nisso. Estudei psicologia, meu amigo. Li tudo. Não se esqueça. Ninguém consegue enganar esses olhos.

Ele apontou para os olhos, que pareciam duas gotas de sangue coagulado, em seguida, emendou numa longa e ininteligível história sobre alguém — ele não fornecia nomes — que não havia demonstrado o respeito adequado em relação a tudo pelo que Pat passara nos seus últimos dias. Tio Charlie odiava essa pessoa, odiava todas, odiava o mundo inteiro, e ia dizer a todos o que achava, um dia desses. Ele deu uma pancada na mesa e apontou para a janela, para o insensível mundo lá fora, que ele descrevia como "malditos safados" que desonraram a memória de Pat. Eu estava assustado, mas fascinado. Não sabia que o tio Charlie era capaz de sentir ódio, não sabia que o Publicans podia ser um local capaz de despertar ódio. Pensava que as pessoas iam ao bar quando estavam tristes, e ficavam felizes, ponto final. Uma operação simples. Embora achasse que o ódio de tio Charlie pudesse acabar me jogando contra a parede de um momento para o outro, também senti que o ódio era algo que tínhamos em comum. Eu estava sempre com raiva — em relação à saúde de minha mãe, em relação ao meu nome — e estava sentindo raiva do meu pai pouco antes de o tio Charlie aparecer na cozinha. Não poder verbalizar com ninguém a minha raiva, fazia com que ela triplicasse, e alguns dias eu achava que acabaria explodindo de raiva. Sim, eu queria dizer, sim, vamos liberar nosso ódio! *Vamos destruir essa merda de cozinha!*

— JR, está me ouvindo?

Saltei. Tio Charlie estava olhando furiosamente para mim.

— Estou — menti. — Estou ouvindo. Acompanhando.

A cinza do cigarro estava quase caindo. Ele não tinha notado. Deu um trago e a cinza caiu no seu peito.

— Mas ninguém se importa com isso — ele disse.

Depois começou a chorar. As lágrimas escorriam sob seus óculos escuros, deslizando pela face. Senti-me repulsivo e egoísta, pensando no meu próprio ódio sem dar atenção ao do meu tio.

— *Eu* me importo — eu lhe disse.

Ele olhou para o alto. Um sorriso doentio no rosto. Enxugando as lágrimas, ele me contou quando encontrou com Pat pela primeira vez, num bar da Plandome Road. Ela atravessou o salão do bar e o censurou por causa do chapéu e dos óculos que estava usando.

— Seu filho-da-puta — ela disse. — Você não tem vergonha de se sentir constrangido por não ter cabelo quando há rapazes voltando do Vietnã sem pernas?

— Cuide da sua vida — ele respondeu, embora apreciasse o estilo. Ousada. Como uma pistoleira. Uma personagem saída diretamente dos livros de Raymond Chandler. Começaram a conversar e descobriram um monte de coisas em comum, e principalmente um respeito quase religioso pelos bares. Além disso, Pat era professora de inglês e tio Charlie adorava as palavras, então conversaram sobre livros e escritores. Dias depois, ela lhe enviou um telegrama. NÃO CONSIGO PARAR DE PENSAR EM VOCÊ — PRECISO VÊ-LO. Ela pediu que a encontrasse numa taberna à beira da estrada, fora da cidade.

— Eu cheguei cedo lá — disse ele. — Sentei no bar, tomei um coquetel. Pensei em ir embora. Me levantei para sair. — Ele reproduzia seus passos. — Fui em direção à porta — prosseguiu ele, andando na direção do fogão e esbarrando na cadeira. — Você imagina como tudo teria sido diferente, se eu tivesse ido embora? Pelo amor de Deus, JR, você imagina? Como tudo teria sido diferente se eu tivesse *partido*? Está me acompanhando? Como as coisas podem mudar de repente? Está acompanhando?

— Estou acompanhando — eu disse, pegando sua cadeira.

— Ela então aparece entrando pela porta. Ela mesma. Linda. Nota dez. Não, dez porra nenhuma, nota 11,5. Vestido leve de verão. Batom. Que beleza. — Meu tio se sentou novamente, amassando o cigarro já apagado. Fechou os olhos, rindo sozinho. Ele estava lá na taberna outra vez, com Pat. Eu me senti um intruso. — Bem atrás dela — ele sussurrou —, vem o marido. Ela estava... *casada*. O marido estava atrás dela havia semanas. *Semanas*, JR. Pensei que ela o estivesse traindo. O que não era verdade. Embora ela pensasse nisso. Comigo.

— Você o conhecia?

— Quem?

— O marido.

— JR, você não está me ouvindo. Ele era o mais temível filho-da-puta que já andou pela face da terra. Por causa dele não se pode mais beber álcool em Jones Beach. Mas essa é outra história. O marido senta-se ao lado de Pat e pede ao *barman* "Sirva uma bebida para eles por minha conta", depois diz, "Chas, se fosse outro, eles estariam mortos." — Ele fez uma pausa. — Pat se divorciou seis meses depois. Desde então temos ficado juntos. Me desculpe. Péssima gramática de novo. Desde então, *tínhamos ficado* juntos. Até...

O relógio acima do fogão soou como se alguém batesse numa panela com uma colher. Tio Charlie acendeu outro cigarro. Ele fumou com os olhos fechados e nenhum de nós disse nada até o silêncio ficar insuportável.

— Foi bastante divertido no estádio — eu disse.

Ele abriu os olhos e se virou para mim. Não tinha a menor idéia do que eu estava falando.

— Nós não estávamos conseguindo encontrá-la — acrescentei. — Lembra?

— Ah, sim — suspirou. Duas longas plumas de fumaça saíram do nariz, como se fosse um dragão. — Agora é que nunca mais vamos encontrá-la.

Eu consegui dizer exatamente o que não devia.

— Ela adorava o Publicans — ele disse. — Ela gostava de rir e ria o tempo todo. E quando eu achava que ela não podia mais rir, ela vinha para o Publicans e ria em dobro. Ela gostava muito do Steve.

— O que o Steve...

— Hora de deitar — interrompeu meu tio.

Ele se levantou, derrubando outra vez a cadeira, que novamente coloquei no lugar.

— Quantos anos você tem?

— Quinze. Vou completar...

— Essa é uma ótima idade. Meu Deus, que idade maravilhosa! Fique assim. Não envelheça mais do que isso.

Conduzi-o pelo corredor, o braço em volta de meu pescoço. Em pé, ao lado da porta do quarto, eu o vi entrar sob as cobertas vestido como estava. Ele deitou de costas e olhou para o teto.

— JR, JR, JR — disse ele. Repetia meu nome como se o ar estivesse cheio de JRs e ele os contasse.

— Boa noite, tio Charlie. — Quando eu fechava a porta, porém, ele ainda tinha algo a desabafar.

— Quem matou J.R.? — disse ele. — Deve ter sido o cunhado. Ninguém odiava mais J.R. do que Cliff.

DEZESSETE
SHERYL

— Alguém tem que fazer de você um homem — disse Sheryl, parecendo aborrecida. — E acho que tem que ser eu.

Estávamos em 1981, no verão anterior ao meu último ano ginasial, dentro de um trem, seguindo para Manhattan, onde Sheryl me conseguira um emprego como assistente de arquivista na firma de advocacia em que era secretária. Olhei para ela, confuso. Eu mandava um bom dinheiro para minha mãe, sustentando a esperança de que logo me transformaria num advogado — o que poderia ser mais valoroso? Além disso, aos 16 anos eu me definia pela minha companhia, e viajando para Manhattan todo dia, tinha a companhia de centenas de homens. Forçosamente e por conseguinte, como diziam na firma, eu era um homem.

— Não o bastante — disse Sheryl.

A masculinidade não era um sentimento, na sua opinião, mas uma questão de *performance*. Tendo acabado de se formar em *design* de interiores numa pequena faculdade, Sheryl era obcecada pelas superfícies. Como você se vestia, o que vestia, bebia e fumava — esses aspectos externos determinavam o interior de cada pessoa. Não importava se eu me sentisse um homem, eu não agia como se fosse um.

— E é aí que eu entro — disse Sheryl.

Sheryl tinha se mudado para a casa do vovô pouco tempo antes daquele verão. (Estava economizando para ter um apartamento só dela e, enquanto isso, tentava se livrar de sua mãe nômade.) Morando com Sheryl, indo para o trabalho com ela e trabalhando com ela, eu recebia lições de masculinidade 24 horas por dia. Como bônus, enquanto falava sobre masculinidade, ela atraía enxames de homens desejosos de sentar próximos de nós no trem. Sheryl parecia uma jovem Ingrid Bergman, de cabelos louro-escuros e nariz fino e atrevido.

Outra pessoa talvez tivesse refreado os conselhos de Sheryl, que não acabavam mais. Fique reto. Ponha a camisa para dentro da calça. O que podemos fazer para você ganhar alguns músculos? Mas eu fazia tudo o que ela dizia, sem questionamentos, porque Sheryl parecia compreender como o mundo funcionava. Ela era a única pessoa, por exemplo, que percebia quando a terceira grade vibrava, pouco antes da chegada do trem, e foi a primeira a me advertir a nunca tocar na terceira grade, jamais.

— Faça como eu — ela me disse —, pois está sempre *eletrificada.*

Somente Sheryl soube me mostrar como ler o jornal dentro de um trem lotado, dobrando-o longitudinalmente, depois passando cada folha pela metade de uma vez, para evitar incomodar a pessoa ao lado. Mais importante, Sheryl explicou que o jornal que eu lia era uma placa proclamando meu *status* social, minha renda, minha genealogia e meu QI. A classe trabalhadora lê o *Daily News*. Donas-de-casa, *Newsday*. Loucos, o *Post*.

— Vovô lê o *Post* — protestei.

Seus cílios abriram e fecharam-se enquanto olhava para mim, como se dissesse: "Mais alguma observação estúpida a fazer?"

Estávamos esperando o trem na plataforma, quando Sheryl apontou para um homem a uns cinco metros de nós.

— Está vendo aquele cara? — ela perguntou.

Apoiado no poste de luz, havia um homem de negócios com um terno cinza-escuro que parecia o irmão mais bonito de Cary Grant. Eu já o vira no Publicans muitas vezes, e sua elegância sempre me fascinava.

— Vê o que ele está lendo?

Era o *New York Times*, dobrado longitudinalmente.

— As pessoas de sangue azul e os metidos a besta lêem o *Times* — disse ela. — Por mais chato que seja.

Não contei para Sheryl que eu gostava de ler o *Times*, que uma das melhores coisas de trabalhar naquela firma era aquela meia hora no trem para lê-lo. Eu considerava o *Times* um milagre, um mosaico de biografias resumidas, uma obra-prima diária. Estava sedento de informações sobre o mundo — nunca tinha ido a lugar nenhum e não conhecia ninguém que o tivesse feito — e o *Times*, como Yale, parecia expressamente projetado para meu tipo especial de ignorância. Da mesma forma, eu adorava como o *Times* fazia a vida parecer compreensível. Ele satisfazia minha mania de ordem, de um mundo distinto em preto e branco. Ele encaixava toda a insanidade dentro de setenta páginas de seis estreitas colunas. Fiz todo o possível para esconder da Sheryl meu amor pelo *Times*, pois ela acreditava que um homem de verdade lia o *Times*, mas somente os *nerds* incuráveis encontravam algum prazer nisso. Mas Sheryl tinha um olhar aguçado. Ela percebeu como eu me concentrava na leitura do *Times* e passou a me chamar de JR Moringa.

Os dois testes definitivos do valor de um homem, Sheryl acreditava, eram as mulheres e as bebidas. Como você reagia a cada uma delas, como as *administrava*, era suficiente para determinar seu quociente de masculinidade. Contei-lhe sobre Lana, uma garota do Arizona que estava muito acima de mim na hierarquia ginasial. Os cabelos de Lana eram louros turvos, tanto pela cor quanto pelo asseio. Ela não os lavava todos os dias, o que lhe dava um encanto oleoso e desgrenhado. As mechas chicoteavam seus ombros quando ela andava pelo corredor, o peito empinado, como um cadete. Os seios, eu garanti a Sheryl, nunca se mexiam, ela usava *shorts* curtos que revelavam a parte superior e firme de suas longas coxas bronzeadas.

— Se as pernas dela fossem os Estados Unidos — eu disse para Sheryl — você poderia ver até o Michigan.

— A batalha do *córrego*! — disse Sheryl e eu ri, embora não soubesse o que aquilo significava. Acho que ela também não sabia.

De um modo geral, Sheryl mostrou-se indiferente em relação a Lana. Sem conhecê-la, ela disse, era impossível avaliar se uma menina justificava aquele meu estado ofegante. Quando o assunto era uísque, contudo, Sheryl tinha um bocado a dizer. Ela gostava de beber e se divertia me ensinando a fazê-lo. Todas as noites, depois do trabalho, parávamos num bar vagabundo em um canto escuro da Penn Station, onde a fumaça e a escuridão faziam todo mundo parecer com Charles Bronson, por isso os *barmen* nunca perguntavam minha idade. Sheryl bancava duas canecas de cerveja, depois nós comprávamos dois copos plásticos grandes de gim-tônica para beber no trajeto até em casa. Quando chegávamos à Plandome Road, nossos pés quase não tocavam na calçada.

Numa vaporosa noite de sexta-feira, meados de agosto, Sheryl propôs que parássemos no Publicans para um último drinque antes de voltar para a casa do vovô. Eu disse que não achava que o tio Charlie aprovaria.

— Você vai o tempo todo ao Publicans — ela disse.

— Durante o dia. À noite, o Publicans é diferente.

— Quem disse?

— Todo mundo sabe. À noite, é diferente.

— Tio Charlie não vai se importar. Ele quer que você seja um homem. Então seja homem.

Relutante, eu a segui pela porta.

Eu tinha razão. O Publicans era um lugar totalmente diferente depois de a noite cair. Ficava mais picante. Todo mundo rindo, conversando ao mesmo tempo, e tudo parecia girar em torno do sexo. As pessoas diziam coisas das quais se arrependeriam no dia seguinte, sem dúvida.

Havia um tal cortejo de personagens, numa tamanha variedade de trajes, que parecia que eu e Sheryl tínhamos penetrado nos bastidores de uma grande ópera. Havia padres, jogadores de beisebol e executivos. Havia homens em *smoking* e mulheres em vestido de gala, a caminho de festas beneficentes. Havia jogadores de golfe vindos de uma partida, marinheiros que acabavam de pisar em terra firme, operários da construção civil que chegavam dos canteiros de obras. O bar estava tão lotado quanto o trem da hora do *rush*, que Sheryl e eu tínhamos acabado de tomar em Manhattan, e na verdade poderia ser considerado uma extensão do trem, um outro vagão atrelado à locomotiva, pois era longo, estreito, com muitas das mesmas pessoas que, aparentemente, balançavam de um lado para o outro. Nós penetramos na multidão e Sheryl filou um cigarro de um rapaz, tocando no seu braço, colocando a mão no seu ombro e atirando os cabelos para trás. Lembrei que ela tinha um maço novo de Virginia Slims na bolsa e, de repente, entendi. Toda aquela conversa sobre me transformar num homem era um disfarce para seu plano principal: encontrar um homem para ela. Ela só queria fazer de mim um homem, para ter alguém que a acompanhasse ao Publicans, onde todos homens aceitáveis se encontravam. Ela podia ir sozinha, é claro. Mas não queria parecer desesperada.

Sentindo-me usado, eu a dispensei. Mergulhei na multidão, fazendo meu caminho até o restaurante. Três metros mais adiante, porém, meu avanço foi interrompido. Incapaz de avançar ou recuar, me apoiei numa coluna. Ao meu lado, havia uma moça de seus 25 anos. Tinha um rosto bonito e usava um vestido xadrez com uma costura lateral que realçava sua silhueta.

— Tudo bem, se eu ficar encostado aqui? — perguntei.

— Este é um país livre.

— Ei, meu avô diz isso o tempo todo. Você tem estado com meu avô?

Ela ia começar a responder quando percebeu que eu estava brincando.

— Qual é o seu nome?

— JR.

— Ewing?

— Isso.

— Imagino que devem dizer isso toda hora.

— Você é a primeira.

— O que representa JR?

— É meu nome de batismo.

— Verdade? E o que você faz, JR Ewing, quando não está em Southfork?

— Trabalho num escritório de advocacia.

— Advogado?

Endireitei minha postura. Nunca ninguém me chamara de advogado antes, mal podia esperar para escrever à minha mãe contando. O Vestido Xadrez apanhou um cigarro na bolsa e se atrapalhou com a caixa de fósforos. Peguei os fósforos e acendi seu cigarro exatamente como vira em *Casablanca.*

— E você? — perguntei, imitando a voz do tio Charlie. — Qual é sua história?

Sheryl me instruíra a fazer essa pergunta às mulheres. As mulheres gostam mais de perguntas sobre elas mesmas do que de jóias, dissera Sheryl. Então emendei aquela pergunta com outra e mais outra, atacando o Vestido Xadrez, descobrindo que ela trabalhava como vendedora, que odiava o emprego, que queria ser dançarina e que morava com uma amiga em Douglaston. E que a amiga estava em Barbados.

— Vai ficar toda a semana fora — disse Vestido Xadrez. — Meu apartamento está tão vazio.

Rangendo meus maxilares, notei que sua cerveja estava no fim.

— Falando em vazio — eu disse —, vou apanhar outra cerveja para você.

Segui em direção ao balcão do bar. Sheryl me interceptou.

— Vamos cair fora daqui — disse ela, puxando-me pela gravata.

— Por quê?

— O tio Charlie viu você e está furioso.

Tio Charlie nunca ficara furioso comigo em toda a minha vida. Eu disse alguma coisa sobre estar a fim de fugir para o Alasca.

— Meu Deus! — exclamou Sheryl. — Seja homem.

Voltando para casa, Sheryl teve uma idéia. Já que arrumáramos uma encrenca com o tio Charlie, iríamos até o fim. Ela sugeriu uma saideira no Roslyn. Por ali, os bares eram mais sossegados. Ela apanhou a chave do Cadillac do tio Charlie e fomos para um bar de quinta, onde um garoto de oito anos podia pedir um Tequila Sunrise sem que ninguém achasse aquilo estranho.

— Vá apanhar umas bebidas para nós — disse ela, empurrando-me na direção do balcão.

Abri caminho para passar no meio da multidão e, quando voltei com dois gins-tônicas, Sheryl estava cercada por cinco fuzileiros navais. Eles pareciam estar detendo-a num posto da fronteira.

— Aqui está ele — exclamou ela quando eu cheguei.

— Você é a babá dele? — um dos fuzileiros perguntou para Sheryl.

— Prima — ela respondeu. — Estou tentando fazer com que ele se torne um homem.

— Parece que vai ter muito trabalho — comentou outro fuzileiro. Vendo minha hesitação, ele estendeu a mão na minha direção. — Só estou brincando, cara. Como você se chama?

— JR.

— O quê! Não! Ei, todo mundo, o nome desse cara é JR!

Os camaradas se desviaram de Sheryl e olharam de modo estúpido para mim.

— Quem o matou?

— Pergunte quem o matou.

— Quem mandou bala em cima de você?

Sheryl não estava disposta a abandonar os holofotes sem oferecer resistência.

— Alguém falou em "mandar bala"?

— Uau! — berraram os fuzileiros. — É isso, vamos apanhar uma bebida para JR! Vamos mandar bala em JR!

Um dos fuzileiros me passou um copo de bebida e me disse para beber. Foi o que fiz. E queimou. Um outro fuzileiro me entregou outro copo. Bebi ainda mais rápido. Queimou ainda mais. Então os fuzileiros perderam o interesse em mim e voltaram a disputar a atenção de Sheryl. Ela acendeu um cigarro. Observei-a reter o primeiro trago do cigarro na boca aberta, como se a fumaça fosse um novelo de algodão, antes de a engolir, e eu pensei, "É claro, fumar". Casualmente, acendi um dos cigarros de Sheryl, como se fosse o vigésimo naquele dia, não o primeiro da minha vida. Dei um trago. Nada. Olhei para o cigarro com um sorriso malicioso no canto dos lábios. É esse o efeito? Outro trago. Mais profundo. A fumaça atingiu meu esterno como um soco rápido e preciso. Após uma primeira explosão de euforia veio a histeria, depois a náusea, e então os sintomas clássicos de malária. Suor. Arrepio. Delírio. Sentia como se levitasse acima dos fuzileiros. Olhando a cabeça raspada de seus cortes à escovinha, eu pensei, "ar fresco", agora. *Arfrescoagora.*

Caminhei como um Frankenstein para a saída dos fundos. Estava cheia de gente. Forcei a passagem. A porta se abriu para um beco estreito. Uma parede de tijolos. Encostei-me na parede. Oh, parede. Fidedigna parede. Segure-me, parede. Sentado contra ela, inclinei minha cabeça para trás e tentei respirar. O ar veio refrescante. Como uma cachoeira. Fiquei com o rosto virado para cima um bom tempo antes de me dar conta de que estava bem embaixo de um cano do qual jorrava um estranho líquido esverdeado. Rolei para o lado. A iluminação da rua produzia cata-ventos multicoloridos sobre a superfície lustrosa das poças no beco. Não sei quanto tempo passei admirando os cata-ventos — uma hora? Cinco minutos? — mas quando reuni forças, me levantei e voltei para o bar, Sheryl não estava nada satisfeita.

— Procurei você em todo canto — ela disse.

— Beco.

— Você não está com uma boa aparência.

— Não estou me sentindo bem. Onde está seu batalhão de soldados?

— Bateu em retirada quando percebeu que eu não era Iwo Jima.

No caminho de volta para Manhasset, notei pela primeira vez que Sheryl era uma péssima motorista. Ela acelerava e desacelerava, mudava de pista, freava bruscamente nos sinais vermelhos. Quando chegamos à casa do vovô, senti-me enjoado. Não esperei Sheryl parar completamente na entrada da garagem. Pulei do carro em movimento e corri para vomitar no banheiro. Rastejei até minha cama e me agarrei ao colchão, que estava inflando lentamente, como um suflê. Sheryl entrou no meu quarto e, não sei como, consegui sentar na beira do colchão, que já devia estar três metros acima do solo. Ela me disse que eu acabaria acordando todo mundo dentro de casa.

— Pare de gemer — ela disse.

Eu não sabia que estava gemendo.

— Muito bem, parabéns! — disse ela, ou pelo menos tentou: "paparabéns". — Entrou no Publicans. Foi posto para fora do Publicans. Bebeu com os fuzileiros. Fumou o primeiro cigarro... Estou tão orgulhosa de você. Tão orgulhosa.

— Você é o diabo?

Ela saiu do quarto.

— Ei!— chamei-a. — Por que você acabou o namoro com o Jedd?

Se ela respondeu, eu não ouvi.

Em algum lugar da casa, havia um rádio tocando *One O'Clock Jump* de Count Basie. Linda música, pensei. Depois, o ritmo animado começou a me deixar mais enjoado. Será que eu voltaria a me sentir bem o bastante para apreciar música novamente? Tentei adormecer, mas palavras e idéias saltitavam na minha cabeça. Pensei que estava experimentando doses penetrantes de autoconhecimento e queria descrevê-las. Mas não conseguia sair da cama, pois o colchão continuava subindo. Até onde ele subiria antes que minhas costas fossem esmagadas contra o teto? Sentia-me como um carro sobre um elevador hidráulico. Esparramado sobre meu ventre, minha cabeça pendendo para fora da cama, confiei meus lampejos de sabedoria à minha memória. Pensei, minha mãe representa as palavras impressas, meu pai as palavras faladas, Sheryl as palavras desarticuladas. Então, ficou tudo escuro.

De manhã, acordei de um pesadelo no qual fuzileiros navais atacavam a casa do vovô e, usando suas divisas militares, remendavam o sofá bicentenário. Tomei um longo banho quente de chuveiro e fui me sentar na varanda com uma xícara de café. Tio Charlie saiu de casa e olhou para mim. Mantive-me firme, mas ele percebeu meus olhos injetados de sangue e deve ter concluído que eu já sofrera o bastante. Ele sacudiu a cabeça e olhou para o topo das árvores.

— Agora posso dirigir até em casa quando sairmos de Roslyn — eu disse a Sheryl, mostrando-lhe minha carteira de motorista, que minha mãe me enviara pelo correio.

Estávamos dentro do trem matutino, quase ao final de agosto, e Sheryl segurou a carteira contra a luz da janela, para vê-la melhor. Ela leu: "Altura: um metro e oitenta e um. Peso: 68 quilos. Cabelos: castanho-avermelhados. Olhos: marrons." Ela achou graça.

— Bela foto — disse. — Parece que tem 12 anos. Não. Nada disso. Onze. O que sua mãe diz na carta?

Eu li: "Estou anexando o cartão do seguro, querido, porque se você se envolver num acidente, será preciso mostrar que tem um seguro." Olhei para baixo, embaraçado.

— Minha mãe se preocupa exageradamente — murmurei.

Na mesma carta, minha mãe relatou que conseguira um novo emprego numa companhia de seguros, e estava gostando. "Não sofro muita pressão no trabalho e a quantidade não é tanta a ponto de me fazer chegar exausta em casa", ela escreveu. "Acho que você vai notar uma grande mudança em mim quando voltar para casa e, embora me sinta cansada ao final do dia, quando volto do trabalho, tenho a impressão de que ainda sobrou alguma coisa de mim."

Dobrando a carta e enfiando-a no bolso, contei para Sheryl sobre o carro velho que minha mãe comprara para mim, um AMC Hornet 1974 com uma faixa alaranjada de competição que lhe custou quatrocentos dólares. Não contei para Sheryl como aquela carta me dera saudades da minha mãe, nem como ansiava por revê-la em duas semanas, tampouco como me preocupava com ela o tempo todo. Não lhe confessei que, enquanto viajávamos no trem certas manhãs, eu não conseguia parar de imaginar algo de ruim acontecendo com minha mãe, e era preciso substituir esses medos pelo meu velho mantra, depois repreendia a mim mesmo por preservar uma superstição tão infantil, em seguida dizia a mim mesmo que era melhor prevenir do que remediar, porque talvez o mantra ainda tivesse algum poder mágico sobrando e, se eu o abandonasse, isso poderia provocar algo ruim para minha mãe. Eu sabia que Sheryl diria que homens de verdade não pensavam daquele modo. Homens de verdade não têm mantras e homens de verdade não sentem saudades de suas mães.

Sheryl veio me procurar na sala de arquivos no final daquela manhã. A expressão parecia contrariada, e supus que era porque eu não tinha dinheiro para almoçar e lhe pedira que descolasse um empréstimo.

— É a sua mãe — disse ela. — Aconteceu um acidente. Estão nos esperando em casa.

Corremos para a Penn Station. Sheryl comprou uma embalagem de seis latas de cerveja que nós bebemos antes de alcançar as margens da baía.

— Tenho certeza de que tudo vai ficar bem — disse ela. Mas já não estava nada bem. Meu mantra falhara e eu falhara com minha mãe.

Passando pelo Publicans, olhei pela janela, ouvi risadas, vi rostos felizes dentro do bar. Quase sugeri a Sheryl que fizéssemos uma parada rápida para tomar uma dose. Tio Charlie entenderia. Eu odiava aqueles meus impulsos, deixando meus pensamentos se desviarem por um segundo da minha mãe, mas estava assustado e imaginei que o Publicans seria o melhor antídoto disponível para o medo. Sentia falta do bar de um modo diferente, desesperado e pressagioso.

Na casa do vovô coloquei algumas coisas numa sacola, e Sheryl se despediu de mim com um beijo.

— Seja homem — ela disse, de uma maneira diferente, mas cheia de ternura e encorajamento, como se de fato acreditasse que eu o seria um dia.

Meu avô comprara uma passagem de avião e tio Charlie me levou de carro até o aeroporto. No trajeto ele me contou o que sabia. Minha mãe estava voltando do trabalho para casa quando um motorista bêbado, vindo na mão errada e sem faróis acertou seu carro de frente. Ela havia quebrado o braço e estava em estado de choque. Os médicos temiam que tivesse sofrido danos cerebrais.

— Está com amnésia — concluiu.

Perguntei ao meu tio o que aconteceria se minha mãe não conseguisse se lembrar de mim. Ele disse que não estava entendendo minha pergunta. Eu tampouco. Acho que eu estava perguntando quem eu seria se minha mãe não me reconhecesse.

DEZOITO
LANA

Havia cortes no seu rosto e nódoas de sangue ressecado agarradas aos fios de seus cabelos. Os olhos estavam parcialmente abertos, revelando um tipo novo e terrível de rosto inexpressivo. Aproximei-me dela.

— Mãe?

Atrás de mim, uma enfermeira disse que ela estava sob forte medicação contra as dores e ainda ficaria naquele "limbo" por alguns dias.

— Você é bem grande para um garoto de dez anos — disse o médico.

— O que foi?

— Sua mãe disse que tinha um filho de dez anos.

— Ah.

— E quando lhe perguntei se ela sabia onde estava, ela disse Nova York.

— Antes de mudarmos para cá, nós morávamos em Nova York.

— Foi o que pensei. Cheguei a levá-la até a janela e mostrei as palmeiras e os cactos, mas ela insistiu, Nova York.

Terminado o horário de visitas, saí do hospital e voltei ao nosso apartamento. Tentei me acalmar lendo um livro. Não teve jeito. Acendi todas as luzes, depois as apaguei. Fiquei sentado no escuro, pensando. Fui até o canal e fiquei no banco olhando a água. Estava exausto, mas não conseguia ficar na cama, porque sempre que fechava os olhos eu imaginava o momento do impacto. Amedrontado, sozinho. Pensei no que minha mãe dissera ao médico. De certo modo, ela estava certa. Eu tinha dez anos.

Não houve planejamento, nem premeditação, nem sequer o pensamento me ocorreu: minha mão alcançou o telefone e meus dedos discaram o número de Lana, a deslumbrante menina da escola que eu descrevera para Sheryl. Antes de eu viajar nas férias de verão, Lana e eu conversamos rapidamente numa festa, e houve de fato uma vaga promessa de ficarmos juntos. Não achei que ela estivesse falando sério, e nunca pensei que conseguiria reunir coragem para lhe telefonar. Mas agora, com minha mãe no limbo e minha mente em queda livre, senti uma ânsia que transcendia a lascívia adolescente, se é que existe algo capaz de transcender a lascívia adolescente. Sentia um desejo por Lana como sentia pelo Publicans, e sabia vagamente que aquilo tinha a ver com a necessidade de proteção e distração.

Nos encontramos num restaurante mexicano perto da casa dela. Lana estava com um *short* mínimo e uma blusa florida amarrada na cintura. Um verão ao sol dera à sua pele um lustre sensacional e iluminara seus cabelos com reflexos cor de mel e caramelo. Contei-lhe sobre minha mãe. Ela se mostrou bem gentil e compreensiva. Pedi uma garrafa de vinho, meio brincando, e rimos quando o garçom sequer perguntou nossa idade. Após o jantar, Lana parecia um pouco alta, quando nos dirigimos para o estacionamento.

— Este é seu carro novo? — ela perguntou.

— É. Um Hornet.

— Estou vendo. Legal essa faixa de competição.

— Cor de laranja.

— Estou vendo, laranja.

Perguntei se ela precisava voltar cedo para casa.

— Na verdade, não — respondeu. — Qual é a idéia?

— Temos duas opções. Podemos ir ao cinema. Ou podemos comprar algumas Löwenbräu e irmos até o alto do Camelback?

— Camelback, com certeza.

Um camarada certa vez me mostrou os vários cantos dos amantes que se espalhavam pela primeira corcova da montanha de Camelback. Ele gostava de subir lá para espiar os casais, quando estava sozinho e sexualmente excitado. Mas isso acontecera muitos meses antes, e fora durante o dia, agora era uma noite escura e sem lua. Nada me parecia familiar, enquanto eu circulava de um lado para outro à procura, esperando que Lana não ficasse sóbria ou perdesse a paciência. Ela mexeu no rádio e eu disse que estava determinado a encontrar um lugar especial, capaz de oferecer uma vista de tirar o fôlego e privacidade total, esquecendo de mencionar que esse lugar ficava no alto de um penhasco sobre um precipício rochoso. Por fim, depois de 45 minutos, achei uma estrada de terra conhecida e a segui até próximo de uma elevação no fim do caminho, onde poderíamos alcançar o tal lugar especial.

— Pronta para subir? — perguntei, desligando o motor.

— Subir?

Carreguei a sacola com as Löwenbräu em uma mão e segurei o braço de Lana com a outra. A subida foi ficando cada vez mais íngreme. Lana, ofegante, me perguntou se ainda faltava muito.

— Não muito — respondi, embora não tivesse a menor idéia.

Na verdade, eu e meu camarada não tínhamos subido. Eu apenas acreditara na sua palavra sobre o que havia lá em cima. Por fim, a ladeira se tornou uma parede quase perfeitamente vertical.

— Ai, ai, ai! — exclamou Lana.

No caminho ela arranhara a coxa num cacto. Estava sangrando. No alto, a parede fazia uma curva na nossa direção. Lancei a sacola com as cervejas para cima e corajosamente escalei a pedra, depois ajudei Lana. Quando atingimos o topo, deitamos um pouco, ofegantes, rindo e examinando o ferimento. Nós então nos arrastamos até a extremidade do penhasco e lá estava a vista que meu camarada descrevera, um milhão de luzes cintilando abaixo de nós, como se o vale fosse um lago refletindo as estrelas.

— Uau! — exclamou Lana.

Abri duas cervejas e passei uma para ela. Uma brisa soprou lançando seus cabelos sobre os olhos. Eu os afastei com os dedos. Ela se inclinou para me beijar. Fechei meus olhos. Seu lábio inferior era suave como um pêssego. Ela colocou a língua dentro da minha boca. Abri os olhos. Ela abriu os seus. Pude distinguir as extremidades de suas lentes de contato, o volume do rímel na ponta de seus cílios. Ela fechou os olhos outra vez e me beijou com mais intensidade, forçando-me a abrir ainda mais a boca. Abri os botões de sua blusa. Não havia sutiã. Incrivelmente firmes. Apertei-os e tentei olhar com discrição. Não queria parecer grosseiro. Ela se afastou um instante e desfez o nó que prendia a blusa embaixo, convidando-me a olhar. Depois, ela começou a tirar minha calça, e eu o seu *short*.

— Nós vamos fazer isso? — ela disse.

— Espero que sim.

— Você precisa vestir alguma coisa.

— Vou ficar de camisa.

— Não. Tipo um preservativo.

— Eu não tenho.

— Então não podemos.

— Certo, certo. Claro que não... Por que não?

— Você quer um JR Junior correndo em volta de nós?

Levantei. Tomei um longo gole de Löwenbräu e olhei para as estrelas, condenando a mim mesmo. "Por que não pensei em controle da natalidade?" Simples. Porque eu não sabia nada sobre controle de natalidade.

Lana ficou deitada aos meus pés, sem seu *short*, estirada sob as luzes das estrelas como se estivesse se bronzeando. As pernas estavam afastadas e havia um brilho entre elas. Nenhuma estrela no céu brilhava com mais fulgor e, de repente, nenhuma estrela parecia tão distante. Se deixar passar esse momento, pensei, se deixar que Lana vista a roupa e desça a ladeira até o carro, esta noite me assombrará para sempre e possivelmente definirá o curso da minha vida. No mínimo, teria que me mudar. Não conseguiria mais encarar Lana, ou meus colegas, ou passar de carro todo dia pela montanha Camelback. E para mim, Camelback se transformaria na Colina da Virgem Sagrada, que zombaria de mim e de minha incapacidade de atingir o topo. Era preciso fazer alguma coisa, e rápido, pois Lana parecia pronta a se levantar e recolocar o *short*.

— Espere aqui — eu disse.

— Esperar... aqui?

Antes que ela pudesse dizer outra palavra, deslizei pela pedra e corri ladeira abaixo. Tentei chegar ao carro antes de ouvi-la protestar, ou me seguir. Mas calculei mal o ângulo e o rigor da inclinação, tropecei e rolei pelo chão. Um cacto me parou, os espinhos se enfiando no meu joelho como agulhas de tricô. Soltei um berro.

— O que aconteceu? — ela gritou.

— Nada!

Ela deve ter imaginado que eu tinha preservativos no carro. Certamente, ela não era capaz de prever o que eu estava prestes a fazer. Teria gritado se soubesse que eu ia ligar o carro e cair fora, deixando-a naquela montanha cheia de ventos.

Em Scottsdale, em 1981, não havia nada aberto depois da meia-noite. O deserto escuro, desolado, tudo fechado até o dia seguinte. Minha única esperança era uma loja de conveniência 24 horas. Desci a montanha e peguei a Scottsdale Road. Com todas as lojas fechadas e os centros comerciais apagados, pensei em desistir. Mas a uns 25 quilômetros de Camelback vi um letreiro em néon aceso. Circle K.

Eu não tinha a menor idéia de como era um preservativo. Nunca tinha tido um nas mãos, nunca tinha visto um ou falado com alguém sobre isso. Percorri os corredores em busca de uma Seção de Preservativos. Procurei na seção de artigos de banho, vasculhei o corredor com artigos de papelaria. Dei uma olhada na geladeira. "Talvez os preservativos sejam perecíveis e precisem ser guardados em lugar fresco." Sorvete, soda limonada, leite — mas nada de preservativos.

Finalmente me dei conta de que preservativos, como revistas de mulheres nuas e cigarros, eram coisas perversas e, por conseguinte, deviam ser mantidos atrás do balcão. Dei uma olhada e lá estavam eles, pendurados acima do caixa, numas embalagens pequenas com ilustrações de belos casais se preparando para iniciar o ato físico do amor. Respirei, aliviado, depois fiquei tenso. "Se preservativos são instrumentos do vício, deve haver alguma restrição etária para comprá-los. Melhor pensar em alguma coisa que me faça parecer mais velho." Apanhei um exemplar do *New York Times*.

— Só isso? — perguntou o caixa.

— Só. Aliás, não. Me dê também uma caixa daqueles preservativos ali, por favor.

— Qual deles?

— Tamanho médio, eu acho.

— De que *marca*, garanhão?

Apontei na direção de uma embalagem. Ele colocou uma caixa de Trojans sobre o jornal. Entreguei-lhe uma nota de vinte.

— Guarde o troco — eu disse. Ele fez uma cara feia e me deu o troco.

Cinqüenta minutos haviam se passado desde que eu deixara Lana. Ela devia estar aterrorizada ou furiosa. Quando voltava para a montanha imaginei-a lá em cima, o que me fez pensar no lugar especial onde eu a deixara, e lembrei então que eu achara o local por acaso ou por engano, e para isso eu levara 45 minutos subindo e descendo a montanha, no escuro. Não sabia como faria para encontrá-lo outra vez. Derrapando ao tomar a pista que levava à montanha, verifiquei o velocímetro. Estava a 120, e tanto o meu Hornet quanto eu tremíamos. A haste do pistão do carro poderia quebrar. Eu poderia quebrar minha haste do pistão. Nada me parecia familiar. Mas o que poderia parecer familiar numa montanha toda escura? Disse a mim mesmo para desacelerar, ficar calmo, eu acabaria me matando num acidente no mesmo dia em que minha mãe quase morreu num acidente de carro. Imaginei-a saindo daquele limbo, o médico lhe dando as más notícias. Seu filho está morto. "O que ele estava fazendo na montanha Camelback?", ela perguntaria debilmente.

Cheguei a uma bifurcação que me pareceu conhecida, mas não lembrava se tínhamos ido pela direita ou pela esquerda. Tomei a pista à esquerda, pisei fundo no acelerador e percebi que meu pé ficara dormente. Os espinhos do cacto espalhavam o veneno na minha corrente sanguínea, o que significava que teriam de amputar minha perna. Tentei arrancar os espinhos da minha rótula enquanto dirigia e, ao mesmo tempo, comecei a ensaiar o que diria ao pai de Lana. Ou ele me mataria — lembro que ele jogara na defesa pelo Chicago Bears — ou faria com que me prendessem.

Um enredo mais demoníaco começou a se esboçar na minha mente. Lana, concluindo que eu era louco e a abandonara, podia ter ido embora, se perdido, tropeçado na escuridão e caído pelo barranco repleto de cobras, lagartos e linces. Será que existiam linces selvagens em Scottsdale? Provavelmente. E como os tubarões eles deviam ser atraídos pelo cheiro de sangue. Lembrei-me do ferimento na perna da Lana. Quando a polícia encontrasse o corpo destroçado de Lana, ninguém acreditaria que ela havia concordado em esperar por mim no topo da montanha enquanto eu ia comprar preservativos. Todo mundo pensaria que eu propus fazermos sexo e Lana recusou, então eu a matei. Acelerei ainda mais, sentindo aquela impressão de dormência me alcançar a perna toda. Não só eu iria para cadeia por assassinato, não só perderia minha perna, como também todos os dias no pátio da penitenciária, os outros detentos me fariam a mesma pergunta: "Como você perdeu sua perna?" Seria uma justiça poética, um castigo divino por tentar fazer sexo enquanto minha mãe estava numa cama de hospital, enfaixada, quebrada e desorientada por conta das fortes doses de remédio.

Eu passava diante das mesmas casas, dos mesmos cactos, de novo e de novo. Não era sequer capaz de dizer que estava procurando no lugar certo. Foi aqui, ou mais à frente? Liguei o rádio para acalmar os nervos e pensei no meu pai. Amaldiçoei-o e dei um soco no rádio. "Se meu pai estivesse por perto quando eu estava crescendo, eu conheceria os preservativos e nada disso estaria acontecendo! Se ele tivesse usado um preservativo, nada disso estaria acontecendo!" Parei à beira da pista, encostei a cabeça no volante e chorei. De algum lugar profundo dentro de mim mesmo, extraí intensos soluços por minha mãe, por mim e por Lana, que naquele momento estava sendo devorada viva pelos linces selvagens.

Pensei na história de Hemingway, que Bill e Bud me fizeram ler, *As neves de Kilimanjaro*, e na sua frase inicial sobre o pico da montanha, chamado A Casa de Deus, onde jazia a carcaça seca e congelada de um leopardo: "Ninguém pôde explicar o que o leopardo estava procurando naquela altitude." Qual era o sentido daquela maldita história? Seria a de que o felino morrera por causa de sua curiosidade? O leopardo estaria em busca de sexo? Será que um leopardo se parecia com um lince selvagem? Por que ler histórias se elas não podiam dar uma ajuda prática em situações como aquela? Pensei em telefonar para Bill e Bud, mas não sabia o número. Então pensei em telefonar para o Publicans. Claro! O Publicans! Certamente o tio Charlie ou Steve saberiam o que eu deveria fazer. Depois pude ouvi-los me perguntando o que eu estava fazendo no alto de Camelback quando minha mãe estava no hospital, e pude ouvi-los rindo também. "O garoto tentou perder a virgindade — mas em vez disso ele perdeu a garota!" Eu preferia me arriscar com o pai de Lana e os detetives do departamento de homicídio a encarar os homens do Publicans.

Mais à frente, vi uma caixa de correio que parecia um celeiro pintado de vermelho. "Lana fizera um comentário sobre ela quando passamos por aqui." Que lindo, ela disse, apontando para a caixa, e depois eu virei à esquerda. Então virei à esquerda e vi uma casa que me pareceu familiar com um reboque parado diante dela. Em seguida, vi um cacto com um número extraordinário de braços que fez pensar em Jedd. Depois, surgiu a estrada de terra que acabava numa ladeira, próxima do lugar especial.

Pulando fora do carro, gritei olhando para as estrelas:

— Lana!

Nenhuma resposta.

— Lanaaaa! — Tentava berrar como Tarzan.

Tentei gritar como Marlon Brando, "Stellaaaa!", mais eu soava como Costello gritando "Abbott!". Talvez ela não quisesse responder. Essa era minha única esperança. "Por favor, meu Deus, que ela esteja furiosa, mas viva." Antes de começar a escalada, ocorreu-me outro pensamento, que para sempre eu me recordaria com espanto e vergonha idênticos. "Se a Lana ainda estiver lá, ainda viva, poderei explicar e me desculpar e talvez ainda possamos fazer aquilo. E nesse caso é melhor eu colocar logo o preservativo." Como eu nunca vira um antes, precisava de luz para vesti-lo, e a única luz disponível eram os faróis do meu Hornet. Voltei para o carro, acendi os faróis e abri a embalagem de preservativos. Nada de instruções. Coloquei um preservativo no meu dedo. Como uma coisinha daquelas poderia ficar no lugar durante o sexo? Não sabia e não tinha tempo para descobrir. Coloquei o preservativo ainda enrolado sobre meu pênis flácido, como uma boina e então saí correndo para escalar a pedra.

— Lana!

Minha voz ecoou nas montanhas.

— Lana!

Duas horas tinham-se passado desde que a deixara.

— Laaaaaana!

A dor na minha perna era lancinante e meu joelho não dobrava, o que tornou a escalada mais longa. No alto, ergui a cabeça e olhei para frente. Vi Lana na extremidade do penhasco, enroscada numa posição fetal, adormecida. Arrastei-me até ela. Ela acordou e me abraçou. Seu hálito cheirava a suco de fruta e Löwenbräu.

— Você estava chorando? — ela perguntou, me beijando.

Lana me puxou sobre ela. Eu mal conseguia me apoiar na minha perna dormente, mas ela me ajudou, me guiou.

— É bem aqui — sussurrou.

Penetrei-a cada vez mais fundo. Ela começou a mover meu corpo, delicadamente, mostrando-me como fazer, até que eu entendesse. Olhei para o vale, para todas aquelas luzes, todas aquelas casas, todas aquelas janelas que eu espiava quando criança. Por fim, alguém me deixava entrar.

Em seguida, eu e Lana nos deitamos lado a lado.

— Sua primeira vez? — ela perguntou.

Ambos começamos a rir.

— Lamento — eu disse.

— Não precisa. É excitante quando é a primeira vez de alguém.

Contei-lhe minha caça aos preservativos.

— Nunca ninguém fez tanto por mim — ela disse.

Ela adormeceu com a cabeça no meu peito, enquanto eu contava as estrelas. Virando a cabeça, eu vi, próximo de nós, brilhando na noite como um camarão, o preservativo ainda enrolado que não fora usado. Teria eu me tornado um homem e um pai no mesmo negligente momento? Não me importava. De qualquer maneira eu não era mais uma criança.

Na minha opinião, eu não era nem uma criança nem um homem, mas alguma coisa entre um e outro. No limbo. Até mesmo Sheryl teria concordado com isso. Eu me perguntei se o fim da infância era uma espécie de amnésia, se você esquecia de si mesmo e de sua antiga vida, esquecia de todas as coisas familiares que imaginava nunca ser capaz de esquecer, e começaria novo em folha. Eu esperava que fosse assim. Pedi à estrela mais brilhante que fosse assim. E desejei que houvesse alguém a quem eu pudesse perguntar isso.

DEZENOVE
O FUTURO EU

Minha mãe voltou para casa do hospital uma semana depois, o braço engessado. Todas as manhãs, depois de acordar, ela ia da cama para o sofá e dormia intermitentemente o dia todo, por causa do analgésico. A boa notícia: os médicos haviam concluído que o cérebro não fora afetado. E a memória tinha voltado. Mas ela não falava muito, e quando falava, a voz era fraca, ininteligível, sem qualquer inflexão. Sua voz, ao que parecia, como seu rosto, ficara inexpressiva. Depois da escola, de cumprir meu horário na livraria, eu sentava na cadeira oposta ao sofá, olhando minha mãe dormir enquanto preenchia meu formulário de candidatura para Yale.

A primeira página era um campo minado, repleto de perguntas ardilosas, como *Nome completo do pai*. Pensei em escrever "Johnny Michaels". Escrevi "John Joseph Moehringer". Pergunta seguinte: *Endereço do pai*. Meditei sobre várias possibilidades. "Incerto." "Desconhecido." "Ignorado." Escrevi "Não relevante" e observei desalentado aquelas palavras.

Bill e Bud tinham sido loucos, ou insensíveis, persuadindo-me a tentar uma vaga em Yale. A melhor universidade do país não deixaria seus alunos serem contaminados por alguém como eu, um perdedor de última categoria, um cigano que não conhecia o paradeiro do pai. Sem dúvida, o comitê de admissão descartava candidaturas como a minha dentro de um cesto onde estaria escrito: Lixo.

Yale não se preocupa em saber onde está seu pai, disseram Bill e Bud para me confortar.

Soltei um riso de desdém.

— Mas se isso o incomoda tanto... — disse Bill — descubra onde ele está.

Como se fosse simples. Então pensei, talvez seja.

O tempo passou. Eu estava com quase 17 anos, era uma pessoa diferente. Talvez meu pai também tivesse mudado. Talvez estivesse curioso a meu respeito. Talvez tivesse telefonado para a casa do vovô, procurando por mim, e simplesmente alguém tinha desligado o telefone na sua cara. E se meu pai ficasse contente em ouvir *minha* voz? Era possível, especialmente agora que eu não queria mais nada dele. Embora sentisse vergonha de admitir, eu não queria mais processar o meu pai. Aquele plano enfraquecera e, no lugar dele, estava uma forte vontade de encontrá-lo, descobrir quem era, pois assim eu poderia começar a resolver quem *eu* poderia ser.

Encontrá-lo seria fácil, imaginei. Afinal, eu estava tendo aulas de jornalismo, escrevendo para o jornal da escola — minha primeira matéria tinha sido um perfil claramente bajulador de um locutor da rádio local — e fiquei satisfeito em aprender que uma das principais coisas que um repórter fazia era achar pessoas. A busca pelo meu pai seria minha primeira experiência em jornalismo investigativo. E se descobrisse que ele estava morto, que assim fosse. Sentiria certa paz sabendo disso, e poderia escrever "Falecido" no espaço reservado para *Endereço do pai*, um progresso em relação ao "Não relevante".

Não poderia contar à minha mãe sobre essa busca. Ela se sentiria traída se soubesse que eu queria encontrar o homem que tentara matá-la, especialmente depois do acidente que sofreu. Então continuei minha busca em segredo, depois da escola, usando o telefone do departamento de jornalismo para falar com as estações de rádio e cabarés de todo o país. Ninguém sabia onde meu pai vivia, ou se ainda estava vivo. Fui até a biblioteca e verifiquei os catálogos telefônicos de uma série de cidades, mas sempre havia muitos Johnny Michaels e nenhum John Moehringer. Um mês depois, não tinha encontrado uma única pista.

Certo dia, quando minha mãe foi ao mercado, telefonei rapidamente para um antigo colega do meu pai da WNBC, em Nova York. Eu passara semanas tentando conseguir falar com o cara por telefone, e essa foi a primeira vez que a secretária disse que ele poderia atender. Enquanto eu verificava se ele tinha o número de telefone do meu pai, minha mãe voltou.

— Com quem você está falando? — ela perguntou.

Encolhi os ombros. Ao telefone, o homem disse que meu pai deixara instruções expressas para que seu paradeiro não fosse revelado. Tentei argumentar, mas ele desligou. Minha mãe sentou-se ao meu lado e ficamos olhando para o telefone. Ela perguntou se eu precisava de ajuda. Não, respondi. Ela tocou no braço que havia sido quebrado no acidente. O gesso fora removido recentemente, e o braço ficara atrofiado. Ela sentia dores freqüentes, e agora ainda mais. Além disso, enquanto se recuperava, minha mãe não pôde trabalhar, e nossas contas se acumulavam. Ela estava angustiada em relação ao dinheiro, mais do que de costume, e eu estava aumentando sua angústia.

— Desculpe — eu disse.

— Não peça desculpas. Um menino precisa de um pai. — Seu sorriso era triste. — Todo mundo precisa de um pai.

Minha mãe vasculhou seus papéis e encontrou um velho caderno de endereços. Pensou que talvez encontrasse ali o telefone de uma irmã de meu pai, na Flórida. Ela colocou os óculos e apanhou o telefone com o braço atrofiado. Não querendo ouvir, fui para meu quarto e trabalhei nos meus formulários de Yale.

Minha mãe conseguiu falar com a irmã de meu pai, embora tivesse sido melhor se não conseguisse. Ela disse a minha mãe que meu pai não queria ser encontrado. E pronto.

— De qualquer modo — disse minha mãe, preparando o jantar no fogão —, deixei um recado com ela. Veremos.

O telefone tocou bem cedo na manhã seguinte. Reconheci A Voz imediatamente.

— Papai?

— Como vai você? — ele perguntou, com uma voz que me pareceu triste.

— Tudo bem — respondi.

— Tudo bem?

— Tudo.

— Mas, quando... como...?

Minha mãe apanhou o fone. Com uma das mãos pressionando o fone contra o ouvido e de costas para mim, ela sussurrou algumas palavras para meu pai. Mais tarde, ela confessou o recado que deixara com a irmã de meu pai: "JR está muito doente e gostaria de encontrar o pai — antes que seja tarde." Uma de suas mais refinadas mentiras.

Quando minha mãe me devolveu o fone, meu pai pareceu animado. Perguntou-me quais eram as novidades, e pareceu interessado ao ouvir que eu estava tentando uma vaga em Yale. Fiquei lisonjeado, porque eu era um tolo. Ele não estava interessado, estava desconfiado. Ele sabia que Yale era uma escola cara e pensou que eu estivesse sugerindo que ele pagasse meus estudos. Depois que mencionei os formulários de pedido de bolsa de estudos espalhados sobre a mesa da cozinha, o tom mudou, e ele até disse que estava pensando em ir para o Arizona me ver, desde que minha mãe prometesse não colocá-lo na cadeia. Ela teve que prometer várias vezes e endossei sua promessa, antes de ele acreditar nela.

— Ótimo, ótimo — disse ele por fim.

Ele estava morando em Los Angeles, trabalhando numa rádio de *rock* — tomaria um avião para Phoenix naquele fim de semana.

Perguntei à minha mãe como eu o identificaria no aeroporto. Não tinha lembranças dele.

— Faz muito tempo — ela respondeu. — Ele costumava parecer muito com... não sei.

— Com quem?

— Você.

— Ah.

Ela estava bebendo café. Olhando para dentro da xícara, parecia refletir.

— Ele gostava de comer bem — disse ela. — Já foi *chef* de cozinha certa vez.

— Foi mesmo?

— Então aposto que está mais gordo. Ele gostava de beber também, isso pode afetar a aparência das pessoas. E estava começando a perder os cabelos. Ele deve ter poucos fios agora.

— Você está dizendo que eu devo procurar uma versão de mim mesmo, só que gorda, bêbada e careca?

Ela pôs a mão na boca e começou a rir.

— Oh, JR. Só mesmo você para me fazer rir. — Então ela parou de rir de repente. — É isso, deve ser isso sim.

Eu estava perto do portão do desembarque, olhando o rosto de todos os homens como se fosse uma bola de cristal. Ficarei assim em trinta anos? *Aquele* poderia ser eu? É este... o futuro eu? Cada homem revidava o olhar, mas sem sinais de reconhecimento. Quando vi os comissários de bordo saindo do avião, dei um chute no ar. Ele fez isso outra vez. Pensei que meu pai tivesse mudado, mas ninguém muda.

E saindo do avião surgiu um último passageiro. O homem parecia um armário, embora fosse uns dez centímetros menor do que eu, mas seu nariz e seu queixo eram os meus. Parecia comigo, acrescentando trinta anos, trinta quilos e várias camadas de músculos. Nossos olhos se encontraram. Senti seu olhar me atingir como se ele tivesse lançado uma bola de beisebol da outra extremidade do terminal e me acertado bem no meio da testa. Ele avançou na minha direção e eu dei um passo para trás, pensando que ele poderia me derrubar, mas seus braços me envolveram delicadamente, como se eu fosse quebrável. O que eu era.

O contato com meu pai, a assustadora compleição, o perfume dos cabelos, o cheiro de cigarro e do uísque que bebera no avião me deixaram fraco. Mais do que a aparência e o odor, o fato em si me deixava tonto. Eu estava abraçando A Voz. Eu havia me esquecido de que meu pai era feito de carne e osso. Com o tempo, eu o arquivara junto a todos os meus pais imaginários, e agora, me esforçando para envolvê-lo com meus braços, sentia-me como se estivesse abraçando Balu ou Baguera.

Num restaurante próximo de Sky Harbor nos sentamos frente a frente, encarando um ao outro, vendo as semelhanças. Ele me contou sobre sua vida, ou sobre a vida que queria que eu pensasse que levava, cheia de aventura, risco e *glamour*. Fazia o passado parecer romântico para nos distrair do presente, que era sombrio. Ele tinha desperdiçado o talento, perdido dinheiro e estava agora no começo de um longo declínio. Contava uma história atrás da outra, uma espécie de Sherezade em tons escuros e jaqueta de couro, e eu não dizia nada. Escutava atentamente e acreditava em todas as palavras, todas as mentiras, mesmo quando sabia que eram mentiras, e acreditava que ele notara isso e estava grato pela minha arrebatada atenção e credulidade, era por isso que estava me contando histórias. Mais tarde, percebi que ele não notara nada. Meu pai também era nervoso, mais do que eu, e contar histórias era o modo de acalmar os nervos. Eu pensara que, finalmente, ele estaria diante de mim, mas, como sempre, ele estava escondido atrás daquela voz.

Lembro-me de uns poucos detalhes da autobiografia oral do meu pai. Lembro dele contando sobre as mulheres maravilhosas que levara para a cama, mas não me lembro quem eram, e das celebridades que conhecera, embora não me recorde delas. Do que me lembro melhor é o que nenhum de nós disse. Meu pai não deu nenhuma explicação ou desculpa pelo seu desaparecimento, e tampouco eu lhe pedi. Talvez tenhamos pressentido que o momento não era adequado. Talvez não soubéssemos por onde começar. Mais provável, nenhum de nós tinha coragem. Qualquer que fosse a razão, caímos num silêncio conspiratório, cada um de nós fingindo que o fato de ele ter me abandonado e ter maltratado minha mãe não estava ali na mesa, entre nós, como um rato morto.

Era mais fácil para mim fingir. Meu pai — como um homem adulto, como um pai — compreendia melhor do que eu o que ele fizera. Eu podia ver isso no seu rosto, e ouvir em sua voz, sem reconhecer como devia. Só compreenderia isso anos mais tarde, quando já sabia muito mais sobre culpa e auto-repugnância, e o que elas fazem com a aparência e a voz de um homem.

Das muitas histórias que meu pai contou naquela noite, uma ficou guardada na minha memória. Quando perguntei onde arrumara seu pseudônimo no rádio, e por que usava um, ele disse que Moehringer não era nosso verdadeiro nome. Seu falecido pai era um imigrante italiano chamado Hugh Attanasio, que não conseguia encontrar trabalho porque todas as fábricas no Lower East Side pertenciam a "alemães que odiavam italianos". Para enganá-los, Hugh adotou o nome de um vizinho alemão que morrera recentemente, Franz Moehringer. Meu pai nunca gostou do nome Moehringer, e não gostava de seu pai, então, quando entrou no mundo do espetáculo, tornou-se Johnny Michaels.

— Espere — eu disse, apontando para mim mesmo. — Eu recebi o nome do vizinho falecido de seu pai?

Ele riu e começou a falar com um sotaque alemão.

— Yah, isso soarr muito estranha visto deste maneirra.

Nós nos encontramos para tomar um café na manhã seguinte no hotel em que meu pai estava hospedado. Seu rosto estava pálido e seus olhos um tanto vermelhos. Aparentemente, ele parara no bar do hotel depois de nos despedirmos na véspera. Sua ressaca impossibilitava-o de retomar o monólogo da noite anterior, e por isso eu não podia mais ficar apenas sentado escutando. Alguém precisava dizer alguma coisa. Saí falando sobre Bill e Bud, tio Charlie, o Publicans, Lana, Sheryl, minhas ambições na vida.

— Ainda está nessa de advogado? — disse meu pai, acendendo um cigarro com a ponta do anterior.

— Por que não?

Ele franziu as sobrancelhas

— Quais são as suas chances de ir para Yale? — perguntou.

— As menores possíveis.

— Eu acho que você vai conseguir — disse ele.

— Acha mesmo?

— Eles não devem ter muitos candidatos vindos deste canto do mundo. Você vai proporcionar a eles uma diversidade geográfica.

O vôo de volta para Los Angeles decolou ao meio-dia. Acompanhando-o até o aeroporto, tentei pensar em alguma coisa profunda para dizer. Antes de nos despedirmos, achei que deveríamos abordar o tópico que estivéramos evitando. Mas como? Meu pai aumentou o volume do som estéreo do carro e acompanhou Frank Sinatra cantando na fita cassete enquanto eu ensaiava diferentes discursos na minha cabeça. Achei que eu poderia enfrentá-lo. Por que você deixou minha mãe e a mim sem um tostão? Ou poderia adotar um tom reconciliador, dizendo que poderíamos recomeçar. Olhe, o que passou, passou, vamos deixar tudo isso para trás. O que quer que eu dissesse teria de ser inteligente, mas também sério, e lutando para encontrar as palavras certas, atingir o tom adequado, parei de prestar atenção à estrada. Cruzei vários sinais amarelos, passava de uma pista para outra, quase bati no reboque de um caminhão, jogando-o para fora da rodovia. Fazendo cantar os pneus na curva do aeroporto, parei no estacionamento e me virei para meu pai. Olhando-o diretamente nos olhos eu disse... nada. Ele apanhou a bagagem no banco traseiro, abraçou-me, depois saltou batendo a porta. Desgostoso comigo mesmo, envergonhado pela minha covardia, agarrei o volante e olhei fixamente diante de mim. Pensei como o Bud ficaria decepcionado quando lhe contasse que tinha deixado o medo me dominar.

Naquela noite eu me daria conta do que exatamente pensara em dizer ao meu pai, e o escreveria num papel. Queria lhe dizer que entendia que ele não nascera para ser pai, jamais tinha pensado em ter filhos, para começar — então não havia motivo para eu lamentar sua ausência quando estava crescendo. O que eu lamentava era a oportunidade que eu mesmo perdera. Eu sentia que teria gostado muito de ser filho de um pai.

Ouvi alguém batendo na janela do carro. Meu pai me observava, fazendo um gesto para que eu abrisse a janela. Obviamente, ele também sentira que algo profundo precisava ser dito. Abri o vidro e olhei para ele.

— JR — ele disse. — Preciso dizer uma coisa.

— O quê?

— Você dirige como as freiras trepam.

VINTE
MINHA MÃE

Tinha que ser simples mas complexo, vago mas lírico, meio Hemingway, meio Henry James. Tinha que ser cauteloso e conservador, mas também vivaz e ousado, evidência de uma mente jovem fervilhando de idéias. Aquilo determinaria o curso da minha vida, e da vida da minha mãe, e também consertaria os erros de todos os homens de minha família, ou perpetuaria a tradição de fracasso. E não poderia ultrapassar três quartos de página.

Antes de começar meu ensaio de admissão para Yale, fiz uma lista de palavras imponentes. Somente as palavras mais imponentes, eu sentia, poderiam forçar o Comitê de Admissão a ignorar minhas deficiências. Aos 17 anos, eu desenvolvera uma filosofia sobre as palavras imponentes que não era diferente da minha filosofia sobre água-de-colônia: quanto mais, melhor.

Minha lista de palavras:

Provisório
Estridente

Bucólico
Sustentáculo
Prejudicial
Opressivo
Jesuítico
Subordinado
Eclético
Marquês de Sade
Estético

Eu adorava as palavras — seu som, seu poder — sem entender ou apreciar a exatidão, e isso gerava uma frase espantosa após outra. "Por mais que tente," escrevi, me dirigindo ao Comitê de Admissão, "sinto-me incapaz de transmitir com legitimidade a enfática aflição de famigerada ignorância que se abate sobre mim no 17º ano de vida, pois temo que minha audiência já esteja bastante enfastiada!"

À medida que meus dedos percorriam o teclado da máquina de escrever de segunda mão que minha mãe comprara, podia ouvir o Reitor no Comitê de Admissão convocando todos ao seu escritório. "Acho que temos algo especial aqui", ele diria, antes de ler em voz alta alguns trechos.

Minha mãe, contudo, depois de ler meu texto, escolheu três palavras simples para expressar sua opinião.

— Você parece... louco.

Arranquei o texto das suas mãos e saí enfurecido para meu quarto a fim de tentar novamente.

Iniciei um novo, um texto *verborrágico* sobre minha "ambição" de freqüentar Yale. Essa palavra me arrebatava. "Eu ambiciono", proclamava, "no sentido em que é descrito o homem que deseja superar um trem em alta velocidade como ambicioso. E o opressivo obstáculo que se abate sobre mim? Ignorância!" Achei que estava soando brilhante, mas novamente minha mãe rejeitou sumariamente meus esforços.

Nas semanas que se seguiram, entre a Ação de Graças e o Natal, minha mãe e eu gritamos e batemos portas e empurramos o caderno de um para o outro, argumentando sobre as palavras. Ela me olhava fixamente e eu quase podia ouvi-la desejando nunca ter me ensinado a amar as palavras, nunca ter me mostrado aqueles cartões de leitura quando menino. Eu retribuía seu olhar e me perguntava se o acidente de carro não teria causado algum impacto no seu cérebro que os médicos não conseguiram detectar — ou ela era simplesmente incapaz de apreciar um texto de alta qualidade? Levei meus vários rascunhos para Bill e Bud, e eles me disseram que minha mãe havia sido demasiadamente gentil em sua avaliação.

Faltando poucos dias para 31 de dezembro, o prazo final, saí do meu quarto empunhando um novo texto.

— Pior do que o anterior — disse minha mãe me devolvendo a folha.

— Este texto fará com que eu seja admitido.

— Este texto fará com que você seja recusado.

Para magoá-la, voltei para meu quarto e produzi um texto impetuoso sem sequer uma palavra imponente, apenas uma descrição clara e simples do trabalho na livraria com Bill e Bud, como eles me ensinaram a ler me dando sacos cheios de livros e conversando comigo pacientemente sobre literatura e linguagem. Escrevi sobre como eles me transmitiram seu entusiasmo pelos livros e como eu considerava Yale uma expansão dessa experiência. Triste como uma sopa rala do dia anterior, entreguei-lhe meu texto.

— Perfeito — ela disse.

Nunca me senti tão confuso.

No último dia do ano, minha mãe e eu fomos até o correio. O céu estava claro e ventava. Ela beijou as pontas de seus dedos e tocou no envelope antes de postá-lo. Em casa comemos pizza e quando minha mãe foi para a cama, eu fui até o canal e fiquei olhando para a água, ouvindo alguns homens do Arizona bêbados cantando "Auld Lang Syne".

Todos os dias que se seguiram, fiquei de olho na caixa de correspondências, embora evidentemente soubesse que levaria meses até que o Comitê de Admissão tomasse sua decisão. A única carta que chegou foi de Sheryl. Aquilo me sensibilizou, porque pensei que ela havia decorado a folha com o logo de Yale, aquele Y com aspecto majestoso, mas, olhando de perto, vi que Sheryl desenhara taças de martíni ao final de cada frase, um pictograma de como ela andava passando seu tempo. Estava saindo com Fulano, que gostava (taça de martíni), e ela cruzara com Beltrano, e ficaram acordados até tarde (taça de martíni), e a turma do Publicans (taça de martíni) mandava lembranças. Ao final, ela dizia "Tome um drinque. Eu estou bebendo um. Beijos e abraços, Sheryl."

A primavera chegou. Eu passava todas as noites mais quentes no canal, me perguntando se o Comitê de Admissão tinha decidido sobre mim naquele dia, ou se o fariam na manhã seguinte, ou talvez à tarde. Olhava para as estrelas refletidas na superfície da água e fazia um pedido a cada uma delas. Por favor. *Por favor*. Não sabia o que eu faria se não fosse admitido. Como plano B, tentaria entrar na Universidade Estadual do Arizona, mas a idéia não me entusiasmava nem um pouco. Se Yale me rejeitasse, pensei, eu provavelmente me mandaria para o Alasca. Às vezes, eu deixava minha mente viajar nessa fantasia, fingindo que o canal era um rio agitado no Yukon, onde eu moraria numa cabana, pescando e lendo, sobrevivendo com carne de urso-cinzento, quase sem mais pensar em Yale, exceto nas noites de neve, sentado ao lado da lareira, retirando piolhos da minha barba com o pente e acariciando meu cachorro — Eli.

Sempre que eu voltava da beira do canal para o apartamento, encontrava minha mãe acordada, trabalhando à mesa da cozinha. Conversávamos por algum tempo, sobre qualquer assunto, menos Yale, e então eu ia para cama e ficava ouvindo Sinatra até cair no sono.

No dia 15 de abril, chegou uma carta. Minha mãe a colocou no centro da mesa da cozinha. Poderíamos ter ficado olhando para ela o dia todo, se minha mãe não tivesse implorado para que eu a abrisse. Apanhei a espátula para abrir envelopes que ela comprara durante nossa visita a Yale e o rasguei. Retirei uma folha finíssima, desdobrei-a, li em silêncio.

"Caro Sr. Moehringer: É com grande prazer que informamos que o Comitê de Admissão aprovou sua candidatura a uma vaga em Yale neste ano de 1986."

— O que está escrito? — perguntou minha mãe.

Continuei lendo em silêncio. "É igualmente nosso prazer informar que sua solicitação de bolsa de estudos foi atendida."

— Diga — pediu minha mãe.

Entreguei-lhe a carta.

— Oh, meu Deus — ela disse, lendo, com as lágrimas transbordando dos olhos.

Ela apertou a carta contra o coração. Eu a agarrei e dançamos pela sala de estar, entrando e saindo da cozinha, e depois sentamos lado a lado à mesa e relemos várias vezes a carta. Eu gritava com a carta na mão, ela cantava e, finalmente, ficamos em silêncio. Não conseguíamos dizer mais nada. Não ousávamos e não precisávamos. Nós acreditávamos nas palavras, mas havia apenas duas palavras para aquele dia, para aquele sentimento: Fomos aceitos.

Telefonei para a casa do vovô e contei a novidade. E, então, o telefonema mais importante. Publicans. Nunca telefonara para o tio Charlie no bar, por isso ele temeu pelo pior:

— Quem morreu? — perguntou.

— Só pensei que podia interessar a você saber que seu sobrinho foi aceito em Yale.

Pausa. Podia ouvir cinqüenta vozes ao fundo, um jogo de beisebol na TV, copos se chocando.

— Sem sacanagem — disse ele. — Ei, todo mundo! Meu sobrinho vai estudar em Yale! — Ele ergueu o fone e eu ouvi uma alegre aclamação, seguida de um ruidoso e ébrio brado de guerra.

Na livraria, entrei calmamente no depósito, como se fosse pegar meu pagamento. Bill e Bud estavam lendo. Eu me lembro — sempre me lembrarei — que Bud estava sentado no seu banco, ouvindo a Sinfonia nº 1 de Mahler.

— Alguma notícia?

— Sobre o quê? — indaguei.

— Sobre Yale, ora.

— Sobre o quê? Ah... Yale. Fui aceito.

Os dois homens choraram mais do que minha mãe.

— Agora ele vai ter que mandar ver! — Bill disse a Bud, que estava enxugando os olhos, assoando o nariz e cheirando os punhos. — Rapaz, você vai precisar ler para caramba neste verão.

— Platão — sugeriu Bud. — Ele deve ler imediatamente *A República*.

— Isso, isso — concordou Bill. — Começando pelos gregos, para não haver problemas. Mas talvez algumas peças de teatro. Ésquilo? *Antígona*? *Os pássaros*?

— E quanto a Thoreau e Emerson? Como pode se enganar lendo Emerson?

Eles me levaram para dar uma volta na loja, enchendo uma sacola de compras com livros desencapados.

No meu último dia de trabalho na livraria, Bill, Bud e eu ficamos no depósito, comendo *bagels* e bebendo champanhe. Uma festa de despedida, embora desse a impressão de um funeral.

— Ouça — Bill me disse. — Eu e Bud estivemos conversando.

Eles olhavam para mim como se eu fosse um pássaro na gaiola que eles se preparavam para soltar.

— Pode ser sensato — disse Bud — , você diminuir as expectativas.

— Vocês parecem... estar com medo por mim — eu respondi.

Bill limpou a garganta.

— Só achamos que existem algumas coisas que você não...

— Está pronto para elas — completou Bud.

— Como o quê? — perguntei.

— Desilusão — Bud respondeu sem hesitar.

Bill concordou.

O champanhe quase escorreu de seu nariz.

— Pensei que vocês iam falar de álcool e drogas — eu disse. — Ou meninas. Ou garotos ricos. Ou professores malvados. Mas... *desilusão*?

— A desilusão é mais perigosa do que todas essas coisas juntas — advertiu Bud.

Ele explicou, mas eu não estava ouvindo. Meu próprio riso me impedia.

— Vou tomar cuidado com a desilusão! Ha, ha, ha!

Bud deu uma cheirada veemente nos punhos. Bill alisou a gravata de tricô. Pobres coitados, pensei, a longa clausura naquele depósito tinha deturpado suas mentes. Desilusão. *Como poderia me desiludir se daqui para frente tudo vai ser perfeito?*

Apagamos as luzes e saímos da livraria. Apertamos as mãos e eu segui numa direção, eles na outra, e foi a última vez que vi Bill e Bud. Quando voltei para o Arizona no Natal e visitei a loja, um homem no caixa me disse que eles tinham sido despedidos. Não me disse o motivo e eu só podia esperar que não tivesse nada a ver com aqueles livros desencapados.

— Como você vai se virar sem mim? — perguntei à minha mãe no aeroporto.

Ela achou graça, até se dar conta de que eu não estava brincando.

— Apenas cuide bem de você mesmo — ela respondeu. — E lembre-se sempre de que estou feliz pensando na experiência maravilhosa que você está tendo.

Queria ficar no Arizona naquele verão, passar um tempo com minha mãe. De jeito nenhum, ela disse. Sheryl tinha conseguido que eu voltasse para o escritório de advocacia, para ganhar algum dinheiro que seria útil na faculdade, e minha mãe queria que eu fosse o máximo possível a Gilgo com o tio Charlie e seus amigos.

Estávamos sentados, esperando a chamada do meu vôo, olhando o painel de chegadas e partidas. Falei alguma coisa sobre todas as chegadas e partidas de nossa vida juntos. Minha mãe cruzou seu braço com o meu.

— Você vai ter um bocado de férias — ela disse. — Antes de perceber, você estará de volta para... casa.

Ela ainda hesitava diante daquela palavra.

O embarque para meu vôo havia começado.

— Melhor você ir — minha mãe disse.

Ficamos em pé.

— Eu deveria ficar mais algumas semanas.

— Vá.

— Mas...

— Vá, JR — repetiu ela. — Vá.

Olhamos um para o outro, não como se não fôssemos nos ver durante muito tempo, mas como se não nos víssemos há muito tempo. Tínhamos estado tão concentrados em levar a vida em frente, em sermos aceitos, que não tínhamos tido tempo de nos olharmos bem durante anos. Eu olhava para ela agora, os olhos castanho-esverdeados, úmidos, os lábios trêmulos. Abracei-a e senti a força de seu abraço mais do que nunca.

— Vá — ela disse. — Por favor, vá.

Sentado no avião, esperando que ele fosse para a pista, olhei pela janela e me censurei por ter deixado minha mãe naquela situação. No momento crucial de nossa despedida, eu não dissera nada de profundo. E se algum momento exigia profundidade, o momento era aquele, e eu o deixara passar. Aquilo fez com que me sentisse ainda mais envergonhado. Eu não estava suficientemente traumatizado. Estava eufórico com o começo da minha própria vida, o que significava que era um filho ingrato e mau. Estava abandonando minha mãe sem a menor culpa, jovialmente acenando com a mão.

Algum tempo depois de o avião decolar, eu me dei conta de que não me sentia traumatizado por dizer adeus. Eu vinha me despedindo de minha mãe desde os 11 anos. Mandando-me para Manhasset, me incentivando a me aproximar do tio Charlie e dos rapazes, minha mãe vinha me afastando dela, e ela de mim, através de passos imperceptíveis. Devem ter sido as nuvens que pareciam novelos de lã que via pela janela que me fizeram compreender aquilo. Minha mãe havia, secreta e sutilmente, desfiado um pouco de si mesma a cada verão.

De agora em diante, eu teria que disputar sozinho todos os cobertores de estimação. E nenhum seria mais seguro, ou mais sufocante, do que o bar de Steve.

PARTE II

Dizem que os melhores homens hão de conter sempre defeitos,
E que chegam a ser melhores quando alguma coisa de ruim contêm.

Medida por medida, William Shakespeare

VINTE E UM
O DIABO E MERRIAM-WEBSTER

O MOTORISTA DO TÁXI COLOCOU MINHAS malas na calçada, em frente ao Phelps Gate. Havia famílias em todo canto, e ele olhou para a direita e para a esquerda, à procura da minha, como se eu tivesse uma família quando ele me apanhou na Union Station e ela tivesse caído do táxi a caminho do *campus*.

— Está sozinho? — ele perguntou.

— Estou.

— Precisa de ajuda com suas coisas?

Eu disse que sim.

Ele ergueu uma das minhas malas e caminhamos lado a lado sob uma alta arcada, através de um túnel escuro, até chegarmos ao pátio iluminado do Old Campus. Até mesmo o portão de entrada de Yale, pensei, fora projetado para restabelecer e simbolizar tudo o que prometia o lugar — a escuridão desaguando drasticamente na luz.

Perguntamos a direção do Wright Hall, que no fim das contas era um prédio de dormitórios secular, não muito mais robusto do que a casa do vovô. Meu quarto ficava no alto de cinco lances de escada, e já havia gente lá dentro. Um dos meus três novos companheiros de quarto estava desfazendo a bagagem com a ajuda dos pais e das irmãs. Nós apertamos as mãos, enquanto sua mãe se dirigia ao motorista de táxi.

— Você deve estar tão orgulhoso! Que dia maravilhoso para os pais, não?

Confuso, o taxista retirou o chapéu e apertou a mão da mãe. Ela se apresentou com o marido e, antes que ela pudesse perguntar ao motorista se ele preferia passar o verão em Vineyard ou em Cape, eu lhe paguei e agradeci.

— Oh — disse ela. — Eu não notei...

— Boa sorte — disse o motorista do táxi, retirando mais uma vez o chapéu ao sair do quarto.

Todos estavam olhando para mim.

— Estou fazendo um vôo solitário, hoje — eu disse.

A mãe me lançou um sorriso falso. “Meu filho vai morar com um vagabundo?” As irmãs recomeçaram a dobrar as roupas.

— Então — disse meu novo companheiro de quarto, tentando desfazer a tensão. — O que significa JR?

Um segundo companheiro de quarto entrou acompanhado dos pais e do motorista da limusine, carregando um conjunto de malas de grife. As apresentações foram feitas. O pai do segundo companheiro de quarto, um homem elegante com um olhar ameaçador, encurralou-me e começou a me bombardear com perguntas. De onde eu vinha? Em que escola havia estudado? Depois quis saber o que eu faria durante o verão.

— Vou trabalhar num escritório de advocacia, em Manhattan — eu disse, orgulhoso.

— Qual é o escritório?

Eu lhe disse o nome e ele não reagiu.

— É um escritório pequeno — eu disse. — Tenho certeza de que nunca ouviu falar. — Ele franziu as sobrancelhas e pareceu confuso. — Mas os sócios vieram de uma firma muito maior e mais prestigiosa, onde trabalharam muitos anos.

Isso era verdade. Ainda assim, quando ele me perguntou que escritório maior era esse, eu fiquei sem resposta. Disse então os três primeiros nomes que soavam como os de advogados que vieram à minha mente: Hart, Schaffner e Marx. Mas o homem estava no negócio de vestuários. Conhecia Hart, Schaffner e Marx, fabricantes de roupa masculina, e conhecia-os bem. Vi-o concluir que eu era um mentiroso e um tolo e se afastou de mim com repugnância.

Hora de tomar um ar fresco.

Saí apressadamente e fui parar sob o mesmo olmo onde eu me refugiara na minha primeira visita a Yale com mamãe. Sentado com as costas contra o tronco da árvore, observei a chegada de meus colegas de faculdade, uma flotilha de famílias navegando a favor do vento pela College Street, em carros que custavam três vezes mais o que minha mãe ganhava em um ano. Nunca havia pensado, até aquele instante, como eu devia parecer estranho, chegando sozinho a Yale. Fora os elementos visíveis — roupas, sapatos, pais — o que eu percebi naquele primeiro dia foi a autoconfiança deles. Eu quase podia ver aquela autoconfiança subindo pelo *campus* em ondas trêmulas, como o calor em agosto e como o calor que consumia minha energia. Eu me perguntava se a autoconfiança podia ser adquirida, ou se, como os pais e as peles impecáveis, era simplesmente algo que nascia com as pessoas.

Um rapaz confiante sobressaía entre todos os demais. Ele me lembrava uma foto que Bud me mostrara certa vez de um busto em mármore da antiguidade. César, eu acho. Seus olhos brilhavam com a mesma confiança imperial. Eram os olhos do pai, ou tio, ou seja quem fosse aquele homem que estava ajudando-o a arrastar o aparelho de som para dentro do quarto. E eles ofuscavam qualquer um que passasse por perto. Aquele era o primeiro dia de aula do ano, e mesmo assim aquele garoto dava a impressão de estar se formando. Suas conexões estavam em todo o canto de Yale. Conhecia todo mundo, e aqueles que não conhecia, ele interpelava, ansioso por conhecer. Mantinha o queixo ligeiramente erguido, como se cada pessoa a quem se dirigia estivesse sobre uma pequena escada, uma pose que acentuava sua postura nobre, assim como o nariz aquilino e a mandíbula proeminente. Ele sorria como se tivesse um bilhete premiado de loteria no bolso, e suponho que tivesse mesmo. Seu sucesso estava garantido. Parecia com alguém a quem nada de mau pudesse acontecer.

Como podíamos ocupar o mesmo planeta? Como eu podia freqüentar a mesma faculdade que um garoto assim? Ele não era nem mesmo um menino, mas sim um homem maduro. Se tivesse que ficar ao seu lado — uma improvável perspectiva — me sentiria como se estivesse usando *short* de criança e segurando um imenso pirulito. Ele existia em outro plano da realidade, muito distante do meu, embora houvesse também algo nele perturbadoramente familiar. Olhei atentamente até descobrir. Ele se parecia com o Jedd.

Jedd. Gostaria de poder lhe telefonar e pedir um conselho. Jedd saberia o que fazer. Mas não nos falávamos há anos. Pensei em ligar para minha mãe, mas isso estava fora de questão. Ela identificaria o pânico na minha voz, e eu não podia deixar que ela soubesse que eu estava perdendo a coragem já no primeiro dia.

Mais tarde, naquela noite, coloquei um disco de Sinatra no aparelho de som do meu colega de quarto e me espreguicei na poltrona ao lado da janela, folheando um catálogo de disciplinas da faculdade, com umas quatrocentas páginas. Por isso vim para Yale, pensei, me animando um pouco. Essa seria minha salvação. Eu deixaria tudo de lado e me concentraria em Antropologia 370b, "Estudo da Cultura Americana", ou Inglês 433b, "O ofício do escritor", ou Psicologia 242a, "Aprendizado e memória humana". Aprenderia chinês! Ou grego! Leria Dante no original italiano! Aprenderia esgrima!

Então notei um item chamado Estudos Dirigidos. Um programa aberto para um núcleo "seleto" de calouros, os Estudos Dirigidos eram uma análise exaustiva com um ano de duração sobre a Civilização Ocidental, uma imersão intensa no cânone. Percorri com o dedo a lista de escritores e pensadores abordados. Ésquilo, Sófocles, Heródoto, Platão, Aristóteles, Tucídides, Virgílio, Dante, Shakespeare, Milton, Tomás de Aquino, Goethe, Wordsworth, Santo Agostinho, Maquiavel, Hobbes, Locke, Rousseau, Tocqueville — e tudo isso só no primeiro semestre. Olhei pela janela, pensando. Um grupo de alunos se reunira no pátio, lá embaixo. Novamente vi o garoto superconfiante, o falso Jedd II, se exibindo. O Imperador de Yale. Estudos Dirigidos era o único meio de competir com um cara como aquele, o único meio de enfrentar sua confiança, e talvez adquirisse um pouco dela para mim mesmo.

Telefonei para minha mãe e perguntei sua opinião. Ela se preocupou, achando que eu estava indo além das minhas forças, cedo demais, porém, ouvindo em minha voz a necessidade de me pôr à prova rapidamente, ela me encorajou a ir em frente. E se de alguma maneira eu conseguisse, ela disse, eu não precisaria arrumar um emprego de meio expediente conforme tínhamos discutido. Eu deveria utilizar todo o meu tempo livre para estudar, estudar, estudar, ela disse, e se eu precisasse de dinheiro, ela sacaria do pequeno seguro que conseguira após o acidente.

Com um caderno novo de Yale sob o braço e duas canetas no bolso, desci correndo a Elm Street, no momento em que os sinos de Harkness começavam a repicar. Algumas folhas já começavam a cair. Eu tinha sido aceito para o curso de Estudos Dirigidos, o que considerei uma honra imensa, embora depois descobrisse que aquele programa aceitava praticamente todo masoquista disposto a estudar quatro vezes mais do que os outros calouros. Chegando à minha primeira aula, um seminário de literatura, pensei em todas as vezes que o tio Charlie me dissera para paralisar o relógio, ficar exatamente onde estava, congelado, geralmente bem nos momentos em que eu tinha pressa na vida. Agora chegara enfim a hora de saborear.

O professor do seminário de literatura era um homem alto e magro com uns quarenta anos, que usava um cavanhaque e tinha as sobrancelhas castanhas sempre desgrenhadas, como uma mariposa. Ele nos deu boas-vindas e nos contou sobre as glórias que em breve encontraríamos, as mentes prodigiosas, as histórias atemporais, as frases imemoriais tão bem elaboradas que haviam sobrevivido a impérios, eras, e ainda resistiriam por milênios. Ele pulava de poesia para teatro, depois para o romance, citando de memória os mais importantes trechos e passagens da *Divina comédia*, *O prelúdio*, *O som e a fúria* e — seu favorito — *Paraíso perdido*, no qual logo travaríamos conhecimento com Satã. Ele falava com uma tristeza particular sobre a perda do paraíso, e com peculiar admiração por Satã, como um personagem literário, e me surpreendeu que aquele professor, com sua barba saliente e sobrancelhas inquietas, tivesse escolhido como modelo o Príncipe das Trevas. Desenhei-o no meu caderno, um esboço no estilo das *Biografias resumidas*, e embaixo escrevi: "professor Lúcifer".

Como se esperaria de Lúcifer, o professor sentou-se magistralmente à mesa e fez uma demonstração para nossas almas. Tudo o que leríamos, disse ele com sedutora seriedade, descendia de dois poemas épicos, a *Ilíada* e a *Odisséia*. Esses eram a semente da qual crescera o grande carvalho da literatura ocidental, e continuava crescendo, expandindo seus galhos para as novas gerações. Ele nos invejava, disse, porque estávamos prestes a encontrar pela primeira vez essas duas obras-primas. Apesar de terem sido escritas há quase três mil anos, cada poema permanecia vivo e relevante como um artigo do *New York Times* daquela manhã.

— Por quê? — ele perguntou. — Porque cada um deles é capaz de cingir esse tema atemporal: a saudade de casa.

No meu caderno, escrevi "Cingir — boa palavra". Depois, vendo que minha caligrafia não estava perfeita, apaguei a anotação e a reescrevi com mais capricho.

Eu adorava a maneira como o professor Lúcifer pronunciava certas palavras, especialmente "poema". Ele não a rimava com "tema", como eu, mas com "teorema". Toda vez que ele dizia essa palavra ("o que deve ser lembrado em relação a esse poema"), colocava a ossuda mão direita sobre seus exemplares surrados dos livros de poemas, como uma testemunha jurando sobre a Bíblia. Embora seus exemplares fossem duas vezes mais velhos do que eu, embora as páginas estivessem escurecidas como mostarda, dava para ver que haviam sido preservados com afeto, delicadamente manuseados e grifados com precisão geométrica.

Nosso primeiro dever era ler a metade da *Ilíada*, em seguida, escrever um ensaio de dez páginas. Fui direto para a biblioteca Sterling e encontrei uma cadeira de couro na sala de leitura. Ao meu lado, uma janela se abria para um jardim anexo, onde uma fonte borbulhava e pássaros gorjeavam. Em poucos minutos eu desvaneci na minha cadeira de couro, recuando no tempo, e aterrissei num estrondo sobre a praia de Ílio açoitada pelos ventos. Li durante horas, sem intervalo, descobrindo para meu deleite que, além das saudades de casa, o poema era também sobre os homens, e a armadura de estanho da masculinidade. Prendi a respiração quando cheguei à cena entre Heitor, o maior dos guerreiros de Tróia, e seu filho. Heitor, vestido para a guerra, se despede do menino. Não vá, implora a esposa de Heitor — mas Heitor deve fazê-lo. Não é sua vontade, mas o destino. Os campos de batalha o chamam. Ele segura o menino "lindo como uma estrela brilhante", dá-lhe um beijo de adeus, e então apregoa: "Algum dia dirão dele: é de longe muito melhor do que seu pai."

À meia-noite, voltei para meu quarto, a cabeça fervilhando de idéias para meu ensaio. Sentei à minha mesa e acendi a luminária flexível sobre a folha de papel. Enquanto meu companheiro de quarto roncava na cama superior, abri meu novo dicionário e fiz uma lista das palavras mais imponentes.

Professor Lúcifer devolveu os ensaios atirando-os sobre sua mesa. Ele disse que dedicara para lhes dar notas o mesmo esforço que nós tínhamos dedicado para escrevê-los. Estava "horrorizado", disse, com nossa imatura abordagem do poema. Não éramos dignos dos Estudos Dirigidos. Não éramos dignos de Homero. Ele olhou várias vezes diretamente para mim, enquanto falava. Todos apanharam seus ensaios sobre a mesa e, quando achei o meu, senti uma pontada no estômago. Um D+ em vermelho tinha sido escrito no alto da primeira página. O cara ao meu lado apanhou seu ensaio e pareceu igualmente surpreso. Olhando sobre seu ombro, vi que tinha recebido um B-.

Após a aula, sentei-me no meu santuário sob o grande olmo e li as anotações feitas pelo professor Lúcifer, escritas com uma caneta vermelha que vazava, deixando as páginas como se tivessem sido manchadas com sangue. Algumas observações me fizeram estremecer, outras me fizeram coçar a cabeça. Repetidas vezes, ele circundara a expressão "de algum modo" e, na margem, escrevera, "Preguiça intelectual". Eu não sabia que "de algum modo" era um pecado. Por que Bill e Bud não me disseram isso? Haveria outra expressão mais imponente para dizer "de algum modo"?

Antes de iniciar meu ensaio seguinte, fui até a livraria de Yale e comprei um dicionário maior, no qual selecionei uma lista de palavras mais imponentes, com cinco sílabas. Eu estava decidido a surpreender o professor Lúcifer, a deixar seu cavanhaque arrepiado. Meu segundo ensaio mereceu um conceito D. Novamente, bati em retirada para meu olmo.

Não importava quanto eu estudasse naquele outono, não importava o quanto tentasse, o resultado era sempre C ou D. Para minha análise sobre "Ode a uma urna grega", de John Keats, passei uma semana lendo o poema em todos os sentidos, memorizando-o, declamando-o em voz alta enquanto escovava meus dentes. Certamente, o professor Lúcifer perceberia a diferença. Nos comentários à margem das páginas, ele escreveu que aquele era o meu pior ensaio do semestre. Ele dissera em muitas palavras que eu tratara o poema de Keats como meu penico pessoal. Ele não apreciou minha frase "Um poema preservado é um poema dentro de uma urna".

Ao fim do semestre, eu gastara o chão no caminho entre as salas de aula e meu olmo, e havia chegado a uma melancólica conclusão: ingressar em Yale havia sido um golpe de sorte, mas cursar Yale, conseguir um diploma, seria um milagre. Eu era um bom aluno de uma péssima escola pública, o que significava que eu estava calamitosamente despreparado. Meus colegas da faculdade, enquanto isso, progrediam sem esforço. Nada os surpreendia, pois tinham se preparado para Yale a vida toda, em escolas mundialmente famosas das quais eu nunca ouvira falar antes de chegar a New Haven. Eu fizera minha escola no depósito de uma livraria com dois eremitas loucos. Certos dias eu suspeitava que meus colegas de faculdade e eu não falávamos a mesma língua. Vi dois rapazes caminhando pelo pátio e pude ouvir um deles proclamando para o outro:

— Isso é tão recôndito!

O outro riu alvoroçado.

Mais tarde, naquela semana, vi os dois novamente.

— Espere um instante — disse o recôndito —, argumentos teológicos não me são incontestáveis!

Filosofia era a única matéria em que eu me saía bem, porque não havia respostas certas. Mas ainda assim eu estava surpreso com a confiança de meus colegas — ou sua arrogância. Enquanto se discutia Platão num seminário, olhei para a esquerda e notei que o rapaz ao meu lado tinha escrito às pressas réplicas a Sócrates nas margens do texto. "Não!" "Nada disso, Soc. Muito improvável!" Nem em um milhão de anos eu discordaria de Sócrates, e se o fizesse, guardaria para mim mesmo.

Um pouco antes dos exames finais, sentado sob meu olmo e observando as raízes araneiformes que se expandiam em todas as direções, concluí que era aquilo o que me faltava — raízes. Para se sair bem em Yale era preciso um alicerce, algum conhecimento básico de onde extrair força, como o olmo extraía água pelas suas raízes. Eu não tinha nenhum. Francamente eu nem tinha certeza de que aquela árvore era um olmo.

Com o primeiro semestre chegando ao fim, consegui atingir um modesto objetivo. Completei 18 anos. Em dezembro de 1982, 18 anos era a idade legal para beber em Nova York. Isso queria dizer, de forma mais enfática, que eu poderia buscar abrigo em outro lugar, fora de meu frondoso olmo.

VINTE E DOIS
CAGER

Tio Charlie estava atrás do balcão enxugando um copo de uísque e assistindo ao jogo dos Knicks. Pelo jeito como ele segurava o copo, como se fosse quebrá-lo na cabeça de alguém, e pelo jeito como olhava para a TV, como se fosse quebrá-la na cabeça de alguém, eu podia ver que uma aposta pesada havia sido feita no time errado.

A noite de sexta-feira mal caíra. O bar ainda não estava cheio de gente. Famílias jantavam no restaurante e um grupo de alcoólatras diurnos se apoiava sobre o balcão, cada um deles numa postura de extremo repouso, como se fossem fazendeiros de New England no campo, debruçados sobre um muro de pedras. Entrando pelo restaurante, parei na extremidade do salão do bar, colocando um pé no descanso ao longo da base do balcão e fiquei olhando para a nuca do tio Charlie. Pressentindo meu olhar, ele se virou lentamente.

— Olhem só quem está aqui!

— Como vai?

— E você como vai?

— O que está acontecendo com os Knicks?

— Estão me tirando alguns anos de vida. O que você está fazendo... aqui?

Como um grupo de jurados, os homens ao longo do balcão giraram a cabeça na minha direção. Eu não sabia o que dizer. Coloquei minha mala no chão e tio Charlie guardou o copo de uísque. Apanhando o cigarro no cinzeiro, ele deu um longo trago e olhou para mim através de uma nuvem de fumaça. Nunca se parecera tanto com Bogart, e o Publicans nunca se parecera tanto com o Café Americain de Rick, e deve ter sido por isso que, pondo minha carteira de motorista sobre o balcão, eu disse alguma coisa sobre "salvo-conduto". Sem pegar minha carteira, tio Charlie olhou para ela como se estivesse contando os anos desde meu nascimento. Em seguida, soltou um longo e sonoro suspiro.

— Então hoje é o dia — disse ele. — O dia D. Ou deveria dizer o dia B? Esta será a sua primeira bebida autorizada. — Os homens ao longo do balcão deram uma risada contida. — Meu sobrinho. Não é fantástico? — Houve um denso murmúrio de aprovação masculina, como um relinchar de cavalos. — Segundo as leis do soberano estado de Nova York — prosseguiu meu tio, falando ainda mais alto —, meu sobrinho hoje é um homem.

— Então essa lei está *fodida* — disse uma voz vinda da sombra, à minha direita.

Virei-me e vi Joey D aproximando-se pesadamente do balcão. Ele se esforçava para manter as sobrancelhas franzidas no seu rosto de Muppet, embora eu pudesse discernir um sorriso por trás daquele cenho fechado, como o sol tentando irromper entre as nuvens. Apanhando minha carteira de motorista sobre o balcão, examinou-a minuciosamente sob uma iluminação fraca.

— Não pode ser verdade — disse Joey D. — Chas, o garoto... Ele ainda é um garoto, não é?

Tio Charlie balançou a cabeça, como se dissesse "a que ponto chegamos".

— Pois é. Mas a lei é a lei — ponderou Joey D. *Poisémasaleiéalei!* — Não tenho saída. Deixe eu pagar a primeira bebida do garoto.

— Sobrinho, Joey D está bancando você — disse meu tio.

— Bancando? — eu já ouvira aquela expressão antes, mas não tinha certeza se sabia o que queria dizer.

— O Joey D está pagando uma bebida para você. O que vai ser?

As palavras mágicas. Agora o passo seguinte.

— O que beber? — eu disse olhando para todas as garrafas atrás do tio Charlie. — Decisão importante.

— A mais importante de todas — disse ele.

E não estava exagerando. O tio Charlie acreditava que as pessoas são o que elas bebem, e classificava-as pelo drinque que bebiam. Ou se era um Sea Breeze Jack ou um Dewars-and-Soda Jill, e ficava registrado, e é isso que o tio Charlie lhe serviria assim que você entrasse pela porta do Publicans, e azar o seu se quisesse tentar "reinventar" a si mesmo ante os olhos do meu tio.

Juntos, nossos olhares percorriam a longa fileira de garrafas.

— Acho que um homem de Yale deve beber gim — disse ele, apanhando uma garrafa de Bombay. — Um bom gim-martíni. Por falar nisso, faço o melhor de Nova York. Pingo algumas gotas de uísque. É minha receita secreta. Eu peguei de um mordomo inglês que veio aqui uma noite. Ele trabalhava numa daquelas propriedades na Shelter Rock Road.

— Pelo amor de Deus! — alguém exclamou. — Um gim-martíni? O suco do diabólico fruto do junípero? É como tirar o garoto de um velocípede e amarrá-lo na porra de uma Kawasaki.

— Tem razão — disse tio Charlie apontando na direção do peito do homem.

— Ponha um bico de mamadeira numa Budweiser e enfie na boca do garoto — sugeriu alguém.

— Que tal um Sidecar? — perguntou uma mulher. — Sidecars são deliciosos. E, Chas, o seu é o melhor da cidade.

— Isso é verdade — concordou meu tio. Virando-se para mim, ele protegeu a boca com a palma da mão de modo que só eu pudesse escutá-lo. — Uso conhaque em vez de *brandy*. E Cointreau no lugar de champanhe. Fica ótimo. Mas poucas pessoas pedem isso ultimamente. Era uma bebida conhecida nos anos 1930. — Depois, ele se virou para a mulher. — Não me faça espremer um limão, querida. Nem sei onde está o espremedor.

Uma alegre discussão se instalou, versando sobre a dificuldade de combinar bebidas, o que resultou num debate sobre o que estavam bebendo os passageiros do *Titanic* quando o navio atingiu um *iceberg*. Tio Charlie insistia que era um Pink Squirrels e apostou dez dólares com um homem que achava que era um Old-Fashioned. Perguntei se Bobô estava por ali. Bobô saberia me dizer o que eu deveria beber. Tio Charlie franziu as sobrancelhas. Bobô teve um pequeno acidente, ele disse. Caiu da escada que levava ao porão do bar. Bateu com a cabeça.

— Se estiver com fome, o Cheiramal pode preparar alguma coisa.

— Cheiramal?

— O cozinheiro.

— Não — respondi. — Só queria ver o Bobô. Ele está bem?

Tio Charlie fez uma careta. Disse que fora Joey D o primeiro a acudir Bobô ao pé da escada. Joey D virou a cabeça de Bobô, liberando as vias respiratórias, provavelmente salvando sua vida.

— Um bocado de sangue — acrescentou tio Charlie.

Olhei para Joey D, que desviou o olhar, modesto. Lembrei-me de como Joey D tinha reagido como salva-vidas oficial para mim e McGraw em Gilgo, e senti um forte afeto por ele e sua natureza heróica. Vendo meu olhar carinhoso, ele ficou vermelho.

— A porra do Bobô — murmurou para seu camundongo de estimação.

— O Bobô estava bêbado quando caiu? — perguntei.

Tio Charlie e Joey D olharam um para o outro, incertos sobre a resposta que deviam dar. E percebi como a pergunta havia sido estúpida.

— O mais triste — disse meu tio — é que a queda causou um dano nos nervos. O rosto de Bobô está parcialmente paralisado de um lado.

— As pessoas vivem caindo aqui no Publicans — eu comentei.

Joey D lembrou-se de um tombo recente do tio Charlie. Enquanto demonstrava para todo mundo ao longo do balcão como acertar com melhor efeito uma bola de beisebol, meu tio perdera o equilíbrio e caíra sobre umas garrafas, quebrando três costelas. Steve levou-o às pressas para o hospital, onde o médico perguntou como, em nome de Deus, ele conseguira fazer aquilo. Tio Charlie, bêbado, com uma camisola descartável e os óculos escuros, gemeu:

— Mirando longe demais.

Essa frase se espalhou pelo bar no dia seguinte. Desde então, tornou-se um *slogan*, citado sempre que alguém está tendo ilusões de grandeza. Ou outro tipo qualquer de delírio.

Agora, tio Charlie estava ignorando pelo menos uma dúzia de fregueses sedentos, tentando me ajudar a resolver se me servia um gim com tônica JR ou um uísque com soda Moehringer.

— Acho que vou tomar um de seus Sidecars — eu disse.

Ele cobriu os olhos com uma das mãos.

— Negativo. Meu sobrinho não é nenhum David Niven.

— Espero mesmo que não seja a porra do David Niven — disse um homem no banco à minha esquerda. — Se ele for David Niven, vai ter que dar algumas explicações.

Tio Charlie riu e colocou uma Budweiser na frente do cara. Depois lhe explicou que eu acabara de completar 18 anos e estávamos tentando escolher qual seria minha primeira bebida oficialmente autorizada. O homem apertou minha mão e me felicitou.

— Chas — ele disse —, deixe eu pagar uma bebida para esse sobrinho que acaba de atingir a maioridade.

— JR, o Cager está bancando — disse meu tio.

Enquanto Cager acendia um cigarro, olhei-o com atenção. Tinha os cabelos cor de cenoura encaracolados, que caíam sobre sua viseira de golfe, como uma planta maior do que o vaso. Parecia um pouco com um auto-retrato de Van Gogh — o olhar assombrado, os tons laranja —, embora o sorriso fosse jovial, com falhas entre os dentes. Apesar de sua roupa de ginástica demasiado larga, dava para perceber o físico de um ex-atleta. Jogava na defesa, imaginei. Talvez um atacante poderoso. Os braços eram maciços.

À minha direita, surgiu um homem com um boné de lã irlandês, ele foi abrindo caminho com os cotovelos até o balcão e entrou na conversa.

— Ganso — disse ele —, falando de atores ingleses, acho que seu sobrinho se parece um pouco com Anthony Newly.

Cager começou a rir e pôs a mão no meu ombro. Eu não parecia nem um pouco com Anthony Newly, mas o Boné de Lã estava provocando tio Charlie, que se deixou enganar, atirando a cabeça para trás e entoando uma música. Cager e Boné de Lã me explicaram que, sempre que alguém mencionava o nome de Anthony Newly, meu tio automaticamente começava a cantar "What Kind of Fool Am I?". Meu tio não conseguia evitar, me disseram. Era algum tipo de reflexo insano.

— Como se Pavarotti se encontrasse com Pavlov — brinquei.

Eles me olharam sem entender nada.

— Quem é Anthony Newly? — perguntei.

Tio Charlie parou de cantar. Depois, ergueu a cerveja de Cager e bateu forte com a garrafa sobre o balcão.

— Quem é Anthony Newly? — exclamou ele. — Simplesmente um dos nossos maiores trovadores de todos os tempos.

— Como Sinatra?

— Trovador, não cantor. Mãe de Deus, JR! Anthony Newly! "What Kind of Fool Am I?" Do clássico da Broadway *Pare o mundo que eu quero descer.*

Continuei olhando para ele.

— O que estão ensinando para você na faculdade?

Ainda não sabia o que dizer. Ele estendeu os braços e recomeçou a cantar.

What kind of fool Am I,
Who never fell in love?
What kind of man is this?
An empty shell,
A lonely cell
In which an empty heart must dwell?

Aplausos percorreram o bar.

— Tem algo nessa canção — disse Joey D para seu camundongo — que realmente deixa o Chas maluco.

— Essa canção rasga meu coração — disse tio Charlie — "What kind of fool"... muito sentimental, não acha? Uma *maravilha*. E o Newly. Que voz! Que vida!

Tio Charlie começou a me preparar um gim-martíni. Cansado de tantas consultas, ele tomou uma decisão. Ele me disse que eu era um "tipo outonal", como ele próprio, e um bom gim britânico, bem gelado, tinha o gosto do outono. Por conseguinte, eu beberia gim.

— Cada estação possui seu veneno — ele explicou. — Vodca tem gosto de verão, uísque de inverno e *bourbon*, de primavera.

Enquanto misturava e mexia o coquetel, tio Charlie me contou a história da vida de Newly. Nascera pobre. Nunca conheceu o pai. Tornou-se uma estrela da Broadway. Casou-se com Joan Collins. Sofreu uma depressão. Procurou pelo pai. Eu gostei da história, mas era o narrador que me fascinava. Sempre acreditei que tio Charlie possuía uma estreita faixa emocional, que ia da melancolia ao mau humor, exceto nas noites em que voltava do bar espumando de raiva. Agora no Publicans, no início da noite, cercado pelos amigos, animado pelo primeiro copo de bebida, ele era um homem inteiramente diferente. Conversador. Sedutor. Capaz de demonstrar uma atenção permanente, que eu buscara nele durante anos. Conversamos por um bom tempo, mais do que jamais havíamos feito, e até sua voz me pareceu soar diferente. A impressão que normalmente dava de parecer com Bogart, agora se transformava em algo mais valioso, mais complexo. Utilizava combinações mais suntuosas de palavras imponentes e gírias da malandragem, e as pronunciava com exatidão, com floreados da língua.

O único contratempo com aquele novo tio Charlie era que eu tinha que partilhá-lo. O meu tio Charlie patologicamente tímido e meio eremita, eu descobri naquela noite que, no fundo, ele era um ator, com seguidores devotos. Ele tinha também uma outra característica, que era uma notória grosseria. Dizia aos fregueses para calarem a boca, fechar a porra do bico, segurar a onda, se comportarem como homens. Achei que era capaz de pegar uma garrafa de água gasosa e espirrar na cara de alguém. Quando o bar ficava realmente movimentado, tio Charlie dizia para um freguês:

— A coisa mais importante e maravilhosa que podemos fazer numa civilização ordeira e civilizada... *é esperar pacientemente nossa vez.*

Em seguida retomava a conversa que estava tendo com os amigos, dizendo a eles por que considerava Steve McQueen um verdadeiro ator, esclarecendo para eles a complexidade existente na poesia de Andrew Marvell. Algumas vezes, enquanto metade dos fregueses tentava atrair sua atenção, ele recitava "To His Coy Mistress" para a outra metade. Era uma apresentação, e o tio Charlie era essencialmente um ator. Um ator metódico. Antes de preparar uma bebida, ele podia ser visto perguntando a si mesmo "por que estou fazendo isso? Qual é minha *motivação*?". Quanto mais metódico ele ficava, mais os fregueses ficavam impacientes, o que o deixava ainda mais metódico e grosseiro, fazendo com que seus fãs no balcão o encorajassem ainda mais.

Como um ator, tio Charlie se transformava instantaneamente, sem fazer esforço, virando um pregador, monologuista, fabulador, agenciador de apostas, filósofo, provocador. Ele desempenhava vários papéis, e meu favorito era O Maestro, e a música que ele regia era a conversa ao longo do balcão. A batuta era um Marlboro vermelho. Assim como tudo o mais que fazia no Publicans, tio Charlie fumava com um senso teatral. Ele segurava um cigarro apagado durante um longo tempo, até que se fixasse na mente de sua audiência, como um revólver. Em seguida, com gestos exagerados, ele riscava um fósforo e acendia o cigarro. A frase seguinte, que lhe saía suave da boca, vinha envolvida por um novelo de fumaça. Então, quando ele batia a cinza, todo mundo se inclinava para a frente, atento, como se ele fosse um batedor de beisebol na base. Algo interessante estava para acontecer. Por fim, quando ele jogava o fósforo queimado dentro do cinzeiro de vidro, com um "plic!", vinha o clímax ou o ponto crucial de seu discurso, e eu me sentia inclinado a gritar "Bravo!".

Naquela noite, tio Charlie terminou sua história de Newley e meu martíni ao mesmo tempo. Ele empurrou o copo na minha direção. Provei. Ele aguardava.

— Fantástico — eu disse.

Com um sorriso de um *sommelier* aprovando meu paladar, ele foi servir três homens de terno que tinham acabado de chegar.

Antes de poder beber outro gole, ouvi uma voz bem atrás de mim.

— Junior!

Congelei. Quem mais, além do meu pai e da minha mãe, conhecia meu nome secreto? Virei-me e vi Steve, braços cruzados sobre o peito, a expressão séria, como a famosa foto do cacique Touro Sentado.

— O que é isso? Bebendo? No meu bar?

— Tenho 18 anos, chefe.

— Desde quando?

— Faz cinco dias.

Mostrei-lhe minha carteira de motorista. Ele a examinou. Então abriu aquele largo sorriso à Cheshire, ainda tão vivo nas minhas recordações de infância.

— Caramba, devo estar ficando velho — disse ele. — Bem-vindo ao Publicans.

O sorriso se expandiu ainda mais. Eu também estava sorrindo, e continuei assim até minha boca começar a doer. Nenhum de nós disse nada. Esfreguei minhas mãos, indagando-me se havia algo a dizer, algo de praxe sobre estar bebendo seu primeiro drinque dentro da lei. Eu queria dizer algo perfeito, para me mostrar digno de Steve. E de seu sorriso.

Tio Charlie se aproximou.

— O Junior é um homem, agora — Steve lhe disse. — Lembro quando ele veio aqui e era desse tamanho. — Sua mão na altura dos quadris.

— O tempo voa como a porra de uma carruagem alada — disse meu tio.

Steve bateu no meu peito, como se eu tivesse engasgado e depois se afastou. Olhei para o tio Charlie, Joey D, Cager e todos os outros, rezando para que não tivessem ouvido Steve me chamar de Junior. A única coisa mais permanente do que a escolha de um drinque no Publicans era o apelido que Steve escolheria, e o batismo podia ser brutal. Nem todos eram sortudos como Joey D, que era uma homenagem a uma das bandas preferidas de Steve, Joey Dee and the Starliters. O Sem-Pingo odiava seu nome de bar. Fuligem também teria preferido um outro apelido. Azar o dele. Fuligem cometeu o erro de entrar no Publicans logo depois de ter saído da garagem onde era mecânico. No momento em que Steve o viu e gritou “Saca só essa Fuligem!”, o coitado nunca mais foi chamado de outra forma. Eddy Cana não se incomodava com o apelido, até capotar na auto-estrada e ficar paralisado da cintura para baixo. Depois disso ele passou a ser o Eddie Cadeira-de-rodas. No Publicans, você era quem Steve dizia que você era, e coitados daqueles que reclamavam. Um desses pediu que o pessoal do bar parasse de chamá-lo Anfetamina, pois não queria que pensassem que era viciado em drogas. Assim, o pessoal do bar o batizou de Bob Não-me-chame-de-anfetamina, e o chamavam por esse apelido sempre que tinham uma oportunidade.

Satisfeito por ninguém ter ouvido Steve — os homens já tagarelavam sobre outro assunto —, relaxei outra vez. Tio Charlie me serviu mais um martíni. Eu bebi. Serviu-me mais outro e me cumprimentou pelo meu metabolismo.

— Bom de copo — disse ele.

Devia estar no sangue da família. Terminei o que restava no meu copo e, antes de o colocar sobre o balcão, já estava cheio novamente. Os copos no Publicans se esvaziavam e se enchiam como um passe de mágica, como o salão do próprio bar. Sempre que cinco pessoas saíam, dez outras entravam.

Quissidane chegou e me deu boas-vindas, eu acho.

— Hoje tá carendo a chupola mais de que outro dia — disse, batendo amistosamente no meu ombro. — Lembra quando espinévoa tortomuro bela poça? E seu tio disse que zia vobendo cocê Johnny pave pura?

— Se você está dizendo, Quissidane, é porque é, né? — respondi.

Depois meu quarto martíni, coloquei uma nota de vinte no balcão para pagar o próximo. Tio Charlie me devolveu o dinheiro.

— Por conta da casa — disse.

— Mas...

— Sobrinhos de *barman* bebem de graça. Sempre foi assim. Está me acompanhando?

— Estou. Obrigado.

— Falando em grana — ele tirou um maço de notas do seu bolso, retirou cinco notas de vinte e colocou-as sobre a minha.

— Feliz aniversário. Compre um sorvete para alguma diáfana aluna da sua faculdade. Você não se importa se eu disser "diáfana", não é?

Fiz um gesto para apanhar o dinheiro. Tio Charlie afastou minha mão. Negativo, ele disse, olhando ao longo do balcão. Segui seu olhar e vi que, diante de cada homem e mulher sentados, havia uma pilha de notas.

— Quando você entrar num bar — me instruiu tio Charlie —, coloque todo seu dinheiro no balcão e deixe o *barman* apanhar o que precisa à medida que a noite for avançando. Mesmo se o *barman* for seu tio e nunca apanhar seu dinheiro. É a tradição. O protocolo.

Por volta da meia-noite, mais de cem pessoas se aglomeravam no salão do bar, apertados como os tijolos de uma parede. Cheiramal saiu da cozinha e meu tio me apresentou a ele. Era um homem fortíssimo, embora baixo, com cabelos e bigodes, que faziam uma curva nas extremidades, alaranjados. Parecia um halterofilista saído de uma feira de curiosidades de antigamente. Tio Charlie disse que ele era um "artista" na cozinha, e que fazia com um bife o que Picasso fazia com pedras. Um homem chamado Eddy Ligeiro apareceu e eu lhe disse que ouvira falar no seu nome durante muitos anos. Era um pára-quedista de renome nacional, e quando eu era menino ele prometera em público cair de pára-quedas no quintal do vovô, como parte da aposta que fizera com tio Charlie. Esse foi o assunto preferido de Manhasset por algumas semanas, e eu costumava ficar vigiando o quintal, esperando Eddy Ligeiro aparecer entre as copas das árvores. Notei que ele sentou-se no banco como se estivesse aterrissando de um salto de mil e quinhentos metros. Pareceu lisonjeado com o fato de eu saber tantas coisas sobre ele, e perguntou ao meu tio se podia me pagar uma bebida.

— JR — disse tio Charlie —, Eddy Ligeiro está bancando.

Eddy Ligeiro estava sentado próximo a Cager, que parecia ser seu melhor amigo, embora fosse também seu maior rival. Fiquei sabendo que os dois tinham tentado superar um ao outro jogando boliche, bridge, sinuca, tênis, golfe e, especialmente, Pôquer de Mentiroso, que, eles me explicaram, era um jogo para adultos, jogado com os números de séries das cédulas de dólar. Diziam que Cager tinha vantagem naquele torneio entre dois homens, porque nada o fazia tremer.

— Nervos de aço — disse Eddy Ligeiro, com certa afeição. — Cager nunca fica nervoso quando tem que dar a tacada final. Porque quando você já teve de mirar o inimigo com uma M60, qualquer outra coisa é moleza.

— Cager! — exclamei. — Esteve na guerra?

— Vietnã — disse Eddy Ligeiro.

Cager parecia um homem alegre e adorável para alguém que tinha lutado na guerra. Na primeira brecha da conversa, me aproximei dele.

— Você se importa se eu perguntar por quanto tempo esteve no Exército?

— Um ano, sete meses e cinco dias.

— E quanto tempo passou no Vietnã?

— Onze meses e 12 dias.

Ele bebeu a cerveja e fixou os olhos nas ilustrações com genitálias que Crazy Jane fizera em um vitral atrás do bar. Ele parecia estar olhando através do vitral, como se fosse uma janela para o Sudeste Asiático. O que ele mais detestava, disse, era passar o tempo todo encharcado, se arrastando de um lado para outro no pântano.

— Nós nunca ficávamos secos. E ainda tinha todo aquele capim alto, cortando a pele como lâminas. Você ficava o tempo todo molhado e a pele coberta de cortes.

Enquanto Cager falava sobre o Vietnã, todas as vozes ao longo do balcão se calaram. A impressão que tive era a de que todos tinham ido para casa e as luzes haviam sido apagadas, exceto uma, incidindo diretamente sobre a cabeça de Cager. Ele contou que a estada no Vietnã começou após semanas e semanas de espera. Estava no país havia seis meses, a maior parte do tempo próximo ao delta do Mekong e nada acontecera, então resolveu relaxar. Talvez aquilo não fosse tão mau assim, pensava. Então um dia, perto de Cu Chi, sua unidade avançou num campo aberto e ele sentiu como se o mundo todo tivesse explodido. Emboscada, pensaram. Mas na verdade se tratava de um campo minado. Cager foi atingido no pescoço e nos dedos. Apenas arranhões, acrescentou rapidamente, envergonhado ao mencionar, pois nove dos 15 homens foram mortos.

— Os helicópteros não puderam vir nos socorrer porque era arriscado demais para eles.

Quando a fumaça dispersou e os helicópteros chegaram, Cager ajudou a embarcar os feridos. Um soldado pediu a Cager que voltasse e procurasse seus pés. Por favor, ele repetia, meus pés, meus pés. Cager vasculhou o matagal e encontrou os pés do soldado, ainda dentro das botas encharcadas de sangue. Entregou-os ao soldado um pouco antes de o helicóptero levantar vôo.

— Nixon me tirou de lá — disse Cager. — Seu tio Chas odeia o Nixon por causa daquela merda de Watergate, mas Nixon me prometeu que me levaria para casa até o Natal e cumpriu a promessa.

As promessas eram importantes para Cager. Eu prometi que nunca quebraria uma promessa feita a Cager.

Horas antes de ser mandado de volta para casa, Cager estava andando por um atalho e esbarrou num fio de detonador. Ouviu o estalido, sentiu o fio esticado contra sua canela e fechou os olhos, se preparando para ver o rosto de Deus. Mas a mina não havia sido bem instalada. Depois do estalido automático, nada. Terror e alívio.

— De qualquer maneira — continuou —, quando finalmente voltei para casa, eu só queria duas coisas. Duas únicas coisas. Um sanduíche de atum e uma cerveja gelada na Plandome Road. Já podia *sentir* o gosto. Mas quem poderia imaginar? Havia uma greve de táxis. Lá estava eu, saindo do avião que vinha do inferno e impedido de sair da porra do aeroporto de La Guardia.

Nós rimos.

Se Cager sentia alguma persistente amargura pelo que sofrera, ele não a deixava transparecer, embora confessasse um pesadelo recorrente. Sentado no Publicans bebendo uma Budweiser gelada, ele via alguns oficiais entrando pela porta. "Hora de se apresentar, soldado." "Vocês pegaram o cara errado", ele lhes dizia. "Já fiz minha parte. Um ano, sete meses e cinco dias." Os oficiais não acreditavam nele. "Fique em pé, recruta. Está na hora de apanhar sua M60 e voltar para o Mekong. Hora de sair deste bar."

— E você nunca pensou em fugir para o Canadá? — perguntei.

Ele franziu as sobrancelhas. Seu pai era militar, um veterano da Segunda Guerra, e Cager idolatrava o homem. Eles assistiam juntos aos jogos de futebol das Forças Armadas quando Cager era menino, e seu pai o levou até o vestiário do batalhão. Seu pai o apresentara a Eisenhower e MacArthur.

— Uma coisa dessas não se esquece — disse Cager.

Quando seu pai morreu no começo da guerra no Vietnã, ele se perguntou o que mais um filho devotado poderia fazer senão ir para a guerra.

Perguntei ao tio Charlie se podia pagar uma cerveja para o Cager.

— Cager — ele disse —, você está sendo bancado pelo aniversariante.

Meu tio bateu no balcão do bar e apontou para mim, era a primeira vez que ele me fazia esse gesto de aprovação oficial, que me dava a impressão de ter a espada de Excalibur tocada em cada ombro. Ele puxou três dólares da minha pilha e piscou para mim. Compreendi que minhas bebidas eram de graça, ao passo que as que eu oferecia aos outros, não. Estava contente. Queria pagar a cerveja do Cager. Eu percebi que a mesma regra devia ser aplicada quando alguém me oferecesse uma bebida. O tio Charlie cobrava ao homem um dólar simbólico. O dinheiro não era a questão. Era o gesto, o gesto atemporal. Pagar a bebida de outra pessoa. Todo o salão do bar era um intrincado sistema de gestos e rituais. E hábitos. Cager explicou isso tudo. Ele me contou, por exemplo, que meu tio sempre trabalhava na extremidade esquerda do balcão, sob o vitral com o pênis, porque o tio Charlie não gostava de lidar com as garçonetes que traziam pedidos de bebida da sala de jantar no lado direito. Joey D, por sua vez, gostava das garçonetes, e assim ele sempre trabalhava naquele canto, sob o vitral da vagina. Cager disse que, de algum modo, as conversas travadas em cada extremidade do balcão refletem o vitral que está ao fundo: mais rústica e mais agressiva no canto do tio Charlie, mais suave e menos linear no canto do Joey D. Notei também que todos no lugar possuíam seu próprio jeito de pedir uma bebida. Joey D, você pode desenvolver esse conceito? Ganso, que tal refrescar meu copo com um martíni mais uma vez, antes de eu voltar para casa e para meu marido miserável. Um cara pedia que fosse reabastecido simplesmente piscando os olhos para o copo vazio, como se verificasse o velocímetro na estrada. Um outro estendia a mão e tocava com o indicador o indicador do meu tio, reproduzindo a *Criação de Adão* de Michelangelo. Não devia haver muitos bares no mundo, eu pensei, onde um homem representasse uma cena do teto da Capela Sistina quando quisesse beber uma Amstel Light.

Eu filei um dos cigarros Merit Ultras de Cager e não queria mais sair do seu lado. Eu me perguntava se ele vinha ao Publicans todas as noites. Teria sido bom se ele tivesse feito parte da galera da praia de Gilgo quando criança, mas era difícil imaginar um cara como Cager se bronzeando ociosamente sob o sol ou descendo de peito nas ondas do mar. Não conseguia imaginar um cara como Cager em outro lugar senão no bar, até tarde da noite. Ele parecia grande demais, mítico demais para ficar andando pelas ruas à luz do dia. Percebi que, pela primeira vez em meses, eu não estava com medo, como se a coragem de Cager passasse para mim. Cager era contagioso. Ele atravessara o fogo do inferno e voltara com a mente e o senso de humor intactos, e só o fato de me encontrar ao seu lado dava-me confiança para enfrentar minhas pequenas batalhas. A euforia que eu sentia era a mesma que experimentara lendo a *Ilíada*. Aliás, o bar e o poema se complementavam, como duas peças acopladas. Ambos tinham o sabor das verdades perenes do homem. Cager era meu Heitor. Tio Charlie meu Ájax. Cheiramal era meu Aquiles. Trechos de Homero voltaram à minha mente e eu os entendia de novas maneiras. "Existe força", escreveu Homero, "até na união de homens fracos". Como alguém poderia apreciar completamente esse trecho, senão pagando uma Budweiser para Cager e ouvindo suas histórias de guerra? A melhor parte era quando Cager parava de falar. Eu não precisava provar a nenhum professor satânico que absorvera cada palavra e aprendera o que deveria aprender com elas.

Por outro lado, meu comportamento se assemelhava bastante ao de um estudante naquela noite, fazendo anotações do que Cager e os outros diziam, suas histórias e seus comentários mordazes. Tomei mais notas do que nas aulas do professor Lúcifer, porque não queria esquecer. Curiosamente, os caras não davam a mínima ao fato de eu estar fazendo anotações. Eles agiam como se estivessem justamente se perguntando quando alguém iria enfim começar a registrar aquela sabedoria conquistada a duras penas.

Às três da madrugada o bar "fechou", embora ninguém tomasse a iniciativa de ir embora. Tio Charlie trancou as portas, se serviu de uma dose de Sambuca e se apoiou no balcão. Parecia exausto. Perguntou-me como estava me saindo na faculdade. Viu logo que algo estava errado.

— Desabafa — ele disse.

Durante a noite, eu percebera que, além dos papéis brincalhões que meu tio desempenhava atrás do balcão, havia um papel sério. As pessoas lhe apresentavam problemas e questões, e ele emitia veredictos ao longo da noite. Podia haver recursos. Então ele proclamava a decisão final, batendo com uma garrafa no balcão, como se fosse um martelo, e apontando para o peito do apelante — caso encerrado. Então, apresentei meu depoimento, ou pelo menos comecei a fazê-lo. Um homem carregando uma tainha — uma tainha enorme, quase uma tainha dupla — interrompeu. Instalando-se no balcão, ele murmurou para o tio Charlie:

— Sirva uma saideira, Ganso.

— Fica na linha — rosnou meu tio. — Estou conversando com meu sobrinho que está com problemas na escola.

Tainha virou-se para mim. Parecia preocupado com meu bem-estar. Eu não estava a fim de desnudar minha alma para o Tainha, mas não via escolha. Não queria ser rude. Falei para o tio Charlie sobre o sentimento de inadequação que sentia em relação aos outros universitários, especialmente meus colegas de quarto, um dos quais já havia publicado o primeiro livro. Um outro passara o verão trabalhando num centro de tratamento de câncer chamado Memorial Sloan-Kettering.

— Eles batizaram com o nome dele uma espécie de leucemia — eu disse. — Você pode morrer de uma doença que recebeu o nome de meu colega de quarto.

Contei também sobre o rapaz que memorizara a maioria das tragédias de Shakespeare. Ele tinha um verso incisivo do bardo para cada ocasião, ao passo que eu, com sorte, conseguiria me lembrar que Hamlet era dinamarquês. Por fim, havia Jedd II, que parecia ficar cada vez mais confiante com o passar dos meses.

— Entendo — disse meu tio. — Você se sente intimidado porque começou a vida com um sete e um dois, e de naipes diferentes.

— Um quê?

— Um sete e um dois de naipes diferentes é a pior mão possível num jogo de pôquer.

— Isso eu não sei — argumentei. — Mas me sinto um peixe fora d'água.

— Eu também — disse Tainha. Tio Charlie e eu olhamos para ele. — Eu me sinto como um homem fora da cerveja. Ganso... por favor.

Tio Charlie bufou e encarou Tainha. Depois, lentamente, apanhou uma garrafa de cerveja na geladeira,

— Por conta da casa — disse, batendo com a garrafa no balcão diante de Tainha. — Agora, cai fora.

Tainha desapareceu na multidão, seus cabelos me lembrando a imagem de uma cauda de baleia submergindo.

Tio Charlie se aproximou de mim e perguntou:

— O que você esperava? Você está na melhor universidade do país. Você acha que eles abrem as portas para estúpidos?

— Só para um.

— Argh! O que você precisa ler neste fim de semana?

— Tomás de Aquino.

— Filósofo da Idade Média. Qual é o problema?

Como resumir em poucas palavras? O problema não era me sentir intimidado, ou tirar notas baixas. Eu lia, lia, estudava o máximo que podia, mas sem Bill e Bud para me fazerem a tradução, eu ficava perdido. *Henry IV, Primeira Parte.* Eu não sabia que porra dizia. E o que era ainda mais frustrante — estavam todos ali no balcão. Como eu podia não entender uma conversa de bar? Havia Tucídides. Meu Deus. Sentia vontade de me arrastar para dentro do livro e enfiar uns tapas no cara. Queria gritar no ouvido dele, *apenas me diz aonde você quer chegar, cara!* Eu tinha memorizado uma frase da história da guerra do Peloponeso de Tucídides. Uma frase que se arrastava mais do que a própria guerra. "Pois o verdadeiro autor da subjugação de um povo não é tanto o agente imediato quanto o poder que lhe permite ter os meios para evitá-la." Não importava quantas vezes eu lesse aquela frase, ela não fazia sentido algum para mim, e agora eu ficava mastigando-a e murmurando-a para mim mesmo, como o Joey D. Agora, vinha Tomás de Aquino! Ele mudou o mundo com a prova lógica da existência de Deus, mas não importava a atenção que dedicava passo a passo a seus argumentos, eu não conseguia ver prova alguma.

Onde estava a prova? Eu acreditava em Deus, mas não conseguia ver a prova. Uma coisa assim parecia ser o artigo essencial da fé.

E a pior parte, o mais irritante de tudo, é que eu sempre estudava duas vezes mais do que os outros alunos, pois me inscrevera nos malditos Estudos Dirigidos.

Devia estar perdido nesses pensamentos há um bom tempo, porque o tio Charlie estava estalando os dedos na minha cara. Pisquei e lembrei que ele me perguntara alguma coisa. Qual é o problema? Queria lhe dizer, mas não podia, não porque estivesse embaraçado, mas porque estava bêbado. Virtuosa e irredimivelmente bêbado, ainda assim com plena consciência da maravilhosa redundância de ser jovem e estar embriagado. Embora esse tenha sido apenas um dos momentos mais ébrios da minha vida, sempre o lembrarei perfeitamente, aquela ausência total de medo e de preocupação. Eu estava falando sobre os meus problemas, mas não tinha problemas. Exceto um. Não conseguia formular palavras. Tio Charlie ainda olhava para mim:

— Qual é o problema?

Então eu disse alguma coisa sobre Tomás de Aquino:

— Os textos do eqüino são difíceis.

Tio Charlie grunhiu, eu grunhi, e cada um de nós fingiu, ou honestamente acreditou, que tínhamos tido uma verdadeira conversa de homem para homem.

— Hora de fechar — ele disse.

Recolhi meu dinheiro, peguei minha mala e segui em direção à porta. Estava saindo com os bolsos cheios de anotações sobre Cager e os outros, 97 dólares a mais no bolso, e tinha sido proclamado um homem pelos homens do bar, incluindo Steve. Um aniversário inesquecível. Alguém me escoltou até a porta. Pode ter sido o Cager. Pode ter sido a sombra de Cager. Quando saí e o dia raiava com manchas rosadas no céu, todos disseram:

— Volte em breve, garoto.

Eles não ouviram — ou não entenderam — minha resposta:

— Vou voltar. Vou voltar.

VINTE E TRÊS
SENHOR PROBLEMA

O SEGUNDO ANO SERÁ MAIS FÁCIL, garantiu-me minha mãe. Não desista, ela disse. Continue tentando. Tente e tente outra vez. Com os Estudos Dirigidos e o professor Lúcifer atrás de mim, ela previa, com certeza minhas notas melhorariam.

Não disse à minha mãe que a tentativa era inútil, pois meu cérebro estava avariado. As tentativas apenas enfatizavam e exacerbavam o problema, como pisar no acelerador quando o motor está afogado. Não podia dizer à minha mãe que em breve eu estaria fora de Yale, que em breve eu arruinaria aquela oportunidade de ouro pela qual ela dera seu braço direito atrofiado.

A sala de aula, concluí, não era minha arena. O salão dos bares, sim. Depois de completar 18 anos, decidi que os bares eram os únicos lugares em que eu era tão esperto quanto meus colegas, e meus colegas concordavam comigo. Quando saíamos para beber, eu podia sentir que aumentava a estima que tinham por mim. Embora tivesse sido admitido em Yale, *aceitação* era algo mais sutil, e parecia acontecer somente enquanto eu e meus novos amigos saíamos para beber.

Diferente do Publicans, os bares de New Haven cobravam as bebidas. Eu precisava de uma fonte de renda, rápido, ou perderia meus novos amigos na mesma velocidade com que os fizera, uma idéia que me assustava ainda mais do que a perspectiva de fracassar na faculdade. Considerei a possibilidade de arrumar um emprego num dos restaurantes, mas pagavam mal e eu não queria usar o que um amigo chamava de Crachá de Pobreza. Tentei nas bibliotecas, mas esses eram os empregos mais cobiçados e rapidamente preenchidos. Então, tive um rompante de inspiração. Começaria meu próprio negócio de lavanderia. (Ainda me lembrava do que a vovó tinha me ensinado sobre a utilização de um ferro de passar roupas.) Divulgaria que um novo negócio estava aberto no *campus*, oferecendo para o mesmo dia o serviço e cobrando apenas cinqüenta centavos por camisa. Quase cheguei a chamar meu negócio de Moehringer Gola Redonda, mas um amigo sabiamente me dissuadiu.

A repercussão foi surpreendente. Os rapazes traziam sacos de Papai Noel abarrotados de camisas e logo eu estava passando a ferro várias horas por dia, um bocado de trabalho para pouco dinheiro, mas a alternativa era perder meus amigos, ficar em casa enquanto eles saíam para as boates e os bares, e isso eu não podia fazer.

Meu melhor freguês era Bayard, um camarada do segundo ano, cuja superioridade em relação a mim em todos os sentidos estava expressa em seu melódico nome de um autêntico WASP, branco, anglo-saxão, protestante. Eu ouvira falar somente em um outro Bayard — Bayard Swope, cuja propriedade servira de modelo para a mansão dos Buchanan em *O grande Gatsby*. Alto, louro, imperturbável, o Bayard de Yale jogava pólo e possuía um *smoking* e, diziam, sua ascendência ia até os huguenotes. Ele viera para Yale de uma daquelas famosas escolas preparatórias, e se vestia como se tivesse saído de um desenho de Ralph Lauren. Ele tinha uma coleção surpreendente de camisas — estampadas, lisas, com listras, abotoadas, de gola larga, de seda — e parecia possuir exatamente duas de cada estilo, como se estivessem preparadas para ser embarcadas em alguma Arca de Noé de Roupas. Tinha também várias camisas brancas feitas sob medida, com gola inglesa e punhos de manga em tecido francês finíssimo, uma obra de arte cada uma delas. Ao deixá-las no meu quarto, ele as desdobrava sobre a cama e ficávamos diante delas, admirando-as.

— Isso me deixa triste — disse eu certa vez —, porque nunca vi camisas tão lindas antes. — Pensei que reconheceria a citação tirada de *O grande Gatsby*. Mas ele não percebeu.

Prometi a Bayard que suas camisas estariam lavadas e repassadas em dois dias, mas o tempo escapou ao meu controle. Tinha ensaios a escrever, bares a assombrar e, no final da semana, Bayard ficou furioso. Não tinha nada para vestir. Ele deixou quatro recados cada vez mais coléricos com meus companheiros de quarto, e eu não ousei retornar suas ligações. Comprometi-me a acordar antes do sol e atender à sua encomenda. Mas aquela era uma noite de sexta-feira. Meus amigos iam se encontrar num bar perto do *campus*. Coloquei um disco de Sinatra e parei diante do meu armário. Eu já havia repetido incontáveis vezes o ciclo de meus *jeans* e camisas Lacoste de Bud. "Se ao menos eu tivesse alguma coisa nova para vestir." Dei uma olhada no saco de roupas de Bayard. Eu ia cuidar das suas camisas pela manhã, de qualquer modo — onde estava o problema? Passei a ferro uma camisa de botões e tecido rosa pálido e a vesti.

Era outono. Era sempre outono em Yale, como se Yale fosse o berço do outono, como se o outono tivesse sido inventado em um dos laboratórios de Science Hill e tivesse escapado de lá. O vento estava forte, estimulante, como uma palmada de loção pós-barba nas bochechas, e eu disse aos meus amigos que devíamos beber gim, citando a teoria do tio Charlie de que cada estação tem seu veneno. Eles acharam a idéia excelente. Duas rodadas depois, estávamos bêbados. E famintos. Pedimos bifes e mais martínis, e quando a conta chegou meu coração parou. Eu acabara de queimar duas semanas de meus ganhos com a lavanderia em três horas.

Fomos para uma festa particular, fora do *campus*. Estudantes dançavam no gramado na frente da casa e na varanda. Empurramos a porta da frente e mergulhamos numa densa multidão inquieta lá dentro. Vi Jedd II encostado numa parede, fumando. Perguntei se tinha outro cigarro. Do bolso da sua jaqueta esporte superbacana, ele tirou um maço de Vantages. Admirei o olho de boi na embalagem, os filtros. Cada cigarro parecia uma bala de rifle. Eu me apresentei. Seu nome era Dave. Disse que precisava de uma outra bebida. Segui-o como um cãozinho até a cozinha e, nos esgueirando no meio de toda aquela gente, esbarramos em Bayard.

— Finalmente achei você — disse Bayard.

— Oi.

— Preciso das minhas camisas, cara.

Ele estava usando uma camisa de flanela amassada, o tipo de camisa que normalmente eu estaria usando.

— Lamento — eu disse. — Tinha que entregar dois ensaios e me atrasei. Amanhã de manhã, ataco suas camisas. Prometo. Palavra de escoteiro.

Coloquei a mão no peito. Bayard olhou e percebeu o monograma no punho da camisa. Seu punho de camisa. Seu monograma.

— Esta é a... minha camisa? — ele perguntou.

— Vou deixar vocês dois resolverem o problema — disse Jedd II, se afastando.

Comecei a explicar, mas Bayard me interrompeu. Com um sorriso parcialmente piedoso no rosto, ele deu um passo para o lado e se afastou, oferecendo uma rápida e vigorosa lição de classe.

Voltei para meu quarto e fiquei acordado a noite toda, lavando e repassando as camisas de Bayard. Ao amanhecer, engomando os punhos da última camisa, fiz uma série de promessas a mim mesmo.

Nunca mais vou beber gim.

Vou aprender a fumar Vantages.

Vou me desculpar com Bayard e vou evitá-lo para o resto da vida em Yale.

Vou tentar. Vou tentar outra vez.

Ela estava com um amigo meu, com quem andava saindo, e nós todos alcançamos a porta do salão de leitura no instante em que a aula acabou. Ela tinha cabelos louros espessos, olhos amendoados e castanhos, e um nariz primoroso — um triângulo isósceles perfeito no centro de sua face ovalada. Havia uma tamanha geometria no seu rosto, uma tal simetria, que fiz como aconselhara o professor de História da Arte ao nos depararmos com certos retratos de figura humana. Vê-lo em seções. Primeiro os lábios cheios. Depois, os dentes brancos. Em seguida, os malares proeminentes e aquele extraordinário nariz. Finalmente, os olhos castanhos, nobres e desdenhosos ao mesmo tempo, como se ela pudesse te amar ou odiar, dependendo do que você dissesse em seguida.

— Sidney — disse ela, estendendo a mão.

— JR.

Ela não estava usando o andrógino uniforme de Yale composto de blusão, *jeans* rasgados e tênis. Em vez disso vestia uma calça de lã preta, uma suéter cinza com gola olímpica e um casaco de couro. Sua silhueta parecia ter sido moldada com anos de competição de esqui. Aquelas nádegas firmes e empinadas, como Dorothy Hamill. Ela tinha até um corte de cabelo parecido com o de Dorothy Hamill. Era difícil não ficar olhando para ela.

— Você gosta dessa aula? — ela me perguntou. — Eu acho fascinante.

— Na verdade, não — eu disse, rindo.

— Então por que vem assistir a ela?

— Estou pensando em ir para uma escola de Direito.

— Argh! Eu não seria advogada nem por todo o dinheiro do mundo.

Eu pensei: Isso é porque você já tem todo o dinheiro do mundo.

Meu amigo envolveu Sidney com um braço possessivo e se afastou com ela. Voltei para o meu quarto, escutei Sinatra e tentei não ver seu rosto em seções, flutuando à minha frente, enquanto lia a decisão judicial sobre o caso de Dred Scott.

Dias depois nos esbarramos novamente. Um encontro casual na rua. Fiz menção de me afastar logo, sem querer desperdiçar o tempo da deusa do *campus*, mas ela me obrigou a parar, me perguntando coisas, tocando de leve no meu braço, mexendo nos cabelos. Não retribuí o flerte, pois ela estava saindo com meu amigo, e minha reticência pareceu confundi-la e excitá-la. Ela tocou novamente no meu braço.

— Você está preparado para o exame final de Direito Constitucional? — ela perguntou.

— Ah, claro — eu respondi com sarcasmo. — Quando é o exame? Amanhã?

— Vamos estudar juntos?

— Juntos? Quando? Esta noite?

— É — disse sorrindo. Dentes impecáveis. — Juntos. Hoje à noite.

Sidney morava num apartamento fora do *campus*. Quando cheguei, ela havia aberto uma garrafa de vinho tinto, então passamos dez minutos estudando a Suprema Corte, antes de colocar os livros de lado e começarmos a estudar um ao outro. Queria empregar nela o método Sheryl, perguntar-lhe um monte de coisas, mas ela foi mais forte, bombardeando-me com questões, e acabei falando para ela sobre minha mãe, meu pai, o Publicans, tudo. Sentia como se o vinho e seus olhos me abrissem completamente. Contei-lhe a verdade. Tentei fazer com que meu pai parecesse mais um malandro do que um vilão, e ergui os homens do bar ao nível dos deuses, mas esses exageros não eram falsos. Era neles que eu acreditava, da mesma forma que me acreditava autêntico imitando os caras do bar, usando sua linguagem e seus gestos. A impressão me enganou tanto quanto a Sidney.

Abrindo uma segunda garrafa de vinho, ela me falou sobre si mesma. A mais nova de quatro irmãos, crescera no sul do Connecticut, à beira do mar, bem do outro lado do estreito de Manhasset. Ela era dois anos mais velha do que eu, e esperava se tornar diretora de cinema ou então arquiteta. A próxima Frank Capra ou a próxima Frank Lloyd Wright, eu disse. Ela gostou. Os pais eram poderosos, brilhantes, plenamente envolvidos na vida dos filhos. Tinham uma empresa de construção e viviam numa casa enorme que o pai construíra com as próprias mãos. Ela admirava a mãe e idolatrava o pai, que tinha um estilo Hemingway, ela disse, com a mesma barba branca e o mesmo suéter de pescador. Sua voz naturalmente rouca caiu uma oitava quando mencionou um irmão que havia morrido e como seus pais nunca mais foram os mesmos desde então. Ela possuía um jeito de conversar tão íntimo, como se fechasse uma cortina à nossa volta.

Logo depois da meia-noite, começou a nevar.

— Olha — ela disse, apontando para a janela. — Vamos sair para dar uma volta.

Cobertos com gorros e cachecóis, caminhamos pelo *campus*, mantendo nossos rostos para o alto, apanhando flocos de neve com a língua.

— Você percebeu como nós estamos conversando há horas? — ela perguntou.

— E não estudamos nada.

— Eu sei.

Olhamos um para outro, confusos.

— Então o que quer dizer esse JR?

— Eu conto quando você me conhecer melhor.

Foi um reflexo. Não queria lhe contar minha mentira padrão e, ainda assim, não queria revelar a verdade. Mas, de qualquer maneira, aquilo soou como um flerte. Antes que pudesse retirar ou amenizar o que dissera, ela chegou mais para perto de mim. Seguimos andando pela neve, as pernas roçando uma na outra, nossas pegadas lado a lado.

De volta ao seu apartamento, bebemos chocolate quente e fumamos cigarros, conversando sobre vários assuntos não acadêmicos. Quando amanheceu, ela preparou ovos e café. Saí do apartamento uma hora antes da prova, totalmente despreparado, totalmente despreocupado. Comecei a escrever com o lápis nas páginas azuis da prova, horas e horas, emitindo tolices sobre a Constituição, sabendo que fracassaria e mesmo assim me sentindo em êxtase, porque sabia que veria Sidney logo após a prova. Sabia que ela entraria pela minha porta sem bater, e foi o que ela fez.

— Como foi? — ela perguntou.

— Não muito bem. E você?

— Me dei bem.

Perguntei se gostaria de tomar um café em algum lugar, mas ela estava com pressa. Estava voltando para casa e queria chegar antes de as estradas ficarem intransitáveis.

— O que você vai fazer? — ela quis saber.

— Vou para o Arizona amanhã de manhã.

— Bom, então feliz Natal. Obrigada novamente pela noite adorável.

Deu um beijo no meu rosto e acenou ao sair pela porta.

Comprei uma embalagem com seis cervejas e sentei ao lado da janela do meu quarto, bebendo, escutando Sinatra, observando os estudantes no pátio. Eles estavam se despedindo, se abraçando, se dirigindo apressados para a Union Station. A impressão era de que o *campus* se esvaziava como um balão de ar. O telefone tocou. Minha mãe querendo saber como foram os exames? Não. Sidney me telefonando do seu carro. Um carro com telefone? Nunca ouvira falar disso.

— Oi — disse ela. — Vem jantar comigo.

— Juntos? Hoje à noite?

— Juntos. Hoje à noite. Volte a me ligar e me diz o horário do seu trem. A gente se encontra na estação.

Desliguei, bebi um gole de cerveja e me desfiz em lágrimas. Era a primeira vez que eu chorava de alegria na minha vida.

Esperando na plataforma, enquanto meu trem ia parando, ela vestia um sobretudo branco, e os cabelos e os cílios estavam salpicados de flocos de neve. Tínhamos uma mesa reservada num restaurante à beira-mar, em que nenhum dos dois tocou no prato. Em seguida, estávamos no seu carro esporte, percorrendo em alta velocidade as estradas dentro de um bosque fechado. Chegamos à casa de seus pais e ficamos sentados dentro do carro, o aquecedor a todo vapor, ouvindo Phil Collins no rádio, um esperando que o outro dissesse alguma coisa. Através da neve que caía, por entre as árvores, vi um rio prateado cintilando ao luar. Com um leve estremecimento, pensei no canal do Arizona.

Sidney me conduziu para dentro de casa. Todas as luzes estavam apagadas e não havia ninguém acordado. Ela me levou até o quarto de hóspedes no andar superior.

— E seus pais? — indaguei, sussurrando, quando ela fechou a porta. — E se eles acordarem?

— Eles são muito liberais — ela murmurou.

A luminária ao lado da cama lançava uma luz cruel no quarto, como na casa do vovô, mas não quis apagá-la. Queria ver Sidney nua. Coloquei minha meia xadrez sobre a lâmpada e me virei no momento exato em que ela soltava o sutiã, jogando-o ao chão. Ela se livrou então da calça e da calcinha e veio na minha direção, o corpo pintado de xadrez. Depois, tirou minha roupa, pôs a mão no meu peito e me empurrou para a cama. Quando caí, ela se colocou em cima de mim, depois embaixo de mim. Ela disse ooh suavemente, e outra vez, mais alto. Depois bem mais alto.

— Seus pais — eu disse.

— Eles são legais — ela respondeu.

E então fez ooh outra vez, depois disse sim, e ooh e sim numa ofegante combinação de suspiros. Eu me concentrei naquelas combinações, contando-as, usando-as para bloquear qualquer outro pensamento, incluído o que se referia ao meu próprio prazer, pois estava decidido a me segurar, a fazer durar aquele momento. O contato do corpo de Sidney sob o meu, a visão de seu corpo, era um sonho, e se me soltasse, dando vez ao meu prazer por um segundo, o sonho acabaria. Sim, disse Sidney, os dentes cerrados, sim, sim, até a palavra perder todo o significado, se transformando num som em que ambos nos concentrávamos, e então veio uma lufada de satisfação que era um contraponto ao vento lá fora.

Deitados lado a lado, não dissemos nada por um tempo tão longo que pensei que ela estivesse dormindo.

— Não está sentindo um cheiro de queimado? — disse ela finalmente. Olhei para a luminária. Minha meia ardia sobre a lâmpada. Apanhei-a de qualquer maneira, derrubando a luminária e fazendo um tremendo barulho. Sidney começou a rir. Então eu transformei minha meia queimada numa marionete, um filósofo de lã que oferecia comentários profundos sobre o comportamento chocante que acabara de testemunhar.

— Você é um problema — disse ela, rindo sobre o travesseiro.

— Por quê?

— Porque é — sussurrou Sidney me abraçando. — Não sei bem se eu preciso desse tipo de problema.

Acordei com ela em pé, ao meu lado, uma xícara de café na mão.

— Bom dia, senhor Problema — ela disse.

Estava com um vestido de cetim amassado, ainda entreaberto. Apanhei a xícara da sua mão e, quando ela se virou, puxei-a de volta para a cama.

— Meus pais — disse ela.

— Eles são liberais.

— Eu sei, mas os liberais já estão acordados e exprimiram o interesse de conhecer o homem que dormiu neste quarto de hóspedes.

Como minha mala ainda estava dentro do carro de Sidney, vesti a mesma roupa da véspera e segui-a pela escada. Seus pais, embora tivessem os cabelos brancos e fossem bem mais velhos do que minha mãe, eram de fato liberais. Não pareceram escandalizados. Serviram-me uma xícara de café e convidaram-me para sentar à mesa com eles.

Eles tinham a voz roufenha de Sidney e, como ela, me bombardearam de perguntas. Eu não tinha certeza se eles também achariam minhas histórias divertidas, então me esquivei das perguntas fazendo outras. Perguntei sobre seus interesses. Eram apaixonados por ópera italiana, orquídeas em estufas e adoravam esqui *cross-country*. Eu não conhecia nada sobre esses assuntos, e senti como se tivesse fracassado num segundo exame em 24 horas. Perguntei sobre o negócio de construção da família.

— Algumas companhias constroem casas — disse a mãe de Sidney. — Nós construímos *lares*. — Ela disse esta palavra, "lares", com o mesmo arrebatamento com que o professor Lúcifer dizia "poema". Sua voz se expandiu e as faces enrubesceram quando falou da necessidade que os homens têm de um abrigo. Falei-lhes das mansões de Manhasset e de Shelter Rock, e o que esses lugares simbolizavam para mim quando menino. Pude ver que estavam apreciando minha história.

O pai de Sidney se levantou, colocou as mãos nos bolsos da calça e perguntou casualmente sobre minha família. Falei com orgulho sobre minha mãe. Ele sorriu.

— E seu pai? — perguntou.

— Só o conheci recentemente.

Suas sobrancelhas se franziram. Não consegui saber se era um sinal de censura ou de simpatia. A mãe de Sidney mudou de assunto e me perguntou o que eu estava estudando em Yale. O que você espera ser? Mencionei a escola de Direito e ambos pareceram aliviados.

— Melhor irmos embora — disse Sidney. — Tenho que levar JR até o aeroporto.

Durante o trajeto, contudo, Sidney mudou de idéia. Disse que me deixaria em Darien, onde eu poderia pegar um ônibus para fazer o resto do caminho.

— Por quê? — perguntei. — O que está havendo?

— Nada, apenas acho melhor assim.

— Me diz o motivo.

— Olha, eu estou saindo com outra pessoa.

— Eu sei — disse, pensando no amigo que havia me apresentado a ela na aula de Direito Constitucional.

— Não — rebateu Sidney. — Outra pessoa além dele.

Senti uma pontada no peito e um nó na garganta.

Saindo da auto-estrada, ela dirigiu até a estação do ônibus em Darien e, parando o carro, abriu a porta e saiu. Fiquei sentado, inerte, enquanto ela apanhava minha bagagem na mala do carro e me pedia para descer. Eu me recusei. Ela colocou a mala na calçada e esperou. Não me mexi. Aquele impasse durou cinco minutos. Finalmente ela repôs a bagagem na mala do carro e sentou-se ao volante. Nenhum de nós disse nada enquanto ela dirigia em disparada pela I-95, em direção ao sul, costurando o trânsito como se estivesse num carro de corrida. Quando chegamos ao aeroporto, porém, ela não estava mais zangada. Cheguei a pressentir uma relutante simpatia de sua parte, quando nos despedimos com um beijo.

— Feliz Natal, senhor Problema — disse ela.

Era o primeiro apelido do qual eu gostava.

*

Eu entendia menos de amor do que de Direito Constitucional, mas durante o vôo para o Arizona, decidi que estava amando. Ou então estava surtando. Eu suava, tremia, sentindo dores no peito. Poder sentir o perfume de Sidney na minha mão não ajudava muito e dentro do bolso eu trazia um guardanapo amassado com a marca de seus lábios. Levei a mão até o nariz, apertando o guardanapo contra a boca, e a aeromoça perguntou se eu estava passando mal.

Minha mãe me perguntou a mesma coisa quando desembarquei do avião.

— Acho que estou apaixonado — eu respondi.

— Isso é maravilhoso! — exclamou ela, me abraçando enquanto saíamos do terminal de Sky Harbor. — Quem é a felizarda?

No carro, durante o jantar e até tarde da noite, tentei conversar com minha mãe sobre Sidney, mas achei tudo tão inesperadamente complicado. Queria lhe fazer perguntas sobre o amor, mas sentia necessidade de ser cuidadoso, pois não queria despertar lembranças desagradáveis de suas decepções românticas. Queria saber se nosso apartamento ao lado do canal me desqualificava em relação a uma deusa que morava à beira de um rio prateado, mas não queria desprezar o lar que minha mãe tinha dado o máximo de si para que fosse nosso. Por fim, disse somente:

— Sidney é tão assim — coloquei minha mão acima da cabeça. — E eu sou são tão assim — deixei a mão cair na altura dos joelhos.

— Não diga isso. Você tem tanto a oferecer.

— Sei. Não tenho dinheiro, nem sequer a menor idéia do que quero fazer na vida...

— Não tem idéia?

— Quer dizer... além de ser advogado.

— Olha — disse ela. — A pior coisa que pode acontecer num relacionamento é o homem colocar a mulher num pedestal. — Ela sorriu e deu um tapinha de encorajamento no meu ombro, porém, não fui capaz de retribuir seu sorriso. — JR, se apaixonar é uma bênção. Tente aproveitar.

— E se eu acabar com o coração partido? — perguntei.

Ela olhou sobre minha cabeça.

— Mãe?

Nenhuma reação.

— Mãe?

Ela baixou os olhos e os fixou sobre os meus.

— Você vai sobreviver — disse ela.

*

Sidney me encontrou no aeroporto com uma garrafa de champanhe, que fomos bebendo enquanto o carro deslizava na I-95 em direção ao norte. Era uma noite de domingo e a temperatura estava abaixo de zero. Não havia outro carro na auto-estrada. Tínhamos o mundo só para nós.

Chegamos a Yale por volta da meia-noite. Árvores congeladas estalavam ao vento. As ruas eram rampas de gelo. Paramos no meu quarto, apanhei meus discos do Sinatra, depois fomos para o seu apartamento e nos trancamos lá dentro. Sidney riu discretamente quando bloqueei a porta com uma enorme cadeira.

Ficamos lá dentro alguns dias. A neve caía, derretia, caía novamente — nós mal percebemos. Nenhuma vez ligamos a TV ou o rádio. Os únicos sons dentro do apartamento eram a voz de Sinatra e as nossas, seus gemidos e os nossos e o vento. Quando ficávamos com fome, encomendávamos alguma coisa do restaurante da esquina. O telefone tocou mas ela não o atendeu, e não havia uma secretária eletrônica. Se alguns de seus namorados estivessem procurando por ela, aquilo não parecia lhe preocupar, e eu interpretei sua indiferença como um sinal de que estava rompida com todos os homens de sua vida, exceto eu.

O tempo passou imperceptivelmente, depois parou, perdendo o controle sobre nós. Ficamos deitados frente a frente por horas, olhando um para o outro, sorrindo, nos tocando com as pontas dos dedos, sem dizer nada. Às vezes caíamos no sono. Depois acordávamos, fazíamos amor e voltávamos a adormecer, os dedos entrelaçados. Eu não tinha a menor idéia se era manhã, tarde ou noite, qual era o dia da semana, e não queria saber.

A certa altura, enquanto Sidney dormia, sentei numa cadeira ao pé da cama, bebendo cerveja, e tentei organizar meus sentimentos. A beleza de Sidney me deixara admirado no começo, fui sincero comigo mesmo ao admiti-lo, mas agora eu sentia algo mais profundo. Aquilo era mais do que sexo, mais do que amor. Tinha experimentado o poder do sexo com Lana, e paixonites adolescentes com algumas poucas meninas. Mas elas não passavam de um breve ensaio para o que acontecia agora. Aquilo era maior, e iria me transformar para sempre, e poderia até me matar, se eu não fosse cauteloso, porque já estava desesperado. Eu sentia que seria capaz de fazer qualquer coisa para guardar aquele sentimento, aquela força primal energizante que me faltara durante 19 anos. Sempre pensara que o sexo e o amor fossem os grandes catalisadores, as coisas que convertiam um menino num homem, e um bocado de gente em quem confiava havia sugerido que assim seria, mas até então tudo havia ficado no reino da teoria. Não tinha acreditado de fato que poderia ser um catalisador tão explosivo, tão mágico, se sexo e amor ocorressem num mesmo momento, com uma só pessoa. Eu tinha sido um cínico, percebia, mas então, quando Sidney abriu os olhos e olhei para aquelas poças infinitas e castanhas, as raízes fundamentais de sua alma, acreditei que ela era capaz de produzir uma metamorfose em mim, e talvez mesmo um milagre. Ela podia fazer de mim um homem, e, melhor ainda, ela podia me fazer feliz.

Quando finalmente saíamos da cama, eu lhe preparava um martíni e deitávamos no sofá da sala para conversar. Toda uma infância escutando A Voz começava enfim a render dividendos. Agora podia ouvir as coisas que diziam a voz de Sidney — suas esperanças, seus medos, os subtextos e seus principais planos de vida. Para lhe mostrar como estava ouvindo atentamente, eu contava de volta para ela as histórias dela mesma, com minhas palavras, e arriscava dizer o significado delas. Ela adorava isso.

Falando com Sidney sobre mim, eu podia detectar algumas coisas em minha voz. Agora estava dizendo exatamente o que sentia. Contava tudo indiscriminadamente para aquela linda mulher que me escutava com o mesmo ardor com que fazia amor. Arrebatado por aquele espírito sem amarras, falei para Sidney no quarto ou quinto dia que pretendia me casar com ela. Estávamos comendo pão na cozinha. Ela parou de mastigar e olhou para mim.

— Casar? — exclamou.

— É — eu disse. — Quero lhe dar um anel de diamante e me casar com você. Um dia.

Seus olhos se arregalaram e ela saiu da cozinha.

Logo depois, ela disse que estava na hora de voltarmos para o mundo real.

— Estou começando a ficar "agita" — disse ela, vestindo uma calça *jeans* apertada.

— Como? Agita?

— Estou precisando de ar fresco, senhor Problema. Temos que nos inscrever nas matérias. Yale? Vida? Lembra?

— Por causa do que eu disse? Sobre nós...

— Telefono mais tarde para você.

Peguei o trem seguinte para Nova York, depois tomei outro na Penn Station da Long Island Railroad. Até Manhasset. Tio Charlie ficou surpreso ao me ver entrando pela porta do Publicans uma semana depois de ter partido para Yale.

— Quem morreu? — ele perguntou.

— Ninguém. Estou precisando da companhia de amigos.

Ele apontou para meu peito e me senti melhor instantaneamente. Depois apanhou uma garrafa de gim.

— Não — eu disse, franzindo as sobrancelhas —, não quero saber de gim. Por favor. Que tal um uísque?

Ele pareceu horrorizado. Mudando de bebida? Uma violação impensável no protocolo do Publicans. Mas meu tio viu que eu estava sofrendo e não insistiu no assunto.

— Qual é o lance? — perguntou, me servindo uma dose.

— Problemas com mulher.

— Desabafa.

Ele empurrou o copo na minha direção, como se movesse um bispo num tabuleiro de xadrez. Fiz-lhe um resumo rápido, omitindo o evento que provocara tudo — minha gafe sobre o casamento.

— Ela simplesmente me dispensou — eu disse. — Alegando que estava "agita".

— Que diabo é isso?

— Acho que quer dizer nervosa em iídiche.

— Ela é judia?

— Não. Apenas gosta das palavras.

Um cara com uma jaqueta de caçador vermelha e preta e um chapéu de caçador em tom laranja sentou-se ao meu lado.

— Ei, garoto. Como vai a batalha?

— A namorada dele está com "agita".

— Lamento.

Contei minha história para o Caçador de Alces, desde o primeiro encontro até tomar um pé na bunda. Quando tio Charlie estava ocupado servindo outros fregueses contei também para o Caçador de Alces minha desajeitada proposta de casamento.

— Espera aí — interrompeu-me ele. — Espera aí, espera aí. E o seu camarada?

— Quem?

— O amigo que estava saindo com essa dona. Ele sabe que você trepou com ela?

Tio Charlie se reaproximou, apoiando os cotovelos no balcão e ouvindo.

— Bom — eu disse. — Meu amigo. É... Bom... Ele nem gostava muito dela. Estavam apenas saindo juntos. Sabe? Casualmente.

— Não — disse o Caçador de Alces. — O problema está bem aí. As mulheres vêm e as mulheres vão, como um resfriado. Mas você passou a perna no seu camarada. Você violou o código. É preciso acertar isso.

— Acho que você não está entendendo a questão — eu disse.

Olhei para o tio Charlie em busca de apoio moral, mas ele estava apontando para o peito do Caçador de Alces.

VINTE E QUATRO
O PADRE NO TREM

A "AGITA" DE SIDNEY PASSOU E EU aprendi minha lição. Adotei uma política de falar menos, ouvir mais. Continuei amando-a incontrolavelmente, desesperadamente, mas procurei manter a calma.

Tentei também atacar meus trabalhos da faculdade, mas estava mais difícil do que nunca, por causa de Sidney. Nas aulas e seminários não conseguia me concentrar. Enquanto o professor tagarelava sobre Berkley e Hume, eu ficava com o olhar perdido na distância, imaginando o rosto de Sidney. Quando ouvia aplausos, sabia que a aula estava terminada e era hora de voltar para o meu quarto, e sentar ao lado da janela e tomar uma cerveja e pensar em Sidney.

Ela criara um paradoxo perigoso. Se eu conseguisse conquistar seu amor, então poderia me tornar o homem que queria me tornar quando tentei uma vaga em Yale. Mas não podia esperar conquistar seu amor, a menos que me formasse na faculdade, e para isso teria que parar com aquela obsessão em relação a ela e me dedicar aos estudos, o que não me parecia nem remotamente possível. Sentado na biblioteca, tentando com toda a minha força me concentrar em *Além do bem e do mal*, de Nietzsche, olhei para o lado e vi Jedd II. Não havíamos mais nos encontrado desde que ele testemunhara Bayard reclamando da camisa furtada. Ele me ofereceu um Vantage.

— Foi você que eu vi descendo a York Street com a Sidney, outro dia? — ele quis saber.

— Foi.

— Vocês dois estão...

— Estamos.

Ele inclinou a cabeça para trás e abriu a boca, como se fosse berrar, mas não emitiu som algum.

— Que sorte filha-da-puta.

Ele acendeu meu cigarro com um isqueiro de prata que parecia ter sido carregado pelo seu trisavô nas trincheiras da Primeira Guerra Mundial.

— É sério — disse ele. — Muita, muita sorte sua.

Olhamos na direção das paredes cobertas de livros. Ele soltou um anel de fumaça que flutuou sobre minha cabeça como um laço.

— Muita sorte sua — repetiu.

Ao final do segundo ano, minha sorte continuava. Passei em todas as matérias, por pouco, e eu e Sidney ainda estávamos juntos. Mais do que "juntos". Ela me disse que tinha rompido todas as suas relações com outros caras e só estava saindo comigo.

Fui passar o verão no Arizona e Sidney foi para Los Angeles, onde participaria de um programa de estágio para aspirantes a cineastas. Eu lhe escrevi longas cartas de amor. As respostas não eram longas e não falavam de amor. Apenas rápidos aspectos da vida social. Freqüentava coquetéis com estrelas do cinema, trabalhava com a equipe masculina de natação da universidade, passeava por Hollywood num Mercedes conversível. Ela veio me visitar num fim de semana e conseguiu encantar minha mãe. Na primeira vez que Sidney saiu da sala, minha mãe olhou para o prato.

— Essa — disse, sorrindo, como se descobrisse um segredo —, essa é a moça mais bonita que já vi.

— Eu sei — concordei, melancólico. — Eu sei.

Levei Sidney para o meu outro lar quando voltamos para Yale naquele outono. Fiz de maneira que isso acontecesse numa noite de sábado, meados de novembro, a época mais festiva do ano no Publicans. Em pé ao lado da porta, fiz uma breve apresentação dos principais atores, apontando para tio Charlie, Joey D, Cager, Colt, Tommy, Eddy Ligeiro, Cheiramal.

— O que o Cheiramal faz? — ela perguntou.

— É o cozinheiro.

— O nome do cozinheiro é Cheiramal. Estou entendendo.

O bar estava repleto de rostos familiares, e de rostos da família. Uma das minhas primas se casara e se mudara, mas McGraw e as outras quatro irmãs, incluindo Sheryl, moravam ali perto com tia Ruth, que estava sentada no meio do balcão naquela noite, acalentando um copo de conhaque. Apresentei-a a Sidney.

— Alta ou média? — tia Ruth perguntou, examinando-a de cima a baixo.

— Não entendi — disse Sidney.

— Classe alta ou média? — minha tia perguntou.

Cobri meu rosto com as mãos.

— Alta — respondeu Sidney —, eu acho.

— Ótimo. Precisamos de gente de melhor classe na família.

Sheryl também estava no bar naquela noite, e ela se precipitou para o lado de Sidney, afastando-a da tia Ruth, como um palhaço de rodeio salvando o peão do ataque de um touro. Aproximei-me do balcão para comprar umas bebidas. Tio Charlie estava trabalhando e já vira Sidney.

— Uau — exclamou ele.

— E ela é ainda mais inteligente do que bonita.

Ele agarrou uma garrafa de uísque pelo gargalo como se fosse uma galinha a ser estrangulada.

— Então, sabe de uma coisa — disse ele. — Você está em maus lençóis, meu amigo.

Quando eu e Sidney voltamos para Yale, ela olhava fixamente para a estrada. Perguntei no que estava pensando. Ela disse que entendia porque o bar era "especial" para mim. Virando-se, ela me ofereceu seu sorriso ofuscante, o mesmo que fazia com que a polícia rodoviária lhe desse advertências verbais em vez de multas, mas havia algo por trás dele. Ela via porque o bar havia sido "especial" para mim quando criança, mas não conseguia entender o sentido em continuar estimando o lugar agora que eu era um homem. Ela também podia estar imaginando a expressão dos pais se encontrassem tio Charlie ou Joey D.

Sidney deixara o apartamento e estava morando num alojamento da faculdade durante o último ano na faculdade. Sentamos na sua cama e conversamos um pouco mais sobre aquela noite.

— Por que aquele tal de Colt fala como o Zé Colméia? — ela perguntou.

— Colt? Não sei. A voz dele é assim.

— E por que se chama Colt?

— Todos no bar têm um apelido, mas Steve nunca conseguiu achar um para Colt, então Colt se sentiu excluído e, certa noite, anunciou que dali para frente ele queria ser chamado de Colt.

— Sei. E porque aquele cara que parece um Muppet...

— Joey D.

— ...fala sozinho?

— Quando criança, eu pensava que ele conversava com um camundongo de estimação que ficava no bolso da sua camisa.

— Hum...sei.

Pouco depois de nossa visita ao bar, Sidney disse que precisava dar um "tempo". Um tempo para botar em dia os trabalhos da faculdade, tempo para planejar o que faria após a conclusão do curso. Não se tratava de "agita", ela jurou, tomando minha mão entre as suas.

— Tempo — ela disse. — Me dá um tempo para eu me organizar.

— Claro — eu disse. — Tempo.

Sem Sidney, tudo o que eu tinha era tempo. Poderia ter feito o que era mais sensato e freqüentado as aulas, me atualizado com os deveres. Em vez disso, eu escrevia para o *Yale Daily News* e freqüentava a Beineck Library, examinando a coleção de cartas de Hemingway, Gertrude Stein e Abraham Lincoln. Com regularidade eu passava o dia todo em algum dos museus de Yale, especialmente o Center for British Art, onde ficava sentado olhando os retratos dos habitantes da América colonial pintados por John Singleton Copley. Aqueles rostos, iluminados por certa inocência e pureza, mas também por um traço de malandragem, lembravam-me os rostos no balcão do Publicans. Não podia ser coincidência, eu pensava, que Copley apresentasse seus personagens dentro de tabernas, ou pelo menos era o que me parecia. Ficava longos períodos em frente a um Hogarth do século XVIII, a *Midnight Modern Conversation*, que mostrava uma mesa numa taberna e uns 12 beberrões rindo, fazendo piruetas e caindo no chão. Aquele quadro às vezes me fazia rir bastante, e sempre me enchia de saudades de casa.

Saí do museu numa noite e parei num bar de esquina. Bebi um uísque. Trazia comigo um livro de poemas de Dylan Thomas. Li alguns, bebi outro uísque. No caminho de volta para meu quarto decidi dar uma olhada numa festa da qual ouvira falar. Era dentro de um porão. Cinqüenta estudantes circulavam em torno de um barril, enquanto um rapaz no canto tocava piano. Inclinei-me sobre o piano e fiquei observando.

O pianista olhou para mim enquanto dedilhava o teclado.

— Eu conheço você — disse ele. — JC, certo? Mo... Moo...

— Moehringer.

— Isso. Você e Sidney.

Assenti com a cabeça.

— Deve ser duro — continuou ele. — Ela e aquele estudante do mestrado. Isso machuca, né? — Ele parou de tocar ao ver minha expressão. — Ai... — ele lamentou.

Corri até o alojamento de Sidney. Chovia granizo, as calçadas estavam escorregadias e eu estava bêbado. Acabei caindo duas vezes. Molhado, arranhado, ofegante, atravessei a porta e acendi a luz. Ela se ergueu na cama. Estava sozinha.

— JR?

— É verdade?

— JR.

— Por favor, por favor, me diz apenas se é verdade.

Ela encolheu as pernas repousando o queixo nos joelhos e não disse nada. Tive vontade de lhe dar um tapa, interrogá-la, forçá-la a revelar todos os detalhes. Há quanto tempo? Com que freqüência? Por quê? Mas não fazia sentido. Percebi a inutilidade daquilo tudo, a futilidade das perguntas. Saí deixando a porta aberta.

O trem para Nova York estava lotado e o único assento disponível estava no vagão-bar. Aquilo não me incomodou. Curvado ao lado da janela, eu bebericava meu uísque, vendo Connecticut passar voando lá fora. No assento oposto ao meu havia um padre. Sua cabeça era calva, exceto por alguns tufos eriçados no alto do crânio. Tinha os olhos azuis próximos um do outro, protegidos por um par de espessas sobrancelhas, e eles olhavam para mim. Rezei para que não começasse a falar comigo.

— Para onde está indo? — ele perguntou.

Virei-me lentamente, como se tivesse o pescoço deslocado.

— Manhasset — respondi, virando de novo para a janela.

— Manhasset? Onde fica isso?

— Long Island — murmurei.

— Manhasset, Long Island. Existe uma musiquinha com essa palavra. Man-*hass*-et. Parece uma música de filme.

— Quase isso — a voz soando mais rude do que eu pretendia. Virei-me de novo para ele. — É o lar daquela bruxa mentirosa, Daisy Buchanan.

— E seu marido cretino, Tom — acrescentou ele, erguendo o copo para um brinde silencioso, a mim ou aos Buchanan, eu não tinha certeza. — Passando as férias em casa?

— Um intervalo não programado.

— Você parece estar com problemas, meu filho.

— Apenas descobri que Daisy anda me enganando.

— Ah.

— Desculpe. Isso não se faz, imagino, falar com um padre sobre uma mulher.

— Besteira. Isso é tudo de que ouço falar: amor e morte.

— É mesmo? Está certo. Padres e *barmen*.

— E cabeleireiras — ele passou a mão sobre a careca. — Pelo menos foi o que me disseram. Deixe eu adivinhar... Primeiro amor?

— É.

— "Primeiro ou último amor... qual dessas duas paixões é mais onipotente? Qual é a mais bela?" Longfellow.

— Minha avó costumava recitar esse poema para mim — eu disse, sorrindo.

O padre continuou declamando.

— "A estrela da manhã, ou a estrela da tarde? O nascer ou o pôr-do-sol do coração? A hora em que olhamos para frente, para o desconhecido, e o dia que avança consome as sombras... ou aquela em que toda a paisagem de nossas vidas se estende atrás de nós, e os lugares familiares brilham na distância... E doces lembranças... doces lembranças", como é o verso? Estou ficando velho. De qualquer modo, você pegou a idéia.

O padre estendeu a mão e bateu afetuosamente na minha perna.

— Deixe eu te pagar uma bebida — disse. — O que você está bebendo, meu rapaz?

Ele agitou os cubos de gelo em seu copo vazio, como um jogador de gamão agitando os dados.

— Uísque — respondi.

— Claro. O que mais poderia ser?

Quando ele voltou com as bebidas, agradeci e perguntei para onde estava indo? Uma conferência religiosa, disse. Estava representando sua igreja, que ficava em alguma região rural da Nova Inglaterra da qual eu nunca ouvira falar. Falamos sobre religião e ele ficou contente em saber que eu lera recentemente as *Confissões*, de Santo Agostinho.

— Você deve estar em Yale — disse ele.

— Por enquanto.

— Não está pensando em sair!

— Acho que Yale está pensando em me dispensar. Minhas notas.

— As notas podem melhorar. Um rapaz brilhante como você.

— É duro, padre. Mais do que eu esperava.

— O fascínio daquilo que é difícil secou o fluido vital de minhas veias e arrendou a alegria espontânea e o conteúdo natural do meu coração. Yeats.

— Yeats deve ter estudado em Yale.

— Se tivesse estudado, teria achado difícil também. Mentes criativas, você sabe...

— Você está sendo gentil. Mas eu sou um idiota. No ensino médio, eu me sentia um Einstein... agora sei por quê. A metade dos alunos era estúpida e a outra metade estava chapada. Em Yale, eu sou o estúpido. E quanto mais estúpido me sinto menos eu vou às aulas, o que me atrasa ainda mais, e me faz sentir ainda mais estúpido. — Encostei a cabeça no meu assento. — Eu pretendia estudar Direito — eu disse desanimado. — Sem a menor chance. E não sei como vou dar essa notícia para minha mãe.

— Sua mãe estava querendo que você estudasse Direito?

— E muito.

— O que você gostaria de fazer?

— Não sei.

— Mas deve ter alguma idéia.

— Eu gostaria apenas de... escrever. — Foi a primeira vez que disse aquilo em voz alta.

— Bravo! A mais nobre das vocações. Poesia?

— Jornalismo.

— Não. Você tem cara de poeta. Você é um sujeito melancólico como um poeta. Um romancista, talvez.

— Gostaria de ser apenas repórter num jornal — respondi, balançando a cabeça.

— Ah, bom... — assentiu ele, deixando os ombros caírem com a decepção. — Isso também é ótimo.

— Prefiro escrever as histórias de outras pessoas.

— Por que não as suas próprias?

— Não saberia por onde começar.

— Isso tem seu lado bom. E existe algo mágico em relação aos jornais. Eu posso garantir. Adoro pegar o *Times* todas as manhãs e ver toda aquela porção de vidas.

— Diga isso à minha mãe.

— Ela ficará feliz se você obedecer ao seu coração. E se você se *formar*.

Aquela palavra gerou uma contração no meu estômago. Engoli metade do uísque num gole só.

— Procure sua felicidade — disse o padre. — É a melhor maneira de fazer sua mãe feliz.

— Aposto que você não foi filho único de mãe solteira.

— Quinto filho numa família de dez. Mas minha mãe havia decidido que eu seria um padre, portanto estou solidário à sua situação.

— Você adoraria Manhasset. Só existem grandes famílias católicas.

— Parece um paraíso.

— Existe uma rua principal, com um bocado de bares. No alto, a igreja mais popular, St. Mary's, e logo abaixo dela o mais sagrado dos bares.

— Uma cosmologia digna de Dante. Mais um? — ele agitou novamente o gelo no copo vazio. Peguei minha carteira. Ele recusou. — Por minha conta — disse, se dirigindo ao bar.

Eu estava começando a sentir o uísque esquentando meu corpo. Os dedos dos meus pés estavam cheios de uísque. Minhas unhas, meus cabelos, cílios, cheios de uísque. Eu me perguntei se o padre no trem estava colocando alguma coisa no meu copo, mas afastei aquela idéia da mente.

— Sabe — eu lhe disse quando ele voltou com mais uma rodada —, o que você diz faz um bocado de sentido para um padre.

Ele bateu na própria perna e começou a rir.

— Tenho que me lembrar disso! Preciso contar essa para os outros padres na conferência.

Ele cruzou as mãos atrás do pescoço e me encarou.

— Acho que chegamos a conclusões importantíssimas hoje, JD.

— JR.

— A primeira é que você vai melhorar essas notas.

— Espero.

— "A incansável perseguição de uma perfeição inatingível, muito embora isso não passe de um acorde num velho piano, é o que por si só dá um significado à nossa vida nesta vã estrela." Logan Pearsall Smith.

— Quem?

— Um sábio homem. Ensaísta. Amante dos livros. Nascido muitas eras antes de você.

— Você conhece um bocado de livros, padre.

— Passei muito tempo sozinho quando criança.

— Pensei que viesse de uma grande família.

— Estar só não tem nada a ver com a quantidade de pessoas que se tem à sua volta. Agora, eu estava falando uma coisa... É isso. Segunda conclusão: você vai ser um escritor. Vai ser divertido procurar seus textos nos jornais. Você vai escrever sobre pessoas reais e sobre as coisas que elas fazem nesta vã estrela.

— Não sei. Às vezes, eu tento dizer o que está na minha cabeça e as coisas saem como se tivesse engolido um dicionário e eu estivesse cagando suas páginas. Lamento.

— Posso dizer uma coisa? — perguntou o padre. — Sabe por que Deus inventou os escritores? Porque Ele adora uma boa história. Ele não dá a mínima para as *palavras*. Palavras são cortinas que penduramos entre Ele e nossos verdadeiros eus. Tente não pensar nas palavras. Não se canse buscando a frase perfeita. Isso não existe. Escrever é adivinhação. Cada frase é uma suposição cultivada, para o leitor e para você. Pense nisso na próxima vez que colocar uma folha de papel na sua máquina de escrever.

Apanhei meu caderno de Yale na mochila.

— Você se incomoda se eu anotar isso, padre? Estou tentando me habituar a escrever as coisas inteligentes que as pessoas me dizem.

Ele apontou para meu caderno, que estava quase todo usado.

— Parece que você tem encontrado um bocado de gente esperta.

— A maior parte das anotações são coisas que ouvi dizer no Publicans. É o nome do bar em que meu tio trabalha.

— É verdade o que você diz sobre padres e *barmen* — disse ele, olhando pela janela. — Duas vocações com algo em comum, ambos servimos vinho. Há uma parte na Bíblia que fala de publicanos também, ainda que a palavra significasse algo diferente no tempo de Jesus. "Publicanos e pecadores", é esta a frase, eu acho. Eram sinônimos.

— Eu fui praticamente criado por publicanos. Meu tio e os caras do bar cuidavam de mim quando minha mãe não estava por perto.

— E seu pai?

Folheei as páginas do meu caderno e não respondi.

— Muito bem — prosseguiu o padre —, você teve sorte com tantos homens te ajudando.

— Tive sim, padre.

— As pessoas não entendem quantos homens são necessários para se criar um homem bom. Na próxima vez que estiver em Manhattan e vir um desses enormes arranha-céus sendo construído, pense em quantos homens estão envolvidos no empreendimento. São necessários tantos homens para construir um homem forte quanto para erguer uma torre.

VINTE E CINCO
SINATRA

A inspiração que extraí da conversa com o padre no trem se dissolveu tão rapidamente quanto o uísque. Naquele inverno de 1984 eu entrei em parafuso. Parei de estudar, parei de ir às aulas. E o mais perigoso de tudo, parei de me preocupar. Todas as manhãs, eu me instalava na cadeira ao lado da janela, lendo romances, fumando cigarros, pensando em Sidney e, quando chegava o fim da semana, vestia meu sobretudo e tomava o trem para Nova York e, depois, seguia para o Publicans, onde ficava dois dias direto, voltando para Yale domingo à noite. Os caras raramente perguntavam por que eu aparecia com tanta freqüência, estaria fazendo algum estudo no Publicans? Quando perguntavam, de um modo geral, como as coisas estavam indo, eu murmurava alguma coisa sobre Sidney, mas nunca revelava que estava à beira de um desastre, que a expulsão agora era mais do que uma possibilidade. Era uma certeza. Não sabia qual seria a reação deles, e não queria saber. Temia que pudessem ficar contentes, o que me faria repensar meus sentimentos por eles e pelo bar. Também estava com medo de que *eu* ficasse contente, que viesse a me orgulhar descrevendo a desordem em que se transformara minha vida. Pela primeira vez suspeitei de que houvesse um traço autodestrutivo na minha personalidade — suspeita que foi amparada quando li uma biografia de F. Scott Fitzgerald e avidamente sublinhei passagens sobre sua experiência em Princeton e seu abandono à faculdade. Eu me surpreendi pensando que talvez o fracasso na faculdade fosse um pré-requisito para se tornar escritor.

No primeiro dia quente de março, sentei na beira da janela do meu quarto no segundo andar. O ar estava fresco, os estudantes passavam pela rua com camisas sem mangas. Pareciam animados e satisfeitos. Seguiam para aulas e atividades acadêmicas, e eu queria me unir a eles, mas não conseguia. Eu cavara um buraco demasiadamente profundo para mim mesmo. Indaguei o que aconteceria se eu simplesmente caísse da janela. Morreria ou apenas partiria a clavícula e faria uma cena? Não era um impulso suicida, era mais uma fantasia melancólica, mas identifiquei aquilo como uma nova e alarmante virada nos meus pensamentos.

Então eu vi Sidney. Ela vinha descendo a Elm Street na minha direção, vestindo uma blusa branca e uma saia curta de camurça, os cabelos presos para trás. Mais abaixo, na calçada, um grupo de rapazes também a viu. Eles se cutucaram uns aos outros e sorriram.

— Olha só isso — murmurou um.

— Caramba — disse outro.

Um deles estava limpando uma maçã na camisa e, quando Sidney se aproximou, ele interrompeu o gesto. Seus lábios formavam um O de surpresa. Ele estendeu a maçã na direção dela e Sidney tomou-a de sua mão, sem desacelerar os passos. Ela me fazia recordar os caras do bar, entrando no mar a passos largos. Sidney mordeu a maçã e seguiu andando, sem olhar para trás, como se não houvesse nada de notável em pessoas estranhas lhe oferecerem tributos enquanto passava. Ouvi na minha mente a voz de tio Charlie na primeira noite em que viu Sidney. "Você está em maus lençóis, meu amigo."

Dias depois, um reitor de alta posição, o reitor dos reitores, convocou-me ao seu gabinete. O caso de John Joseph Moehringer Jr. fora-lhe informado pelos meus professores, muitos dos quais, disse ele obliquamente, estavam se sentindo "negligenciados". O reitor ficou "alarmado" quando soube da minha fraca freqüência, "aflito" com a queda vertiginosa das minhas notas. Ele fez um gesto amplo sobre sua mesa, onde estavam anotações a meu respeito. Se essas notas não melhorarem, disse, não teria outra escolha senão telefonar para os meus “pais” e conversar sobre minha saída de Yale.

— John — começou ele, olhando meu nome legítimo no alto de uma pasta —, há algo errado? Algo que você queira partilhar comigo?

Eu queria partilhar tudo, todos os detalhes, desde o professor Lúcifer até Sidney. O reitor parecia tão gentil, com seus óculos redondos sem aros, as distintas rugas no canto dos olhos, os tufos de cabelo grisalho em cada têmpora. Parecia-se com Franklin Delano Roosevelt, e eu esperava ansiosamente por alguém que me dissesse que eu não tinha nada a temer, senão o próprio medo. No lugar de um cigarro numa piteira, o reitor tinha um cachimbo preto preso entre os dentes que exalava um delicioso aroma — conhaque, café, baunilha, fogo de lenha —, a essência refinada do interesse paterno. A réstia de fumaça azulada de seu cachimbo iludiu-me por um instante, levando-me a pensar em Franklin Reitor Roosevelt, e eu estava curtindo aquela conversa ao lado da lareira. Então me lembrei que não éramos pai e filho, mas reitor e aluno, que não conversávamos com o coração, mas sim cara a cara em seu escritório entulhado de papéis na faculdade que estava a ponto de me expulsar.

— É complicado — murmurei.

Não podia falar com um homem tão distinto sobre loucura e lascívia. Não podia confessar a Franklin Reitor Roosevelt que estava sendo perseguido por imagens mentais de Sidney com outro homem. Está vendo, reitor, não consigo me concentrar em Kant porque não paro de imaginar um certo estudante acariciando minha ex-namorada que se encontra montada sobre ele, os cabelos dos dois se confundindo... Não. Para aquele reitor, Kant era o ponto máximo de excitação. Kant era sua revista *Playboy*. Olhei para as prateleiras de livros que iam do chão até o teto e soube que ele não entenderia porque eu não encontrava o entusiasmo de que precisava nos livros. Eu mesmo não entendia. Ele perderia a pouca simpatia que sentia por mim e, se não pudesse contar com seu respeito, esperava ao menos merecer sua piedade. Fiquei sentado, deixando os segundos explodirem num relógio que se encontrava em algum lugar atrás de mim, saboreando a fumaça do cachimbo e olhando para todos os lados, menos para seus olhos. Deixei que ele quebrasse o silêncio.

Mas ele não tinha nada a dizer. O que haveria a dizer sobre um rapaz como eu? Ele soltou uma baforada de fumaça e me observou como se estivesse no jardim zoológico e eu fosse uma interessante, ainda que lerda criatura.

— Bom — eu disse, inclinando-me para frente, como se fosse partir.

— Talvez um tutor? — sugeriu ele.

Claro que um tutor ajudaria, mas eu mal tinha dinheiro para meus livros, e o que sobrava estava reservado para o trem até o Publicans, que meu colega de quarto chamava de *Disorient Express*. Eu disse ao reitor que um tutor poderia ser útil, que eu tentaria me esforçar mais, porém, quando saí do escritório, pensei que o melhor a fazer era voltar para meu quarto e começar a preparar as malas. Não acreditava que conseguiria ficar ainda mais um mês em Yale.

Mas ocorreu o improvável. Continuei lá. Logo depois da reunião com o reitor, suprimi meu hábito de fugir para o Publicans todos os fins de semana. Agarrei-me com unhas e dentes aos livros para completar o semestre, e só não fui aprovado em uma matéria — recuperação que só foi possível devido a duas vozes encorajadoras que estavam sempre no meu ouvido. Uma vinha da minha mãe, que escrevia lindas cartas nas quais me garantia existirem outras Sidneys, mas não outra Yale. Se eu acreditava no amor, ela disse, e ela sabia que eu acreditava, então não deveria abandonar meu primeiro amor, Yale, para velar o segundo, Sidney. Um dia eu olharia para trás e, dessa época, ela escreveu, eu me lembraria pouquíssimo, exceto a força com que eu tentara ou não tentara vencer.

Já tinha lido a carta mais recente da minha mãe uma dúzia de vezes e ainda assim não conseguia tirar Sidney da minha cabeça. Então aumentava o volume e escutava a outra voz reconfortante — Sinatra. Ele oferecia o fundo musical para meu coração partido e, mais importante, uma justificativa intelectual. Memorizando datas para uma prova de história, ou teorias para uma prova de filosofia, eu também memorizava Sinatra, cujas canções se tornaram meus novos mantras. Em vez de dizer a mim mesmo "Não me preocuparei com uma coisa que não vai acontecer", eu entoava: "Acho melhor dar uma volta lá fora para minhas lágrimas secarem." Isso ajudava. Após confiná-los na memória, eu os explicava, buscava significados por trás das palavras, como professor Lúcifer certa vez esperou que eu fizesse com Keats. Datilografei as melhores letras em cartões e coloquei-os na minha mesa. Eram como um monólogo misógino do tipo que se podia escutar no Publicans em qualquer noite da semana, mas o modo como Sinatra o dizia, com garra e compaixão, e sem o sotaque de Long Island, fazia-o parecer mais sofisticado, mais convincente. Sinatra me disse que as mulheres eram perigosas, até letais. Sidney era apenas uma linda mulher, ele dizia, e ser traído por uma linda mulher era um rito de passagem para um jovem rapaz. Ele atravessara o mesmo fogo. Você sobreviverá, ele prometia. A dor trará o amadurecimento. Meu amor por Sinatra já era profundo, mas naquela primavera eu desenvolvi uma dependência física de sua voz.

Voltei a ouvir também a voz de meu pai ao final do semestre. Ele me telefonou sem mais nem menos sugerindo uma nova visita, e prometeu que essa seria melhor, significaria mais, pois havia parado de beber. Estava "careta e com limites", ele disse, e se por acaso eu precisasse conversar, deveria ligar para ele a cobrar. Contei-lhe sobre Sidney e meu empenho para não afundar em Yale. Sua recomendação foi que eu considerasse a possibilidade de abandonar os estudos. Faculdade não é para todo mundo, disse ele.

Quando as aulas acabaram, em maio, fui passar o verão em Manhasset. Disse à minha mãe que teria maiores chances de conseguir trabalho em Nova York do que no Arizona. Mas, é claro, a verdade é que eu queria recuperar meu tempo perdido no Publicans. Na minha primeira noite no bar comemorei dois marcos importantes: minha sobrevivência acadêmica e a formatura de Sidney. Na minha cabeça, o segundo era um motivo muito maior de satisfação, porque a partir de então teria Yale só para mim. Nunca mais, eu disse ao tio Charlie, teria que ouvir rumores sobre Sidney, ou a veria mordendo a maçã de outros.

Com o início do último ano voltei a ser eu mesmo. Indo às aulas, escrevendo para o *News*, com quase o número necessário de créditos para obter um diploma. Sentado à minha mesa, preparando um ensaio, ouvindo Sinatra, eu me sentia forte. De repente, minha felicidade fazia com que eu desse o melhor de mim. Ouvi novos significados nas letras de Sinatra. Se Sidney não era diferente de outras mulheres, raciocinei, talvez eu devesse perdoá-la. Se as lindas mulheres mentem e traem, esse era o preço de amar uma linda mulher. Eu me perguntei onde ela estaria naquele momento. Teria rompido com aquele estudante do mestrado? Pensaria em mim? Estaria a fim de ouvir minha voz?

Ela atendeu no segundo toque. Chorou, disse que sentia minha falta, e fizemos planos de nos encontrarmos para jantar na noite seguinte.

Sentamos a uma mesa num canto escuro do restaurante, e o garçom entendeu que devia nos deixar em paz. Sidney explicou meticulosamente, em detalhes, o motivo de ter feito o que fizera. Estava infeliz em Yale, disse. Deprimida, com saudades de casa, havia se comportado de uma maneira que, agora, mal podia crer, e colocou a maior parte da culpa no seu primeiro amor. Ela tinha na época 16 anos e ele era um homem bem mais velho que abusava dela e a enganava. A experiência a deixara desiludida e cínica, com idéias erradas sobre a fidelidade.

Agora ela estava mais velha e mais sábia, me prometeu, tocando no meu braço. Assim como eu, acrescentou. Ela podia ver nos meus olhos uma nova força e uma autoconfiança que lhe pareciam "loucamente atraentes". Quando o garçom trouxe a conta, Sidney estava no meu colo.

— Então — ela sussurrou no meu ouvido —, quer me levar para seu quarto e me mostrar seus desenhos?

Em pé no meio do meu quarto, desabotoando sua blusa, Sidney deu uma olhada na minha mesa.

— O que é isso tudo? — disse ela, apontando para uma pilha de papéis.

— Histórias.

— Sobre?

— Um jeca meio bobo e uma linda menina que partiu seu coração.

— Ficção?

— Não sei ao certo.

Ela apanhou uma caneta na mesa e desenhou um enorme coração em uma das folhas. No interior, escreveu, com sua caligrafia perfeita de arquiteta, "Fim". Em seguida, desligou minha luminária flexível. No escuro, ouvi o ruído dos botões de sua blusa que caía no chão.

Desta vez, eu disse a mim mesmo que tudo seria diferente. O sucesso com Sidney e em Yale dependia do equilíbrio entre ambos, sem devoção exclusiva a nenhum dos dois. Eu precisava elaborar melhor o controle do meu tempo e de minhas emoções, especialmente essas últimas. No passado, eu me deixara guiar pelo meu coração, revelando meu desespero como uma medalha de honra. Imaginava estar sendo honesto, mas era de fato um otário. Desta vez, prometi a mim mesmo: vou ficar tranqüilo.

Sidney percebeu a diferença e isso fez com que ela também agisse de maneira diferente. Embora eu não falasse mais sobre o futuro, Sidney só falava nisso. Várias noites, sentados num bar, bem depois da última rodada, depois de as cadeiras terem sido postas de cabeça para baixo, o *barman* louco para ir embora, ela fazia uma lista de nomes para nossos futuros filhos. Nas tardes de sexta-feira ela insistia para que eu pegasse o trem para o sul e passasse o fim de semana com ela e seus pais. (Estava morando com eles até decidir o que fazer da vida.) Os pais estavam diferentes também. Não faziam mais cara feia diante das coisas que eu dizia. Sorriam, encorajadores, quando eu e Sidney conversávamos sobre morarmos juntos. Após o jantar, todos íamos beber na sala de estar, ler o *Times*, assistir à televisão, como se já formássemos uma família. Quando os pais de Sidney subiam para dormir, alimentávamos o fogo e ela lia Proust, enquanto eu estudava. Algumas vezes, eu olhava pela janela e imaginava um garotinho nos observando do outro lado da rua. Uma ou duas vezes, senti como se uma parte de mim ainda estivesse lá fora, no bosque, espiando o que se passava dentro daquela casa.

No meu vigésimo aniversário, Sidney e eu fomos de carro até Boston, onde ela achava que seria um bom lugar para morarmos depois de me formar. A cidade ficava perto de sua família, assim não ficaria com saudades de casa, mas longe o bastante para trilharmos nosso próprio caminho e sermos independentes.

— Não é um lugar maravilhoso para começar uma vida nova? — ela indagou, dirigindo pelas ruas estreitas do North End. — Vamos arranjar um pequeno apartamento bem simpático. E todas as noites vamos acender a lareira e beberemos café, lendo um para o outro passagens de *Em busca do tempo perdido*.

— E existem várias boas escolas de Direito nesta área — eu disse.

— Pensei que você queria ser jornalista.

— Advogados ganham mais do que jornalistas.

— Não precisamos de dinheiro — disse ela. — Nós temos amor.

Mas precisávamos também de dinheiro. Desde o desastre de minha lavanderia na faculdade, eu tivera uma série de empregos de meio expediente, sempre ganhando apenas o bastante para bebida e livros, porém, no último ano, consegui um emprego de tempo integral num café-livraria ao lado do Center for British Art. O local era a idéia de paraíso para Bill e Bud. A fachada era uma vidraça que ia do chão ao teto, e o interior da loja estava sempre inundado pela luz natural. Havia um balcão de bar na forma de uma ferradura na seção de ficção que servia café e doces. Meu trabalho era ficar sentado ao lado da caixa registradora e cobrar o que era consumido. Como o lugar atendia quase exclusivamente pessoas sem-teto e estudantes — que aproveitavam a política do refil gratuito de café até ficarem trêmulos e viciados —, as vendas eram poucas, e eu tinha bastante tempo para ler e escutar conversas sobre arte e literatura. A atmosfera era revigorante, absurdamente intelectual. Certa vez, vi uma briga começar entre dois ajudantes de garçom para saber quem ficaria com o limpador prateado de cachimbo de Jacques Derrida, que o famoso professor de literatura deixara ao lado do prato depois de comer um sanduíche.

Eu também tomava conta do aparelho de som da livraria, o que significava Sinatra o tempo todo. Os estudantes tapavam os ouvidos com as mãos e imploravam para ouvir outra coisa. Até os sem-teto reclamavam. Uma vez um deles me disse:

— Pô, cara, põe um Crosby aí para variar um pouco.

Um dia de inverno, resolvi afrouxar e coloquei Quinteto para piano e sopro em mi-bemol de Mozart. O disco favorito de Bud. Abri um livro de Tchecov e meus olhos pousaram na seguinte passagem: "Encontraremos paz. Ouviremos os anjos, e veremos o céu brilhando com diamantes." Fechei o livro e senti aquelas palavras me atingirem a corrente sanguínea como um martíni do tio Charlie. Eu encontrara a paz, eu ouvira os anjos, e o céu estava cheio de diamantes — estava nevando, flocos espessos e suaves, fazendo a vitrine da loja parecer um globo de vidro cheio de neve. Observei a neve polvilhando o *campus*, bebi meu café, ouvi Mozart e disse a mim mesmo, alertei a mim mesmo: pode ser isso. Talvez nunca mais fosse tão feliz. Estava quase me formando, me candidatando a algumas escolas de Direito, estava conciliado isso com o amor da minha vida. Até minha mãe estava se sentindo melhor. Ela estava tendo algum sucesso vendendo seguros e namorava alguém.

Um cliente se aproximou do balcão. Registrei seu livro e ao lhe entregar o troco ouvi algo se chocar contra a vitrine. Eu me virei, o freguês se virou, todos se viraram. Uma enorme bola de neve se despedaçara contra a vitrine. Lá fora, no meio da rua, estava Sidney com as mãos nos quadris, sorrindo. Corri até a rua, ergui-a nos braços e dançamos em círculos. Disse-lhe que, um minuto antes, eu estava pensando que nunca poderia ser mais feliz, e agora estava duas vezes mais feliz, e tudo por causa dela.

— Eu te amo — ela disse várias vezes.

Na minha lembrança, parece que cinco minutos depois, eu estava saindo da Sterling Library, um rascunho preliminar de minha tese dentro da mochila, e era primavera novamente. Mais à frente, encontrei Franklin Reitor Roosevelt. Ele parabenizou minha boa aparência. E acrescentou intencionalmente — com certa emoção — que estava esperando me ver, mais do que qualquer um, de beca e barrete no dia da formatura.

Eu e Sidney fomos tomar banho nus numa praia isolada que ela conhecia no estreito de Long Island. Nadamos até um flutuador de madeira afastado da costa e ficamos deitados ao sol, as mãos dadas, conversando em voz baixa por algum motivo, embora não houvesse ninguém por perto. De fato, o mundo parecia ter sido coberto por uma Segunda Inundação, da qual éramos os únicos sobreviventes.

— Diga a verdade — eu disse.

— Sempre digo a verdade.

— Você já foi tão feliz assim?

— Nunca — respondeu ela. — Nunca ousei esperar ser tão feliz assim.

Minha mãe escreveu para dizer que comprara uma passagem de avião e um vestido novo, azul para minha formatura. Li a carta sob o meu frondoso olmo, depois olhei para os galhos lá no alto, carregados de botões de flores e adormeci em paz. Acordei ao crepúsculo. Voltando para meu quarto, vi um folheto anunciando conferencistas convidados que falariam sobre diversos tópicos. Quem é que vai ficar sentado numa sufocante sala de conferência e escutar um desses chatos, principalmente no início da primavera? O nome de um desses chatos me chamou a atenção. Frank Sinatra. Pobre coitado. Um professor lunático de economia do MIT que foi batizado com o nome do cara mais bacana do planeta.

Li com mais atenção. O folheto parecia sugerir que esse Frank Sinatra que vinha a Yale era o Frank Sinatra, cantor. Ele fora convidado para falar sobre sua "arte". Reli várias vezes aquela passagem. Uma piada, obviamente. Depois notei a data: primeiro de abril. Muito engraçado.

Meus amigos da faculdade, no entanto, juraram que não era uma piada. Sinatra vem aí, eles disseram, embora não dessem a mínima. Fui até o salão de conferência na data marcada. Não havia uma multidão nem muito movimento. Sentei na escadaria e fiquei vendo os carros passarem. Uma piada. Levantei-me para ir embora e vi um estudante subir correndo a escada com um molho enorme de chaves.

— Você veio ver o Sinatra? — perguntou ele.

— Ele vem mesmo?

— Às quatro horas.

— Mas onde estão todos?

— Ainda são duas horas.

— Pensei que ia encontrar uma fila, pessoas tentando conseguir um bom lugar.

— Ele não é o George Michael, cara.

O estudante me deixou entrar. Escolhi um bom lugar e aguardei, enquanto a sala se enchia à minha volta. Ainda havia lugares disponíveis quando Sinatra entrou calmamente pela porta lateral, sem comitiva, sem guarda-costas, acompanhado apenas pela esposa e um reitor desleixado. Ele sentou-se ao lado do púlpito calmamente, cruzou as pernas e esperou.

Ele não parecia com a imagem que eu tinha dele. Era mais gordo do que eu imaginava, parecia um tio. Não parecia mais excepcional do que o reitor que andava em torno do púlpito, ajustando o microfone, talvez porque Sinatra estivesse vestido como ele. Em todas as fotos que eu vira, Sinatra trajava um *smoking* ou um terno lustroso, com uma gravata. Naquele dia, ele vestia um casaco de *tweed*, um cachecol frouxo, uma gravata dourada e um mocassim de couro de cabra brilhante. Sinatra estava tentando se parecer com um universitário, para se ajustar. Meu coração se abriu para ele.

Observei seus olhos. Eu já vira aqueles olhos azuis tantas vezes, nas capas dos discos, nos filmes, mas nenhuma câmera era capaz de transmitir aquela tonalidade em toda sua magnitude, como eu estava vendo a alguns metros de distância. Eles dardejavam de um lado para o outro, varrendo a sala como holofotes azuis, e eu notei que eles variavam de tom à medida que se moviam: azul índigo, azul-imperial, azul-marinho. Por trás daquelas nuances azuladas eu vi algo ainda mais impressionante. Medo. Frank Sinatra estava com medo. Comer um prato de massa com gângsteres não o amedrontava, mas falar para uma sala cheia de estudantes dedicados fazia-o transpirar. As mãos tremiam à medida que lia suas anotações e as colocava no bolso do casaco. Ele deu uma olhada para a esposa, sentada na primeira fila, que lhe retribuiu com um sorriso de você-é-capaz. Vendo-o estremecido, sofrendo do mesmo desejo de ser apreciado que eu sofrera por quatro anos em Yale, tive vontade de gritar, "Relaxa, Frank! Você é melhor do que todos esses caras juntos!"

O reitor fez uma rápida introdução. Sinatra ficou em pé e dirigiu-se ao púlpito. Tossiu algumas vezes protegendo a boca com a mão, limpando a garganta, e começou. A Voz era rangente. Soava como meus velhos discos de vinil. Agradeceu-nos por tê-lo convidado a falar sobre sua "arte" e, embora fosse um artista, disse, fazia questão de garantir que, antes de mais nada, ele era um cantor de bar. Ele adorava os *bares*, e claramente amava aquela palavra. Toda vez que dizia "bar", suas cordas vocais relaxavam e o sotaque das ruas de Hoboken ressurgia, superando sua valente tentativa de adotar uma dicção mais acadêmica. O bar era o berço da sua voz, ele nos disse. Um bar havia sido sua plataforma de lançamento. Era a um bar que sua mãe o levava quando criança e o sentava sobre o balcão, dizendo-lhe para cantar para todos os presentes. Olhei à minha volta. Será que todos estavam conseguindo entender a dimensão do que dizia? "Frank Sinatra cresceu num bar!" Ninguém parecia nem um pouco surpreso, mas eu estava dando socos nas minhas coxas.

Não imaginava que pudesse me sentir ainda mais grato a Sinatra. Já lhe concedia a metade do crédito por eu ter superado a ausência de Sidney, ter me reconciliado com Sidney e por ter me ajudado a me formar. Mas quando ele me fez sentir que não havia nada de errado com bares adorados, que o fato de ser criado num bar não desqualificava um rapaz para o sucesso, ou a felicidade, ou o amor de alguém como Sidney, quis subir no palco e abraçá-lo com vontade. Queria agradecer ao Sinatra por ter me ajudado a atravessar tempos sombrios, por ter cantado para mim nesse período. Queria convidá-lo para ir até o Publicans, e quase o fiz. Ergui minha mão para falar durante a sessão de perguntas e respostas. "Se você adora os bares, Frank, eu tenho um especial para você!" Mas, antes que A Voz me chamasse, o reitor deu um passo à frente e disse que era hora de nosso honrado convidado partir.

Sinatra nos agradeceu mais uma vez e, parecendo aliviado, saiu de mansinho pela porta.

VINTE E SEIS
JR MAGUIRE

DIAS ANTES DA MINHA FORMATURA, eu tinha mais um último dever, uma última exigência a cumprir, embora essa eu mesmo tivesse me imposto. Eu precisava trocar legalmente meu nome. Precisava me livrar do JR e do Junior, e do Moehringer, varrer para longe aqueles símbolos opressivos e substituí-los por alguma coisa normal, algum nome que não viesse do vizinho alemão, de um pseudônimo do pai do meu pai. Queria negar meu pai e recusar meu nome, e queria um nome que Sidney não fosse capaz de negar ou recusar, quando a pedisse em casamento.

Mas eu tinha que agir rapidamente. Faltavam poucos dias para serem impressos os diplomas da Classe de 1986 de Yale, e decidira que qualquer que fosse o nome no meu diploma, ele seria o meu nome para sempre. Dera um duro danado por aquele diploma, vestira-o com muitos significados para depois vê-lo com qualquer nome que não fosse o meu próprio. Não deixaria minha identidade se bifurcar. Não queria sair pela vida com dois nomes diferentes, a ressurreição de Johnny Michael, também conhecido como John Moehringer.

Passei horas infindas na Sterling Library compilando listas de nomes potenciais. Procurei nos romances, em antologias de poesia, enciclopédias de beisebol, exemplares do *Quem é quem*, anotando nomes líricos, incomuns e ultramasculinos. Eu me imaginava, alternadamente, por cinco minutos, como Chip Oakwood, Jake McGunnigle, Clinton Vandemere. Treinava minha nova assinatura como Bennett Silverthorne, Hamilton Gold e William Featherstone. Fui dormir como Morgan Rivers e acordei como Brock Manchester. Considerei a sério me tornar Bayard Alguma Coisa, mas depois de roubar a camisa do homem, não haveria justificativa para roubar-lhe o nome. Experimentei nomes de jogadores de beisebol do século XIX, como Red Conkright e Jocko Fields, e certa tarde saí andando pelo *campus* me sentindo um Grover Lowdermilk. Tentei uma mistura de horríveis nomes britânicos que encontrei nos anais do Parlamento, como Hamden Lloyd Cadwallader. Por fim, percebi que todo nome de que gostava, como todos os outros em minha lista, eram tão vulneráveis à gozação quanto JR Moehringer.

Por fim decidi por Charles Mallard. Fácil. Simples. Charles em homenagem ao meu tio Charlie, Mallard porque soava à grana e ao Velho Mundo. Charles Mallard era um homem que usava gravatas decoradas com imagens de faisões, sabia limpar uma arma, e levava para cama as garotas mais belas do clube. Charles Mallard era quem eu pensava que queria ser. Charles Mallard eu fui. Durante um fim de semana. No último minuto, um colega me salvou de formalizar esse equívoco fantástico, alertando-me que eu seria por toda a minha existência tratado Chuck Duck.

Resolvi continuar sendo JR, mas o transformaria em meu primeiro nome oficial. A partir daí não estaria mais mentindo quando dissesse às pessoas que as letras não representavam nada. Para o sobrenome eu usaria o nome de solteira da minha mãe: Maguire. JR Maguire. Sidney o escreveu com sua caligrafia de arquiteta na capa do meu caderno de Yale. Muito bonito, disse ela. Embaixo escreveu "Sidney Maguire". Ambos concordamos que soava muito bem.

A funcionária do cartório de New Haven disse que mudar de nome era moleza.

— Preencha esse formulário — explicou ela, empurrando uma folha na minha direção — e você pode ser quem quiser.

— Quero mudar o meu primeiro nome para JR. Apenas JR. Está bem?

— Só JR? Mas isso não significa nada?

— Não, esta é toda a questão. É possível?

— Você pode mudar seu nome para R2D2 que o estado de Connecticut não está nem aí.

— Ótimo.

— Qual será o sobrenome?

— Maguire.

— JR Maguire — ela repetiu. — Atualmente qual é o seu nome?

— John Joseph Moehringer Jr.

— Rapaz! Definitivamente é uma melhora — disse ela.

Levei o formulário para meu quarto e telefonei para minha mãe para lhe contar o que eu estava fazendo. Ela ficou emocionada — o nome do meu avô trazia uma lembrança infeliz para ela — mas ela entendia. A mudança de nome custaria 75 dólares, eu lhe disse, quantia que eu não tinha. Meu namoro com Sidney me deixara sem grana. Minha mãe disse que mandaria o dinheiro imediatamente.

Contando meus 75 dólares, ao sair da Western Union, resolvi me despedir com pompas de John Joseph Moehringer Jr. Andei até a cidade e entrei num bar. Vi minha amiga Bebe, a única outra estudante de Yale que gostava dos bares tanto quanto eu.

— Ei, adivinha quem morreu? Junior! Isso mesmo, Junior Moehringer está morto! Longa vida a JR Maguire!

Ela riu nervosamente, sem a menor idéia do que eu estava falando. Eu disse ao *barman* que me deixasse pagar uma bebida para minha amiga Bebe, e depois me expliquei, contando aos dois um resumo da história de meu nome e o quanto eu o odiava e por que estava enfim me livrando dele.

— *Bon voyage*, Junior! — eu disse, erguendo minha cerveja.

— Adeus, Junior! — despediu-se Bebe, batendo a garrafa na minha.

— *Sayonara*, seu bundão! — berrou o *barman*.

Acordei na manhã seguinte com a cabeça latejando. Deitei de costas, os olhos fechados, tentando recordar o que acontecera depois de sair da Western Union. Lembrei de ter feito um brinde. Lembrei de Bebe e o *barman* rindo e dizendo algo como "JR Maguire é *fogo*. Qual é o seu *jogo*, JR Maguire?" O resto eu não lembrava. Pensei em telefonar para Bebe, perguntando o que tinha acontecido, mas então tudo voltou de uma só vez à minha mente. Saí da cama e revistei os bolsos do meu *jeans*. Os 75 dólares tinham desaparecido. Tudo. Junior, aquele covarde, aquele rato, me embriagou e me enrolou.

Sentei à minha mesa e olhei para o formulário. JR Maguire. Um nome tão bonito — e eu arruinara tudo. Pior, eu o bebera todo. Fui até o banheiro e olhei no espelho, dizendo a mim mesmo que eu não merecia um nome tão bonito. Merecia atravessar a vida como JR Moehringer. O cruzamento de um pseudônimo e uma mentira.

Sidney me beijou e disse que não se importava com meu nome. Dias depois, descobri que na verdade ela não se importava era comigo. Já estava saindo com outro cara.

Descobri a verdade no seu banheiro. Um envelope na estante endereçado a Sidney com uma caligrafia masculina de letras espremidas. Li várias vezes. "O Junior ainda está na fita? Se está, por quê? Mal posso esperar por [ilegível] outra vez."

Entreguei a carta para Sidney.

— Onde você achou isso? — disse ela, apanhando o papel.

Ela me contou alguns fatos sobre ele que eu teria preferido não saber. Era um herdeiro com um iate veloz e um nome muito melhor do que o meu. Eram da mesma cidade, ele era engraçado, esperto — mas não passava de um amigo, argumentou. Eu queria acreditar nela, ou perdoá-la, mas nem mesmo Sidney esperava isso de mim. Tentei pensar se podíamos fazer alguma coisa para não nos separarmos, mas não fui capaz, e Sidney tampouco. Alguns dias antes da formatura nós nos despedimos, para sempre.

Eu estava ansioso para voltar ao Publicans e tomar meu tradicional porre pós-Sidney. Mas não havia tempo. Era o dia da formatura. Minha mãe estava lá, em pé no meu quarto, em seu novo vestido azul, sorrindo à toa, relembrando, eu tinha certeza, todos aqueles dias em que um momento desses parecera inimaginável.

Quando caminhava através do Old Campus com minha beca preta e meu barrete na cabeça, ouvi os sinos em Harkness e me lembrei da primeira vez que os ouvira, sete anos antes. Recordei-me de como haviam me atormentado, mas agora, sentado no meio de outros formandos, todos os tormentos desapareciam em seu lugar; havia uma radiante gratidão, que identifiquei como a verdadeira façanha do dia, mais do que o diploma que estava prestes a receber.

Apenas um triste momento manchou aquela tarde esplêndida. Tudo aconteceu tão rápido que, mais tarde, me perguntei se não havia sido fruto de minha imaginação. Logo após a cerimônia, Sidney surgiu saindo do meio da multidão, segurando um grande buquê de lírios. Ela o estendeu para mim e beijou meu rosto. No meu ouvido, ela sussurrou que lamentava, que sempre me amaria, depois se virou — saia curta, pernas bronzeadas e saltos altos — e seguiu pelo New Haven Green. Observei-a desaparecendo na sombra de meu frondoso olmo, um santuário se dissolvendo dentro do outro.

Não senti raiva. Em vez disso, percebi com uma clareza incomum como éramos jovens, Sidney não menos do que eu. Talvez fosse o laço do barrete balançando na frente dos olhos, fazendo-me pensar com consciente maturidade, mas por um breve instante, reconheci e avaliei o quanto, apesar de sua sofisticação, Sidney era uma menina. Nós dois fingíamos ser adultos, mas nada mais era que fingimento. Nós desejávamos as mesmas coisas — segurança, abrigo, estabilidade financeira — e Sidney devia desejá-las mais do que eu, porque ela desfrutara delas a vida toda e sabia como eram importantes. Em seu desespero para consegui-las, ela agira movida pelo pânico, não pela maldade. Acompanhando minha mãe até Manhasset, me recusei a pensar em Sidney. Concentrei-me nas coisas boas daquele dia, enquanto minha mãe examinava meu diploma.

— Está tudo escrito em latim — se queixou ela.

— Exceto o meu nome: uma mistura de alemão e uma língua incompreensível.

— *Primi Honoris Academici?* O que quer dizer isso?

— Não tenho a menor idéia — respondi balançando a cabeça.

Um diploma que não conseguia ler, um nome que não podia suportar. Eu não me importava. Apreciava o diploma como uma segunda certidão de nascimento. Minha mãe percorreu com o dedo meu nome.

— JR Moehringer — ela disse. — Você conseguiu que Yale imprimisse seu nome JR? E sem os pontos?

— Foi uma negociação nos últimos segundos.

— O que houve com JR Maguire?

— Eu... mudei de idéia.

Ela olhou para minha mão no volante.

— E o anel de formatura de Yale? — quis saber.

— Vamos falar sobre isso durante o jantar.

Yale enviara recentemente à minha mãe um catálogo de anéis, que por algum motivo mexeu com sua imaginação. Ela ficou estranhamente obcecada em comprar um anel de presente de formatura. Um anel, ela argumentou, era parte da minha experiência em Yale. Como um diploma, ela acreditava, um anel seria a prova de que eu estudara em Yale. A "prova reluzente", ela disse.

Eu não queria um anel. Expliquei para minha mãe a aversão que sentia por jóias masculinas e salientei que os anéis de Yale eram caros. Ela não me escutava. Você precisa ter um anel, insistiu. Ótimo, eu lhe dissera, mande o catálogo para mim e eu encomendarei um. Mas eu o pagaria, fazendo hora extra no café-livraria.

Durante o jantar no Publicans, minha mãe ficou sabendo que eu não mantivera minha palavra, que o dinheiro para o anel sumira do mesmo modo que o dinheiro para minha mudança de nome.

— Você prometeu que ia encomendar um anel — disse ela com uma voz decepcionada.

— E eu encomendei.

Do bolso do meu casaco retirei uma caixinha de veludo e coloquei à sua frente na mesa. Ela a abriu. Dentro havia um anel de Yale. Um anel feminino. Expliquei-lhe que Yale tinha sido nosso sonho, e nossa realização. Disse à minha mãe que não teria conseguido entrar em Yale sem ela, e certamente não teria conseguido me formar sem sua ajuda.

— No que me diz respeito — eu falei —, você também se formou em Yale hoje. E você precisa de uma prova disso. Uma prova reluzente.

Seus olhos se encheram de lágrimas, e ela tentou falar, mas a voz ficou presa na garganta.

Depois do jantar fomos para o salão do bar. Tio Charlie estava comandando o som e, em minha homenagem, tocou Sinatra a noite toda.

— São suas "pompas e circunstâncias" — disse ele, aumentando o volume nos primeiros acordes de "My Way".

Quando um jovem vestido de falso *hippie* com um casaco com franjas pendendo das mangas pediu ao tio Charlie para mudar o som, meu tio olhou-o fixamente e bem devagar aumentou o volume ainda mais.

Steve cumprimentou efusivamente minha mãe. Parabenizou-a pelo anel e ofereceu-lhe uma variação cavalheiresca de seu sorriso tipo Cheshire. Cager bateu na ponta de sua viseira, cumprimentando minha mãe, e disse ao tio Charlie que queria lhe pagar uma bebida.

— Dorothy — disse tio Charlie. — Cager está bancando.

Tentei sussurrar para minha mãe a história de Cager no Vietnã. Queria que ela soubesse a honra que era beber por conta do Cager. Mas Quissidane me interrompeu.

— Seu filho — ele disse à minha mãe —, superola como nuncaguém o primato, especialmente quando ele avala bulas de garravazias, pode ter certeza!

— Ah? — exclamou minha mãe, olhando para mim como se pedisse socorro. — Obrigada.

Enquanto minha mãe conversava com tio Charlie e Quissidane, Cager bateu no meu ombro. Perguntou que área eu escolheria para especialização. História, respondi. Ele quis saber o motivo da minha escolha. Eu lhe falei que um de meus professores me dissera que a História era a narrativa de pessoas em busca de um lugar para ir, e eu apreciava a idéia.

— E quanto custa para estudar em Yale atualmente? — ele perguntou.

— Em torno de sessenta mil dólares — eu disse. — Mas a maior parte vem de bolsas e empréstimos e...

— Então em que ano foi assinada a Carta Magna?

— Carta o quê? Não sei.

— Exatamente como eu pensava. Sessenta mil, jogados no lixo. — Ele acendeu um Merit Ultra e tomou um gole de Budweiser. — Carta Magna, 1215. Fundação da legislação inglesa. Bulwark contra a tirania. Eles deixam você sair dessa porra de Yale sem saber isso?

Parecia que minha formatura o tinha deixado irritado. E ele não era o único. Colt também mostrou-se reservado, como o urso Zé Colméia roubando uma cesta de piquenique vazia. Estariam aqueles homens, como Sinatra, de algum modo intimidados por Yale? Não pude aceitar a idéia de que Yale fosse um obstáculo para o bar, então subestimei meu diploma, falei de minhas notas sofríveis e minha emasculação por parte da Sidney, e obviamente o humor de todos melhorou.

Quando a cozinha fechou, as pessoas que estavam no restaurante se dirigiram ao balcão do bar para tomar a saideira, acompanhados pelos garçons e garçonetes que tinham terminado seu expediente e se preparavam para beber o primeiro drinque da noite. Todos me felicitaram e fizeram elogios à minha mãe, lembrando das próprias formaturas. Minha prima Linda chegou e me deu dois presentes. O primeiro foi notícia de McGraw, que estaria de volta na semana seguinte. Acabara de concluir o primeiro ano em Nebraska, onde conseguira uma bolsa de estudos jogando beisebol, e eu estava morrendo de vontade de revê-lo. O segundo presente era uma caneta de prata comprada na Tiffany. Linda sabia que eu nutria uma certa vontade de me tornar um escritor. Minha mãe, contudo, não sabia, ou não queria saber, então a caneta de Linda apontou para outra conversa que há anos tentávamos evitar. De modo mais enfático — no aconchego no Publicans e na onda do uísque — admiti para minha mãe que não queria mais ser um advogado. Direito não era para mim. Lamento, eu disse. Lamento muito.

Minha mãe ergueu a mão e disse:

— Espere. Devagar.

Ela não estava certa de que eu deveria me tornar um advogado. Apenas me empurrara naquela direção porque queria que eu desse minha colaboração ao mundo e construísse uma carreira, em vez de apenas ficar pulando de um emprego para o outro. Ficaria feliz se eu me sentisse feliz, pouco importando a profissão que eu escolhesse.

— O que você pensa que gostaria de fazer em vez de estudar Direito? — ela perguntou gentilmente.

A pergunta girou sobre nossas cabeças como fumaça. Desviei meu olhar. Como dizer à minha mãe que o que eu queria fazer em seguida era escolher um banco no balcão do Publicans e ficar sossegado? Eu queria jogar pôquer, assistir a jogos de beisebol, apostar — ler. Queria me instalar no balcão, tomar um drinque e desfrutar os livros que me haviam deixado intimidado e na pressa não pude ler em Yale. E, por fim, queria sentar numa cadeira e ficar olhando para o céu...

Minha mãe estava esperando, segurando serenamente seu copo de Zinfandel. O que você pensa que gostaria de fazer? Pensei em começar dizendo algo objetivo e direto. "Mãe, simplesmente eu não vejo sentido em todo esse negócio de ética e trabalho." Mas temi que essas palavras a derrubassem do banco ao lado do balcão. Considerei a possibilidade de citar Whitman. "Quero me encostar e vadiar à vontade, observando a grama crescer no verão." Mas minha mãe não dava a mínima para Whitman e acharia minha resposta dissonante.

É claro que eu não sabia o que dizer porque eu não sabia o que queria. Minha incapacidade de ver a vida de outro modo que não fosse em preto ou branco impedia-me de entender o meu lado contraditório. Sim, eu queria me encostar e vadiar no bar, mas também queria ir à luta e vencer, fazer um bocado de dinheiro, ser capaz de cuidar da minha mãe. O fracasso era tão doloroso para mim, tão assustador, que eu tentava apaziguá-lo, entrar em acordo com ele, em vez de enfrentá-lo de cabeça. Movendo-me de um lado para o outro naquele verão, entre minha mãe e o bar, desenvolvi uma dupla personalidade. Metade de mim queria conquistar o mundo, outra metade queria se esconder dele. Incapaz de sondar meus impulsos conflituosos, ou sequer explicá-los, e buscando uma resposta que satisfizesse minha mãe, pacificasse minha ambição e ainda me fizesse sentir livre para ficar encostado naquele balcão, anunciei em voz alta, impulsivamente, para mim e para ela, que escreveria um extenso romance *à clef* sobre o Publicans. Eu ia ser um romancista.

— Romancista? — indagou minha mãe num timbre monótono, como se eu tivesse dito que queria vender sanduíche de queijo durante os *shows* do Grateful Dead. — Entendo. E onde você vai morar?

— Na casa do vovô.

Ela se encolheu. Tia Ruth e as primas estavam morando de novo na casa do vovô. As condições estavam imprestáveis naquela casa.

— Até conseguir outra coisa — acrescentei rapidamente. — Quando puder alugo um quarto para mim em outro lugar.

Sentia-me bastante orgulhoso. Pensava ter descoberto um plano que satisfazia os sonhos de minha mãe e os meus. Na verdade, o plano sintetizava seus piores temores. Ela mexeu no seu novo anel no dedo, como se se preparasse para devolvê-lo, e olhou à volta no bar, provavelmente questionando a decisão de me mandar para lá todos os verões. Ela sempre tivera uma idéia fixa sobre o Publicans, em grande parte baseada em meus relatos romantizados, e agora eu podia ver que ela temia ter subestimado o lugar, que talvez não tivesse sido muito sábio de sua parte ter-me deixado ficar tão encantado por ele. Ela olhou para os rostos ao longo do bar, homens e mulheres imaginando que escrever um romance sobre eles era uma idéia excelente, e sua expressão ficou como a de Sidney, quando entrou pela primeira vez no Publicans.

Olhei ao redor também. Na outra extremidade do balcão, se encontrava um grupo de rapazes da minha idade, todos, eu ouvira, haviam conseguido o primeiro emprego em Wall Street. Estavam embolsando uns 150 mil dólares por ano, pelo menos, e cada um parecia ser o tipo de filho que deixaria uma mãe orgulhosa. Eu me perguntei se minha mãe também os tinha visto, se estava pensando que seria bom me trocar por um deles.

— É este o seu plano? — minha mãe me perguntou. — Você quer ser um escritor faminto morando num sótão?

Eu não estava seguro sobre o sótão, mas a idéia me parecia ótima. Pelo menos era um começo.

— Você vai precisar de um emprego — disse minha mãe. — Isso é certo.

Eu sorri, mas ela não.

— Um emprego de verdade — prosseguiu. — É preciso ter um salário para pagar um plano de saúde, roupas, e se está decidido a morar na casa do seu avô, será preciso dar algum dinheiro à sua avó para ajudar com a comida.

— Desde quando?

— Desde que você completou 21 anos. Desde que você se formou na Universidade de Yale. Você precisa de dinheiro, JR. Dinheiro para viver. Dinheiro para... para... pelo menos pagar sua conta no bar.

Eu não lhe expliquei que não havia conta no bar, sobrinhos de *barmen* bebiam de graça. Sabia que esse argumento não ajudaria minha causa ou sossegaria minha mãe. Bebi meu uísque e fiquei com a boca fechada, a última sábia decisão que eu tomaria durante um bom tempo.

VINTE E SETE
RJ MOHINGER

ANDEI PARA CIMA E PARA BAIXO NA Plandome Road preenchendo propostas de emprego, me apresentando a todos os donos e gerentes de lojas no caminho. Quando alcancei a parte alta da rua, estava exausto. O dia estava muito quente e eu precisava beber algo. Olhei as horas. Quase *happy hour*. A loja seguinte era a Lord & Taylor. Vou preencher mais um formulário de emprego, disse a mim mesmo, depois vou direto ao Publicans tomar uma cerveja com meu tio e comer um hambúrguer do Cheiramal.

A mulher do departamento pessoal da Lord & Taylor disse que não havia vagas na seção de Artigos Masculinos. Eu já podia sentir o gosto da cerveja na boca. Agradeci sua atenção e me virei para sair.

— Espere — disse ela. — Nós temos alguma coisa na seção de Artigos Domésticos.

— Artigos Domésticos?

— Toalhas, sabões. Velas. É uma seção adorável. E é um emprego em tempo integral.

— Não sei. — Pensei no meu diploma. Pensei no meu orgulho. Depois pensei na expressão da minha mãe no Publicans. — Quando eu teria que... Quando poderia começar?

— Imediatamente.

A mulher do departamento pessoal e eu descemos a escada rolante até a seção de Artigos Domésticos, que se situava no subsolo da loja. Ela me apresentou às funcionárias, quatro senhoras que deviam ter sido umas das primeiras mulheres a votarem no país. A gerente da seção levou-me até uma sala nos fundos e me deu algumas instruções que duraram dez minutos, visto que não havia muitas coisas sobre as quais ser instruído. Na Lord & Taylor não havia computadores, caixas registradoras, nem qualquer sinal de que o século XX estava chegando ao fim. Todas as vendas eram anotadas num bloco de pedidos, recibos eram feitos com papel carbono e, no raro caso de uma venda à vista, o troco era retirado de um caixa-forte de metal. Os clientes achavam fantástico que a Lord & Taylor mantivesse os métodos de antigamente. A dona me entregou um avental, preparou uma etiqueta de identificação com meu nome — RJ Mohinger — e me mandou para a seção de vendas.

— Você pode começar — disse ela — espanando a poeira.

No reflexo de uma das caixinhas de música à venda na seção de Artigos Domésticos, vi de relance minha imagem. "Parece comigo. Mas não pode ser eu, porque estou usando um avental e com um espanador na mão, no subsolo da Lord & Taylor." Em maio, eu estava em Yale, em abril, na seção de Artigos Domésticos. Pensei nos meus colegas da faculdade, como Jedd II e Bayard. Imaginei as suas carreiras começando, a vida empolgante que estavam começando a construir. Com a sorte que eu tinha, um deles ia acabar parando com um pneu furado na Shelter Rock Road e entraria na Lord & Taylor para usar o telefone, e lá estaria eu, com meu avental, com minha masculinidade perdida, cheirando a sabão até o pescoço.

— Desculpe.

Eu me virei. Uma cliente.

— RJ — disse ela, lendo meu nome no peito —, pode me ajudar com esses produtos Waterford?

A mulher apontou para as várias peças de cristal que desejava examinar. Eu as retirei das caixas e as coloquei diante dela sobre uma toalha. Erguendo-as contra a luz, ela me perguntou questões detalhadas, e embora eu não soubesse as respostas, percebi que na Lord & Taylor eles não davam notas para testar seu conhecimento. Disse-lhe que os métodos usados por Waterford, na Irlanda, datavam do tempo dos druidas. Contei-lhe sobre os sinos que soavam todos os dias no castelo Waterford (eu estava descrevendo a Harkness Tower) e lhe garanti que cada peça de Waterford era única, como um floco de neve, como a alma humana. Já não sabia mais o que sairia da minha boca em seguida, e a minha curiosidade era a mesma da cliente. Menti eloqüentemente, licenciosamente, desavergonhadamente. Menti até não poder mais e, mentindo, senti que recuperava uma parcela da minha dignidade.

A cliente comprou seiscentos dólares em produtos Waterford, fazendo com que eu fosse o maior vendedor da seção naquele dia. Aparentemente tratava-se de um feito sem precedente. Nenhum empregado na história da seção de Artigos Domésticos vendera tanto no seu primeiro dia, disse-me a gerente ao me entregar um prato de sobremesa.

— O que é isso? — perguntei.

— O melhor vendedor do dia ganha um prêmio. O prêmio de hoje é um prato de prata para sobremesa.

— Meus parabéns — disse uma outra mulher, chamada Dora, que usava óculos espessos como uma tela de TV. Pela falta de sinceridade na sua voz, concluí que ela tinha ficado em segundo lugar naquele dia e estava de olho naquele prato de sobremesa.

No dia seguinte, a mesma coisa. Vendi cerca de oitocentos dólares em mercadorias, e fui premiado com um conjunto de facas para carne. Durante toda aquela semana eu superei as veteranas por uma larga margem e no domingo quebrei um longo recorde da seção de Artigos Domésticos, o equivalente a uma façanha inédita no beisebol. Eu estava fazendo as mercadorias saírem mais rápido do que Lord & Taylor conseguia reabastecer-se, e não apenas com as peças de Waterford. Estava vendendo velas suficientes para iluminar um estádio esportivo numa partida noturna, toalhas de banho suficientes para enxugar a baía de Manhasset.

As veteranas eleitoras da seção de Artigos Domésticos me lançavam olhares rancorosos o dia todo, como se eu me opusesse ao seu direito de votar. Eu era para elas o pior pesadelo: jovem, cheio de energia, sem doenças nos pés causadas por anos naquela seção e ficando com o prêmio diário com o qual elas contavam para aumentar seus rendimentos. Eu também me olhava com rancor, cada vez que via meu reflexo numa caixinha de música. A situação já estava bastante ruim quando me vi aceitando um emprego abaixo de minhas capacidades. Agora enfrentava a possibilidade de ter descoberto minha verdadeira vocação. Como a água, eu encontrava meu próprio nível. Era para isso que eu vencera em Yale? Por que Sidney me rejeitara? Seria por eu ter almejado um salto grande demais? Era esse meu destino, ser o melhor funcionário na história da seção de Artigos Domésticos? Em ocasiões diferentes, eu me preocuparia com a possibilidade de nutrir alguma sombria atração pelo fracasso. Agora me preocupava com meu inexorável sucesso na seção de Artigos Domésticos, e o que aquilo prenunciava.

No entanto, havia algo mais preocupante em relação à seção de Artigos Domésticos, mais horrível. Mais vergonhoso. Eu estava gostando. Todas aquelas noites olhando pelas janelas em Manhasset, toda aquela fixação sobre lindos lares e coisas belas haviam me transformado numa espécie de mestre dos Artigos Domésticos. No mais profundo esconderijo do meu subconsciente, desenvolvi um *fetiche* pela seção de Artigos Domésticos, um nauseante talento inato. Mesmo quando não me esforçava, eu vendia mais do que qualquer um. Na verdade, não se esforçar era a chave do sucesso. Quanto menos me esforçava, melhor me saía, e um prazer mais doentio eu extraía daquilo. Eu me apeguei àquele avental como uma velha mula a um arado.

Atormentado, confuso, carregando o último prêmio conquistado por ter sido o melhor vendedor do dia, todas as noites eu me abrigava no Publicans com duas outras funcionárias que tinham minha idade. Uma trabalhava na seção de Cosméticos, a outra com Roupas Íntimas Femininas. Elas me achavam engraçado, e um mentiroso audacioso, não por me terem ouvido contando cascata para os clientes, mas porque eu insistia que me formara em Yale.

— Sempre achei que se um dia tivesse um emprego contrário à minha vontade, eu seria um advogado — disse a elas. — Mas, talvez, Artigos Domésticos seja meu destino. Não posso ignorar que essa é a primeira coisa que faço direito na minha vida.

— Não se preocupe — disse Cosméticos. — Tenho certeza de que é apenas uma fase.

— É mesmo? — indaguei, esperançoso.

— Se tudo o que nos disse sobre você mesmo é realmente *verdade* — disse Roupas Íntimas —, daqui a muito pouco você vai começar a fazer um monte de merda.

O outono chegou. Eu passava os dias na Lord & Taylor, batendo recordes de vendas, e as noites no Publicans, aprendendo com Cager e Eddy Ligeiro como jogar pôquer. No meu tempo livre esboçava meu romance sobre o Publicans, assistia a *Oprah* com a vovó e ficava lendo na varanda. Lá estava eu numa fria e clássica tarde de outubro, quando o carteiro entrou com um fatídico envelope rosa na mão. Reconheceria aquela caligrafia de arquiteta a trinta metros de distância. Apanhei o envelope e rasguei-o em meia dúzia de pedaços. Um minuto depois, remendei-o com fita adesiva. Ela sentia minha falta, me amava, queria encontrar-se comigo na cidade para jantarmos.

Prometi que não iria. Li mais algumas páginas do meu livro, preparei para mim uma xícara de chá, telefonei para Sidney e disse que a encontraria naquela noite. Passei o resto da tarde praticando e ensaiando diferentes expressões faciais no espelho do banheiro. Tranqüilo. Sereno. Contido.

A caminho da estação de trem, parei no Publicans para tomar um pouco de coragem. A única pessoa no bar que eu conhecia era Quissidane. Ele me perguntou aonde eu ia arrumado daquele jeito.

— Jantar com minha ex-namorada — eu disse, com os olhos semifechados.

— Ah, que se dane, cara.

— É isso aí, Quissidane.

— Que se dane. Que se *dane* todo mundo.

— Alguma vez uma garota já partiu seu coração? — perguntei.

Quissidane aproximou o rosto do meu, abriu um sorriso de nove cervejas e o cheiro do álcool quase desfez o nó da minha gravata. Ainda assim, não recuei, e ele pareceu comovido, como se minha firmeza fosse uma prova de lealdade. Então, ele me deu um conselho paternal que eu nunca mais esqueci.

— Uma vez, eu tive uma mina bem jovenzinha — disse ele. — E quando a terobina do marcato celulepra, não fui capenga de polotar a mudenga, nada disso, e eu romei o sapateco todavida cabaloca. Está vendo donde venho?

Sidney não morava mais com os pais. Tinha um apartamento no último andar de um prédio no East End. Quando abriu a porta, minhas pernas tremeram. Estava mais linda do que eu me lembrava. Os olhos castanhos, os cabelos louros outonais — havia se passado apenas dois meses, mas eu me esquecera. Disse a mim mesmo que a beleza não podia ser lembrada mais do que podia ser descrita.

No restaurante, eu pedi um uísque. Sidney pediu uma vodca com tônica e foi direto ao assunto. Desculpou-se por ter me magoado mais uma vez. Mas era uma desculpa diferente. Não parecia com o prelúdio padrão de uma reconciliação que eu esperava. Falou sobre o Herdeiro — a família, o iate, o senso de humor — como se ele fosse mais do que um amigo, mais do que um caso passageiro. Ela gostava dele, disse, embora também gostasse de mim. Estava dividida.

Eu não conseguia ficar ouvindo tantos detalhes sobre o Herdeiro. Nem todo o uísque do Publicans seria suficiente para apagar os detalhes que Sidney estava colocando na minha mente. Para mudar de assunto, perguntei o que ela estava fazendo. Trabalhando para uma pequena agência publicitária, respondeu, e adorando o emprego. Aparentemente, abandonara os sonhos de arquitetura e cinema. Perguntou-me o que eu estava fazendo. Falei sobre meu romance, cujo título provisório era *Contos de uma fábrica de gim à beira da estrada*. Já havia escrito 18 páginas. Contei que Cheiramal tivera uma discussão com alguém no bar e sua machadinha de cortar carne ficou presa na parede. Pensara em começar o livro assim. Eu sabia que o Publicans não deixava Sidney à vontade, mas não tinha mais nada sobre o que falar, e tentava evitar o assunto que eu sabia que a deixaria enjoada. Ao perceber que eu estava escondendo alguma coisa, ela foi direta.

— O que está fazendo para ganhar dinheiro? — quis saber.

— Tenho um emprego.

— Onde?

— Lugar nenhum. Nem vale a pena mencionar, apenas algo para quebrar o galho, sabe?

— JR, querido. Onde você está trabalhando?

— Na seção de Artigos Domésticos da Lord & Taylor.

— Artigos o quê?

— Do... domésticos.

O garçom veio anotar nossos pedidos e Sidney o dispensou.

— Vamos precisar de mais tempo aqui — ela lhe disse. — Muito mais tempo.

Ela arrumou os talheres, dobrou o guardanapo e olhou para a toalha branca, como se fosse a primeira página de um discurso que estava pronta para proferir. Então começou algo que era menos um discurso do que uma lamentação. Onde foi parar sua ambição? O que aconteceu com suas esperanças e seus objetivos? De que adiantou estudar em Yale? Por que diabos você está vendendo velas e copos de cristal?

— Porque — respondi, sentindo-me infeliz — sou bom nisso.

— Você tentou uma vaga nos jornais? Enviou seus artigos do *Yale Daily News*? Entrou em contato com o *New York Times*?

— *New York*? Por favor. Você está bêbada. Chega de beber vodca.

— Você sempre falou sobre o *Times*. Sempre disse que o *Times* era o seu sonho.

— Eu disse? — não me recordava disso. — Olhe, o *Times* está muito longe das minhas possibilidades. O *Times* é como... você. Já foi um milagre eu ser aceito em Yale, um milagre ter encontrado você. Um raio não cai três vezes no mesmo lugar.

— Você tem que se arriscar nessa vida, senhor Problema.

— Eu me arrisquei. Com você. Olha o que eu consegui.

Encolhi meus ombros e ela riu.

Depois do jantar fomos caminhar na Madison Avenue, olhando as vitrines das lojas. Sidney segurou minha mão e pressionou seu corpo contra o meu. Eu me odiei por desejá-la tanto.

De volta a seu apartamento, deitamos no chão da sala de estar e conversamos, principalmente sobre livros. Estava lendo mais do que costumava fazer em Yale, ela disse, e descobrindo um novo grupo de jovens escritores. Senti inveja de cada escritor que ela mencionou, menos por ter talento e por ter sido publicado do que por tê-la impressionado. Suspeitei também que talvez não fossem suas descobertas, mas recomendações do Herdeiro. Me arrastei no chão para perto de Sidney e a beijei. Seus lábios pareciam mais macios do que eu me lembrava. Abri sua blusa, afaguei seus seios, afastei suas pernas com o joelho. Ela soltou meu cinto e se agarrou a mim, começando a dizer oh, sim, sim. De repente, ela parou e se afastou.

— Espere — disse. — A noite foi adorável, não vamos estragá-la.

— E como isso pode estragar a noite?

— Preciso ir devagar.

Uma voz me sussurrou que Sidney queria ir devagar porque eu estava freqüentando o Publicans e trabalhando na Lord & Taylor. *Se eu tivesse entrado por aquela porta falando sobre meu novo emprego em Wall Street, já estaríamos nus*. Levantei-me rapidamente. Tonto. A sala girava ao meu redor. Tinha bebido em demasia. E ainda assim não o suficiente. Sidney se levantou, agarrou meu braço e pediu que ficasse, que ela podia explicar. Livrei-me dela. Se saísse naquele momento conseguiria resgatar meu orgulho. Mais importante, conseguiria pegar o trem de 1h19 e chegar no Publicans antes de fechar.

VINTE E OITO
TIM

O BAR ESTAVA APINHADO DE GENTE. Consegui me esgueirar entre um quarteto de vendedores reclamando dos patrões, das comissões e não sei mais do quê, e um homem cuja mulher recentemente o abandonara para viver com outra mulher. Tio Charlie estava com as mãos cheias, aconselhando todos ao mesmo tempo. Quando ele me viu e percebeu a expressão do meu rosto, inclinou violentamente a cabeça para trás como se alguém houvesse lhe enfiado sais aromáticos no nariz.

— Quem morreu?

— Eu. Acabei de jantar com Sidney.

— Essas safadas — exclamou ele, batendo com uma garrafa de Dewars sobre o balcão. — São todas umas safadas.

Os vendedores e o corno grunhiram em solidariedade.

Tio Charlie serviu uísque no meu copo até a borda. Parecia uma Fontana di Trevi de uísque. Depois começou a abrir garrafas de cerveja para os vendedores e se esqueceu de mim. Olhei à minha volta. Uma outra pessoa não teria visto nada além de um bando aleatório de beberrões, mas eu via minha gente. Amigos e parentes. Companheiros de viagem. Havia todo tipo de pessoa ali — corretores e ladrões, atletas e aleijados, mães e *top-models* — mas éramos um só. Todos tínhamos sido feridos por alguma coisa, ou alguém, e então todos viemos para o Publicans, porque a desgraça gosta de companhia, e adora uma multidão.

Tio Charlie virou-se novamente para mim.

— Tudo bem — disse —, estou ouvindo.

Eu respirei fundo. Péssima idéia. O oxigênio, misturado com o uísque, me deixou triste outra vez — e resmungão. Mais tarde, tio Charlie me falou que eu disse coisas do tipo: "Sempre que alguém morre, as pessoas falam que a vida é frágil, não fode, me parece que o amor é que é frágil, é difícil matar alguém, mas o amor morre mais rápido do que flores recém-colhidas..." Tio Charlie não soube como responder, mas nem teve chance de responder, porque inadvertidamente eu abrira um debate coletivo. Os homens começaram a soltar suas opiniões sobre amor e mulheres em todas as direções.

Um cara com um elegante terno de linho riscado disse que o amor não era diferente de outras intoxicações.

— Toda euforia é seguida de depressão — disse ele. — O que sobe, desce. Você pode medir sua bebedeira de hoje à noite pelas dores que vai sentir amanhã, estou certo? O mesmo vale para o amor. A cada orgasmo pagamos os olhos da cara.

— Obrigado — disse o tio Charlie. — Vai levar uma semana para eu tirar essa imagem da cabeça.

Um cara ao lado do Terno de Linho, cujos cabelos pareciam uma grande folha de tabaco estendida sobre sua cabeça, deu um passo à frente.

— Olhem só, o negócio é o seguinte — disse Folha de Tabaco. — As mulheres bonitas com freqüência são solitárias, mas nunca estão sozinhas. Entende, elas *sempre* têm um namorado, então, mesmo que estejam vulneráveis, nunca estão disponíveis. Esse é um dos enigmas da vida.

— Enigmas — concordou tio Charlie.

Escutei uma voz atrás de mim. Quando me virei, não havia ninguém. Olhei para baixo, na altura do meu umbigo, vi um enorme nariz aquilino. Por trás desse nariz, havia um homem com penetrantes olhos azuis e bochechas marcadas por profundas covinhas, como Shirley Temple. Numa voz grave e incongruente, aquele duende declarou que as mulheres eram mais "evoluídas" do que os homens, portanto mais capazes de emoções contraditórias. Que elas podiam, ao mesmo tempo, amar e odiar os homens. Mas com os homens era tudo ou nada.

Tio Charlie entoou alguns acordes de "All or nothing at all" e disse para o Duende de Covinhas:

— O amor pela metade nunca valeu nada para mim.

Um quarto homem, com uma testa tão larga e pálida que me deu vontade de escrever alguma coisa nela, interrompeu dizendo que se as mulheres eram mais evoluídas, só se fosse no sentido em que os extraterrestres eram mais evoluídos.

— Já notou a visão periférica que as mulheres têm? — disse ele. — Um homem vê uma mulher, digamos, no trem, ele a encara como um cão de caça encarando um pato morto. Não pode fazer nada. Mas uma mulher pode avaliar um homem sem virar a cabeça. Quando você está olhando para uma mulher, ela sabe, camarada, ela sabe, e ela está retribuindo o olhar, mesmo que pareça estar lendo o jornal. São seres alienígenas, pode acreditar.

Tio Charlie murmurou concordando e apontou para o peito de Testa.

— Uma outra coisa sobre as mulheres de que ninguém gosta de falar — disse Terno de Linho para Folha de Tabaco, Duende de covinhas e Testa — é como elas desaparecem. Como fantasmas.

Algumas vezes, ele confessou, quando via uma bela mulher, ele a seguia por um dois quarteirões, só para ver aonde estava indo. Será casada? Talvez fosse em busca do amante para um encontro à tarde. Estaria ela comprando roupas íntimas? Invariavelmente, a mulher entrava numa loja ou na portaria de um prédio, e quando Terno de Linho tentava encontrá-la, pronto, ela sumia.

— Você é um doente de merda — exclamou um policial de folga que bebia café com conhaque. — Tem idéia de quantos sem-vergonhas como você eu levo em cana todo dia?

Terno de Linho, Folha de Tabaco, Duende de covinhas e Testa, todos olharam para o chão, intimidados.

— Quer ver uma mulher que eu não acho nada atraente? — disse meu tio. — Sigourney Weaver.

— Eu adoro! — disse Terno de Linho. — Largaria minha mulher e meus filhos por ela.

— Você largaria a mulher e os filhos pelo *senhor* Weaver? — indagou Folha de Tabaco.

— Você não está falando sério sobre Sigourney Weaver, está? — quis saber tio Charlie.

— Muito sério — respondeu Terno de Linho.

— Ele parece sério — disse Duende de covinhas.

Tio Charlie ergueu as mãos do balcão, como se fosse um fogão quente. Examinou os copos de coquetel pendurados acima, tentando escolher com qual acertaria a cabeça do Terno de Linho.

— Nesse caso — meu tio disse —, só podemos chegar a uma inelutável conclusão. Você não se importa se eu disser "inelutável", se importa? Se você acha que Sigourney Weaver é *sexy* então você é homossexual.

Eu também achava Sigourney Weaver *sexy*, e gostava de seu nome, um nome artístico retirado de uma lista de convidados de *O grande Gatsby*. Tio Charlie, no entanto, parecia tão indignado que preferi não abrir a boca. Ele disse coisas baixíssimas sobre a impossibilidade de "comer" Sigourney Weaver, depois bateu com a mão no balcão. Caso encerrado. Nenhum de nós tinha permissão para sair com Sigourney Weaver. E se desobedecêssemos, se um de nós saísse com Sigourney Weaver, uma vez que fosse, nunca mais seríamos servidos no Publicans. Debatemos então sobre quem seria a quintessência da feminilidade. Que deusa não criaria desacordo entre qualquer grupo de homens? Foi feita uma votação e venceu Elisabeth Shue, embora um veterano com orelhas em forma de damascos continuasse insistindo que estávamos esquecendo de Myrna Loy.

— Chega de falar de mulheres — interrompeu meu tio. — É deprimente, eu não faço sexo desde a crise dos mísseis em Cuba.

A conversa passou de mulheres para beisebol, uma transição natural no Publicans. Tio Charlie começou com uma fervorosa indagação sobre "aqueles outros safados instáveis". Da equipe do Metropolitans. O Mets conseguira se classificar pela Costa Leste e tio Charlie analisava para nós as chances nas partidas finais. Como torcedores do Mets, estávamos ansiosos por seus prognósticos, mas assim que ele começou a esquentar, um bando de garotas barulhentas de uma universidade, na extremidade do balcão, erguendo os copos vazios, reclamavam para ser servidas.

— As alienígenas estão com sede — murmurou Terno de Linho.

Tio Charlie foi atender as moças. Virei para minha direita, onde um homem dez anos mais velho do que eu se apoiava no balcão, lendo um livro. Seus olhos eram negros e grandes, o bigode negro e cerrado, vestia um elegante casaco de couro escuro, muito na moda, muito caro. Absurdamente boa-pinta, ele segurava um copo de martíni como se fosse uma rosa cheia de espinhos.

— Ei. Você aí — eu disse. — O que está lendo?

— Rilke.

Eu me apresentei. Seu nome era Dalton. Era advogado — ou pelo menos disse que era. Tinha acabado de chegar de uma viagem de volta ao mundo — ou pelo menos disse que tinha. Escrevia poesias — ou pelo menos era isso que dizia. Nada do que falava parecia ser verdade, pois simplesmente se recusava a fornecer qualquer detalhe, como por exemplo a que especialidade de Direito se dedicava, por onde viajara, que tipo de versos escrevia. Toda especialidade de Direito, respondeu impacientemente. Por algum lugar no Extremo Oriente, disse, agitando a mão. Só poesia, básica, disse, acrescentando "Imbecil!". Pensei que pela ousadia, imprecisões, jaqueta preta de couro, estética James Bond, ele poderia ser um espião.

Para alguém tão reservado, Dalton acabou se revelando um bom conversador. Desde que o assunto não fosse ele próprio, ele tinha uma ampla variedade de opiniões a partilhar. Melhor do que ninguém no Publicans, ele sabia como manter o ritmo da conversa. Conversávamos sobre arte, cinema, poesia, comida e conversávamos sobre conversas. Concordamos que o Publicans era o paraíso para os conversadores. Na maioria dos bares, disse Dalton, as pessoas conversam para justificar a bebida — no Publicans, elas bebem para justificar a conversa. Contei-lhe que Thomas Jefferson, Montaigne e Cícero, todos consideravam que a conversa era a mais viril das artes. Disse-lhe que eu achava que a conversa ainda era a melhor maneira de se conhecer um ao outro. Ele segurou minha mão e a apertou.

— É exatamente isso — exclamou ele. — Você disse tudo, imbecil.

Quando Dalton me perguntou porque eu estava tão alinhado, eu lhe falei que tinha ido até a cidade para ver minha ex-namorada arrancar meu coração do peito e comê-lo na minha frente. Ele estendeu o livro contra meu peito.

— Você precisa conhecer meu amigo, senhor Rilke — disse ele. — Rilke costuma dizer: "Não podemos saber por que isso ou aquilo tem importância para nós. Sexo é difícil, sem dúvida. Mas há dificuldades para as quais fomos designados..."

Anotei essa e outras passagens num guardanapo, assim como as observações autorizadas de Terno de Linho e companhia. Na hora de o bar fechar eu estava me sentindo ótimo. Sidney era um borrão, como alguma coisa que tivesse acontecido há muitas décadas. Bebi o restante do meu uísque, bati com o copo na mesa e apontei para o peito do tio Charlie.

— O que é isso? — exclamou meu tio.

Olhei para o balcão. Acabara de quebrar meu copo.

— Deixa pra lá, garoto — disse ele, vendo a expressão do meu rosto. — Vá pra casa.

— Isso — concordou Dalton, olhando para seu casaco de couro respingado de uísque. — Não importa, seu imbecil. Vá pra casa.

Desci cambaleando pela calçada até a casa do vovô e desmaiei no sofá bicentenário. Ao acordar, fiz uma coisa num impulso. Reuni meus artigos escritos em Yale e os coloquei com um currículo datilografado às pressas dentro de um envelope endereçado ao *New York Times*. Eu queria mostrar algo para Sidney. E quando o *Times* me recusasse, eu encaminharia a carta de rejeição para ela. Coloquei o envelope na caixa de correio em frente ao Publicans e segui para a Lord & Taylor, onde vendi mais de mil dólares em mercadorias e ganhei uma espátula de prata para abrir cartas, que me fez considerar a possibilidade de enfiá-la no meu coração.

Alguns dias depois, estava me barbeando, preparando-me para ir trabalhar, quando minha avó veio até a porta do banheiro.

— Pat morreu — ela disse.

"Pat? Pat morreu há anos." Olhei de soslaio o reflexo da minha avó no espelho.

— Tio Pat — disse ela. — Pat Byrne.

Ela se referia ao pai de meus outros primos, os que a vovó chamava sempre de os "perfeitos cavalheiros".

— Pobres crianças — prosseguiu, enxugando os olhos com uma toalha que eu lhe dera. — Nove crianças sem um pai. Você imagina?

*

A igreja estava quente, abafada, transbordando de gente. Eu e minha avó nos sentamos apertados num dos bancos e vimos os filhos de Byrne carregarem o caixão do pai. Todos com os cabelos penteados para trás, a mesma vermelhidão nas faces, e grandes volumes de músculos sob os ternos. Todos haviam sido feitos no mesmo molde, todos pareciam com o pai. Apenas um era diferente.

E ele parecia sentir no ombro a maior parte do peso do caixão. Senti pena dele, e de todos os Byrne e ainda assim queria sair dali. Queria correr até o Publicans, conversar com Dalton sobre Montaigne, beber por cima de todos aqueles pensamentos sobre a paternidade e a morte. Mas depois do funeral, minha avó insistiu que eu a levasse de carro até a casa dos Byrne.

Sentamos na sala de estar com a viúva do tio Pat, tia Charlene. Ela era prima de primeiro grau da minha mãe, minha prima de segundo grau afastada, mas eu a tratava por tia Charlene, sempre o fizera. Quando eu era menino, tia Charlene parecia pressentir a tempestade de pensamentos trovejando dentro da minha cabeça, e ela falava comigo com uma delicadeza que me acalmava imediatamente. Ela não agiu de modo diferente naquele dia. Conversamos por um bom tempo, mas me lembro que abordamos um único assunto. Pais. Ela me confidenciou que temia que os filhos não conseguissem lidar com a ausência do pai. Eu percebi que ela queria que eu dissesse alguma coisa útil, oferecesse alguma instrução sobre como ser um filho sem pai, mas eu não tinha nada para dar.

Naquele momento, Tim, filho da tia Charlene, o que carregara quase todo o peso do caixão, se aproximou de nós. Desculpou-se por interromper, apertou minha mão e aceitou minhas condolências. Sua mão tolhia a minha. Ele tinha exatamente a mesma idade que eu, mas era duas vezes maior. Acabara de se formar em Syracuse, onde jogava futebol, e os braços tinham a largura das minhas pernas. Ele falava com o rude sotaque de Long Island que eu me esforçara para perder, mas ao ouvi-lo pensei que gostaria de tê-lo de volta. Seu sotaque fazia com que parecesse um cara valente.

Ele perguntou se tia Charlene precisava de alguma coisa. Para beber? Comer? Segurou a mão dela ao perguntar aquilo. Ele era tão gentil com a mãe que minha avó olhava para ele com um misto de incredulidade e adoração. Tim se inclinou, beijou a mãe, depois saiu para buscar uma bebida, preparar-lhe um sanduíche e se certificar de que os convidados estavam à vontade. Minha avó ainda olhava para ele. Depois virou-se para mim, seus olhos piscavam, como se enviassem uma mensagem em código Morse.

Ela não precisava dizer nada.

Homens de verdade tomam conta das mães.

VINTE E NOVE
O HOMEM DO *TIMES*

Dora atendeu o telefone na central de vendas quando eu estava ocupado com um cliente. Ao fundo do meu discurso persuasivo sobre as velas e os sabões, ouvi Dora dizendo ao telefone que eu estava trabalhando e não podia ser perturbado de modo algum.

— Quem? — ela berrou ao telefone. — *New York Times?*

Corri até o balcão e arranquei o telefone da mão de Dora.

— Alô? Alô?

Era uma mulher do departamento pessoal do *Times*. Chamava-se Marie. Semanas após ter enviado meus textos para o *Times*, eu me esquecera que havia posto o número do telefone da Lord & Taylor no meu currículo. O que me pareceu mais seguro do que pôr o telefone da casa do vovô, onde poderiam pensar que era alguém querendo fazer uma pesquisa. Marie disse que meus textos tinham sido lidos por um editor, que gostara deles. Metade de mim queria berrar. A outra metade se perguntava quem era o esperto no Publicans que estava fazendo um falsete com a voz para me pregar uma peça. Cheira-mal... é você? Mas a tal de Marie continuou usando palavras que Cheiramal não conhecia, então percebi que devia ser verdade. O *Times* me oferecia um programa de treinamento para recém-formados, ela disse.

— Você começa como estagiário, mas pode chegar a uma posição de repórter profissional. Está interessado?

Tentei pensar na maneira perfeita de dizer que estava. Queria que soasse casual, mas não casual demais. Ansioso, mas não excessivamente ansioso. Apertei com força o telefone e olhei para Dora. Nenhuma ajuda. Olhei para a cliente que acabara de abandonar. Menos ainda. Ela estava batendo o pé, olhando para o relógio. Resolvi manter a simplicidade.

— Estou interessado — respondi a Marie.

— Ótimo. Quando você pode me trazer outras amostras de seu trabalho?

— Mais? Eu já mandei tudo que escrevi para o jornal da faculdade.

— Bom, isso é um problema. Os editores querem ver outras coisas antes de tomarem uma decisão.

— Talvez eu possa ir até New Haven e verificar nos microfilmes da biblioteca se eu esqueci algum. Talvez tenha deixado alguns de fora.

— Então faça isso. E se encontrar, me avise.

Depois de desligar o telefone, a adrenalina me fez delirar. Voltei dançando até a cliente e lhe vendi uma caixa de velas com aroma de jasmim, oito ou 12 toalhas de mão e um isqueiro Waterford, que me ajudaram a superar Dora nas vendas daquele dia. O prêmio era um jantar para duas pessoas num restaurante italiano. Quando dei o prêmio para Dora, ela pôs a mão no meu rosto.

— Você é um bom rapaz — disse ela. — Não sei por que todas as outras vendedoras odeiam você.

Esperando o trem partir da Grand Central, a cabeça apoiada contra a janela, eu a vi andando através do meu reflexo. Usava uma saia de linho cru, uma blusa marfim quase transparente, com as mangas curtas, e na mão trazia uma fatia de *pizza* num prato de papel. Tentando encontrar um vagão que não estivesse muito cheio, ela parou para espiar pela minha janela e seguiu andando pela plataforma. Momentos depois, ela voltou. Desta vez, eu acenei. Ela pulou e sorriu. Depois entrou no vagão e veio sentar-se ao meu lado.

— Oi, senhor Problema — ela disse. — Está indo para onde?

— Yale. Vou apanhar alguns de meus artigos para apresentar ao *New York Times*.

— Não!

— Mandei o que eu tinha para eles e agora querem ver mais. — Ela apertou meu joelho. — E você?

— Indo para casa ver meus pais.

Quando o trem começou a se mover para o norte, falei-lhe sobre o destino. O destino não parava de nos jogar um para o outro, sugeri. Desde aquela aula de Direito Constitucional até ali, na Grand Central, nossos caminhos sempre se cruzaram. Obviamente, o destino estava tentando nos dizer alguma coisa. Como explicar aquele encontro casual? Especialmente no momento em que estava indo para Yale numa missão inspirada por ela.

— O universo — eu disse — nos quer juntos.

Ela deixou que eu defendesse meu ponto de vista enquanto comia a *pizza*. Quando acabou, esfregou as mãos para se livrar das migalhas e disse:

—Talvez eu estivesse errada.

— É mesmo?

— É. Talvez você devesse ter ido mesmo para a Escola de Direito.

Eu me retraí. Ela afagou meu braço. Disse que concordava com tudo o que eu dissera, mas ela não queria correr o risco de me machucar outra vez.

— Era isso que eu estava tentando dizer para você quando jantamos juntos, mês passado — disse Sidney. — Estou confusa. Estou fodida. Preciso...

— Eu sei. Precisa de tempo.

— Você está sempre tão seguro em relação às pessoas. Tudo é branco ou preto para você. Você não tem dificuldades para deixar as pessoas se aproximarem.

— Eu queria é saber como deixar as pessoas se afastarem.

Ela limpou a boca com um guardanapo de papel.

— Minha estação — disse ela. — Boa sorte com o *Times*. Depois me conta.

Ela me beijou e saiu apressada do trem.

Quando cheguei a New Haven, tudo o que eu queria era encontrar um bar e telefonar para minha mãe. Precisei me obrigar a sentar na Sterling Library e procurar nos microfilmes os jornais antigos, o que não melhorou meu humor. Embora de fato existissem artigos que eu tinha esquecido, existia uma boa razão para estarem esquecidos. Eram resumos insignificantes sobre coisas sem importância, uma centena de palavras sobre um orador ou um evento. Marie, do *Times*, não os aceitaria nem para embrulhar o resto de seu sanduíche depois do almoço.

Agora eu precisava de um drinque. Telefonei para meu antigo companheiro de quarto, que ficara em New Haven para cursar a Escola de Direito. Nós nos encontramos com outro colega e duas mulheres no bar. Depois de alguns copos, entramos todos no carro desse colega e fomos para um restaurante. No caminho, ele sem querer fechou um carro cheio de jovens da nossa idade. Eles vestiam camisas que valorizavam seus músculos, usavam correntes de ouro e não se acalmaram diante de nossos pedidos de desculpas. No sinal seguinte, eles cercaram nosso carro e abriram as portas. Eu estava sentado ao lado do motorista com uma mulher no meu colo. Inclinei-me sobre ela para protegê-la dos socos, o que me transformou num alvo imóvel. Um rapaz, usando anéis ou um soco-inglês, atingiu-me seis vezes, rapidamente, no rosto, dizendo algo parecido com "seu babaca de Yale", enquanto os outros trocavam murros com meu colega, o motorista. Quando o sinal abriu, meu colega conseguiu entrar no carro e sair dali.

O sangue esguichava dos meus lábios. O calombo na minha testa parecia um chifre nascendo. Havia algo errado com meu olho. Fomos para um hospital, mas teríamos que esperar várias horas. "Automedicação", disse meu colega, levando-me até um bar na esquina. Eu me perguntava por que os sinos de Harkness estavam tocando tão tarde. Perguntei ao *barman*.

— Eles só estão tocando no seu campanário pessoal, rapaz. Você levou uma boa porrada. Tequila é a melhor coisa para isso.

Olhei para ele. O rosto me era familiar. O bar também. Foi naquele bar que eu bebi os 75 dólares que minha mãe mandou para eu virar JR Maguire? Disse aos meus amigos que JR Maguire não teria sido espancado. JR Maguire era muito esperto para deixar uma coisa dessas lhe acontecer. Eles não tinham a menor idéia do que eu estava falando.

Dormi algumas horas no sofá de meu colega de quarto e ao amanhecer tomei o primeiro trem para Nova York. Na Grand Central peguei um táxi para o *Times*. Do outro lado da rua, diante do prédio do jornal, fiquei maravilhado com sua augusta grandiosidade, os globos de luz ao longo da fachada com *Times* escrito em letras góticas. Os mesmos caracteres do letreiro do Publicans. Eu queria me aproximar e espiar pelas janelas, mas não havia janelas. Pensei nos grandes repórteres que passavam por aquela porta todo dia, então pensei nos meus textos patéticos dentro de uma pasta sob meu braço. Desejei que aqueles músculos ambulantes em New Haven tivessem me espancado até a morte.

Um homem em pé, a três metros de mim. Vestia um paletó xadrez, camisa branca e gravata comum, e seu topete de cabelos brancos lembraram-me Robert Frost. Embora não tivesse dentes, ele estava comendo o que parecia ser pão com salsicha, e me sorria, como se estivesse a ponto de me oferecer uma mordida, como se me conhecesse. Retribuí o sorriso, tentando me recordar de onde o vira, antes de perceber que não estava usando nada da cintura para baixo. Sua salsicha "particular", sob a luz do sol matinal, estava branca como marfim. Quando olhei para aquilo, ele também olhou e, erguendo a cabeça, abriu um sorriso ainda maior, satisfeito que eu tivesse notado.

Agora não havia dúvida. Nitidamente, o universo estava falando comigo, e estava dizendo que eu não devia trabalhar no *Times*. Os sinais estavam em todos os lugares, desde meu encontro com Sidney até o ataque que sofrera em New Haven. Agora aquilo. O universo estava me dizendo que eu era para o *Times* aquilo que aquele Frost Pelado era para Times Square — um intruso obsceno. Quando uns policiais cercaram Frost Pelado e o levaram embora, eu quis correr em sua defesa, e dizer aos policiais que não era culpa do Frost Pelado, ele era apenas um involuntário mensageiro do universo. Senti mais afeição por aquele homem do que pena ou desprezo. De nós dois, provavelmente era eu o que tinha mais álcool na corrente sanguínea.

De certo modo, eu me senti aliviado. Se conseguisse o emprego no *Times*, eu não seria capaz de reunir coragem suficiente para entrar todos os dias naquele prédio. Mas agora era tudo o que eu podia fazer, atravessar a rua, entrar pela porta giratória no saguão de mármore e me dirigir ao segurança. Disse-lhe meu nome e entreguei minha pasta, pedindo que fizesse chegar às mãos de Marie, do departamento pessoal.

— Espere aí — disse ele. Depois pegou o telefone, falou com alguém e desligou.

— Terceiro andar — me disse.

— Terceiro... eu?

— Terceiro andar.

— Terceiro... Não, não, só vim deixar isso aqui na portaria. Não preciso subir. Eu não *quero* falar com ela.

— Não posso fazer nada. Ela está esperando você.

A única coisa sensata a fazer era sair correndo. Pegar o próximo trem para Manhasset, me esconder no Publicans, não olhar para trás. Mas como poderia desaparecer, agora que eu já fora anunciado? Marie pensaria que eu era maluco, e isso eu não podia permitir. Melhor ela me ver bêbado e desgrenhado do que pensar que eu era um sujeito instável.

Subindo para o terceiro andar, examinei meu reflexo nas portas de metal do elevador. Eu sempre me imaginara caminhando na redação do *New York Times* dentro de um terno novinho em folha, sapatos lustrosos, colarinho engomado, gravata dourada e suspensórios da mesma cor. Em vez disso, eu estava vestindo um *jeans* rasgado, mocassins gastos, uma camiseta com manchas de sangue. E meu olho esquerdo fechado pelo inchaço.

As cabeças viraram na minha direção quando saí do elevador. Eu parecia um leitor ofendido que estava ali para acertar as contas com um repórter. Um editor perto da sala de correspondências ruminava um charuto apagado olhando para mim, aparvalhado. Seu charuto me fez lembrar do meu hálito, que devia estar igual ao do Quissidane. Teria trocado dez anos de minha vida por uma pastilha de hortelã.

A redação era do tamanho de um quarteirão, um campo fluorescente de mesas de metal e homens. Devia haver mulheres trabalhando no *Times* em 1986, mas eu não vi nenhuma. Não vi nada além de homens, até o horizonte. Homens asseados, homens pedantes, homens distintos, homens franzinos, todos se movendo em meio a uma espessa nuvem de fumaça. "Já estive aqui antes." Um deles eu reconheci da TV. Ele estivera nos jornais recentemente ao ser preso por proteger uma fonte, e era conhecido pelo cachimbo onipresente, que ele fumava naquela manhã. Eu queria me aproximar dele e lhe dizer o quanto o admirava por ter sido preso defendendo o Primeiro Artigo da Constituição, mas não podia porque eu também parecia estar saindo da prisão, e não por ter defendido um artigo constitucional.

No fundo da redação, finalmente, vi uma mulher, uma mulher sozinha, sentada atrás de uma mesa pequena. Marie, sem dúvida. O trajeto até ela levou uma semana. Todos por quem eu passava falavam ao telefone, e eu tinha certeza de que falavam uns com outros sobre mim. Queria me desculpar com cada um deles por profanar aquele lugar. Queria me desculpar com Marie, que se levantou e me recebeu com uma expressão tão aflita que me perguntei se ela não despediria o guarda cinco minutos depois de que eu saísse.

— Jota? — disse ela.

— JR.

— Certo.

Apertamos as mãos.

Ela apontou para uma cadeira e sentou-se atrás da mesa. Em seguida, empilhou alguns envelopes, colocou uma caneta num porta-lápis e uma resma de folhas num escaninho. Tive a certeza de que ela era igualmente rápida para julgar as pessoas e para botá-las no seu devido lugar. Ela então virou-se para mim e esperou que eu me explicasse. Considerei a possibilidade de contar uma mentira, mas não tinha forças para isso. Poderia simplesmente sorrir, mas não quis que meu lábio ferido recomeçasse a sangrar. Além disso, achei que um de meus dentes estava solto. Não havia o que fazer, senão contar sobre a surra que levara, resumidamente. Quase afirmei que tinha sido agredido duas vezes, contando com Sidney, mas resolvi não tentar bancar o esperto. Quando terminei Marie bateu com as unhas enormes na mesa.

— Você sabe contar uma história — disse ela. — Tenho que admitir.

Garanti a ela que não havia nenhuma intenção desrespeitosa, ao aparecer ali naquelas condições. Expliquei o mal-entendido com o segurança. Disse-lhe que amava o *Times*, idolatrava o *Times*, que havia lido todos os livros que pude sobre a história do *Times*, incluindo as biografias esgotadas dos antigos e bolorentos editores. Tentando explicar meus sentimentos pelo *Times*, repentinamente passei a entendê-los melhor por mim mesmo. Foi elucidado o motivo de eu ter me fascinado com o *Times* desde a minha adolescência. Era isso, o jornal oferecia uma visão nitidamente delineada do mundo, em preto e branco, mas, além disso, oferecia também aquela ponte ilusória entre os sonhos de minha mãe e os meus. Jornalismo era simplesmente a mistura certa entre respeitabilidade e rebeldia. Como os advogados, os repórteres do *Times* vestiam ternos da Brooks Brothers, liam livros e se engajavam a favor dos oprimidos — mas também bebiam muito, contavam histórias e gostavam de freqüentar os bares.

Aquele era um momento oportuno para uma epifania. O esforço de me explicar, me entender e me desculpar profusamente — em meio a isso, tentava manter meu bafo de tequila fora do alcance do nariz de Marie — deixou-me pálido. E meu lábio começou a sangrar de novo. Marie estendeu um lenço de papel e perguntou se eu queria um copo d'água. Disse que relaxasse. Apenas relaxar. Um rapaz tão obviamente despreocupado com as aparências, ela disse, tão aberto às aventuras, tão apaixonado pelo *Times*, e conhecedor de suas tradições, daria de fato um excelente repórter. Na verdade, ela acrescentou, eu parecia dispor das qualidades essenciais a um correspondente de guerra. Ela via naquela cadeira diante da sua mesa algo mais do que um rapaz atrapalhado de 21 anos de Long Island com um olho roxo, de ressaca e com uma pasta cheia de textos horríveis. Exceto essas coisas, ela concluiu, eu trazia um certo "frescor".

Marie passou um bom tempo me encarando, pensando. Eu podia ver que ela estava pesando duas opções. Seus olhos piscaram duas vezes e, claramente, ela escolheu a Opção B. Disse-me que havia um protocolo para contratar funcionários. Ela não tinha o poder necessário para me dar o emprego imediatamente.

— Mas — ela disse — me amarrei no seu estilo, no seu jeito.

Entendi Marie dizer "me amarrei no seu mamilo, do seu peito". Tentei pensar em alguma resposta, mas ela estava em pé, estendendo mais uma vez a mão. Não havendo nenhum imprevisto, concluiu, em breve estaria me dando boas-vindas ao *New York Times*.

Quando entrei no Publicans, duas horas mais tarde, com a novidade, o lugar ficou frenético. Afinal, disseram, eu estava fazendo alguma coisa da minha vida. Entrar para a faculdade era ótimo. Ter me formado, muito bom. Mas agora realizara uma verdadeira façanha. Os jornalistas — Jimmy Cannon, Jimmy Breslin, A. J. Liebling, Grantland Rice — eram como deuses nos bares, e ser admitido naquele grupo merecia salvas fervorosas e abraços apertados.

Meu tio Charlie me deu um aperto de mão daqueles de triturar os ossos, depois achou que não bastava, deu a volta no balcão e me deu um beijo. "A porra do *New York Times*", berrou ele. A última vez que eu o vira tão orgulhoso foi quando ele me explicou como funcionava a pontuação do beisebol, e entendi tudo direitinho. Colt fez uma reverência e disse a mesma coisa que dissera quando entrei para Yale, a mesma coisa que dizia sempre que eu fazia algo direito: "Deve ter sido por causa de todos aqueles jogos de palavras rimadas na praia."

Steve soltou um urro. Fez-me contar mais uma vez certas partes da minha entrevista, descrever várias vezes o Frost Pelado, o segurança na portaria, e os rostos horrorizados enquanto eu atravessava a redação. Ele examinou meu olho roxo sob a luz do balcão e eu pensei que ia me arrumar um par de óculos de grife para melhorar minha aparência. Difícil dizer o que mais o impressionava, meu olho roxo ou meu novo emprego. Mas ele estava mais do que impressionado. Sentia-se recompensado. Seu otimismo inato se confirmava. Steve acreditava que tudo acabava dando certo no final, que a comédia sempre vem depois da tragédia, que coisas boas aconteciam a todos os pobres rapazes do Publicans, e agora alguma coisa muito boa acontecera para o sobrinho de seu principal *barman*.

— Extra! Extra! O Junior agora é um repórter do *Times*!

Depois, acharam que já tinham me festejado bastante e se viraram para a TV, onde o Mets dava uma surra no Houston Astros pela liga nacional. Enquanto todos bebiam e assistiam à partida, me escondi na cabine de telefone e liguei para minha mãe.

O Mets ganhou o campeonato daquele ano alguns dias antes de eu começar no *Times*. Até as últimas rebatidas, sem muito brilho, eles foram com tudo e surpreenderam o Boston Red Sox no final. Agora o Mets iria ganhar todas, era o que todo mundo achava no Publicans.

— Aqueles pobres coitados em Boston — meu tio me disse assim que Ray Knight atingiu a última base. — Imagina só como devem estar agora os bares como este em New England. Ai. Fico com o coração partido por eles.

Tio Charlie adorava os pobres coitados, e nenhum era mais trágico do que os do Sox. Por instantes, ele fez com que eu me envergonhasse de minha genuína felicidade com a vitória do Mets.

Pelos meus cálculos, o desfile da vitória do Mets marcharia por Manhattan na mesma manhã, no mesmo momento em que eu estaria marchando para o meu primeiro dia de trabalho no *Times*. De todos os sinais que me enviara o universo, aquele era o mais ruidoso e cristalino. Contra todos os prognósticos, eu e meu time não éramos mais perdedores. Minha nova vida, minha verdadeira vida, minha vida de vencedor estava finalmente começando. Estava dando um passo além de todos os fracassos precedentes, além da perigosa armadilha do fracasso, superando minhas indecisões infantis sobre tentar ou não tentar.

Havia somente um frágil laço me ligando à minha vida antiga, àquela impressão de mim mesmo como uma causa perdida. Sidney. Naquela semana, recebi uma outra carta dela. Ainda me amava, ainda sentia minha falta, ainda precisava de mim. Junto, veio uma fotografia dela. Fiquei no Publicans, logo após o término da partida final, relendo a carta e olhando sua foto enquanto as comemorações faziam um estardalhaço ao meu redor. O bar estava uma zona. Estávamos cheios de uísque, cheios de uma fé cega em nós mesmos e no futuro, trazida pela boa sorte do Mets, e então tive uma idéia. Pedi a Quissidane que me trouxesse caneta e um selo do escritório do Steve no porão. Não sei se ele disse para eu mesmo ir buscar, ou se disse para eu me foder. Consegui a caneta e o selo com tio Charlie, depois rasurei o meu endereço no envelope de Sidney e o enviei de volta para ela. Fechei-o com a foto e a carta no seu interior e abri caminho pelo bar até a porta, na frente da qual havia uma caixa do correio. Minha caixa do correio da sorte. A mesma de onde partiram meus primeiros textos para o *Times*.

Estava extremamente claro para mim. Se eu escrevesse para Sidney lhe dizendo para tomar o tempo de que precisasse, no final eu acabaria conquistando-a. Eu superaria o Herdeiro e quem mais viesse pela frente, e Sidney e eu nos casaríamos. Moraríamos numa casa perto de seus pais, teríamos dois filhos lourinhos e toda vez que ela bocejasse ou atendesse o telefone no outro cômodo, eu sentiria uma pontada no estômago. Era a vida que me esperava, meticulosamente planejada, programada. Podia vê-la estendida à minha frente como a tela de um cinema ao ar livre. Porém havia outra vida aguardando, uma vida sem Sidney, também programada previamente. Ainda não conseguia distingui-la, mas já podia pressenti-la, acreditar nela, graças ao *Times*, ao Mets e ao Publicans. Podia escutar as vozes dessa outra vida com a mesma distinção que escutava vozes atrás de mim, dentro do bar. Lembrei-me do professor Lúcifer nos falando sobre o livre-arbítrio e o destino, o enigma que havia perturbado as maiores mentes durante eras, e desejei ter prestado maior atenção às suas aulas, porque, me inclinando sobre a caixa do correio da sorte, balançando a carta de Sidney sobre a abertura, não entendia por que destino e livre-arbítrio precisavam ser excludentes. Talvez, pensei, quando chegamos a uma encruzilhada, façamos uma escolha livre, mas a escolha será entre duas vidas predestinadas.

Soltei o envelope. Eu nunca rejeitara Sidney antes. Ninguém jamais rejeitara Sidney antes. Sabia que quando ela recebesse de volta sua carta e sua foto — devolução ao remetente, sem comentários — ela nunca mais entraria em contato comigo. Voltei para o Publicans, pedi ao tio Charlie uma outra dose de uísque e lhe disse o que acabara de fazer. Ele apontou para meu peito e nós brindamos. A mim. Ao Mets. No dia 25 de outubro de 1986, depois de perder o grande amor da minha vida, tio Charlie declarou para o bar — ninguém estava escutando, mas me fez bem ouvi-lo — que seu sobrinho era um vencedor.

TRINTA
SR. EXAGERADO

A função de um estagiário não é muito mais complicada do que a de um funcionário na seção de Artigos Domésticos. Uma estagiária me explicou tudo o que eu tinha a fazer em cinco minutos. Eu era responsável pelo "abastecimento de sanduíches" e "separação de cópias". Visto que os editores não tinham tempo para sair e comprar seus próprios almoços, ela disse, eu tinha que passar por toda a redação durante o dia, pegando encomendas, e então dar uma corrida até a *deli* 24 horas do All, no outro lado da rua. O resto do meu tempo eu passaria reunindo e selecionando mensagens na sala de telégrafos. O *Times* tinha computadores, mas os editores, especialmente os mais velhos, recusavam-se a usá-los. Artigos, ensaios, boletins, telegramas, memorandos, matérias e pautas propostas para a edição do dia seguinte, tudo vinha num espesso maço de 12 cópias em papel carbono, que precisavam ser separadas, dobradas de uma certa maneira e distribuídas, rapidamente. Muitos editores só tomavam conhecimento de uma notícia quando os boletins aterrissavam em suas mesas, portanto os estagiários eram uma ligação absurdamente fundamental na cadeia de informação. E o que era ainda mais crítico: os editores superiores recebiam as cópias superiores, mais legíveis, e os editores inferiores recebiam as cópias inferiores, mais esmaecidas e, em alguns casos, ilegíveis.

— É uma questão de *status* — me disse a estagiária. — Se um editor inferior receber uma cópia superior, vão reclamar com você. Mas Deus o ajude se um editor superior receber uma cópia inferior.

Ela balançou a cabeça e esperou que eu balançasse a minha. Mas eu estava tão feliz com meu emprego, tão fascinado pelo *Times*, que não conseguia apagar aquela expressão de flagrante felicidade do meu rosto. "Você quer dizer que é responsabilidade minha alimentar todos esses jornalistas talentosos? E informar a esses famosos editores o que está acontecendo no mundo?"

— Isso é incrível! — eu disse.

A partir de então aquela estagiária me evitou, e pude ouvi-la num outro dia falando com uma outra estagiária, referindo-se a mim como "aquele idiota de Long Island".

Os estagiários mais simpáticos explicaram as linhas gerais do programa de treinamento. Compunha-se de uma série de pequenas indignidades seguidas de recompensas exponencialmente maiores. Você ia buscar sanduíches, separava papéis carbonos, trabalhava durante as noites, nos feriados, fins de semanas, até que um editor o notasse. Talvez por apreciar o fato de que você sempre se lembrava de que ele gostava de mostarda picante no seu sanduíche de carne defumada. Talvez por apreciar a dobra perfeita nas cópias de papel carbono que recebia. De repente você se tornava seu protegido, e sempre que possível ele passaria a você a entrevista de um autor para a resenha de um livro, ou um resumo para a seção de imóveis. Se você conseguisse desempenhar essas missões razoavelmente bem, receberia algumas melhores. Um tiroteio, um descarrilamento de trem, um vazamento de gás no Bronx. Uma delas seria a grande oportunidade, a matéria que o faria criar ou destruir sua reputação na redação. Se você aproveitasse ao máximo essa grande chance, ganhava uma oportunidade na editoria de notícias locais. Trinta dias direto, sem folga, escrevendo, escrevendo, um teste de resistência e talento. A oportunidade era o Santo Graal. Era o que todo estagiário almejava. Se sobrevivesse à provação, física e mental, sem erros — sobretudo, sem obrigar o jornal a fazer uma lastimável correção —, então um comitê secreto se reuniria para decidir de uma vez por todas se você poderia ser útil ao *Times*. Neste caso, você seria promovido a repórter em tempo integral, com direito a uma mesa e a um salário decente. Caso contrário, você poderia ficar por ali enquanto quisesse, apanhando sanduíches e separando cópias de carbono até completar 65 anos, mas seria sempre um estagiário, um parasita, um joão-ninguém na redação.

Levando em conta essas condições e a concorrência violenta, era de esperar que as duas dúzias de estagiários no programa de treinamento ficassem correndo pela redação como ratos num labirinto. Contudo, mantínhamo-nos calmos em comparação aos editores, vários dos quais pareciam estar a um passo de um grave surto psicótico. Alguns bebiam cerveja durante o trabalho. Outros davam um pulo no bar da esquina, entre uma edição e outra, para uma dose de algo mais forte. E todo mundo fumava. Fumar não era apenas permitido, mas obrigatório, e na maior parte dos dias o nevoeiro na redação era mais intenso do que o da baía de Manhasset. Um conhecido editor começava o dia fumando cachimbo, passava para o charuto na parte da tarde, depois emendava vários Camels sem filtro até a hora do fechamento da edição. Ele parecia ter 150 anos de idade e maltratava estagiários. Seu apelido era Babaca da fumaça, e vários estagiários me advertiram para ficar o mais longe possível dele.

Embora o *Times* me fizesse lembrar Yale — muitas pessoas inteligentes juntas num espaço confinado —, não me sentia intimidado. Eu me sentia em casa, e achava que isso se devia aos móveis em péssimo estado, ao carpete em tom laranja manchado e aos banheiros afastados. Os anos na casa do vovô tinham sido ideais como preparação. Mas é claro que o verdadeiro motivo para minha relativa calma era o Publicans. Não importava o que acontecesse na redação durante o dia, eu sabia que o bar estava esperando por mim à noite. Sempre podia contar com o pessoal do Publicans para um papo encorajador, e com as mulheres para as dicas de moda. Todos os homens do *Times* usavam suspensórios elegantes, gravatas da mesma cor, e sapatos com biqueiras, grandes e sólidos como canoas, e embora eu não tivesse dinheiro para essas coisas, minhas antigas colegas de trabalho da Lord & Taylor sentavam comigo no Publicans e me davam sugestões para expandir meu guarda-roupa. Ensinaram-me a pegar "emprestadas" coisas das lojas de departamentos. Suspensórios e gravatas, diziam, podiam ser "experimentados" e, depois, devolvidos. E eu podia sempre exalar um "cheiro de sucesso" parando numa loja de perfume a caminho do trabalho e borrifando um pouco das amostras grátis sobre mim.

Eu estava loucamente feliz. Dedicava longas horas à redação e era sempre voluntário para trabalhar horas extras. Chegava mesmo a passar pelo jornal nos meus dias de folga, como se fizesse parte dele, fingindo estar ocupado. Se não encontrasse nada para fazer, eu ia para o arquivo, onde o *Times* guardava todas as notícias desde a Guerra Civil. Lia as pastas com os nomes de jornalistas célebres, estudando seu estilo. Num impulso, um dia, perguntei à mulher que cuidava do arquivo se ela tinha alguma coisa sobre meu pai. De fato tinha. Era uma pasta fina, mas fascinante. Levei-a para a redação e sentei-me para lê-la como se fossem papéis do Pentágono. Um artigo, pouco depois de os Beatles terem se apresentado no Ed Sullivan, citava meu pai como um especialista em *rock*. Enquanto lia, comecei a assobiar "I Wanna Hold Your Hand".

— Quem é o babaca que está assobiando? — gritou o Babaca da fumaça.

Vários repórteres e editores pararam e se viraram.

— Eu — respondi.

— Assobiar numa redação de jornal dá azar... idiota!

Todos estavam olhando para mim. Não consegui encontrar nada para dizer. Quando retomaram seus trabalhos, sorrindo maliciosamente, olhei as horas na parede. Cinco e meia. Se saísse imediatamente, chegaria a tempo para o *happy hour* no Publicans.

Envergonhado, caminhando na direção da Penn Station, encontrei um tumulto na frente do Hotel Penta. Carros de bombeiro. Polícia. Um enxame de curiosos.

— O que aconteceu? — perguntei a uma mulher.

— Incêndio no hotel.

"Minha grande chance." Entrei numa cabine de telefone e liguei para a editoria de notícias locais. Um editor atendeu.

— Oi, aqui é JR Moehringer! — eu disse. — Estou ao lado do Hotel Penta e parece que o prédio está pegando fogo!

— *Quem* está falando?

— JR Moehringer. O novo estagiário. *Posso sentir o cheiro da fumaça.*

— O Penta está pegando fogo? Dá para sentir o cheiro da fumaça?

— Dá sim. Meu nariz está ardendo. Muita fumaça.

— Meu Deus do céu. Vai falando. Alguém aqui vai anotar para você. Diga a ele o que está vendo. Forneça alguns detalhes. Depois vá procurar quem estiver no comando aí. Bob, anote o que vai ditar esse tal de Guillermo Winger.

Estavam anotando o que eu dizia. Que sorte a minha que o Penta estivesse pegando fogo. Meus dias de apanhador de sanduíches e separador de cópias de papel carbono estavam contados. Os editores dariam um jeito de me testar imediatamente. Mal podia esperar para contar ao tio Charlie e ao Steve sobre meu tiro certeiro, meu furo jornalístico, meu artigo sobre o Penta em chamas, quando chegasse ao bar. Ciente de que o pessoal no bar ia querer saber tudo sobre o incêndio, continuei observando. Os bombeiros pareciam extraordinariamente calmos. Estavam ali em pé, conversando e rindo. Os policiais também. Ninguém parecia preocupado. Olhei para o hotel. Não vi chamas. Nem janelas quebradas. Tampouco fumaça, embora eu ainda sentisse o cheiro. Virei-me novamente. Do outro lado da cabine de telefone havia uma carrocinha de *pretzels*. O vendedor conversava com os policiais e se esquecera de seus *pretzels*, que estavam ficando pretos e liberando uma fumaça sulfurosa diretamente no meu rosto. Ops! Desliguei o telefone e corri até o bombeiro que usava o maior capacete. Seu rosto era tão inchado e vermelho que ele poderia ter sido prefeito de Manhasset.

— O que está acontecendo, chefe? — perguntei. — Quero dizer, o que está acontecendo, oficial? Meu nome é JR Moehringer, do *Times*.

— Relaxe, garoto. Está tudo sob controle. É um exercício. Fazemos isso uma vez por mês.

— O hotel não está pegando fogo?

— Não...

— Tem certeza?

Ouvindo o tom da decepção na minha voz, o bombeiro se inclinou na minha direção, para ver se eu era um aspirante a incendiário. Voltei abatido para a cabine de telefone e liguei para o jornal.

— Winger — disse uma voz. — Lamento, a ligação caiu. Deve ter caído quando tentei transferir a linha. Espere aí, você vai falar com Bob. Ele vai anotar o que você está vendo.

— Isso não é mais necessário.

— O quê?

— Na verdade, o Penta não está exatamente... pegando fogo.

— O quê?

— É só uma simulação.

— O quê?

— Uma simulação.

— Winger, não brinque, você disse que sentia o cheiro da fumaça.

— Eu sei. Quando falei com o senhor antes, engraçado, eu estava ao lado de uma carrocinha de *pretzel*. E os *pretzels* estavam queimando.

Ouvi o editor soltar um chiado, como se também tivesse sentido o cheiro do *pretzel* queimando. Ele recuperou o fôlego e gritou para o Bob "Alarme falso" — ouvi-o dizer. "Um estagiário que telefonou da rua, em frente ao Penta... *pretzels* em chamas." Não pude entender o que Bob disse, mas não soava muito gentil. O editor voltou ao telefone.

— Obrigado por ter ligado — ele disse. — Obrigado por me fazer ir até a reunião de fechamento da primeira página como um idiota, com um alarme falso. Por que você não vai descansar? Compre um *pretzel*, e me deixe em paz, senhor Exagerado.

O telefone ganha um sinal contínuo — foi desligado.

Senhor Exagerado? Esperava que o apelido não colasse. Até Guillermo Winger teria sido melhor do que senhor Exagerado.

O trem para Manhasset teve uma pane no pátio de manobras, logo após a Penn Station. As luzes se apagaram e ficamos parados por duas horas. Sentado no escuro, fiz várias retrospectivas daquele dia. "Assobiar numa redação dá azar... idiota! Compre um *pretzel* e me deixe em paz, senhor Exagerado." O trem por fim retomou seu itinerário e quando eu cheguei à porta do Publicans eram oito e meia. Não entrei no bar — mergulhei.

Michael, primo de Joey D, estava atendendo no bar e isso me deixou contente. Michael era a pessoa certa para aquele momento, o *barman* perfeito para meu estado de espírito. Eu precisava de distração, outros assuntos para ocupar minha mente, e Michael estava sempre repleto de novos assuntos. Como era a única pessoa sóbria no Publicans — havia abandonado o álcool alguns anos antes —, Michael estava sempre lúcido e cheio de fatos e idéias interessantes a partilhar, coisas que absorvera em suas leituras. Sua extravagância também era conhecida e eu a admirava. Ele parecia um Ulysses Grant recém-empossado: temível, barbado, uma aparência indignada e morrendo de vontade de fumar um charuto. Mais do que nunca, eu precisava sentar ao lado do General Grant, solidarizar-me com a maldita campanha militar. Antes que tivesse tempo de me sentar em frente ao balcão, General Grant já estava falando sobre Donald Trump, Caspar Weinberg, Babe Ruth, Maria Hanson, John Gotti, Carlo Gambino, o arquiduque Francisco Ferdinando, o *Achile Lauro*, o trânsito engarrafado, os *quarks*, a camada de ozônio e o que W. B. representava para Yeats. O odor acre dos *pretzels* queimados começou a diminuir.

Trabalhando na outra extremidade do balcão estava Joey D. Acenei para ele, que olhou para mim de modo inexpressivo, como se estivesse hipnotizado. Estava falando, embora não houvesse ninguém próximo a ele. Uma conversa animada com seu camundongo de estimação, só que dessa vez o camundongo parecia responder. Perguntei ao General Grant que diabos estava errado com seu primo.

— Uma visita inesperada da Josie — respondeu ele, enxugando o balcão com um pano.

— Ah, não — exclamei. — Ela está aqui, hoje?

Ele assentiu, aborrecido.

Joey D e Josie tinham se divorciado recentemente, e como a separação não fora amigável, o responsável pela preparação dos horários de trabalho se esforçava para que não trabalhassem nos mesmos turnos. Algumas noites, contudo, em razão de uma doença ou férias de alguém, não havia jeito, Josie e Joey D eram forçados a trabalhar lado a lado. Nessas ocasiões, Joey D parecia mais um agente fúnebre do que um *barman*. Observando Josie evoluindo entre as mesas, ele contava para os fregueses em voz baixa como ela agira mal com ele. Numa memorável e embaraçosa noite com Josie trabalhando, o pessoal batizou a extremidade do balcão onde Joey D servia como o Triângulo das *Beer* — mudas. As pessoas passavam por ali para beber uma dose e nunca mais se ouvia falar delas — sugadas pelo redemoinho das tristes história de Joey D.

Tio Charlie assumia a culpa. Havia sido ele e Pat que aproximaram Joey D e Josie. "A pior aposta da minha vida", dizia meu tio sempre que Joey D estava gemendo e choramingando por causa de Josie. Os outros *barmen* balançavam a cabeça nas costas de Joey D e faziam piadas sobre "Josie e as gatinhas". Mesmo Steve, que adorava Joey D, perdia a paciência de vez em quando. Finalmente, um dia, Steve convocou Joey D ao seu escritório no subsolo e lhe disse que agisse como adulto. "Você não pode ficar desse jeito no bar. Você *deprime* as pessoas. É hora de mostrar que é homem, Joey D. Aja como um homem." Quando ouvi Steve chamando Joey D para uma conversa, senti um arrepio. Preferia ser torturado, pensei, a ser convocado ao subsolo pelo Steve e receber uma lição de masculinidade.

Eu não podia dizer a Steve ou ao pessoal do bar que Joey D contava com minha total simpatia e apoio. Se tivesse acontecido entre mim e Sidney, não teria me comportado melhor. Além disso, eu não podia pensar mal de Joey D, não importava o que fizesse. Para sempre seria grato por ele ter sido gentil com McGraw e comigo, quando crianças, por ter me ensinado a pegar jacaré na praia e ter vigiado McGraw dentro d'água. E eu também sabia que Joey D tomava conta do tio Charlie para ter certeza de que ele não afundaria. Joey D considerava a si mesmo como salva-vidas do meu tio, seu guarda-costas. Ele vigiava as apostas de tio Charlie. Defendia tio Charlie quando havia uma briga no bar. E depois de tio Charlie trabalhar a noite toda atrás do balcão, Joey D passava uma esponja limpando a sujeira que ele deixava. "Porra, Chas", dizia ele esfregando o pano, "quando você vai se dar conta de que um bar limpo é um bar feliz?" E então, Joey D pegava uma escova de aço e limpava os espaços entre as ripas de madeira do balcão sobre as quais o tio Charlie batia as garrafas com raiva ou entusiasmo. Até onde eu podia ver, aquilo era amor.

Subconscientemente, eu também apreciava, e invejava um pouco, o modo como Joey D resolvia sua raiva. Se se sentisse com o coração partido, ele partia a cara de alguém. Sem arrependimento, ele descarregava a frustração com Josie nos bêbados que criavam problemas no Publicans. E o fazia com estilo. As brigas de bar eram para Joey D uma forma de arte. Eram para ele o que as touradas eram para Hemingway. Joey D era um profissional, um conhecedor, um defensor. Certa vez, perguntei-lhe quantas brigas tivera ao longo daqueles anos e ele começou a contar com calma, ainda que arrebatado pela emoção, como Casanova contando quantas mulheres possuíra.

— Pelo menos umas trezentas — respondeu. — E só não ganhei uma. — Ele se calou e fez uma pausa. — Na verdade, ficou empatada.

Joey D acreditava que sua hora mais gloriosa foi quando um bêbado violento, após ter sido atirado para fora do Publicans, arrancou uma estaca da cerca e começou a girá-la contra a multidão. Joey D agarrou a estaca no ar e a partiu no joelho, depois acertou em cheio o cara.

— Não estou contando vantagem... não me entenda mal... mas foi a coisa mais legal que já fiz. *Coisamaislegalquejáfiz.*

O segredo da luta, me disse Joey D, era relaxar. Para dar um pau em alguém, é preciso estar calmo. Punho suave, ele disse, soco firme. Era tudo muito *zen*, e difícil de acreditar vindo de um pugilista primário como ele. Mas era verdade. A expressão mais relaxada que eu vi no seu rosto de Muppet foi quando ele me salvou da maior surra da minha vida. Aconteceu quando um cara metido a besta começou a discutir com tio Charlie. Havia uma longa lista de nomes com os quais não se devia chamar o tio Charlie — Careca, Kojak, Cabeça de Ovo, Cabeça de Pênis, Aeroporto de Moscas — e o cara usou todos numa única fala. Dei um passo à frente para defender meu tio, mas o cara agarrou minha camisa e se preparou para dar um soco. Eu estava a meio segundo de ter o nariz quebrado e voar pela janela quando Joey D saltou sobre o balcão como um campeão de tênis pulando a rede. Nunca me esquecerei do seu rosto — a mesma expressão serena que tinha quando flutuava de costas em Gilgo — e serviu o encrenqueiro com uma seqüência de golpes dignos de McEnroe.

Deixei o General Grant e levei meu copo até a extremidade em que estava Joey D. Sentei à sua frente enquanto ele observava Josie e se queixava com seu camundongo. Logo fomos interrompidos pelo time de beisebol do Publicans, que entrou pela porta dos fundos fazendo a maior algazarra. Tinham acabado de vencer o Kilmeade graças ao desempenho de Cager. Apesar de sua viseira abaixada, pude ver o sorriso vitorioso no rosto sujo de Cager. Ele parecia estar voltando de uma missão militar bem-sucedida. Algo em mim, mais do que em Cager, sempre me fazia ver sua viseira como um capacete e o bastão de beisebol que carregava sobre o ombro como uma M60. Apertei sua mão e senti uma descarga de testosterona subir pelo meu braço.

— Posso te pagar uma cerveja? — perguntei.

— Este é o tipo de pergunta que vocês, acadêmicos, chamam de *retórica.*

Ele quis saber como eu estava indo no meu novo emprego, e me surpreendi lhe contando sobre o incêndio do *pretzel.* Eu não sabia porque estava lhe contando aquilo. Talvez por precisar de solidariedade. Deveria ter sabido que Cager não era do tipo solidário.

— Guillermo Winger? — ele exclamou, rindo, batendo com o taco no chão. — Senhor Exagerado? Oh, essa é a melhor! Porra, essa não tem preço!

Ele riu tanto que pensei que fosse ter um ataque de asma.

— Você deve ter ficado ocupado... *atrapalhado...* com o incêndio do *pretzel.*

Eu comecei a rir também. Então eu tinha anunciado um incêndio de um *pretzel*, e daí? O fracasso não fora total, já que eu estava oferecendo a um príncipe como o Cager a possibilidade de rir com tanto gosto. Em seguida, nós dois começamos a rir. Nós nos dobramos de tanto rir, dando pancadas no balcão e um batendo no outro, e quando eu batia nas costas de Cager era o mesmo que bater no balcão: carvalho bruto. Inflexível.

Quando Cager conseguiu recuperar o fôlego, secar os olhos e beber um gole de cerveja, ele disse para eu me acalmar.

— Acalme-se, garoto. Fique calmo, porra. Existem equívocos — disse ele — e equívocos.

No exército, certa vez, ele atingiu um helicóptero acidentalmente.

— Sério? — duvidei.

— Juro por Deus — ele disse.

Cager estava disparando morteiros num treinamento e algo saiu errado. Um morteiro engasgou. Ele usou um pé de cabra para desobstruí-lo e ouviu um assobio — a arma disparou. Um helicóptero Chinook sem tripulantes estava no heliponto próximo.

— Bum! — disse Cager. — Ainda estou devendo seis milhões de dólares ao Tio Sam por causa disso.

E havia chegado a hora de pôr de lado essas conversas irrelevantes e falar sobre a única coisa que interessava, o principal evento daquela noite, o jogo de beisebol. Os demais jogadores se penduraram em volta de Cager, como enfeites numa árvore de Natal, enquanto ele contava outra vez a vitória. Alguém cumprimentou sua bela jogada na recuperação da bola na terceira base. A ressurreição de Brooks Robinson, disse outra voz. Bobagem, reagiu Cager, fingindo-se modesto. Mais do que a partida, o que deixou Cager orgulhoso foi um momento de grosseria de Steve. Eles tinham conseguido vários *home runs*, disse Cager, e todas as bolas foram parar no lago, depois da cerca. Cager gritou para Steve: "Estamos ficando sem bolas, vamos ter que pescar algumas no lago. Você trouxe uma vara?" "Não", respondeu Steve, "ela vem mais tarde com as crianças." Steve se referia à mulher, Georgette, batizada Zaleski. Cager teve de pedir um tempo até que ele e Steve voltassem a se recompor.

Deixei Cager e deslizei pelo balcão de volta até o General Grant. Ele agora conversava com um executivo de banco de investimento num terno risca-de-giz azul, um homem de uns cinqüenta anos com uma expressão de prosperidade no rosto, cujo bigode grisalho parecia ter crescido com o único propósito de combinar com sua gravata preta e branca. Ambos fumavam charutos, discutindo sobre a Guerra Civil, e eu imaginei que aquele assunto fora abordado por conta da incrível semelhança do General Grant com o General Grant. Mas na verdade o Banqueiro era um aficionado na Guerra Civil. Ele contou para mim e para o General Grant alguns fatos pouco conhecidos sobre Shiloh, Antetam, Gettysburg. Contou-nos também que Lincoln tomava conta de um bar quando rapaz e dormia no depósito dos fundos.

— Você sabia disso? — perguntei ao General Grant.

— Quem não sabe disso? — respondeu ele. — Lincoln também estava no ramo das destilarias. Ele fazia um Kentucky Bourbon muito gostoso.

Colt apareceu ao meu lado.

— Vocês acham que são muito espertos — disse ele. — Então segura essa: de quantos vilões do Batman vocês conseguem se lembrar? Supostamente, existem três dúzias, e eu só consigo me lembrar de dez. — Ele colocou uma folha de papel na minha frente.

Quase eu disse alguma coisa sobre como era absurdo o Zé Colméia fazer uma lista dos vilões do Batman, mas Colt estava tão animado, tão desejoso que eu o ajudasse que fiquei de boca fechada e li os nomes que ele já havia relacionado. Coringa, Charada, Pingüim, Rei Tut. Aquilo me lembrou da lista dos nomes pelos quais ninguém podia chamar o tio Charlie.

— E o Traça? — perguntei.

— O Traça! — disse Colt dando um tapa na própria testa. — Esqueci do Traça.

Tio Charlie se aproximou, abrindo um maço de Marlboro, e pediu ao General Grant uma vodca com suco de fruta. Depois, ele pôs a mão na cabeça.

— JR — disse. — Hoje eu estava lendo e encontrei a palavra "nidífugo". Sabe o que significa?

Dei de ombros.

Tio Charlie pediu o Livro das Palavras e o General Grant o apanhou atrás do balcão. Era um belo livro antigo, que todos chamavam de Livro das Palavras, freqüentemente num sussurro reverente, embora se tratasse do Livro de Kells. General Grant colocou o livro na frente do tio Charlie, que o folheou e anunciou que "nidífugo" significava "sair do ninho logo após ser chocado". Ele ficou fascinado com a definição. Agora eu estava espremido entre o tio Charlie e o Banqueiro, a cerveja estava gelada, o assunto era palavras e eu estava tão feliz que não queria me mover dali. Mas precisava mijar.

No banheiro masculino pensei que talvez estivesse sofrendo alucinações. Os dois mictórios estavam cheios de dinheiro. Notas de cinco, de um e moedas. Voltando para o salão do bar perguntei ao tio Charlie o que era aquilo. Ele cerrou as sobrancelhas.

— Foi o Don que começou com essa história absurda.

Don, um advogado formado em Princeton que trabalhava na cidade, era um dos amigos mais antigos de tio Charlie. Algumas noites antes, meu tio dissera, Don achou que traria boas energias se pagássemos um tributo cada vez que usássemos o banheiro.

— Tem alguma coisa a ver com acalmar os deuses da urina — disse tio Charlie com um suspiro. — Enfim, agora todo mundo está contribuindo. Uma nova tradição.

— O pessoal faz um desejo quando atira dinheiro lá dentro? Como as moedas atiradas nas fontes?

— E eu sei lá o que as pessoas fazem no banheiro? Que pergunta, porra. Mas uma coisa posso dizer: o Don está contando, registrando por escrito, quanto dinheiro ficará acumulado ali, antes de um doido meter a mão e levar tudo. E alguém vai acabar fazendo isso. É a natureza humana, sabe? Já ouviu falar no "dinheiro sujo"?

Os *barmen* não estavam contentes com a invenção do Don, acrescentou tio Charlie. Estavam ficando paranóicos com a possibilidade de serem pagos com o dinheiro do urinol, e todos sabiam que os *barmen* eram precavidos quando os muquiranas e vigaristas colocavam as notas no balcão.

Eu ri e coloquei o braço em volta do pescoço do tio Charlie, dizendo-lhe que estava me sentindo ótimo. Não, mais que ótimo. *Óóóóótimo*. Disse-lhe que não estava me sentindo ótimo pouco antes, mas agora eu estava. Por quê? Porque o Publicans tinha me distraído.

— Distração — eu disse. — Nós todos precisamos disso, e o Publicans nos oferece isso mais do que qualquer outro lugar.

Mas o tio Charlie não me ouviu, pois, de repente, Don se interpôs entre nós.

— Minha nossa — exclamou tio Charlie —, falando na porra do diabo... Estávamos *falando* justamente sobre você.

Ele me apresentou ao Don, que era da mesma idade e estatura do tio Charlie. A semelhança acabava aí. Tio Charlie mencionara que Don fizera luta livre quando jovem, e isso dava para ver. Ele possuía aquela solidez, aquela espessura, aquele centro de gravidade permanentemente baixo. Possuía também a cara mais simpática e extrovertida do bar, com sobrancelhas penteadas para cima e veias vermelhas nas bochechas, como um soldadinho de madeira. Era um sujeito agradável logo de cara, adorável, e eu pude entender porque sua conta era tão elevada na consideração do meu tio.

Eu disse ao Don o que acabara de falar com tio Charlie sobre o Publicans conseguir satisfazer uma necessidade humana muito subestimada — a distração. A distração era o que importava, disse ao Don, e ele respondeu que estava totalmente de acordo. Contou-me como o bar o ajudara durante vários períodos difíceis da sua vida, como havia se tornado de particular importância para ele alguns anos atrás, logo depois do divórcio, quando a distração era o melhor abrigo contra a depressão. Então, logo estávamos todos sendo distraídos pelo Banqueiro, que dizia coisas interessantíssimas sobre a obsessão de Lincoln por *Macbeth*.

— A peça mexia com sua intuição — disse o Banqueiro.

— Lincoln acreditava em agouros — acrescentou General Grant.

— Quem não acredita? — indagou tio Charlie.

— Lincoln leu *Macbeth* alguns dias antes de ser assassinado — disse o Banqueiro. — Vocês sabiam disso? Imaginem ele com seu chapéu alto, lendo sobre "a desventura do assassino", um pouco antes de ser assassinado. Você ficaria bem com um chapéu alto — o Banqueiro disse para meu tio.

A imagem de tio Charlie com um chapéu alto provocou uma gargalhada.

— Caramba, sinto falta dos meus cabelos — tio Charlie disse ao Don, assim, sem mais nem menos. Don deu-lhe um tapinha no braço.

— Ei, Colt — alguém berrou no balcão. — Acabei de lembrar de outro inimigo do Batman! O Rei Relógio!

— Muito bem — disse Colt, acrescentando o nome na sua lista.

— E o Senhor Exagerado? — sugeri.

— Negativo — retorquiu tio Charlie. — Não existe um senhor Exagerado.

— É verdade, é verdade — eu disse.

TRINTA E UM
ALADIM

Trabalhei turnos dobrados naquele feriado de Ação de Graças e, quando cheguei à casa do vovô, não havia sobrado nada do jantar. A casa estava apagada e os primos dormiam. Fui andando até o Publicans e encontrei-o lotado. O feriado de Ação de Graças era sempre a noite mais animada e mais movimentada do bar, quando todos paravam ali após o jantar, e todos que tinham se mudado da vizinhança voltavam para reencontrar antigas paixões e velhos amigos.

Mal atravessei a porta, encontrei DePietro, um colega da escola de Shelter Rock. Não o via há anos. Agora ele estava trabalhando no World Trade Center, ele me disse, era corretor de títulos do tesouro. Perguntou-me sobre o feriado de Ação de Graças.

— Que feriado? — exclamei.

— Não comeu peru assado no jantar? — ele indagou.

Balancei negativamente a cabeça.

— Cara, você está mal. Acho que uma dose de Calcinha de Seda poderá ajudar.

Colt estava atrás do balcão e DePietro pediu-lhe que preparasse uma dose de Calcinha de Seda. Quando perguntei o que era uma Calcinha de Seda, DePietro e Colt fizeram um gesto com as mãos, como se dissessem que esse ínfimo detalhe não devia me incomodar.

— *Salud* — disse Colt, servindo um copo pequeno com um líquido claro.

Embora bem límpido, o líquido escorria lentamente, como xarope.

— Tem gosto de pêssego congelado — eu disse, tomando um gole.

— Com certeza isso vai congelar seus pêssegos — disse Colt.

— Preciso comer alguma coisa. É muito tarde para pedir ao Cheiramal que faça um hambúrguer? — perguntei.

DePietro insistiu que eu fosse imediatamente com ele à casa dos seus pais. Havia uma surpresa para mim. Não tive forças para negar. A Calcinha de Seda estava batendo como um comprimido de Valium. Ele dirigiu em arriscada velocidade pelo bosque de Manhasset e parou diante de uma enorme casa em estilo Tudor que me pareceu familiar. Talvez tivesse espiado pela janela daquela casa quando criança. Entramos pela porta nos fundos numa cozinha impecável e ele encheu um prato com tudo o que havia sobrado — peru, recheio de nozes, um pedaço de torta de abóbora. Enquanto eu devorava a comida, DePietro me contava histórias, histórias inesquecíveis, incluindo uma sobre um garoto que quebrou o recorde no campo de golfe do Plandome Country Club poucos dias antes de completar 18 anos. Cheio de si, o garoto apresentou seu cartão de pontos ao diretor do departamento de golfe, que lhe disse para não encher o saco, era preciso ter 18 anos para estabelecer um novo recorde. Uma semana depois, na manhã de seu 18º aniversário, o garoto voltou bem cedo, contratou um carregador de tacos, foi lá e bateu novamente o recorde. Ao apresentar o cartão de pontuação ao diretor, ele lhe disse que o enfiasse no seu buraco preferido.

— Me disseram — disse Steve — que o cara acertou o último buraco a uma distância de quarenta jardas, o filho-da-puta.

Eu disse a DePietro que daria qualquer coisa — exceto aquele prato com sobras à minha frente — para ter toda aquela confiança.

De barriga cheia, feliz, voltei com DePietro para o Publicans e bebi outras Calcinhas de Seda, e lá pelas três da madrugada eu saí cambaleando do BMW conversível de DePietro pela entrada da casa do vovô, agradecendo aos berros tudo o que havia de bom, como DePietro, Calcinha de Seda, Publicans, que DePietro mais tarde disse que eu pronunciava "Púbis de Quem".

Semanas depois, sentado ao balcão com Cager, eu lhe disse que estava elaborando uma outra teoria sobre o Publicans. Se estava só e faminto no dia de Ação de Graças, o Publicans me satisfazia. Se estava deprimido por ser o senhor Exagerado, o Publicans me distraía. Eu sempre considerara o Publicans um santuário, mas agora acreditava que se tratava de outra coisa.

— O Publicans é a lâmpada de Aladim de Long Island — eu disse. — Faça um pedido, dê uma esfregada no balcão do bar... e pronto. Aladim, também conhecido como Publicans, atenderá você.

— Espera um pouco — interrompeu-me Cager. — Era o Aladim, que esfregava a lâmpada, ou o gênio *dentro* da lâmpada?

— Pouco importa.

— O Publicans realiza nossos desejos? — Cager olhou para cima e se dirigiu às vigas no teto. — Quero que ganhe o cavalo de número quatro na corrida de Belmont.

Tio Charlie soltou uma risada discreta.

Um homem com um estupendo sobretudo de pêlo de camelo se aproximou do balcão e perguntou sobre o que estávamos falando.

— Aladim — respondeu Cager.

— Ah, sim — concordou o homem, sorrindo. — Ele estava ótimo naquele filme *Os brutos também amam*.

— Você está confundindo com Alan Ladd — disse Cager.

Uma mulher, cujos cabelos tinham a cor das fitas usadas pelos policiais para proteger o local do crime, ouviu o comentário e se manifestou.

— Eu adorava aquele programa!

— Que programa? — indagou Cager.

— *Password*.

— Aquele apresentador se chamava Allen Ludden — corrigiu Cager.

— Allen Ludden realiza desejos? — perguntou o primeiro homem.

— Claro que sim — assentiu Cager. Inclinando-se na minha direção, sussurrou: — *Password* é um programa *imbecil*.

Perguntei o que o tio Charlie achava da minha teoria Publican-Aladim.

— O único Aladim que me interessa está em Las Vegas — respondeu ele.

À medida que as pessoas invadiam o bar naquela noite, comentei com meu tio que o Publicans parecia cada vez mais cheio recentemente. Toda noite era de Ação de Graças.

— Você não tem idéia — ele me disse. — Você não acreditaria... a quantidade de bebida que servimos por semana. Um Mississippi de Michelob. Um lago Huron de Heineken.

— Huron ou Pontchartrain? — quis saber Cager.

— Qual é o maior ? — perguntou tio Charlie.

— O maior é Pontchartrain. Acho que você quis dizer Pontchartrain.

— Toda a minha vida, nunca quis dizer Pontchartrain.

Parte do crédito por aquele recorde no outono vinha de Wall Street. O mercado de ações estava a todo vapor, o que beneficiava todos os bares dentro daquela área metropolitana. Mas o verdadeiro motivo para o sucesso do Publicans, segundo tio Charlie e outros sábios ao longo do balcão, era Steve. Steve continuava atraindo gente para o bar em número cada vez maior, por motivos que eram difíceis de pôr em palavras.

— É por isso que o patrão está expandindo — disse tio Charlie. — Entre nós, a *sotto voce*. Entende? O negócio ainda não está fechado. Ele está abrindo um ponto na cidade, um segundo Publicans, na South Street Seaport. — Ele cruzou os braços e arregalou os olhos. — Você ainda não viu nada.

Eu não tinha certeza de onde ficava South Street Seaport, e minha ignorância animou meu tio. Poucas coisas lhe davam mais prazer do que desenhar mapas nos guardanapos. Ele era o cartógrafo do bar, e desenhou para mim um diagrama elaborado da parte inferior de Manhattan, com o Seaport aqui, o distrito financeiro ali, um X azul marcando o ponto onde ficaria o novo bar de Steve — Publicans do Píer, iria se chamar. Seria no final do Píer 17, com uma imensa parede de vidro dando para a ponte do Brooklyn. Uma vista espetacular, disse meu tio. Localização excelente. Grande movimento de pedestres. Vizinho a um restaurante popular que pertencia ao jogador de futebol Doug Flutie, e pertinho de uma majestosa escuna de dois mastros com mais de um século na qual funcionava o museu flutuante da Marinha. A menos de meio quarteirão de Wall Street e talvez menos de um quilômetro do Trade Center. Ou seja, a mesma distância das torres gêmeas que estamos agora da igreja de St. Mary.

Nem todos concordaram que o Publicans do Píer fosse uma boa idéia. Quando a notícia sobre o novo empreendimento de Steve se espalhou, muita gente em Manhasset disse não entender por que Steve ia querer esquentar a cabeça e procurar problemas. Ele já era dono do quarteirão inteiro de Plandome Road onde se encontrava o Publicans. Era o bar mais popular na história de Manhasset, o que não era pouca coisa, levando em conta a reputação de

Manhasset como o Vale do Álcool. Segundo esses isolacionistas, Steve era como a América — grande, rico, poderoso, admirado. Ele devia ficar em casa, diziam, contar seu dinheiro, investir com segurança. Se havia algo no mundo exterior para Steve, que o mundo exterior viesse visitá-lo.

Tive a impressão de que os opositores não gostavam mesmo era da idéia de dividir Steve com o mundo exterior. Estavam com ciúmes precipitados da multidão em Manhattan que em breve o descobriria, os grã-finos, os poderosos e os ricaços virariam a cabeça de Steve, levando-o de nosso convívio. Quando Steve se tornasse o novo Toots Shor, dono de restaurante de fama mundial, e começasse a fazer a festa com as celebridades, ficando íntimo dos prefeitos, ele dispensaria os peões. Com o Publicans do Píer se tornando um sucesso, o Publicans em Manhasset ficaria em segundo plano.

Naqueles primeiros meses de 1987, os opositores pareciam ter razão. Steve não aparecia mais por ali. Estava sempre indo apressado para a cidade, fechando negócios, assinando contratos, supervisionando o início das obras.

— Cada vez vemos menos o patrão por aqui — disse tio Charlie com tristeza.

O salão do bar, sem o sorriso Cheshire de Steve, estava visivelmente mais sombrio.

Na ausência de Steve falávamos um bocado sobre ele, louvando-o como se tivesse morrido. Mas, quanto mais falávamos sobre Steve, menos eu achava que o conhecíamos. A pessoa mais amada em Manhasset, o mais observado, Steve era também o menos conhecido. As pessoas mencionavam com freqüência o efeito de Steve sobre elas, mas nunca ouvi alguém descrever suas qualidades essenciais. Todos pareciam sentir ter algum direito sobre ele, mas todos partilhavam os mesmos fatos triviais sobre Steve. Ele adorava hóquei. Adorava Heineken. Vivia para o beisebol. O som do *rythm and blues* animava-o. Ele morria de rir quando ouvia um bom trocadilho. Nós todos sabíamos — e repetíamos — as histórias conhecidas de Steve. A vez que ele ficou acordado a noite toda bebendo e depois foi com seu Chevy 51 vermelho até o final de Long Island disputar um pega com uns malucos — era o James Dean de Manhasset. Ríamos muito de suas frases feitas. Sempre que lhe perguntavam o que fazia para viver, especialmente ao fim de uma jornada de 14 horas, ele respondia irônico: "Sou independentemente rico." Quando lhe perguntavam qual era o segredo para manter um bar, ele dizia: "As pessoas vêm para cá para serem maltratadas, e eu dou o que elas querem." Quando um *barman* perguntava se sua nova namorada podia beber de graça, Steve replicava: "Ela ainda não ganhou seu brevê para voar."

Mas isso era tudo o que conhecíamos, e quando reuníamos isso tudo, parecia ser muito menos do que a soma das partes.

Durante uma conversa sobre Steve, ouvi tio Charlie dizer o que eu sempre suspeitara, que a chave para se conhecer Steve estava em seu sorriso. Sempre que Steve entrava no Publicans, disse meu tio, ele oferecia seu sorriso como um presente. As pessoas esperavam o dia todo, guardando suas histórias sobre coisas engraçadas que lhes haviam acontecido, morrendo de vontade de contá-las a Steve, e receber em troca um daqueles sorrisos.

— Aqui a gente não diz, ih, lá vem o patrão — falou tio Charlie. — Aqui a gente olha para ele e diz, ei, por que você demorou tanto?

Mais uma vez desenvolvi minha teoria. Quando se tratava da metáfora Aladim-Publicans eu ficava empolgado. Sugeri ao tio Charlie que todos reagiam assim tão intensamente em relação a Steve porque ele era Aladim. Dava às pessoas o que elas desejavam.

— Acho que não era o Aladim que realizava os desejos — disse tio Charlie, incerto, apertando o lóbulo da orelha. — Acho que Aladim foi o cara que escreveu a história sobre a lâmpada e o gênio.

Por conta disso, dias depois fui até a biblioteca de Manhasset e peguei emprestado um exemplar das *Mil e uma noites*. Sentado na extremidade do balcão onde estava tio Charlie, lendo, descobri que Aladim era o nome de um garoto desarraigado que era o herói da história; um dia, um bruxo, que o garoto tomou por seu tio, mandou-o até uma caverna buscar uma "lâmpada maravilhosa"; então o bruxo fechou o garoto dentro da caverna com a lâmpada; o garoto a esfregou nervosamente com as mãos e dela surgiu um gênio que prometeu realizar todos seus desejos.

Eu passei essas informações para o tio Charlie e começamos a discutir se Steve estava mais para lâmpada ou para gênio. Insisti com firmeza que o Publicans era a lâmpada, Steve era o gênio, assim como a fonte de luz. Sem Steve era como se tivéssemos uma lâmpada sem luz e sem gênio.

Mais tarde conversei com Dalton e DePietro sobre minha teoria e lhes contei animado que Aladim poderia ser a chave para meu romance sobre o Publicans. Escreveria uma versão moderna das *Mil e uma noites* e a chamaria *Mil e uma doses*. DePietro não estava ouvindo, pois tentava ganhar uma mulher que era conhecida na cidade como uma vadia. Ele tampouco ouvia o que ela dizia, apenas fingia, uma interpretação notável já que ela era tão maçante quanto vadia, e terminava todas suas frases com "como você sabe". Dalton me ouvia apenas parcialmente, o nariz dentro de uma coletânea de poemas de Emily Dickinson. Sobre o balcão havia uma pasta com poemas que Dalton escrevera sobre o Publicans, incluindo vários sobre meu tio Charlie, que era para Dalton o mesmo que o melro era para Wallace Stevens.

— Que se foda o Aladim — disse Dalton. — Ouça isso.

Ele leu para mim o poema "It Might be Lonelier". Conversamos sobre Dickinson, sobre mulheres poetisas e então sobre mulheres em geral. Eu disse ao Dalton que notara o modo como ele olhava para uma linda mulher entrando no bar — não era com avidez, mas com deleite.

— Muito observador da sua parte — disse ele. — As mulheres não gostam de ser olhadas com malícia, mas adoram ser olhadas com deleite.

— É mesmo? — indagou tio Charlie. — Pois eu acho isso um saco.

Mencionei Sidney e fiquei surpreso em saber que Dalton tinha sua própria Sidney, uma mulher no seu passado que partira o coração dele e agora era a referência pela qual todas as mulheres subseqüentes eram julgadas. Ele me garantiu que todo homem tem sua Sidney. Esta foi a única vez em que senti tristeza na sua voz.

— Emily sabia disso — prosseguiu. — Aquela louca safada se escondia no sótão pois preferia a solidão aos horrores do amor.

DePietro desviou o olhar da mulher e contemplou o retrato de Dickinson na capa do livro.

— Ela não é exatamente uma mulher atraente — disse ele.

— Ela tem fama de rabugenta, como você sabe — disse a mulher.

— Ela era um anjo — disse Dalton. — Pense na sensibilidade. Pense na paixão confinada. O que eu não daria para voltar no tempo e agarrar essa fera. Dar uma boa cavalgada nela, está entendendo?

— Se alguém fosse capaz de se dar bem com uma virgem eremita e solteirona no século XIX em Nova Inglaterra — eu disse —, esse alguém seria você. E, pensando nisso, se o Publicans fosse a lâmpada de Aladim, eu pediria só um pouquinho do seu poder sobre as mulheres.

— O poder — disse Dalton — está em se dar conta de que somos todos impotentes diante das mulheres, seu imbecil. Além disso, você entendeu tudo errado: é mais provável que nós digamos ao bar o que desejamos, e o bar, como uma lâmpada mágica, emita luz sobre o que precisamos.

— *Steve* é a lâmpada — protestei.

— Pensei que Steve fosse o gênio — disse DePietro.

— Steve é a luz — sentenciou Dalton.

Olhamos uns para os outros, confusos. DePietro voltou a se interessar pela sua mulher, Dalton se concentrou em Emily, e eu me virei para a porta, esperando o próximo presente do bar — uma mulher. Rezei para que fosse uma mulher. Sabia que seria uma mulher. A mulher ideal. A mulher que me salvaria. Eu tinha uma fé inabalável no bar e na minha teoria. E nas mulheres.

Mas Dalton tinha razão. O bar não garantia nossos desejos, ele preenchia nossas necessidades, e naquele momento eu não precisava de uma mulher, mas de um certo tipo de amigo. Dias depois, um homem enorme entrou no Publicans, não cumprimentou ninguém e parou ao lado da máquina de cigarros. Ele era meio metro maior do que a máquina e os ombros vários centímetros mais largos. Julguei que estivesse com quase quarenta anos. Ele pediu um *hi-fi* e ficou olhando fixamente para a frente, sem estabelecer contato visual com ninguém, como se fosse do Serviço Secreto e a comitiva do presidente estivesse a caminho.

— Quem é esse mameluco? — sussurrei para o tio Charlie.

— Mameluco — disse meu tio. — Boa palavra.

Concordei, apesar de não saber ao certo o que queria dizer. Tio Charlie olhou com atenção na direção da máquina de cigarro.

— Ah, sim, o cara está fazendo uma ronda.

Balancei a cabeça, pois não conhecia a expressão.

— Policial — esclareceu tio Charlie. — Tira. Polícia de Nova York. Acabou de comprar uma casa ao pé de um desses morros. É um homem bom. Um homem muito bom. — Depois, baixando a voz: — E tem uma história.

— Que história?

— Bom, quem sou eu para dizer isso, mas o cara é extravagante.

O homem se aproximou do balcão.

— Oi, Chas — disse ele.

— Oi — respondeu tio Charlie. — Bob Tira. Gostaria que conhecesse meu sobrinho, JR.

Apertamos as mãos. Tio Charlie se desculpou e foi fazer uma ligação na cabine de telefone.

— Então — eu disse a Bob Tira, percebendo de repente que minha boca estava seca. — Meu tio me disse que você é policial.

Ele assentiu, de modo econômico, como se pedisse as cartas a um crupiê.

— Em que distrito?

— No porto.

Durante um minuto não dissemos nada.

— O que você faz? — ele perguntou.

— Sou estagiário num jornal — respondi depois de limpar a garganta.

Ele franziu as sobrancelhas. Eu já havia me identificado uma centena de vezes como estagiário, mas aquela era a primeira vez que percebia como soava ridículo. Não faltam profissões que se terminam com "ário". Operário, escriturário, veterinário. Diante de Bob Tira, vendo sua reação, lamentei não ter dito que era um Abastecedor de alimentos. Ou pelo menos um Separador de Carbonos.

Contudo, não era o título do meu cargo que Bob Tira achara de mau gosto.

— Eu não gosto muito dos jornais — disse ele.

— É? Bom, eu tenho medo da polícia, então acho que fomos feitos um para o outro.

Nenhuma reação. Mais um minuto de silêncio. Novamente limpei a garganta.

— Por que você não gosta dos jornais? — perguntei.

— Meu nome apareceu num jornal uma vez. Não gostei da experiência.

— Por que você apareceu no jornal?

— É uma longa história. Um dia eu conto pra você.

Ele foi fazer uma doação para os Fundos do Don. Tio Charlie retornou.

— O seu amigo — eu lhe disse — é um sujeito caladão.

— Um homem de poucas palavras — disse meu tio.

— Um homem de palavra nenhuma.

— Gosto dele. As pessoas falam demais.

Bob Tira voltou. Sorri para ele. Ele não retribuiu.

Levei a noite toda para descobrir com que ator de cinema Bob se parecia. (Eu tinha tempo bastante para pensar, já que o silêncio se prolongava por um minuto a cada vez.) Com um sobressalto, me lembrei: John Wayne. Não tanto o rosto, mas o físico e as expressões. Ele tinha o corpo de Wayne, os ombros largos e a cabeça desmesuradamente retangular de Wayne, que parecia ter sido feita especialmente para um chapéu de caubói.

Se colocasse um chapéu de caubói na cabeça de Bob Tira, pensei, ele não hesitaria. Colocaria a mão na aba e diria "Como é que tá?". Até a postura era igual à de Wayne, naquela posição ligeiramente inclinada, proclamando: *Nem todos os apaches do mundo tomarão este forte.* E até suspeitei que ele colocasse uma sela no seu banco antes de se sentar no Publicans.

Mas assim que ingeriu a quantidade certa de álcool e obteve total atenção, o Homem Calado até que fez bastante ruído naquela noite. Na verdade, contou uma das melhores histórias que eu já ouvira no Publicans. Bob Tira adorava histórias. As histórias passavam boiando pela proa de seu barco policial, especialmente na primavera, quando a água ficava mais aquecida e os cadáveres subiam à superfície como rolhas. Os flutuantes, Bob Tira os chamava. Naqueles primeiros dias perfumados de abril, quando todo mundo estava pensando em renascimento e renovação, o trabalho de Bob era pescar os corpos inertes no lodo sombrio. Acertos da máfia, suicídios, pessoas desaparecidas — as enseadas e os rios canalizavam tragédias, e contando histórias era a maneira como Bob Tira desencanava.

O Publicans era repleto de contadores de histórias, mas nenhum tinha a habilidade de Bob Tira para prender a atenção. Parte disso devia-se ao medo. Se parássemos de escutar, será que ele nos esmurraria? Mas outra parte era mérito dele, que trabalhava com o mesmo princípio do estilo esparso de Hemingway. Bob Tira não desperdiçava tempo, nem energia. Pintava as cenas e os personagens com o menor número possível de palavras, inflexões e expressões faciais, porque, como Hemingway, ele não precisava de supérfluos. Inabalavelmente confiante no interesse de sua história, Bob Tira falava num monólogo regular e mantinha um rosto inexpressivo digno de um jogador de pôquer profissional, o que também criava uma impressão de incerteza quanto ao gênero. Você não sabia se Bob Tira estava contando uma tragédia ou uma comédia, até ele decidir que você deveria saber. E então, o forte sotaque de Nova York funcionava como a cereja no bolo. Sua voz era perfeita para descrever aquele submundo que freqüentava, povoado de prostitutas, bandidos, políticos corruptos e assassinos de aluguel, um inferno de história em quadrinhos na qual alguém estava sempre cometendo um erro que custaria caro à outra pessoa. Fosse descrevendo a queda de um avião nas águas do East River por causa de uma falha do piloto, ou um erro estúpido de um detetive tolo à paisana que deixara um marginal escapar, o tom usado por Bob Tira era sempre adequado ao incidente.

Minhas histórias favoritas, contudo, eram aquelas sobre crianças. Ele me contou que levara o filho de cinco anos com ele no barco da polícia. Pensava que seria um dia calmo, mas um helicóptero afundou no rio e Bob Tira seguiu apressado para o local do acidente, a fim de retirar os sobreviventes de dentro d'água. Mais tarde, naquela noite, quando Bob Tira estava colocando seu filho para dormir, o menino lhe pareceu perturbado. "Não quero ir mais no seu trabalho", disse o filho. "Por que não?", perguntou. "Porque eu não posso salvar as pessoas." Bob pensou por um instante. "Que tal fazermos um acordo?", perguntou ao garoto. "Você vem trabalhar comigo e, se algo ruim acontecer, você deixa que eu salvo as pessoas grandes e você salva as pessoas pequenas."

Quando Bob Tira parou de contar histórias, quando voltou a atenção à história de outra pessoa, eu disse baixinho para o tio Charlie:

— Bob Tira é um cara legal. Um cara realmente legal.

— Eu nunca minto — ele disse.

— Qual é a história dele?

Tio Charlie pôs um dedo sobre os lábios.

TRINTA E DOIS
O MARAVILHOSO

Tio Charlie devia uma bolada a alguém, uma quantia tão grande, ouvi dizer, que ele mal conseguia pagar a taxa de manutenção.

— Que taxa de manutenção? — perguntei a Cager.

Ele tirou a viseira e coçou a cabeça.

— Essa taxa é como os juros de um cartão de crédito. Só que esse cartão quebra suas pernas se você não pagar.

Tio Charlie já andava como um flamingo com os joelhos doloridos. Não imagino como ele faria se cruzasse com um de seus credores. Segundo Sheryl, que andara fazendo algumas perguntas no bar, tio Charlie devia à máfia cem mil dólares. Joey D achava que não chegava à metade dessa quantia, e os credores do tio Charlie não eram mafiosos, apenas uma pequena quadrilha local. Eu me perguntei qual seria a diferença. Eu me perguntei se o senhor Sandman ainda estava por perto.

Fiquei preocupado com a dívida do tio Charlie, e particularmente preocupado com o modo como ele se recusava a se preocupar. Ele evoluía graciosamente de uma extremidade à outra atrás do balcão, acompanhando a música que tocava no som do bar. Uma noite, eu o vi sair dançando de trás do balcão e evoluir no salão, como um flamingo dançando tango, e pensei que eu o entendia. Depois de perder os cabelos e Pat, tio Charlie desistira da felicidade contínua — carreira, esposa, filhos — e apostava somente nos breves surtos de alegria. Qualquer receio, qualquer pensamento prudente que interferisse naqueles rompantes de alegria, ele ignorava.

Essa estratégia de alegria a todo custo, além de ser ilusória, levou-o a agir com descuido. Dois policiais à paisana, seguindo umas dicas, freqüentaram o bar durante uma semana e observaram tio Charlie fazendo seus negócios mais espalhafatosamente do que um corretor de bolsa de valores. Enquanto preparava as bebidas, anotava apostas e negociava pagamentos, depois ia para o telefone. No fim da semana, os dois policiais foram até a casa do vovô, desta vez uniformizados. Tio Charlie estava deitado no sofá bicentenário. Ele viu quando chegaram, e foi atendê-los na porta.

— Lembra de nós? — perguntou um dos policiais.

— Claro — respondeu tio Charlie calmamente, acendendo um cigarro com seu Zippo. — Uísque com soda e gim com tônica. Quais são as novidades?

Levaram-no algemado. Nos dias que se seguiram, fizeram tio Charlie suar para revelar os nomes dos seus chefes e associados. Quando todos ficaram sabendo que ele não revelara nada, que não fornecera sequer um nome à polícia, presentes começaram a chegar na cadeia. Marlboros, jornais, travesseiros de pena de ganso. Apareceu também um advogado caríssimo, os serviços sendo pagos por alguém que preferia manter o anonimato. O advogado disse aos policiais que tio Charlie preferia morrer a colaborar com eles, e os persuadiu a reduzir as acusações de contravenção por uma de vadiagem. Quando a notícia alcançou o Publicans, morremos de rir. Só o tio Charlie para ser preso por vadiagem *na sua própria sala de estar*.

Gostaria de poder dizer que a prisão do tio Charlie me abalou, ou envergonhou, ou fez com que me preocupasse com sua segurança. Mas o que senti foi orgulho. Ele voltou ao bar como um herói vitorioso, tendo mostrado obstinação e resistência numa situação difícil, e ninguém o saudou com mais intensidade do que eu. Os membros da gangue que controlava a taxa de manutenção do tio Charlie — aqueles que "estavam com sua conta", como diziam no bar — me preocupavam, mas os policiais não, pois eu acreditava no mito do bar, que dizia que tiras e apostadores brincavam de gato e rato, sem levar isso muito a sério. Em algum nível da consciência, eu sabia que meu raciocínio estava deturpado, o orgulho que sentia pelo meu tio estava fora do lugar, e provavelmente por isso não contei à minha mãe sobre a prisão de tio Charlie. Não queria que ela se preocupasse com seu irmão mais novo, ou comigo.

Logo após ter saído da cadeia, houve uma mudança no tio Charlie. Ele passou a apostar ainda mais, correr altos riscos, talvez porque o fato de ter se safado da polícia o tenha feito sentir-se invencível. Então ele começou a perder muito, tanto que foi obrigado a levar as perdas a sério. No bar ele ficava reclamando de técnicos e atletas que tinham lhe custado uma grana naquele dia por conta de seus erros e falhas. Afirmava que podia se aposentar e ir viver nos trópicos, se não fosse pelo diretor do Oakland, Tony LaRussa. Podia ter comprado uma Ferrari, não fosse pelo jogador do Miami, Dan Marino. Estava fazendo uma compilação mental dos atletas que o tinham prejudicado, e incluía nela os locutores dos jogos que não criticavam suficientemente os jogadores de sua lista negra.

Embora eu não conhecesse a dimensão exata da dívida do tio Charlie, suas perdas individuais eram lendárias. Colt me disse que tio Charlie perdera 15 mil dólares numa noite, jogando pôquer com Eddy Ligeiro. Joey D me contou que tio Charlie era viciado em perdedores, "quanto mais escorraçados melhor". Cager sustentou isso me contando que certa noite tio Charlie deixou escapar que estava "intrigado" com a partida entre o Nebraska e o Kansas no sábado seguinte. O Nebraska era favorito com 69 pontos de vantagem.

— Imagina isso — exclamou tio Charlie. — Aposte no Kansas e você vai ganhar 69 vezes o que arriscou.

— Não — respondeu Cager. — Quero distância dessa partida, Ganso. Com uma diferença dessa, os caras que fizeram esse prognóstico devem estar sabendo alguma coisa, e o que eles provavelmente sabem é que o Kansas não conseguiria ganhar nem da equipe feminina da igreja de St. Mary.

Quando Cager voltou ao bar, ele fez a inevitável pergunta.

— Apostei no Kansas, apesar da desvantagem — respondeu tio Charlie, inclinando a cabeça.

— E então?

— Nebraska deu uma surra neles.

Cager soltou um assobio entre os espaços de seus dentes.

— Mas, Cager — disse meu tio de um jeito sofrido e suplicante —, eu tinha certeza que ia acabar assim.

Depois de me contar essa conversa, Cager me perguntou:

— O que fazer com um homem desse?

Cager era um apostador astuto, ganhava mais do que perdia, e na verdade se sustentava com as apostas, então resolveu oferecer ajuda ao tio Charlie.

— A única coisa que você pode fazer para sair dessa é vir comigo até o hipódromo — disse-lhe Cager —, vamos apostar num azarão.

— E desde quando você entende de cavalos, porra? — perguntou tio Charlie encarando-o.

— O que você entende de cavalos? — disse Cager. — O que você entende de apostas?

Em março de 1987, eu percebi realmente como as coisas estavam se deteriorando para o tio Charlie, quando acordei e o vi em pé ao lado da minha cama.

— Ei — disse ele. — Está acordado? Ei!

O quarto se encheu de aroma de conhaque. Olhei as horas: 4h30.

— Vamos — disse meu tio. — Quero falar com você.

Com um roupão em volta do corpo, segui-o até a cozinha. Normalmente, naquele estado, ele queria falar sobre Pat, mas desta vez o assunto era dinheiro. Ele estava preocupado. Não me forneceu um número preciso, mas deixou claro que era um valor que não podia mais ser ignorado. A alegria ilusória se fora. Sua única chance agora, ele disse, era Sugar Ray Leonard.

Eu estava sabendo da luta que se realizaria em breve entre Sugar Ray Leonard e o "Maravilhoso" Marvin Hagler. A "Superluta", como estava sendo anunciada, tinha sido o principal tópico de conversa havia semanas no Publicans. Todo bar tem alguma afinidade com o boxe, porque bebedores e boxeadores sentam-se em bancos, ficam tontos e medem o tempo por rodadas. Mas no Publicans o boxe era um elo sagrado entre todos. Os veteranos ainda se recordavam com saudade quando Rocky Graziano estava na ativa, décadas antes de o bar se chamar Publicans, e certa vez vi dois homens na sala dos fundos quase saírem no tapa, discutindo se Gerry Cooney era um adversário legítimo ou uma lata de extrato de tomate. O iminente combate entre dois lutadores magníficos como Leonard e Hagler era esperado pelos homens como a aproximação de um raro cometa era esperada pelos cientistas da Nasa. Os ébrios cientistas da Nasa.

Leonard tinha se afastado dos ringues por três anos. Seus cabelos rareavam nas têmporas e ele era um estadista dos esportes com apenas trinta anos. Ele fora bonito quando era um atleta olímpico — agora sua aparência era de um distinto diplomata. Sempre teve aquele brilho profundo nos olhos que lhe dava um ar sério, mas agora tinha também um deslocamento de retina, sofrido em uma de suas últimas lutas, e os médicos diziam que um bom soco, bem acertado, poderia deixá-lo cego. Ele não tinha chances contra o campeão da época, Hagler, que era intratável, rústico, careca, na plenitude de sua violenta juventude. Como um Godzilla rancoroso, Hagler espancava todos os desafiantes. Havia 11 anos não perdia uma luta e, ainda assim, considerava todas as suas vítimas, incluindo 52 nocauteados, simples aperitivos antes da refeição principal — Leonard. Hagler estava faminto por Leonard. Queria provar a si mesmo que era o maior boxeador da década, e para isso precisava fazer Leonard sair de sua aposentadoria e humilhá-lo, destronando o queridinho da mídia. Pessoalmente tampouco Hagler gostava de Leonard, e queria destruí-lo. Não se importava se viesse a deixar Leonard cego, surdo ou morto. Levando em conta o ódio de Hagler e a ferrugem de Leonard, aquilo não era bem uma luta, era uma execução anunciada. Las Vegas estava considerando Hagler o favorito inconteste, mas quando o sol entrou pela janela iluminando a pia da cozinha, tio Charlie disse que Las Vegas estava enganada. A luta era desigual, sem dúvida, mas não tanto quanto Las Vegas achava. Ele ia apostar uma grana preta em Sugar Ray Leonard.

Percebi que Joey D tinha razão. Tio Charlie era viciado em perdedores. E não apenas apostava neles como também estava virando um deles. Todos nós éramos culpados por dar nossos corações aos atletas. Tio Charlie lhes dava a alma. Vendo-o espumando pela boca por causa de Leonard, fiquei aturdido com o risco que existe em nos identificarmos com alguém, ainda mais se for com os perdedores. Ainda assim não consegui me preocupar mais com o tio Charlie, pois eram 5h30 da manhã e eu tinha meus próprios problemas.

Depois de quase cinco meses no *Times*, eu ainda estava apanhando sanduíches, separando cópias em papel carbono, sendo ainda o infame e risível senhor Exagerado. Escrevera alguns poucos resumos microscópicos e colaborara com observações sobre a comemoração dos fãs depois de o New York Giants vencer o Super Bowl. Um "começo lamentável", dissera meu tio. Esperava que o *Times* restaurasse minha autoconfiança, mas ele estava me despojando do pouco que sobrara. E, para piorar as coisas, o jornal estava ameaçando me despojar do meu nome.

Um editor importante me chamou ao seu escritório. Era um homem grande de óculos, com uma enorme gravata-borboleta. Disse que tinha um problema a resolver comigo. Ouvira de um revisor que eu estava insistindo em assinar meu nome JR Moehringer, sem pontos. Um estagiário *insistindo*? Aquilo era uma heresia.

— Isso é verdade? — ele perguntou.

— Sim, senhor — respondi.

— Sem pontos? Você quer que seu nome seja grafado JR Moehringer, sem pontos?

— Sim, senhor.

— O que quer dizer esse JR?

Cuidado, eu disse a mim mesmo. O editor estava me pedindo que revelasse minha verdade mais sombria e eu sabia o que aconteceria se o fizesse. Ele decidiria que, doravante, meu nome seria grafado como em minha certidão de nascimento: John Joseph Moehringer Jr. O pessoal do Publicans conheceria assim meu nome verdadeiro, e eu nunca mais seria JR ou Garoto. Seria John ou Joey — ou Junior. A rala identidade que eu conseguira forjar no Publicans desapareceria. Além disso, sempre que eu tivesse sorte de ter meu nome publicado no *Times*, o nome seria de outra pessoa. O nome de meu pai, uma lembrança dele e um crédito para ele. Eu não podia deixar que isso acontecesse.

— JR — eu respondi ao editor, me sentindo mal —, não quer dizer nada.

— JR não são suas iniciais?

— Não, senhor.

Tinha escapado por pouco. E não era mentira dizer que JR não eram minhas iniciais.

— JR é seu nome de batismo? Só um J e um R?

— Sim, senhor.

"Por que eu fui beber aqueles 75 dólares que minha mãe me mandou para que eu trocasse de nome?"

— Preciso pensar no assunto — disse o editor. — Isso não me parece certo. JR. Sem pontos. Voltarei a falar com você.

Mais tarde, no Publicans, contei ao tio Charlie sobre minha conversa com o editor.

— Por que você simplesmente não disse seu nome? — ele perguntou.

— Não quero que as pessoas saibam que tenho o nome do meu pai.

— Quem tem o nome do pai de quem? — intrometeu-se Colt.

Lancei um olhar suplicante ao tio Charlie. Ele cerrou os lábios, enquanto Colt olhava para nós dois. Tio Charlie encolheu os ombros. Eu encolhi os ombros. Colt perdeu o interesse.

Esse era um aspecto formidável de Colt.

O editor olhou zangado para mim, como se eu tivesse levado um sanduíche de carne no lugar de uma salada de atum. Ele agora estava desperdiçando dez minutos comigo e com meu nome, duas vezes mais do que gastava com qualquer estagiário.

— Fiz umas pesquisas — disse ele. — Parece que há precedentes aqui. Você sabia que Harry S. Truman não usava um ponto após o nome do meio?

— Não, senhor. Não sabia.

— O S não queria dizer nada. E e.e. cummings? Também sem pontos.

— Entendo.

— Mas, meu Deus, nós usamos pontos assim mesmo. Ao presidente, ao poeta, nós demos pontos, gostassem ou não. E você sabe por quê? Porque é o estilo do *Times*. E você sabe por quê? Porque senão fica ridículo. E não vamos abrir um precedente, ou alterar o estilo do jornal por causa de um estagiário, não é mesmo? Daqui para frente você será J ponto R ponto Moehringer.

O editor começou a escrever algo numa pasta, que devia ser meu arquivo pessoal, e logo ergueu os olhos para mim, espantado que ainda estivesse à sua frente.

— Tenha um bom-dia — disse.

Saí para beber com vários outros estagiários. Andamos pelo centro da cidade, rindo e escarnecendo dos editores, imaginando coisas diferentes que podíamos fazer com seus sanduíches. Fomos até o Rosie O'Grady, um bar irlandês que me lembrava ligeiramente o Publicans, depois até um outro lugar em frente ao *Times*, uma espelunca com cascas de amendoim no chão e homens dormindo encostados ao balcão.

Um rumor percorreu o bar quando entramos.

— O que aconteceu? — perguntei ao *barman*.

— Leonard acaba de ganhar o quarto *round*.

Ele virou a cabeça na direção de um rádio sobre a caixa registradora. Com todo aquele estresse e tumulto sobre meu nome, eu esquecera completamente a Superluta. Despedi-me de meus colegas e fui para a Penn Station.

Cheguei ao Publicans quando tio Charlie estava voltando de um cinema em Syosset, onde ele, Colt e Bob Tira tinham assistido à luta em circuito fechado.

— Quem venceu? — perguntei.

Tio Charlie estava com o rosto brilhando de suor.

— JR — disse ele, acendendo um cigarro —, foi a luta das lutas.

— Quem venceu?

— Quatro milhões de pessoas ligadas na luta. Todas as celebridades do planeta ao lado do ringue. Chevy Chase. Bo Derek. Billy Crystal. Aquela safada de *Dinastia*.

— Linda Evans?

— A outra safada.

— Joan Collins.

— Ex-mulher de...

— Anthony Newley.

— Isso, garoto. E o mais interessante: Sinatra estava lá.

— Não!

— Pode crer, JR, ninguém notou a presença dele. A luta estava tão emocionante... Uma zorra. Foi como a última cena de *O homem tranqüilo*.

Grande elogio. A luta ao final do filme *O homem tranqüilo* era considerada por todos no Publicans a mais bela de todas as cenas cinematográficas da história, melhor do que as lutas em *Rocky, Touro indomável, O presidiário* ou *A um passo da eternidade*.

Tio Charlie sentou num banco, pediu uma vodca com suco de fruta e uma dose de conhaque.

— Quem ganhou?

— Hagler com calção azul e Leonard com calção branco com tiras vermelhas nas laterais e bolas vermelhas nas botas. Os dois estavam... lindos. Os corpos brilhando, 79 quilos de músculos cintilantes, os dois em plena forma. Gladiadores romanos. Primeiro *round*, Hagler ataca Leonard, e Leonard se esquiva. Dançando como Fred Astaire. Sem sacanagem, Astaire parece ter as pernas tortas perto de Leonard. Nunca se viu um homem tão ágil. Hagler quer matar o filho-da-puta. Um pequeno problema. Não consegue achá-lo. Leonard deslizando em círculos, Hagler caçando-o, e quando Hagler pára, Leonard pára e solta um combinado de dois ganchos com um direto no queixo, e depois se afasta bailando. Tchau. Gostaria de ficar e conversar mas... dois outros socos... tenho que ir embora. O primeiro *round*, eu e Bob Tira creditamos a Leonard, embora ache que Colt deu vantagem para Hagler. Colt. A porra do Colt.

— Quem ganhou?

— Segundo *round*, Leonard novamente, sem a menor dúvida. Ele é um gênio, um mestre. Um artista. Pára, soca e dança. No terceiro *round*, Hagler começa a ficar emocionalmente descontrolado. Um louco.

Tio Charlie saiu do banco e imitou a posição do boxeador. As pessoas interromperam suas conversas, pousaram os copos e se viraram para ver o que estava fazendo.

— Leonard continua atormentando Hagler — prosseguiu tio Charlie. — Pára e soca, pára e soca, um de direita e um gancho de esquerda, depois se afasta de Hagler dançando, xingando-o o tempo todo.

Tio Charlie parou, deu um soco no ar, insultou as sombras, o cigarro balançando nos lábios. A multidão no salão do bar começou então a se aproximar de meu tio, formando um círculo.

— Hagler está na ofensiva — disse tio Charlie. — Mas Leonard está incansável. Com uma turbina de Buck Rogers nas costas. Hagler treinou toda a vida para isso, mas Leonard treinou para tornar inútil o treinamento de Hagler, para tornar Hagler imprestável. Vocês não se incomodam se eu disser "imprestável", não é?... Quarto assalto, Leonard tem a luta nas mãos, está tão calmo e relaxado... Ele leva o punho para trás e volta, agitando-o no ar, e acerta um soco bem no estômago de Hagler. Humilhante. Nenhum respeito pelo homem. Sorrindo para ele. Ainda assim, dá a impressão de que Leonard está provocando um tigre selvagem... Quinto *round*. Leonard pára. Não dança mais. Não pode dançar. Está cansado. A fadiga se instala. Hagler acerta Leonard com a direita. E mais uma vez. Um desses golpes bastaria para matar um de nós. Hagler desfecha uma esquerda forte nas costelas. Param novamente. Se agarram novamente. O punho de aço de Hagler esperou quatro assaltos, *agora ele tem a chance de usá-lo!* E tuum! Acerta o rosto de Leonard! Leonard sente o golpe!

Tio Charlie desencadeia uma combinação direita-esquerda de socos. O bar inteiro está paralisado, ninguém é servido, ninguém fala nada, todos permanecem em volta do meu tio.

— Hagler faz Leonard cambalear! Mas Leonard se esquiva, se afasta, se protege e escapa. E continua a provocar Hagler. *Eu continuo bonito, seu inútil. Você ainda não pode me acertar.*

Tio Charlie recuou alguns passos. Um flamingo andando para trás como Michael Jackson. O esforço parecia deixá-lo ainda mais bêbado. Como Leonard, ele devia ter caído, devia estar inconsciente, mas alguma força sobrenatural o mantém de pé.

— Seis, sete, oito *rounds* — disse ele —, os dois lutadores estão tão fracos que mal conseguem ficar em pé. Mas Leonard não pára. Se parar, morre. Pode-se ver nos seus olhos o que pretende fazer, o que faria se não estivesse cansado.

O que os dois fariam. Você percebe, JR, como muita coisa... as coisas todas... tudo depende do cansaço, quase tudo. Todo homem vê a vida como uma luta de boxeadores profissionais, não acredite em quem disser o contrário. Está me acompanhando? Tudo pode ser aprendido com o boxe. Os poetas sabiam disso. Em quem estou pensando? Que poeta era boxeador?

— Byron? Keats?

— Pouco importa. Você sabe o que estou dizendo. Nono assalto. Um dos melhores de todos os tempos. Hagler leva Leonard para um canto e eles ficam bem próximos um do outro. Hagler dispara sua artilharia pesada. Ele está matando Leonard. Eu gritando para Leonard "Sai daí! Sai daí!" — Tio Charlie agita os punhos, tentando sair do canto do ringue. — Bob Tira vira para mim e diz "Acabou. Leonard já era". Mas Leonard, não me pergunte como, consegue se afastar. Ele empurra Hagler e sai dançando, enquanto a multidão se levanta.

A multidão no bar também está agitada, gritando e se inclinando para ver a conclusão.

— Décimo *round*. Hagler acerta Leonard com um direto. Leonard reage numa combinação de diretos de direita e ganchos de esquerda. Décimo primeiro *round*... direita, esquerda, direita na cabeça. Minha nossa! Leonard responde outra vez. Inacreditável. Último *round*. Os dois se levantam ao ouvir o gongo e o que fazem? O que você acha que eles fazem, JR?

— Não sei.

— Eles fazem gestos com as mãos, JR. Batem no peito e na cabeça, enquanto se movimentam. *Vem, seu babaca! Venha!* Imagina só a coragem!

Pensei ter visto lágrimas nos olhos do tio Charlie quando ele reproduzia os últimos minutos da luta. Ele circulou em volta do meu banco, batendo de leve no meu queixo, e diretos de direita e ganchos de esquerda, cada golpe passando bem perto. Gotas de suor escorrem de seu rosto. Lembrei de quando ele quebrou as costelas no Publicans, imitando a rebatida, e rezei para que não quebrasse nenhum osso, dele ou meu, lutando com seu Hagler imaginário.

— Quando soa o gongo — disse tio Charlie, ofegante — Leonard está tão cansado, que o auxiliar tem que levá-lo de volta ao banco. — Tio Charlie fingiu que o auxiliar o carregava para o banco ao lado do balcão. — Enfim, anunciam o resultado. Os juízes estão divididos. Um é por Hagler, dois por Leonard. Leonard vence. A maior derrota na história do boxe. Leonard está inclinado sobre as cordas. Mal consegue ficar em pé, mas quando dizem que ele venceu... a alegria no seu rosto! Está tão cansado, tão cansado, JR, mas quando você vence, você não pára para pensar no cansaço.

Tio Charlie caiu para a frente. O bar explodiu em aplausos. Todos pareciam compreender o que aquela luta significava para o tio Charlie, e pouco tinha a ver com a redução de sua taxa de manutenção. Beijei-o na cabeça e o cumprimentei.

— Senti pena de Hagler — meu tio me disse, pouco depois de se enxugar com uma toalha e recuperar o fôlego. — Ele parecia tão triste. Tão desmaravilhoso. Existe esta palavra? Você não se importa se eu disser "desmaravilhoso", não é?

— Não.

— Você sabia que Hagler mudou legalmente o nome para Maravilhoso? Por que um homem com tanto dinheiro se daria ao trabalho de mudar o nome? Para um nome idiota, ainda por cima. O que se apodera de um homem para que ele faça isso, JR? Que importância tem? O quê? Por que você está me olhando desse jeito?

TRINTA E TRÊS
ESTAGIÁRIA

Com a mesma habilidade que misturava os coquetéis, tio Charlie misturava seus fregueses. Ele tinha uma estranha aptidão para apresentar as pessoas. Apontava para o peito de um, depois de outro, então elogiava os dois, depois praticamente ordenava que virassem amigos ou amantes. Era um catalisador, mesmo quando não tinha a intenção de ser. Num jantar em West Hampton eu me encontrava sentado perto de dois jovens recém-casados. Perguntei como haviam se conhecido e eles me disseram que tinha sido num bar, "um grande bar desses de antigamente", quando ambos tentavam em vão conseguir a atenção do *barman*. Começaram a falar sobre esse *barman*, como ele era comicamente grosseiro e, em seguida, o esqueceram e se concentraram neles mesmos. Perguntei se era um *barman* careca e se estava usando óculos escuros e se lhes disse para segurar a onda. Suas bocas se abriram ao mesmo tempo, como se fossem filhotes de passarinho esperando para serem alimentados.

Um dos encontros mais bem-sucedidos provocados pelo tio Charlie foi entre Don e Dalton. Só o tio Charlie para achar que o fiscal de penico e o poeta de botequim poderiam ser amigos. Mas o tio Charlie fez questão de apresentá-los porque ambos eram gênios não-convencionais, e ambos advogados, e porque teve um pressentimento. Um pouco depois, Don e Dalton resolveram trabalhar juntos. A firma de advocacia deles foi oficialmente inaugurada com uma festa no Publicans, onde Don e Dalton pretendiam praticar grande parte de seus conhecimentos profissionais. Uma noite digna de orgulho para eles, e um triunfo para tio Charlie, que presumira que, apresentando Don e Dalton, ele conseguiria assistência jurídica de graça pelo resto da vida.

O escritório de Don e Dalton ficava na Plandome Road, a três quarteirões do bar, em cima do Louie, o restaurante grego, e o local dispunha de um pequeno apartamento nos fundos. Don e Dalton estavam procurando um inquilino, ouvi alguém dizer no balcão. Perguntei ao Don se ele consideraria a possibilidade de me alugar o apartamento.

— Você não quer visitar primeiro? — ele perguntou.

Eu não quis.

Minha avó implorou para que eu não me mudasse. Seus olhos pareciam arder terrivelmente enquanto ela expunha seus argumentos. Tia Ruth e as primas haviam ido embora outra vez, assim a casa do vovô ficara mais calma e mais limpa. Não faltava água quente.

— E pense no dinheiro que pode economizar — ela disse —, os aluguéis são tão caros...

Além disso, acrescentou num tom suave, ela gostava da minha companhia. Sentiria minha falta. Sem ser mencionado, restava o outro motivo pelo qual minha avó queria que eu ficasse, o motivo mais triste. Ela acabara por se acomodar ao pára-choque que eu representava entre ela e o vovô. Nunca consegui controlar o vovô, mas com a idade me tornei mais experiente para distraí-lo quando ele estava sendo cruel.

Eu disse a vovó que precisava partir. Precisava de privacidade. O que não pude dizer é que também precisava dormir. Eu andava grogue de tanto ser acordado no meio da noite pelo filho dela. Eu precisava de uma cama que não ficasse na rota do vôo noturno do tio Charlie. Além disso, eu quis dizer, mas não consegui: homens de verdade não moram com avós.

Bob Tira me ajudou na mudança. Entrando na casa do vovô, ele lançou um olhar frio para o sofá bicentenário e os móveis remendados com fitas adesivas. Pude ouvi-lo pensar: "Já fiz *blitz* em lugares melhores do que este." Ele encheu o carro com as minhas coisas — seis caixas de livros, três malas — e seguiu pela Plandome Road. Don nos deu a chave do meu novo apartamento. Dois cômodos mínimos e um meio banheiro. O tapete tinha uma cor marrom fecal, o "quarto" ficava bem em cima da cozinha do Louie. O cheiro de costeletas de porco, pernil de carneiro, omeletes, batatas fritas, queijo, bolo de chocolate e Pepsi subia como vapor pelo chão. Cheirava tão mal, que Bob Tira disse que chegava a doer nos ouvidos.

Bob Tira deu alguns passos por ali, observando cada detalhe, como se o apartamento fosse o local de um crime. Pela janela de trás, ele espiou entre as hastes da persiana imunda. Estacionamento. Caçambas de lixo. Gaivotas. Um trem passou rugindo pela estação ao lado, estremecendo as paredes. Ele bufou.

— Você saiu do fogo para entrar numa frigideira — disse ele.

Quando Bob Tira contou ao pessoal do Publicans sobre meu apartamento de solteiro e a posição da minha cama, todos zombaram de mim, desafiando-me a encontrar uma garota que quisesse "trepar sobre o fogão". Achavam que aquilo me deixava excitado, como a eles. Informei que estava sozinho. Queria alguém com quem pudesse dar longos passeios, ouvir Sinatra, ler. Eles me encararam horrorizados.

Confessei a eles que eu desenvolvera uma paixão alucinada por uma estagiária do *Times*. Ela me lembrava Sidney. Embora não se parecesse com Sidney, ela tinha o mesmo desapego etéreo às coisas, que eu associava à riqueza. A estagiária era rica, eu acreditava, ou então, já que trabalhava na seção de negócios, sua proximidade com histórias sobre fortunas fazia com que ela parecesse assim. De um modo ou de outro, sempre que ela passava pela redação, com uma longa saia feita sob medida e uma blusa de seda justa, uma expressão de tédio e desdém no rosto, todos os estagiários paravam de separar cópias de carbono, e todos os editores homens (e algumas das mulheres) paravam de ler para admirá-la por cima dos seus óculos bifocais. Ela deixava para trás um perfume que parecia uma transparente serpentina rosa, e propositalmente eu passava bem perto dela para respirar aquele odor. Não conseguia imaginar um modo de me aproximar dela, e meu desespero e confusão me preocupavam. Meus problemas com as mulheres resultavam de algum defeito de personalidade, eu temia, que eu mesmo diagnostiquei como uma hiperempatia. Criado pela minha mãe, vigiado pela minha avó, influenciado pela Sheryl, eu absorvera o ponto de vista feminino. Toda mulher que tinha tentado fazer de mim um homem acabara fazendo o oposto.

Daí meu problema para abordar as mulheres. Eu gostava demais delas, e era muito parecido com elas, para ser predatório.

Em vez de me assegurarem que aquilo era absurdo, os homens que eu conhecia colaboravam para isso. Na guerra entre homens e mulheres, diziam, eu não tinha tanto medo do inimigo. Protestei dizendo que tinha muito medo, uma montanha de medo, mas eles me disseram que eu estava confundindo medo com reverência. Disseram também que eu não tinha nenhum plano. Nunca vá à guerra sem um plano. A maior parte dos homens do bar concebia o romance em termos bélicos, porque para eles tudo era uma questão de tomar alguma coisa que pertencia a outra pessoa, a dinâmica básica de qualquer ação militar. Sedução como destruição. Todo conselho romântico de Cager, por exemplo, tendia a ser moldado pela sua experiência combatendo o comunismo.

— As donas são como os vermelhos — disse ele. — Inescrutáveis. Insensíveis. Comprometidos com a redistribuição forçada de seu dinheiro.

Tio Charlie, enquanto isso, achava que os *vikings*, os hunos e outros saqueadores primitivos tinham razão.

— Simplesmente agarre a dona pelos cabelos e arraste-a para fora da porra da redação — disse ele.

Estava falando metaforicamente, eu imagino. Ou pelo menos esperava. Dalton me incitou a adotar uma estratégia mais parecida com o ataque a Dresden, e "bombardear" a estagiária com poemas de amor. Ele fazia grande sucesso soluçando seus haicais alcoólicos para as mulheres. ("Enfermeiras todas de branco / Sentadas à noite no Publicans / Agitadas como uma equipe de atletas / Cada qual com seu sonho isolado de desejos de vingança...") Mas ele era suficientemente bonito para compensar aqueles versos empertigados.

Por fim, resolvi simplesmente telefonar para a estagiária e convidá-la para sair comigo.

— Será seu funeral — disse tio Charlie apagando um cigarro.

A estagiária ficou surpresa com a minha ligação, já que não sabia quem eu era.

— Diz mais uma vez quem é você — ela me pediu.

Repeti meu nome, pronunciando-o bem devagar. Mencionei que eu geralmente ficava sentado na redação.

— Como conseguiu meu número?

Como eu tinha roubado seu número da pasta de endereços de Marie, fingi não ter ouvido a pergunta. Perguntei se ela estava livre no sábado.

— Eu estava pensando que podíamos...

— Na verdade — ela me interrompeu —, eu estava pensando em ver a exposição de Klee, está todo mundo falando sobre ela.

— Ótimo, exposição de Clay, claro. Mas, na verdade, eu estava pensando que podíamos...

— Se quiser me encontrar lá, tudo bem.

Combinamos de nos encontrar do lado de fora "do museu". Não tinha idéia de qual exposição ela estava falando, nem do museu. Telefonei para meu colega de quarto em Yale, o estudante de Direito que morava em Nova York e lhe fiz um breve resumo (linda estagiária, paixão alucinante, encontro imediato) e perguntei o que sabia sobre a grande exposição de Clay.

— Você é mesmo um retardado — ele disse. — Paul Klee. K-l-e-e. Uma retrospectiva de suas obras está exposta no Met neste fim de semana.

Na manhã seguinte peguei emprestada uma dezena de livros sobre Klee na Biblioteca Pública de Nova York e os li furtivamente na redação. Depois do trabalho carreguei tudo para o Publicans. Colt me serviu um uísque e torceu uma sobrancelha quando eu abri um dos livros.

— Era isso que eu temia — disse Colt para Bob Tira. — Descobriram em Yale que ele não sabe porra nenhuma sobre a Carta Magna e agora ele vai ter que voltar para um curso de verão.

— Não é para Yale — eu disse. — É para uma... garota.

Cager e Bob Tira olharam um para o outro. Certamente estavam pensando em me arrastar até o estacionamento e colocar um pouco de razão na minha cabeça. Então, a pintura de Klee atraiu a atenção deles. Eles se aproximaram. Cager estava intrigado com as formas e as linhas de Klee, e ficou fascinado quando lhe contei sobre as experiências de Klee durante a Primeira Guerra Mundial. Bob Tira disse que gostava da maneira como Klee usava as cores.

— Essa é linda — disse ele, apontando para uma das reproduções.

Disse a eles o que já tinha aprendido. Falei da relação de Klee com Kandinsky. Sobre seu fascínio pelo romantismo. Sobre sua utilização de traços infantis.

— Esta aqui — disse Cager — parece com uma ressaca.

Fiquei estudando Klee com eles até a hora da saideira, depois continuei estudando no meu apartamento até que Louie, o grego, acendeu os fogões, às quatro da manhã.

Eu estava dormindo em pé quando cheguei ao museu, porém confiante de que nem os curadores sabiam mais do que eu sobre Klee. A estagiária estava na entrada, com uma capa de chuva amarrada na cintura, rodando um guarda-chuva como se fosse uma sombrinha. Ela era uma modelo por quem Klee seria capaz de matar para pintar, embora talvez ele a visse como uma pirâmide de seios e cílios. Eu também a via parcialmente assim.

Entramos na fila para comprar as entradas. Tive dificuldades para falar sobre amenidades enquanto esperávamos, meu cérebro lerdo e abarrotado de fatos sobre Klee. Por fim entramos. Paramos diante da primeira pintura. Apontei para um canto da tela, no qual uma figura retilínea examinava um peixe. Falei sobre este símbolo da visão de Klee da humanidade contra a natureza. Andamos mais um pouco e paramos diante de um desenho a lápis. Falei da dívida de Klee para com os primitivistas, sua afeição por formas cruas como os desenhos em pastel.

— Você conhece um bocado de coisas sobre Klee — disse a estagiária.

— Sou um grande admirador dele.

Ela olhava com a testa franzida para as obras de Klee, uma expressão muito parecida com a de Cager.

— Você não gosta de Klee? — perguntei.

— Na verdade, não. Só queria saber por que falam tanto nele.

— Entendo.

Saímos. Num *sushi* bar, sentamos diante de um prato de califórnias e eu me senti tão decepcionado com o cancelamento do exame sobre Klee que fiquei mudo. Depois de meia hora, a estagiária disse que precisava ir a outro lugar, e não pude culpá-la. Se eu pudesse me afastar de mim mesmo, não perderia a oportunidade. Nos despedimos com um aperto de mão do tipo vote-em-mim-no-dia-da-eleição.

De volta ao Publicans, Cager me perguntou como fora o encontro.

— Não foi como eu esperava — eu disse.

— Isso é bem a sua cara... estudar para sair com uma garota.

— O que mais eu poderia ter feito?

Ele girou sobre o banco para me encarar e empurrou a viseira para trás, a fim de deixar à mostra o rosto.

— Na próxima vez que uma dona pedir que você vá com ela a um museu — concluiu ele —, vá a um museu de beisebol.

TRINTA E QUATRO
PETER

— Ei, Edward R Murrow-Ringer — um homem no Publicans disse para mim. — Por que eu nunca vejo seu nome no jornal?

— Uso um pseudônimo. William Safire.

Ele riu e bateu com a mão no balcão do bar.

— Willie! — disse ele. — Não ligo para sua política.

Aquele homem sabia porque eu nunca aparecia no jornal. No Publicans, todos sabiam. Como poderiam não saber? Viam-me no bar todas as noites, me dedicando mais às palavras cruzadas do *Times* do que a escrever para as páginas do *Times*. O cara perguntou porque ele não conseguia entender o motivo de eu ter parado de me esforçar. Eu mesmo mal começara a pensar nisso.

Assim como "J.R. Moehringer", o programa de treinamento era um termo equivocado. Não havia treinamento nem programa. Pouco depois de eu começar a trabalhar no jornal, os editores resolveram que o programa de treinamento, financeiramente, não fazia sentido. Por que promover um estagiário a repórter em tempo integral, eles raciocinaram, quando pelo mesmo salário o *Times* podia contratar repórteres laureados no país? Os editores não podiam dizer isso publicamente, é claro, pois o programa de treinamento era uma tradição venerável do *Times*, e havia sido a porta de entrada para o jornal de muitos dentre eles. Como ficaria se retirassem as escadas debaixo deles? Além disso, os editores não queriam suprimir o programa de uma vez, apenas "desenfatizá-lo". Era essa a palavra usada em suas reuniões secretas, palavra que acabou vazando para a redação. Eles gostavam de ter duas dúzias de acadêmicos recém-formados, loucos para agradar, correndo de um lado para o outro na redação. Aquilo agradava sua vaidade, ver-nos buscando sanduíches e separando cópias de papel carbono. Assim, apenas fingiam que havia um programa de treinamento, continuando a seduzir os estagiários com a falsa esperança de uma promoção, então a cada mês mais ou menos diziam a um estagiário que o comitê secreto se reunira e decidira que ele não era material para o *Times*. Você será bem-vindo se ficar, diziam ao estagiário, desde que saiba que nunca iremos promovê-lo.

Ao ouvirem que eram "impromovíveis", outra palavra secreta, a maior parte dos estagiários saía. Ambiciosos e amargurados, procuravam outro jornal ou mudavam de profissão. Os editores contavam com aquele êxodo regular para sufocar qualquer motim e manter a farsa funcionando. Sempre que um estagiário saía, um punhado de novos candidatos tentava ocupar a vaga e, desse modo, a corporação de apanhadores de sanduíches e separadores de cópias em carbono era perpetuamente reabastecida. O "programa de treinamento" seguia em frente.

Ninguém deveria saber nada sobre isso, mas não existem segredos numa redação. Todos sabiam, e os editores de nível intermediário pararam de pedir aos estagiários que redigissem qualquer coisa. Por que investir tempo e energia num bando de estagiários que os editores mais importantes tratavam com indiferença? Por que fazer de alguém seu protegido, se ele não ficaria ali por muito tempo? Diante de toda aquela indiferença repentina, os estagiários poderiam ter promovido uma greve, um protesto ou incendiado o prédio. Em vez disso continuávamos nos esforçando. Vasculhávamos a cesta de lixo atrás de histórias que os repórteres haviam descartado, e buscávamos desesperadamente as matérias e comunicados insossos que poderíamos transformar em algo útil. Quando achávamos alguma coisa sobre o que escrever, políamos cada frase como Flaubert, e rezávamos para que os editores enxergassem algum lampejo de promessa em nosso trabalho. Nenhum de nós conseguia parar de esperar que fosse escolhido, um único estagiário, *sui generis*, que faria com que os editores esquecessem o desdém por todos nós.

Durante meses eu me esforcei como os demais. Então, como em Yale, parei. Desta vez, contudo, não houve ameaça de expulsão. A única conseqüência de parar de me esforçar foi uma leve impressão de arrependimento e aquele velho sentimento deprimente de que meu destino era o fracasso. Qualquer apreensão mais forte sobre minha decisão de parar de me esforçar era rapidamente apagada pelo Publicans, que vivia apinhado de gente que parara de se esforçar havia muito tempo. Quanto mais eu me lamentava em relação ao *Times*, mais eu ficava popular no bar. Embora se sentissem orgulhosos de mim quando eu tinha sucesso, o pessoal me felicitava quando eu fracassava. Eu percebi isso, depois ignorei, assim como ignorava que minhas ressacas após o Publicans às vezes azedavam minha disposição, retardavam meu desempenho profissional e reduziam minhas magras chances de ser promovido a um zero absoluto.

Naquela mesma época em que parei de me esforçar no *Times*, fiz uma coisa ainda mais perturbadora. Parei de telefonar para a minha mãe. Eu havia me acostumado a ligar da redação à noite, em busca de seus conselhos e encorajamento, lendo para ela qualquer coisa que havia escrito. Depois de desligar, sentia um certo arrependimento, não porque ela não me ajudara, mas porque tinha me ajudado. Demais. Eu estava com 23 anos de idade. Não queria mais depender da minha mãe. Além disso, não queria me lembrar de que minha mãe deveria depender de mim. Já era tempo de eu estar ajudando-a financeiramente. Em meus sonhos, até 1988 ela estaria se mudando para a casa que eu teria comprado para ela e sua maior preocupação seria sobre como se vestir para a aula de golfe matinal. Em vez disso, ela ainda estava vendendo apólices de seguro, seguindo em frente, ainda lutando para recuperar a força. Disse a mim mesmo que queria ver como me sairia tendo o pessoal do bar como mentor no lugar da minha mãe, que era saudável para um rapaz afastar-se de sua mãe, mas na verdade eu estava me afastando das promessas não cumpridas, da terrível culpa que sentia por não ser capaz de cuidar dela.

O embargo à minha mãe tornou mais fácil a racionalização da minha decisão de não mais me esforçar no *Times* e dedicar toda minha atenção à ovelha negra da minha mãe, meu romance sobre o bar, que eu não chamava mais de *Mil e uma doses*. A história de Aladim não tinha funcionado. Agora eu chamava o romance de *Beberrões e Calcinhas de seda*, quando não o chamava de *Truques e disparates*, quando não o entitulava *Lá vem todo mundo*, uma frase de *Finnegans Wake*. Eu tinha um bocado de material. Naqueles anos todos eu enchera várias caixas de sapatos com guardanapos nos quais registrara impressões aleatórias, pedaços de diálogos, trocas de idéias entreouvidas no bar, como quando o irmão de Colt teve que substituí-lo um dia atrás do balcão e gritou para um freguês "Não ria de mim! Não ria de mim, rapaz! Minha mãe ria de mim e eu fiz com que fosse operada sem necessidade".

Toda noite eu ouvia pelo menos uma frase que me parecia ideal para abrir um capítulo. "Não estou nem um pouco surpreso", um homem disse a sua namorada. "Sei", retrucou ela, "você está apenas preso".

"Então você fodeu ela?", tio Charlie perguntou a um cara. "Que nada, Ganso", o cara respondeu. "Ela que me fodeu."

Certa vez ouvi duas mulheres conversando sobre seus namorados. "Ele me disse que sou uma tripla ameaça", disse uma delas. "O que é isso?", quis saber a segunda. "Acho que é um termo esportivo", respondeu a primeira. "Ele disse que eu sou muito esperta e tenho dois seios maravilhosos." A segunda mulher contou nos dedos e deu um berro, caindo na gargalhada.

Depois que parei de me esforçar no *Times*, comecei a obedecer um severo regime, adiando minha ida noturna ao Publicans até que eu passasse pelo menos uma hora tentando escrever meu romance sobre o Publicans. Cada tentativa, contudo, estava condenada, porque eu não entendia o motivo de querer escrever sobre o Publicans, o motivo de eu amar o Publicans. Temia entender esses motivos, e assim eu não fazia mais do que reagrupar palavras sobre uma página, um exercício, em última análise, tão sem sentido quanto os quebra-cabeças dos jornais.

Quando aquela falta de sentido se tornou óbvia, fiquei sentado olhando para a parede em frente à minha mesa, na qual eu afixara cartões com minhas passagens favoritas de Cheever, Hemingway e Fitzgerald. Eu estava ficando com raiva de Fitzgerald por ter criado um padrão de perfeição inatingível, por já ter escrito o Maior Romance Americano, e mais ainda por tê-lo concebido na minha cidade natal. Eu pensava nos meus romances prediletos — *O grande Gatsby, David Copperfield, As aventuras de Huckleberry Finn, O apanhador no campo de centeio* — e o fulgor deles me paralisava. Eu não conseguia perceber as coisas que eles tinham em comum, as coisas que em primeiro lugar me atraíam neles: cada narrador menciona o pai nas primeiras páginas. Em

Gatsby, na primeira frase. Era aí que o narrador atormentado normalmente começava, era aí que eu podia ter começado.

Claro, se quisesse lançar mão de um caso de bloqueio criativo, as condições em cima da cozinha de Louie eram a melhor desculpa — calor, barulho, as paredes vibrando cada vez que um trem chegava ou partia da estação, o ar vibrando com o aroma de picles, toucinho, batata frita e queijo. Mas eu não teria me saído melhor numa colônia de escritores na floresta, pois eu era o candidato ideal ao bloqueio criativo. Todas as deficiências clássicas convergiam em mim — inexperiência, impaciência, perfeccionismo, embaraço, medo. Acima de tudo, eu sofria da ingênua visão de que escrever deveria ser fácil. Pensava que as palavras deviam vir espontaneamente. A idéia de que os erros eram os degraus para a verdade não me ocorreu sequer uma vez, porque eu absorvera o espírito do *Times*, em que os erros eram pequenas coisas repugnantes a ser evitadas, e eu tentava aplicar equivocadamente esse espírito ao meu romance. Quando escrevia algo errado, eu sempre achava que aquilo significava que algo estava errado comigo, e quando algo estava errado comigo eu perdia a paciência, a concentração, a força de vontade.

O que parece mais notável, olhando para trás, é a quantidade de páginas que produzi, a quantidade de esboços concluídos, o empenho com que tentei antes de parar. Não era do meu feitio ser tão persistente e isso revelava o quanto o bar me fascinava, e como era forte a compulsão de escrever sobre ele. Noite após noite, sentado à minha mesa em cima do restaurante grego, eu tentava escrever sobre as vozes ouvidas no bar, as gargalhadas hilariantes de homens e mulheres amontoados num lugar que consideravam seguro. Tentei escrever sobre os rostos em meio a uma nuvem de fumaça, como pareciam freqüentemente com fantasmas num futuro brumoso, e a vivacidade das conversas, que podiam pular de corrida de cavalos para política, para moda, astrologia, beisebol, casos de amor históricos, tudo isso entre uma cerveja e outra. Tentei escrever sobre o sorriso Cheshire de Steve, a cabeça do tio Charlie, o camundongo de Joey D, a viseira de Cager, o modo como Eddy Ligeiro aterrissava sobre um banco ao lado do balcão. Tentei escrever sobre os mictórios transbordando dinheiro, e a vez em que caí no sono dentro do banheiro masculino e alguém me acordou dizendo, "Ei! Isso aqui é lugar de cagar, não de roncar". Tentei escrever sobre a vez em que Cheiramal brandiu uma faca para o famoso jogador Jim Brown. Não importava o que eu fizesse — chamando o personagem de Asqueroso, trocando a faca por um garfo de comer lagosta — a história fazia Cheiramal parecer um homicida, em vez de um cômico resmungão.

Passei uma boa parte de 1988 tentando escrever sobre Cager trapaceando Eddy Ligeiro. Toda aquela "travessura", como Bob Tira gostava de chamar, começou no final dos anos 1970, início dos 1980, quando tocou "Strangers in the Night" no som do bar.

— Linda música — disse Eddy Ligeiro, estalando os dedos. — Deve ser por isso que ganhou o Oscar.

— "Strangers in the Night" nunca levou um Oscar — contestou Cager.

Eles apostaram cem dólares, acharam um almanaque e descobriram que Cager tinha razão. Passaram-se anos. A música voltou a ser tocada no bar certa noite e Eddy Ligeiro disse:

— Linda música, deve ser por isso que ganhou um Oscar.

Cager começou a rir. Certamente, Eddy Ligeiro estava de brincadeira. Vendo sua expressão séria, porém, Cager propôs uma aposta de centenas de dólares. Eddy Ligeiro perdeu outra vez, e pagou. Mais anos se passaram. Cager estava falando para o tio Charlie que devia dinheiro de aposta e precisava saldar a dívida com uma só tacada. Eddy Ligeiro era sua tacada.

— Eddy Ligeiro tem um buraco negro na cabeça quando se trata de "Strangers in the Night" — disse Cager. — Então vou apostar alto. Hoje à noite, quando ele chegar, você põe "Strangers" para tocar e depois deixa comigo. Mais tarde eu te dou uma parte da grana.

Mas tio Charlie não queria fazê-lo, não queria se envolver com nada desonesto, ele disse. Muito pretensioso da parte de alguém que faz do Publicans sua casa de apostas particular, contestou Cager. Mais tarde, quando Eddy Ligeiro chegou, tio Charlie olhou para Cager. Cager olhou para o tio Charlie. Eddy Ligeiro olhou para o tio Charlie. Tio Charlie serviu uma cerveja para Eddy Ligeiro e começou a cantar com os lábios fechados. *Scubi dubi du.*

— "Strangers in the Night" — disse Eddy Ligeiro estalando os dedos. — Linda canção. Não é à toa que ganhou o Oscar.

Cager foi magistral. Ele provocou Eddy Ligeiro, zombou dele, declarou para o bar que Eddy Ligeiro não entendia nada de música, até Eddy Ligeiro não ter outra escolha senão insistir numa aposta considerável para resgatar sua honra. Eles nunca revelaram quanto apostaram, mas foi uma grana preta, e quando Eddy Ligeiro perdeu e apanhou o talão de cheques, algo disparou dentro dele. O buraco negro em seu cérebro abriu e fechou como o diafragma de uma câmera. Ele não se lembrava de ter perdido a mesma aposta duas vezes antes, mas se lembrou do tio Charlie cantando, e não era "What Kind of Fool Am I?". Eddy Ligeiro se perguntou que espécie de tolo ele tinha sido.

Convertendo essa história em ficção, eu trocaria os nomes. Cager seria Killer e Eddy Ligeiro, Eduardo Acelerado, tio Charlie seria tio Butchie. Transformaria Cager num veterano da Guerra da Coréia, Eddy Ligeiro seria um ex-presidiário que poderia ou não ter matado a esposa, Agnes, cujo nome eu mudei para Delilah. A música ficou sendo "Blue Velvet" e a aposta de cem mil dólares. A história não soava verdadeira e por mais que eu tentasse entender, não conseguia descobrir o motivo.

Quando eu estava labutando em mais um novo esboço de "Estranhos no bar", meu telefone tocou. Era DePietro. "Venha até aqui!", sua voz soou acima de duzentas outras. "O lugar está cheio de mulheres e consegui duas propriedades refinadas. Beira-mar e Hotel Palace!" Ele se referia aos dois bancos mais cobiçados, quando se atravessava aquela porta na Plandome Road, que ofereciam uma visão clara de quem chegava, além de ser o melhor lugar para ser atendido pelo *barman*.

— Não posso — respondi. — Estou escrevendo.

— Escrevendo? Que porra é essa que você está escrevendo?

— Sobre o bar.

— Ah, é? Então desça aqui para fazer algumas pesquisas. Beira-mar e Hotel Palace.

— Não posso.

Ele desligou.

Um pouco depois, ouvi Louie desligando o fogão. Um breve som agudo seguido de um silvo suave. Fui até a janela fumar um cigarro. Uma chuva fina caía sobre a cidade. Abri a janela e cheirei a chuva, ou pelo menos tentei, diante das caçambas de lixo de Louie. Gaivotas pousaram nas caçambas. Louie saiu pela porta dos fundos e as espantou. No instante em que Louie entrou, as gaivotas retornaram. Persistência, pensei. As gaivotas são persistentes, eu não. Desliguei meu computador. Um breve som agudo e um silvo suave.

Caminhando para o Publicans, meu capítulo dentro de uma pasta sob o braço, consolei a mim mesmo no trajeto dizendo que todo escritor passa tanto tempo no bar quanto em sua mesa de trabalho. Beber e escrever combinam como uísque e soda, garanti a mim mesmo quando atravessei a porta do bar. DePietro estava lá, como prometido, sentado no Beira-mar e, ao seu lado, sobre o Hotel Palace, estava meu tio Charlie.

— Meu lindo sobrinho — disse ele me beijando no rosto. Ele já estava bem alto. Eddy Ligeiro estava lá e, ao lado dele, a esposa, Agnes, que era garçonete no restaurante grego de Louie. Ela estava bebendo seu habitual Irish Coffee. (Ela nunca suspeitou que os *barmen* preparavam o Irish Coffee com café descafeinado, "para inibir sua inerente loquacidade", dizia tio Charlie.) Eddy Ligeiro estava contando sobre a vez em que apostara em Agnes numa corrida contra o tio Charlie. Eddy Ligeiro havia contado vantagem, dizendo que Agnes chegaria horas antes dele, e tio Charlie prometera meter uma bala na cabeça se fosse derrotado por uma "garçonete tabagista de um boteco pé-sujo". Então eles foram para a pista de corrida da escola com a metade do bar a reboque. Agnes, enrolada numa toalha como uma boxeadora, jogou fora o cigarro segundos antes de Eddy Ligeiro disparar a pistola. (Por que Eddy Ligeiro tinha trazido uma pistola de corrida com ele, ninguém lembrou de perguntar.) Tio Charlie ganhou de Agnes, mas pagou um alto preço. Ficou caído na grama, vomitando, e só se recuperou alguns dias depois.

Achei que aquela história poderia ser mais fácil de escrever que o "Estranhos". Tomei nota.

Peter, o *barman*, me viu escrevendo num guardanapo. De todos os *barmen* do Publicans, Peter era o mais gentil. Dez anos mais velho do que eu, Peter sempre me olhava com um ar meio assustado, como um irmão mais velho e cordial que soubesse que eu tinha feito algo errado mas não sabia o quê. Tinha uma voz suave, olhos marrons suaves, cabelos castanhos suaves, mas uma essência áspera — honestidade? sinceridade? — que fazia com que as pessoas se inclinassem na sua direção quando ele falava. Não importava o tamanho de sua alegria — e com freqüência eu via Peter rindo sozinho — havia sempre um ar de tristeza nele. Quando ele olhava para você bem nos olhos, mesmo que estivesse sorrindo, dava para ouvi-lo pensando. "Está tudo uma merda, garoto. Não precisamos falar disso agora, não precisamos ver os detalhes, mas tampouco vou mentir para você — está tudo uma merda." Num bar repleto de homens ruidosos e carismáticos, Peter era o sossegado, o que tornava seu carisma ainda mais atraente.

— O que você está escrevendo? — ele me perguntou, servindo-me uma dose de uísque.

— Tomando notas.

— Para quê?

— Para nada. São só umas coisas sobre o bar.

Ele não insistiu. Em vez disso, falamos sobre seu novo emprego em Wall Street, que conseguira através de um freguês do Publicans. Eu fiquei feliz por ele, mas triste em pensar que um de meus *barmen* favoritos trabalharia menos agora. Ele negociava ações em tempo integral, atendendo o balcão em tempo parcial, basicamente nas noites de sábado, para fazer uma grana extra para a família. Sua próspera família. A mulher, ele contou, estava grávida.

— Pois é — ele disse com timidez —, finalmente conseguimos.

— Você vai ser pai! — exclamei. — Meus parabéns.

Paguei uma bebida para ele.

— Então você está escrevendo sobre este boteco? — perguntou ele apontando para minha pasta. — Posso?

Trocamos um capítulo por uma dose de uísque.

— *Beberrões e Calcinhas de Seda* — ele disse. — Título cativante.

— Foi o Colt que me inspirou.

— Colt usa calcinha de seda?

— Não! Meu Deus!, quero dizer, não sei.

Observei Peter lendo, analisando cada contração muscular do seu rosto, cada piscar dos olhos. Quando terminou, ele me devolveu as páginas e se apoiou no balcão. Depois, pestanejou e eu nunca o vira tão triste antes.

— Não está bom — disse —, mas tem alguma coisa aí.

Contei a Peter que as idéias e os temas giravam incessantemente na minha cabeça, assim como os eflúvios da cozinha de Louie giravam dentro do meu apartamento, impossível ignorá-los, impossível identificá-los. Disse-lhe que ia desistir.

— Isso seria um erro — ele falou.

— Por quê?

Dei-lhe uma brecha para dizer que eu tinha talento. Ele não o fez, simplesmente disse:

— Porque desistir é sempre um erro.

— O que está rolando aqui? — perguntou tio Charlie.

— Você sabia que seu sobrinho está escrevendo sobre o Publicans? — indagou Peter.

— Pensei que tudo que dizíamos aqui fosse confidencial — resmungou tio Charlie, brincando, ou pelo menos parecia.

— O garoto é um escrevinhador — disse Colt. — A culpa é daqueles malditos jogos de rima dos jornais.

— Deixa eu ver — pediu tio Charlie.

— Isso, vamos dar uma olhada — sugeriu Bob Tira.

Peter passou minhas páginas para meu tio e, à medida que ele terminava de ler uma, ele a entregava a Bob Tira que a passava para Cager e daí por diante.

— Cadê a página seis? — reclamou Cager.

— Quem está com a página nove? — perguntou tio Charlie.

— Está comigo — disse Peter. — Segura tua onda.

Vendo o pessoal em fila como uma brigada de incêndio, passando páginas em vez de baldes ao longo do balcão, tomei uma decisão importante. Os caras do Publicans seriam meus editores. Se os editores do *Times* estavam me "desenfatizando", eu enfatizaria o bar. Todas as noites de sábado eu submeteria meus escritos ao Peter e aos outros. Eu agora estabeleceria meu próprio prazo final, começaria meu próprio programa de treinamento.

Aquela resolução representou uma mudança no meu relacionamento com o bar, e provocou uma mudança no teor do próprio bar. Sempre fora verdade que nós levávamos nossas histórias para o Publicans e as partilhávamos, causando uma transferência de experiências, de tal modo que, certas manhãs, você acordava se sentindo momentaneamente como se tivesse lutado no Vietnã ou retirado cadáveres da enseada ou como se devesse cem mil dólares à máfia. Mas agora nós embaralhávamos e partilhávamos *minhas* versões das histórias de todos, e a narrativa de histórias — os truques, os riscos e recompensas — tornou-se o principal assunto naquele verão. Os caras eram leitores severos e exigiam ser entretidos. As palavras e as tramas tinham de ser bastante claras, bastante simples, para penetrar a penumbra causada pelo que quer que fosse que estivessem bebendo — um treinamento inestimável para um jovem escritor. Se eles não eram cultos o bastante sobre as regras da escritura, como os editores do *Times*, pelo menos nunca me depreciavam pelas minhas falhas gramaticais e erros ortográficos.

— O bar é "como um peido para crianças esfomeadas" — disse Cager, apontando para uma de minhas páginas. — Por que o bar é um peido para crianças esfomeadas?

— Isso foi um erro de digitação — eu disse. — Devia ter saído "peito". Um peito para crianças esfomeadas.

— Acho que eu prefiro assim. Um peido para crianças esfomeadas. Pense nisso.

Olhei para o lado e ponderei sobre a sugestão.

— E o que quer dizer isso? — perguntou. — "Sorte no jogo, czar no amor?"

— Deveria ter saído "azar".

— Rapaz, você digita mal mesmo, hein? De qualquer maneira, é um tremendo clichê. *Especialmente* na Rússia.

Os erros eram tratados de modo bem diferente no Programa de Treinamento do Publicans em comparação ao do *Times*. Essa diferença ficou perfeitamente clara para mim quando utilizei erroneamente a palavra "verve" numa matéria para o jornal. O editor que fazia a revisão percebeu e me fez sentir um zero à esquerda. Mais tarde, na mesma noite, eu contei ao tio Charlie e a Peter como o editor-revisor havia me repreendido.

— Mas o que quer dizer "verve"? — perguntou meu tio.

— Não tenho certeza — respondi.

— Procure — pediu ele, colocando o Livro das Palavras no balcão à minha frente e depois indo conversar alguma coisa com Eddy Ligeiro.

Folheei as páginas até achar "verve". A definição dizia "graça ou vivacidade que caracterizam uma personalidade". Alguém fizera um círculo em torno da palavra e escrevera ao lado "Ver CHAS". Mostrei ao Peter. Ele começou a rir. Quando tio Charlie voltou, eu lhe mostrei também.

— O que você acha disso? — perguntei. — Você nunca viu essa página antes?

— Você não sabia que alguém tinha circulado a definição e escrito seu nome em cima? — perguntou Peter.

— Eu não — disse tio Charlie, lendo a definição em voz alta —, mas me cai muito bem, é ou não é?

TRINTA E CINCO
OS ATLETAS DA LIGA PRINCIPAL

Ao entrar na casa do vovô, vi um cara estranho sentado à mesa da cozinha, bebendo um copo de leite.

— McGraw!

Ele deu um pulo. Desde a última vez que o vira, McGraw tinha crescido uns oito centímetros, e engordado uns 15 quilos. Estava com um metro e noventa e pelo menos cem quilos, aquele bebê gordinho se transformara num sólido armário. Quando me abraçou, parecia vestir uma armadura sob a camisa. E suas mãos, batendo nas minhas costas, eram maiores do que as luvas para o forno da vovó. Lembrei-me de uma vez que meu pai me abraçou quando criança, tive a mesma impressão de fragilidade.

— O que você anda comendo em Nebraska? — perguntei.

Minha avó apareceu e apanhou a caixa de leite vazia e o pacote de biscoitos que ele acabara de devorar.

— O que quer que seja, não está sendo o bastante.

Peguei uma cerveja na geladeira e sentei à sua frente. Ele contou a mim e a vovó suas desventuras na Grande Planície, nos fazendo rir. Também nos falou das dificuldades para aprender a ser um lançador, a pressão, a intensidade, as multidões. Percebi que sua leve gagueira tornara-se quase imperceptível.

Ele quis saber como andava minha vida.

— Como vai lá no *New York Times*? — perguntou. — Você já é repórter?

A pergunta veio num tom casual, como se minha promoção fosse tão inevitável quanto a expansão de seus ombros. Respondi num murmúrio, dizendo que era uma longa história.

Ouvindo McGraw, admirando sua estatura e envergadura, e a incrível dimensão de seu tronco e pernas, voltei a sentir aquela impressão de abandono familiar, que me ocorria sempre que McGraw e as primas iam embora. Dessa vez, não tinha sido a tia Ruth que raptara McGraw, mas a masculinidade. McGraw era grande e forte como eu deveria ser, então me lembrei de nossas visitas a Rawhide, quando meninos, observando através da cerca os manequins mecânicos vestidos de caubóis. McGraw agora fazia parte daquele grupo. Eu ainda estava do outro lado, espiando.

De todas as pessoas que eu amava, tinha sido de McGraw que eu me despedira com maior freqüência. Agora era hora de me despedir novamente. Adeus ao menino bochechudo de cabeça raspada a máquina zero, boas-vindas àquele super-homem louro, que acabaria sendo um problema. Por natureza, por hábito, eu tinha uma certa veneração pelos homens, mas não queria sentir o mesmo em relação a McGraw. Era ele que devia me venerar, seu irmão mais velho, seu protetor. A única maneira de McGraw me olhar agora com alguma veneração era se ele me erguesse acima de sua cabeça.

Alguns dias depois, eu estava em meu apartamento, trabalhando no romance sobre o Publicans, quando McGraw entrou sem bater na porta.

— Estou precisando fazer uns lançamentos — ele disse. — Manter meus braços em forma. Você está a fim?

Ele trouxera uma luva de beisebol para mim. Subimos até o campo pela Plandome Road e lá nos afastamos cerca de 25 metros um do outro. Depois começamos a lançar a bola de um lado para o outro, gemendo como artríticos à medida que o corpo esquentava. McGraw enxugou o suor da testa com a bola. "Com efeito!", berrou. A bola veio respingando como uma esponja na minha direção. Ela se inclinou para a direita e caiu com força. Mal consegui apanhá-la. Ele arremessou outra vez, a bola parecia mudar de velocidade várias vezes no meio do vôo. Então me ocorreu que McGraw transferira a gagueira para as costuras da bola. Com uma velocidade crescente, a bola explodiu na minha luva com tamanha violência que pensei que os ossos da minha mão tinham se partido. Lancei com vontade uma bola para ele, colocando no arremesso toda minha força, e quando McGraw me devolveu, fiquei com vergonha. Sua bola veio com cinco vezes mais vigor. O lançamento de efeito parecia um cometa, descrevendo um arco impressionante. Tentando agarrá-la, ela passou a uns trinta centímetros da minha mão e eu me dei conta: *McGraw ia ser um jogador de beisebol profissional.*

No fundo eu sempre soubera disso, pelo menos desde que McGraw tinha 16 anos, quando seus jogos pela equipe da escola eram assistidos pelo time do Califórnia Angels. Mas naquele dia eu vi, e senti em minha mão dolorida, que o menino com quem eu crescera jogando bola e venerando o Mets tinha me passado à frente e se encontrava no limiar da realização de seu sonho de criança. Logo ele seria contratado pelas equipes da primeira divisão, pelo Mets provavelmente, e seu nome viraria uma palavra familiar. Ele seria o primeiro jogador do Mets na história a não deixar o outro time fazer sequer um ponto. Seria o próximo Tom Seaver, enquanto eu, Edward R. Murrow-Ringer, o senhor Exagerado, seria o mais velho estagiário do *Times*. Um dia, McGraw iria parar na Calçada da Fama e, durante a cerimônia, o pessoal do bar falaria aos sussurros sobre os dois primos e de como tinham tido destinos tão diferentes.

Senti uma pontada de inveja e o orgulho ferido, mas principalmente vergonha. Observando McGraw desfilar seu repertório de arremessos, vendo sua seriedade e diligência, entendi que meu primo era mais do que um jogador em ascensão para a Liga Principal. Ele era um artesão dedicado, e as recompensas que lhe trouxera o trabalho esforçado iam muito além do domínio no lançamento de bolas. Ele dominara a si mesmo. Ele não treinava com afinco somente porque tinha talento, mas porque sabia que o trabalho dedicado era o caminho certo para um homem, o único caminho. Ele não estava paralisado, como eu, pelo medo de cometer erros. Que lançasse uma bola demasiado alta para mim ou a acertasse na minha cabeça, ele não se importava. Estava experimentando, explorando, descobrindo a si mesmo e descobrindo seu caminho através das tentativas e dos erros para chegar a algum tipo de verdade. Não importava o quanto ele parecia um louco arremessando a bola, não importava se errava o alvo, no lançamento seguinte ele se concentrava, confiante e relaxado. Nem sequer uma vez, naquela tarde, ele perdeu a expressão que estampava no rosto desde que éramos meninos. Ele estava se esforçando com vontade, mas nunca tinha parado de brincar.

Nosso jogo, que não passou de uma diversão para McGraw, para mim foi um momento crítico. Em uma hora, ele me ensinara mais do que todos os editores do *Times* nos vinte meses precedentes. Quando McGraw voltou para Nebraska, eu voltei para a redação e me tornei o melhor estagiário possível. Eu me esforcei, me desdobrei e, no fim do ano, os editores resolveram que eu merecia uma chance. Durante um mês — janeiro de 1989 — eu seria um repórter em tempo integral. Em seguida, fariam uma avaliação formal de meu desempenho. Depois de um mês, um dos editores sugeriu que eu talvez fosse um estagiário que conseguira ser aprovado no falso programa de treinamento. Fiquei extasiado. Depois, abalado.

— Eu estou tendo um troço — eu disse a Bob Tira. — Meu coração está palpitando.

— O coração de todo mundo está palpitando — ele disse.

— O meu está batendo com muita força.

— Quando ele parar de bater, me avisa.

— Tem alguma coisa errada com meu coração.

— Relaxa. Fuma um cigarro.

— Tem alguma coisa errada, estou falando.

Bob me levou até o hospital. Um médico no setor de emergência enfiou uma agulha no meu braço e fez vários exames, inclusive um eletrocardiograma, que não revelou problemas sérios.

— Estresse — disse o médico enquanto eu abotoava minha camisa. — Reduza esse estresse.

Ao fim de 1988, contudo, minha fortaleza contra o estresse se tornara uma fábrica de estresse. O mercado de ações entrou em colapso, sofrendo a maior baixa em um só dia desde a Depressão, e os operadores de Wall Street mudaram de comportamento no Publicans. Operadores e corretores que costumavam arejar o bar, deixando todos de bom humor, agora sentavam isolados, murmurando algo sobre seus "empregos". O local de encontro de novos milionários havia se tornado um refúgio para homens falidos. Um jovem e brilhante casal, que habitualmente flutuava pelo bar algumas noites formalmente vestido, a caminho do Carnegie Hall ou do Lincoln Center, como se fossem o Gerald e Sara Murphy de Manhasset, agora entrava arrastando os pés, enchia a cara e depois ficava batendo boca. Eu estava lá no dia em que ela atirou um cinzeiro na cabeça do marido e berrou com ele por ter dormido com a babá, e ele berrou de volta, culpando-a por tê-los levado ao fundo do poço com seus gastos.

Para mim aquela crise financeira ficaria para sempre representada pelo sr. Fim de Semana. Durante a semana, ele se vestia com ternos sob medida, camisa branca engomada e gravata Hermès. De segunda a sexta ele nunca elevava a voz ou tinha um cacho de cabelo fora do lugar, e quando eu o via no trem, estava sempre lendo o *Wall Street Journal*, atentamente, como se fosse fazer uma prova em seguida. Mas todas as noites de sexta-feira, sem falta, após dias passados tentando em vão recuperar a fortuna perdida, o pobre coitado entrava no Publicans e os *barmen* gritavam: "Caramba! É o sr. Fim de Semana!" Então lhe tomavam as chaves do carro, enquanto ele desfazia o nó da gravata e, nas 48 horas seguintes, o sr. Fim de Semana pulava sobre as cadeiras, se balançava nos postes e se espreguiçava sobre as mesas, cantando "Danny Boy" e, em algum momento, por algum motivo, ele fazia algumas flexões abdominais antes de desmaiar na terceira mesa antes da porta, como se fosse seu leito particular em um trem noturno. Pensei várias vezes em me apresentar a ele — sr. Fim de Semana, eu sou o sr. Exagerado —, mas não era possível falar realmente com o sr. Fim de Semana. Entretanto, era possível acertar o relógio observando-o, pois assim como sempre chegava nas noites de sexta-feira, ele podia ser visto todas as segundas de manhã, caminhando elegantemente pela Plandome Road para apanhar o trem para o centro. Era difícil, naqueles momentos, saber se ele se parecia com o sr. Fim de Semana sonâmbulo ou sr. Dias Úteis que acabara de despertar de um pesadelo.

Poucos sabiam no Publicans, mas aquele entre nós que havia sido mais prejudicado pela queda da bolsa fora Steve. Seu bar em Manhattan estava em dificuldades. Steve sonhara o conceito de um Publicans para a alta classe no Píer numa época em que as pessoas deixavam o troco no balcão — agora todo mundo economizava seus tíquetes de alimentação. A última coisa que passava pelas cabeças das pessoas era um filé suculento de preço exorbitante acompanhado por uma garrafa de vinho de preço estratosférico. Steve poderia perder milhões. Poderia perder a casa, se os bancos jogassem duro com ele. Mas já tinha perdido seu bem mais valioso. A confiança. O bar em Manhasset era ótimo, mas Steve tinha desejado alcançar o sucesso num estágio mais elevado, como se fosse um jogador sonhando com a Liga Principal. O mais provável era que toda aquela opulência que ele testemunhara em seu bar o levara a pensar assim. Havia sido corrompido pelos fregueses. Vira centenas de pessoas entrando no Publicans para comemorar a boa sorte e, em algum momento, ele decidira que seria divertido se juntar a eles, em vez de ser sempre o anfitrião. O Publicans no Píer era sua chance. Imaginando que seria fácil, ele se expandira excessivamente e agora, pela primeira vez na sua bem-aventurada vida, Steve estava fracassando, e era um tremendo fracasso. O Publicans do Píer era um monumento a seu fracasso. Lá estava o bar, na extremidade do píer, vazio como um túmulo. Um túmulo muito bem iluminado, pelo qual Steve estava pagando um aluguel mensal de 45 mil dólares.

— Steve não parece muito bem — eu disse ao tio Charlie, pouco depois de começar meu período de experiência no jornal.

Ambos nos viramos para observar Steve, sentado na ponta do balcão, enfurecido, trêmulo, confuso. Nem sombra do sorriso Cheshire.

— Não parece o mesmo — concordou tio Charlie. — Como o Hagler no último *round*.

Com suspensórios que combinavam com a gravata — presente de Natal da minha mãe — fui o primeiro a chegar à redação no primeiro dia de janeiro de 1989. Meus sapatos estavam engraxados, meus cabelos penteados para trás, meus lápis afiados como espinhos. Os editores me deram uma pauta sobre uma disputa de território no East Side, que eu ataquei como se fosse o caso Watergate. Escrevi oitocentas palavras até o prazo final, e como estava muito nervoso, a matéria ficou extremamente confusa. Parecia ter sido escrita por Quissidane. Os editores fizeram várias alterações — alterações extensas e radicais como as do professor Lúcifer — e enfiaram a matéria nas páginas da editoria local.

No trem, de volta a Manhasset, eu disse a mim mesmo que precisava encontrar um jeito de me acalmar em relação aos prazos. Pensei em Cager preparando a última tacada num jogo de sinuca com altas apostas. Pensei em McGraw arremessando uma bola de velocidade enganosa com o jogo empatado. Pensei em Bob Tira quando se via diante de outro cadáver flutuante, e o tio Charlie dançando o tango-flamingo enquanto a bandidagem planejava o extermínio dele, e o rosto sereno de Joey D enchendo de socos a cara de um bêbado, sem motivo. *Relaxagarotoapenasrelaxaporra*. Pensei em todos eles e me senti melhor.

No fim da semana, os editores me mandaram para o Brooklyn, onde uma adolescente havia morrido, surpreendida no meio do fogo cruzado, que parecia ter sido um tiroteio entre gangues rivais. Falei com amigas, professores e vizinhos. Ela aspirava a se tornar escritora, me disseram. Acabara de ingressar na faculdade e sonhava se tornar a próxima Alice Walker. Sua vida, como a minha, estava só começando, e me senti honrado em escrever sobre ela e obrigado a informar sua morte, assim não tive tempo para ficar tenso. Escrevi durante uma hora e acionei o botão "enviar" do meu computador. Os editores fizeram umas poucas mudanças e a matéria saiu na primeira página do caderno local do jornal. Belo trabalho, disseram, parecendo surpresos.

Eu queria parar no Publicans e contar ao pessoal sobre meu bom dia de trabalho, mas prometera a mim mesmo que evitaria o bar durante o período de experiência. Tentava não pensar muito sobre essa promessa. Não queria admitir que o bar pudesse ser um obstáculo ao meu sucesso, assim como tampouco queria examinar de muito perto meu desconforto ao fim de um longo dia. Deitado e acordado às quatro da manhã, ouvindo Louie acender o fogão, me perguntei por que eu andava tão nervoso. Não era só a ausência de álcool, e não era só o estresse. Havia algo mais. Seria a esperança?

O mês foi passando e eu aprendi a relaxar em relação aos prazos das matérias. Cheguei mesmo a começar a me divertir, e descobri o que tinha dado errado em Yale. O primeiro passo no aprendizado, concluí, era desaprender, pôr de lado os velhos hábitos e suposições erradas. Ninguém nunca me explicara isso, no entanto, durante meu período de experiência, isso ficou óbvio. Quando os prazos se aproximavam, não havia tempo para velhos hábitos, não havia tempo para fazer o que eu normalmente fazia antes de escrever — preparar uma lista de palavras complexas e indagar sobre sua sonoridade. Havia apenas tempo para os fatos, e assim o desaprendizado acontecia por necessidade, quase à força. Antes de escrever uma matéria para o *Times*, eu respirava fundo e me comprometia a dizer a verdade, e eu acharia as palavras para isso, ou elas me achariam. Eu não tinha nenhuma ilusão. Não estava escrevendo poesia. Não estava sequer escrevendo bem. Mas pelo menos o que eu via nos textos assinados por mim pela manhã era diferente. Havia uma clareza, uma autoridade, que eu nunca conseguira alcançar antes, pelo menos não enquanto escrevia o romance do Publicans.

No meio do meu período de experiência, um dos principais editores do *Times* enviou uma mensagem para o editor local, que a passou para mim. "Quem é esse J.R. Moehringer? Por favor, transmita meus cumprimentos pelo seu excelente trabalho."

Quando for promovido, disse a mim mesmo, quando eu for um repórter em tempo integral, Sidney vai se arrepender. Quando meu nome aparecer todos os dias no *Times*, ela perceberá que me subestimou. Telefonará e me pedirá que a aceite de volta.

E talvez eu o fizesse. Afinal de contas, se eu tinha mudado, talvez ela também. Em um ano eu passara de beberrão a repórter. Quem podia dizer no que Sidney se transformara?

Fui até o banheiro no *Times* e fiquei diante do espelho. Eu parecia diferente. Mais esperto? Mais confiante? Não dava para ter certeza, mas havia uma nítida melhora. Disse então ao meu reflexo: logo você vai começar a ganhar um dinheiro decente. Talvez o bastante para se mudar para um apartamento de verdade, livre de odores e com uma cozinha. Talvez o bastante para mandar sua mãe à faculdade. Depois disso, quem sabe? Talvez o bastante para namorar Sidney. E um dia comprar-lhe uma aliança.

TRINTA E SEIS
STEPHEN JR.

DIAS ANTES DO FINAL DO MEU MÊS DE experiência, um editor me passou uma pauta para a edição seguinte. Um homem chamado Stephen Kelley fora baleado perto de seu apartamento no Brooklyn. A polícia acreditava se tratar de um caso de briga de trânsito. A matéria tinha apenas trezentas palavras, mas o editor ressaltou as cinco ou seis mais importantes. Kelley era negro, o atirador branco. Pior, um policial de folga. As tensões raciais já estavam altas na cidade, com as lembranças de Howard Beach e Tawana Brawley ainda frescas. Aquele crime tinha o potencial de se transformar num outro conflito incendiário. O editor me disse para investigar com atenção, descobrir quem era Stephen Kelley e escrever alguma coisa sobre ele.

Fui para o Brooklyn com um fotógrafo e bati na porta do apartamento de Kelley. Quando ela foi aberta, dei de frente com uns caras que tinham três vezes o tamanho de McGraw. Eram os filhos de Kelley, inclusive Stephen Jr. Eu disse que éramos do *Times* e eles nos convidaram para entrar. Sentamo-nos na sala sombria, as persianas fechadas, e eles nos contaram com vozes ásperas e frias sobre seu pai, que aparentemente os criara sozinho. Era um cara durão, disseram, mas também uma mãe coruja, sempre preocupado, inquieto em relação aos seus "meninos". Recentemente, os filhos tinham pensado em se reunir para comemorar o aniversário de número 62 do pai. Os filhos — no total eram seis — viviam em várias partes do mundo, e seria uma grande festa, todos os filhos de Kelley voltando à casa para uma celebração. Em vez disso, tiveram que se reunir em torno do túmulo do pai.

Quando chegou a hora de partir, eu disse a eles que escreveria um relato fiel de tudo que haviam me contado sobre o pai.

— Ouça — disse Stephen Jr. me acompanhando até a porta. — Vários jornais grafaram equivocadamente nosso sobrenome.

— K-e-l-l-e-y? — perguntei.

— Certo.

— Pode confiar em mim, vou escrevê-lo corretamente. Eu sei como os nomes são importantes.

Eu estava na redação do jornal na manhã seguinte, lendo minha matéria e tomando café, quando olhei para o alto e vi o editor do fim de semana ao lado da minha mesa.

— Excelente trabalho — ele disse.

— Obrigado.

— Estou sendo sincero. Ótimo texto. Ouvi falarem de sua matéria hoje de manhã no rádio.

— É mesmo?

— Continue assim e seu futuro será brilhante.

Ele se afastou e eu me encostei de novo na minha cadeira. Quem poderia imaginar — eu, um repórter no *New York Times*? Eu me perguntei se Sidney tinha lido a matéria, ou se ainda a leria. Queria telefonar para minha mãe e ler a matéria para ela. Primeiro, eu precisava telefonar para a família Kelley.

Um homem atendeu no primeiro toque. Reconheci a voz de Stephen Jr.

— Senhor Kelley, aqui é JR Moehringer, do *Times*. Estou telefonando apenas para agradecer por terem me recebido tão bem ontem. Espero que a reportagem tenha agradado.

— Agradou, sim. Estava boa. Mas, sabe, tenho de dizer, você escreveu nosso nome errado.

— O quê?

— Você escreveu errado, o certo é K-e-l-l-y.

— Não estou entendendo. Antes de ir embora, ontem, eu confirmei se era K-e-l-l-e-y, e você disse que estava certo.

— Eu disse que estava certo, querendo dizer que era assim que os outros jornais tinham escrito.

— Ah.

Meu coração estava batendo tão forte que tive medo de que ele pudesse escutar. Eu achara que meus batimentos cardíacos estavam anormais quando Bob Tira me levou para o hospital, mas agora, meu coração batia como se quisesse sair do meu peito.

— Lamento — eu disse. — Lamento muito. Não entendi o que você estava querendo dizer.

— Está tudo bem. Mas se você pudesse fazer uma correção seria ótimo.

— Claro. Uma correção. Vou falar com o editor. Até logo, senhor Kelly.

Fui até o banheiro masculino e fumei quatro cigarros. Em seguida arranquei o distribuidor de toalhas da parede, chutei a lata de lixo e esmurrei a porta do banheiro até achar que tinha quebrado algumas articulações. Eu me tranquei num dos reservados e perguntei o que deveria fazer em seguida. Considerei a possibilidade de ir até o bar da esquina e tomar umas dez doses de uísque. Mas haveria tempo suficiente para beber mais tarde no Publicans. Considerei a possibilidade de não dizer nada, esperando que os editores não notassem. Mas eu prometera ao Stephen Jr.

Voltando para a redação, vi o editor do fim de semana. Fui até sua mesa. Ele se levantou, colocou a mão no meu ombro e perguntou aos outros editores que estavam por perto.

— E que tal este Moehringer, hein?

Ele pronunciou meu nome com tanta musicalidade que quase comecei a gostar dele.

— Ótimo trabalho — disseram os outros.

— Muito bem.

— Viu que os outros jornais tentaram passar à sua frente? — o editor do fim de semana me perguntou. — Mas não conseguiram. Não falaram com a família. Eles sequer grafaram o nome da família corretamente. Escreveram K-e-l-l-y.

— Na verdade — eu disse. — Acabei de falar com um dos filhos ao telefone. — Minha voz tremia. — Aparentemente, é assim que se escreve seu nome: K-e-l-l-y.

O editor olhou para mim. Retribuí seu olhar.

— O filho me disse ontem que os jornais estavam grafando o nome de forma errada, inclusive este jornal, por falar nisso. Em nossa nota resumida sobre o assassinato, escrevemos o nome K-e-l-l-e-y. Então eu confirmei com o filho, "K-e-l-l-e-y, certo?" querendo dizer "É assim que se escreve seu nome, certo?" E ele disse "Certo", querendo dizer "É assim que os outros jornais estão escrevendo equivocadamente". Foi um terrível mal-entendido.

O editor apanhou um lápis, ergueu-o a uns trinta centímetros da sua mesa e o deixou cair. Ele parecia querer fazer a mesma coisa comigo. Seus olhos estavam gritando *Você está ferrado, garoto!* Sustentei enquanto pude meu olhar, depois abaixei a cabeça. Notei que ele usava uns suspensórios lindos. De cor bege, com ilustrações de garotas havaianas. Eu vira uns assim recentemente na vitrine de uma loja de artigos masculinos exclusivos no East Side.

— Temos que providenciar uma correção — ele disse.

— Está bem.

— Vou escrever e mandá-la para você. Dê uma olhada e me diga depois se está certo.

Voltei para minha mesa e esperei pela pauta do dia, que nunca chegou. A única coisa que veio até a mim foi a correção. "Uma foto e uma reportagem na edição de sábado, sobre um homem assassinado por conta de uma discussão no trânsito, forneceram o nome incorretamente. O nome correto é Stephen Jr. Kelly."

Mais tarde, sentado no Publicans pela primeira vez em 27 dias, contei ao tio Charlie o que eu fizera. Ele bateu com uma garrafa no balcão.

— Como isso pôde acontecer? — ele indagou.

Eu não sabia dizer se estava com raiva ou apenas decepcionado.

Eu queria telefonar para minha mãe, mas havia uma fila para usar o telefone e ninguém nela percebera que alguém na cabine tinha desmaiado. Melhor assim. Poucas horas antes, eu estava imaginando um telefonema triunfal, dizendo à minha mãe para recomeçar a estudar pois eu ia colocá-la na Arizona State University. Eu precisava de tempo para me ajustar àquela nova realidade.

Eu estava bem bêbado, quando Bob Tira apareceu arrastando os pés.

— Já pesquei cadáveres flutuantes com aparência melhor do que a sua — ele disse.

Contei-lhe o que havia acontecido.

— Como isso pôde acontecer? — perguntou.

— Não sei.

— Pois é — ele disse com um suspiro. — Esqueça. Foi um engano honesto. É por isso que os lápis trazem uma borracha na extremidade.

— Você não está entendendo — eu reagi, colérico. — Aqueles pobres rapazes. Primeiro, o pai deles é assassinado por um policial, e depois eu chego com meu estúpido bloco de anotações e pioro mais ainda as coisas. E não se pode fazer nada. Foram impressos um milhão de exemplares. Já estão na rua, em todo lugar, um milhão deles anunciando minha estupidez. E quando forem lidos, o erro sobreviverá. Em microfilmes e tudo o mais. E não foi apenas um erro num jornalzinho de Sacramento. Eu o fiz num jornal importante. Graças à minha estupidez, vai ser preciso corrigir os registros. E o pior de tudo é que não me enganei na idade ou na cor do cara. Eu me enganei com o nome. Pelo menos o *nome* certo das pessoas eu deveria saber.

Percebi o olhar duro de Bob Tira sobre mim. Pensei que me ouvia com atenção, mas então notei que meu monólogo o deixara com raiva. Ele parecia magoado, ofendido, e seu olhar era tão intenso que quase me deixou sóbrio novamente. Ele tinha algo a dizer, algo importante. Mas o que quer que fosse, ele engolira as palavras. Pude ver que ele havia escolhido uma outra maneira de reagir.

— Por que "pelo menos o nome certo das pessoas eu deveria saber"?

— Porque...

Então foi a minha vez de engolir minhas palavras. Eu poderia ter-lhe dito como os nomes eram importantes para mim, mas já me sentia suficientemente exposto por um dia. Quando balancei a cabeça e lhe disse que esquecesse, ambos olhamos para a frente e vimos os genitais de Crazy Jane no vitral, calados. Finalmente Bob Tira pôs a mão no meu ombro e disse:

— Volte ao trabalho amanhã e aja como se nada tivesse acontecido. Vão pensar que você é maluco. Aja como se alguma coisa tivesse acontecido, mas mostrando que você está acima desse acontecimento.

— Tem razão.

— Confie em mim. Isso não é um grande problema, J.R. Você não tem idéia do que é um erro de verdade.

TRINTA E SETE
BOB TIRA

COM O FIM DO PERÍODO DE experiência, terminei meu período de abstinência. Voltei a freqüentar em tempo integral o Publicans, como uma vingança. Eu me enterrei no bar, fiz dele minha trincheira, me tornei um acessório do bar, como a *jukebox* e o Quissidane. Fazia minhas refeições no Publicans, pagava minhas contas no Publicans, fazia minhas ligações telefônicas no Publicans, festejava os feriados no Publicans, lia, escrevia e assistia à TV no Publicans. Nas minhas cartas, às vezes colocava o endereço do Publicans no remetente. Fazia isso de brincadeira, mas não era mentira.

Eu precisava, não menos do que de água e de comida, daquele alô diário no bar, todos passando e se cumprimentando como se não houvesse nada de errado comigo ou com o mundo.

— Olhem só — disse um *barman* —, vejam quem está aqui.

— Como vão as coisas em Glocca Morra neste lindo dia? — disse um outro.

— Vejam. Quem. Está. Aqui — disse tio Charlie, com o cumprimento que eu mais gostava.

Entrando no bar um dia, vi Joey D atrás do balcão. Ele desviou o olhar do jornal.

— Este lugar é como uma armadilha — ele disse malicioso. — Pega qualquer coisa voando no ar.

— Deve ser por isso que fica cheio de polícia — eu disse, apontando para Bob Tira, que achou engraçado.

Joey D bateu palmas.

— Voltou com a corda toda, hein? — ele disse.

Voltoucomacordatoda, e minha noite estava completa.

Algumas vezes o bar parecia ser o melhor lugar no mundo, outras parecia com o próprio mundo. Após um dia especialmente exaustivo no *Times*, encontrei o pessoal fazendo um círculo na extremidade do balcão atendida pelo tio Charlie. Tinham disposto as decorações dos drinques na forma do sistema solar, um limão no lugar do sol, e moviam uma azeitona em torno do limão, explicando um ao outro porque escurecia em Nova York antes de escurecer na Califórnia, explicando como funcionavam as estações do ano, quantos milênios ainda tinham pela frente antes de tudo desabar. Fiquei atrás deles, deixando a conversa me envolver. Afinal de contas, o que é um buraco negro? Uma coisa que suga tudo que atravessa seu caminho. Então é como minha ex-mulher? Isso, mas com mais inteligência. Vou contar a ela que você disse isso. Um buraco negro é como o Grand Canyon com mais gravidez. Não é gravidez, seu merda, é gravidade. E o que eu disse? Pense dessa maneira, o universo é mantido no seu lugar pela gravidade, sua mulher mantém vocês juntos com gravidez. Não use uma azeitona como o planeta Terra, eu odeio azeitonas. O que você tem contra as azeitonas? Os caroços. Não gosto de nada que tenha caroço. Porra, quem comeu a porra do planeta Marte? Desculpe. Vi uma cereja e a comi. Qual é o tamanho da porra da Terra afinal de contas? Tem mais de 12 mil quilômetros. Parece um trajeto possível de ser feito a pé. Você não gosta nem de andar até a esquina para comprar o jornal. Você quer dizer que todo mundo neste boteco está rodando a trinta mil quilômetros por hora neste instante? É por isso que estou tonto pra cacete.

Os caras pararam de falar e observaram aquele sistema solar feito de enfeites de drinques. O único som era o de uma tosse seca, um fósforo sendo riscado, Ella Fitzgerald cantando no som e, num lapso de um segundo, pude realmente sentir o Publicans avançando pelo cosmos.

Eu precisava da imprevisibilidade do Publicans. Certa noite, um ator famoso apareceu por lá. A mãe dele morava por perto e ele viera visitá-la. Nenhum de nós conseguia parar de olhar para ele. O Ator havia estrelado filmes clássicos com alguns dos melhores atores de sua geração, e ali estava ele, no Publicans, pedindo um copo de leite desnatado. Ele contou ao tio Charlie que sempre revestia o estômago antes de começar a beber seriamente. À medida que a noite avançava, tio Charlie provocava o Ator por causa do leite desnatado, dizendo que de todos os atores com quem trabalhara ele era o menos macho. O Ator não entendeu o senso de humor do tio Charlie. Ficou magoado. Ele subiu no balcão e ficou fazendo flexões sobre os braços até que tio Charlie retirasse o que havia dito e concordasse que ele era tão viril quanto qualquer homem vivo.

Eu precisava dos momentos calmos do Publicans. Uma das minhas recordações mais ternas são aquelas tardes de domingo lúgubres e chuvosas, logo após meu período de experiência no jornal. O bar vazio, algumas pessoas comendo nos fundos. Eu pedia um prato de ovos e lia as resenhas literárias enquanto Mapes, o *barman* de domingo, lavava os copos com água e sabão. Eu me sentia como se tivesse penetrado no meu quadro favorito de Hoper, *Nighthawks*. Mapes até se parecia com o funcionário simplório de nariz aquilino, debruçado sobre a pia. Ele desdobrava uma escada portátil e polia as letras de metal onde se lia "Publicans" sobre o balcão e eu o observava, invejando sua concentração. Se ao menos eu pudesse me concentrar nas palavras da maneira que você se concentra nessas letras, eu disse a Mapes, certa vez. Ele apenas assentiu com a cabeça. Só muitos anos depois me dei conta de que Mapes nunca dissera uma única palavra para mim.

Numa daquelas tardes calmas de domingo, ouvi alguém atrás de mim chamar "Junior!". Virando-me, vi Jimbo, o garçom informal com cara de querubim, que acabara de chegar da faculdade. De onde Jimbo tirara aquela idéia de me chamar de Junior? Somente Steve me chamava assim. Então me lembrei que Steve era como um pai para Jimbo, cujos pais tinham se divorciado quando ainda pequeno. Jimbo devia ter ouvido Steve me chamar de Junior, e tudo o que Steve dizia, Jimbo repetia como um papagaio. Lancei-lhe um olhar ameaçador — o que mais poderia ter feito? Ele era grande demais para mim. Parecia o Babe Ruth, quando jovem.

Ele se inclinou ao meu lado para ver o livro que eu estava lendo.

— *A Fan's Notes*? — disse em voz alta. — É sobre o quê?

Talvez porque ele tivesse me chamado de Junior, ou talvez porque eu tivesse tomado muitas doses do potente *bloody mary* de Mapes, o fato é que não pude mais agüentar. E descarreguei sobre Jimbo.

— Eu odeio essa pergunta. Odeio pessoas que perguntam sobre o que é um livro. Pessoas que lêem só o enredo, pessoas que extraem só o que está por cima deviam continuar lendo histórias em quadrinhos e assistindo a novelas. É sobre o quê? Todo livro que vale alguma coisa é sobre emoções, amor, morte e sofrimento. É sobre palavras. É sobre um homem lidando com a vida. Entendeu?

Mapes olhou para Jimbo, olhou para mim, balançando a cabeça.

Jimbo tinha trabalhado no Publicans desde os 14 anos. Crescera brincando de pique-esconde com o filho de Steve, Larry, nos túneis embaixo do balcão, "Como Huck e Tom nas cavernas", ele dizia sempre, orgulhoso. Jimbo havia mesmo conhecido McGraw, que se tornaria seu melhor amigo no ensino médio, numa festa com *pizza* no Publicans, após uma partida de beisebol. Talvez ele fosse o único jovem na cidade que gostasse do bar mais do que eu. Ele extraía dali o mesmo tipo de alimento emocional de Steve e dos demais. Eu estava tentando escrever sobre o bar? Jimbo *era* o bar. Era uma alma boa e fiel, como se podia esperar encontrar. Lembrando de tudo isso, me dei conta de que Jimbo era filho do Publicans e, portanto, meu irmão. Senti-me podre por tê-lo maltratado e pedi que me desculpasse.

— Esqueça — ele disse, parecendo sincero.

Essa era uma das coisas especiais de Jimbo.

Dalton entrou no bar. Agitava na mão uma primeira edição de *The Ginger Man*, que apanhara emprestado com tio Charlie.

— "Hoje um tênue sol de primavera" — ele gritou no meu ouvido. — Esta é a primeira frase deste romance. Isso é poesia, seu imbecil. Isso é a porra do inglês bem escrito. Eu amo você, seu imbecil, mas honestamente, você nunca escreverá uma frase tão boa assim.

— Não tenha dúvida — eu disse.

— Ei, moleque — disse Jimbo num tom de censura para Dalton. — Isso é cruel.

Olhei para Jimbo. Há menos de um minuto eu estava repreendendo-o, agora ele estava me defendendo. Esse era outro aspecto especial de Jimbo.

Tio Charlie chegou. Ele assumiu o balcão no lugar de Mapes, dando um passo gigantesco para melhorar nosso salão literário. Ele citou suas passagens favoritas de *The Ginger Man*, e logo estávamos trocando passagens de nossos escritores favoritos, Kerouac, Mailer e Hammett. Alguém mencionou o clássico *cult Plantão da noite*, de Irwin Shaw. Alguém o comparou a um conto de Melville.

— Melville! — exclamou tio Charlie. — Ah, esse é o melhor. *Billy Budd*. Já leu esse? O Billy Budd é como Jesus Cristo. — Tio Charlie olhou para cima e estendeu os braços como se estivesse crucificado. — Billy vai sem medo para a forca porque sabe que cometeu um erro. Está acompanhando? Ele matou Claggart por engano e tem que pagar por isso. "Deus abençoe o capitão Vere", é o que ele diz quando põe a corda no pescoço, pois as regras devem ser obedecidas. Sem regras, instala-se a anarquia. Billy cometeu um engano e paga com a vida, paga com convicção, porque acredita nas regras, muito embora não as tenha obedecido. Está acompanhando?

— Acho que li esse livro na escola — disse Jimbo. — Me ajude a lembrar do que se trata.

Ele me cutucou com o cotovelo. Eu ri. Em seguida, vi Bob Tira atrás da máquina de cigarros. Havia um ar ameaçador no seu rosto, e percebi que ele devia ter entrado no bar quando eu estava distraído, e devia ter-me ouvido repreender Jimbo. E agora devia estar me considerando um estúpido.

Na noite seguinte, Bob me procurou ao lado do balcão e me levou até o canto, praticamente me empurrando sobre a máquina de cigarros. Compreendi de imediato como era ser abordado na rua por Bob Tira.

— Ouvi o que você falou ontem à noite — disse ele. — Quando estavam conversando sobre livros.

— Sei, eu não estava com o humor muito bom. Devia ter dado uma folga para o Jimbo...

— Eu não fiz faculdade. Você sabe. Entrei para a Academia de Polícia logo que saí do ensino médio. Meu pai era um tira, meu avô também, o que mais eu podia ser? Não penso muito nisso, mas sempre que ouço caras como você falarem sobre livros, eu sinto... não sei. É como se eu estivesse sendo excluído.

Comecei a me desculpar, mas ele ergueu a mão. Bob, o Guarda de Trânsito.

— Eu sou tira — disse. — Eu sou o que sou. Não me iludo. Mas às vezes acho que deve haver mais do que isso. Eu devo ser mais do que isso. Já notou como todo mundo sempre me chama de Bob Tira? Nunca me chamam de Bob Pai, Bob Pescador. E, porra, com toda certeza nunca me chamam de Bob Leitor. Isso me aborrece. Ninguém chama você de J.R. Estagiário.

— Graças ao bondoso Deus — eu disse.

— De qualquer maneira — continuou ele —, eu estava pensando. E me lembro que ajudei você a carregar todos aqueles livros para seu apartamento quando se mudou, e eu estava só pensando se talvez... sabe?

Balancei a cabeça. Não sabia.

— Eu estava imaginando se você podia ter alguns que não esteja usando.

Meu primeiro pensamento foi que, tecnicamente, eu não estava usando nenhum dos meus livros. Notei que Bob Tira via os livros como ferramentas. Ele via a maior parte das coisas como ferramentas. Até suas bebidas tinham apelidos de ferramentas: chave de fenda, prego enferrujado. Quis lhe explicar que os livros não tinham o mesmo propósito utilitário das ferramentas, que não havia uma diferença clara entre livros que estavam em uso ou não. A presença deles me dava prazer, me agradava vê-los enfileirados nas estantes e empilhados no chão. Eram o único aspecto redentor no meu esquálido apartamento. Meus livros me faziam companhia e me animavam. Além disso, levando em conta que todos os livros que eram meus desde criança estavam atacados pelos fungos ou sem capas, eu era muito cuidadoso com eles. Não escrevia nas margens nem fazia orelhas nas páginas, e nunca os emprestava, especialmente aqueles de primeira edição que me eram dados pelo editor do *Times Books Review*, na época em que eu fazia minhas breves entrevistas com os autores. Mas eu não podia dizer nada disso a Bob Tira porque pareceria mesquinho, então lhe disse que ele seria bem-vindo se passasse no dia seguinte lá em casa e se servisse com qualquer livro que eu não estivesse usando.

Então fiz uma coisa malvada. Selecionei uma densa e dolorosa análise do Oriente Médio com 842 páginas e um livro terrivelmente entediante de 785 páginas sobre a história dos exploradores do Pólo Norte. Na manhã seguinte, quando Bob Tira entrou pela porta sem pedir licença (como McGraw, ele nunca batia antes — prerrogativa de homens fortes), eu lhe disse que havia tomado a liberdade de escolher dois livros que decerto lhe agradariam. Eu sabia que dando aqueles dois enormes e impenetráveis tomos a Bob Tira, ele nunca mais me pediria um outro.

Juntos, os dois livros pesavam mais do que um peru congelado, e quando os coloquei nas suas mãos estendidas, ele me olhou com tanta gratidão e ternura que tive vontade de lhe dizer que esperasse, estava apenas brincando, acharia outros livros dos quais certamente gostaria, livros de London, Hemingway e Shaw. Olhe, leve o *Plantão da noite*. Leve um Nick Adams. Leve todos, meu amigo. Mas já era tarde. Com dois livros ilegíveis sob o braço musculoso, Bob Tira já estava descendo a escada.

Durante duas semanas, não vi Bob no Publicans e para isso só podia haver uma explicação. Ele estava quebrando a cabeça para ler aqueles livros. O homem recorrera a mim pedindo ajuda para ser educado, como Helen Keller ou Booker T. Washington, e eu o sabotara. Por que eu simplesmente não dei com os livros na sua cabeça e me livrei dele?

Uma intensa tempestade de neve paralisou Nova York. A maioria das lojas e escritórios fechou. O Publicans, contudo, estava lotado. Embora as ruas estivessem intransitáveis, famílias inteiras vieram para o bar em trenós e ficaram a maior parte da noite, pois não tinham luz nem aquecimento em casa. Eu estava encostado ao balcão, fugindo do frio do meu apartamento, um longo cachecol em torno do pescoço, quando Eddie Cadeira-de-Rodas apareceu. "Rolando, rolando, rolando", cantarolou Colt. Colt sempre cantava o tema do Rawhide quando Eddie entrava com sua cadeira de rodas, e Eddie Cadeira-de-Rodas detestava isso, o que só fazia Colt cantar com mais vontade ainda. Eu ri, depois me lembrei que Eddie morava em frente a Bob Tira. Perguntei se havia o visto ultimamente.

— Sim, acabei de ver o Bob. Estava no quintal fazendo uma daquelas cabanas de gelo.

— O que você disse?

— Uma daquelas cabanas que os caras usam no Pólo Norte.

— Os esquimós.

— Isso. Como se chama aquele tipo de cabana?

— Um iglu?

— Isso. Ele está construindo um deles em casa.

— No quintal?

Eu estava a ponto de fazer o duro trajeto rua abaixo para investigar, quando o próprio Bob entrou no bar. Ele retirou as luvas, bateu com elas no balcão e pediu uma bebida.

Aproximei-me dele.

— Eddie Cadeira-de-Rodas disse que você está construindo um iglu — eu disse.

Ele fungou e soprou as mãos.

— Tirei a idéia daquele livro que você me deu.

— Havia ilustrações de iglus naquele livro?

— O livro fala daquelas bichas inglesas que exploraram o Pólo Norte no século XIX e de como eles estavam sempre morrendo por não querer agir como os esquimós. Os ingleses tratavam o Pólo Norte como se fosse Piccadilly

Circus, e não se adaptaram ao... como se chama?... meio ambiente. Se tivessem aprendido a construir iglus, não teriam morrido. Bando de ignorantes.

— Então você leu aquelas linhas, descobriu como construir um iglu e resolveu tentar?

— Vou contar, J.R. Não tenho como te agradecer por ter me emprestado aquele livro, ele me deixou um bocado excitado.

— É mesmo?

— Não conseguia parar de ler. Por isso é que não tenho aparecido. Tenho estado *lendo*.

— E a história do Oriente Médio?

— Foi o que li primeiro.

Ele fez uma breve sinopse da crise na Palestina.

— Fico feliz que ele não o tenha inspirado a construir um campo de refugiados no seu quintal — eu disse. — Você já acabou os *dois* livros? Mil e seiscentas páginas em duas semanas?

Bob Tira encolheu os ombros, como se não fosse nada demais. A partir daquele momento, jurei a mim mesmo que Bob Tira seria bem-vindo para pegar qualquer livro que eu não estivesse usando.

Bob Tira já era meu melhor amigo no bar, mas o nascimento naquele inverno do nosso clube do livro de dois leitores transformou nossa amizade. Começamos a passar mais tempo juntos fora do bar. Ele me ensinava certas coisas — como trocar um pneu, colocar isca no anzol, beber Prego Enferrujado, uma mistura satânica de uísque com Drambuie — e eu, por minha vez, ensinava-lhe a escrever os relatórios policiais com uma prosa mais clara. Não era uma troca justa. Nossas sessões de escrita me beneficiavam muito mais do que a ele. Nunca consegui convencê-lo a escrever "O homem disse" no lugar de "O indivíduo declarou". Ainda assim eu sempre parava para pensar quando ouvia a mim mesmo lhe dizendo que não era uma idéia muito boa usar palavras grandes demais.

Quando ambos tínhamos um dia de folga, eu e Bob Tira embarcávamos na sua lancha Penn Yan de 20 pés, modelo clássico, e navegávamos até a cidade. Ele costumava me emprestar uma jaqueta da polícia de Nova York para me proteger do frio e ficávamos flutuando em volta da Estátua da Liberdade, pescando linguados, ou então íamos até as margens do South Street Port. Eu ficava na proa do barco, sentindo as borrifadas de água no rosto, vendo as nuvens se rasgarem no alto das torres gêmeas. No fim do dia, atracávamos no Píer 17 para comer um sanduíche ou tomar um sorvete. Sempre dávamos uma espiada no Publicans do Píer, e sempre estava vazio. Bob Tira balançava sua enorme cabeça diante da longa fileira de bancos desocupados ao longo do balcão. "Steve está com um problema", ele dizia. "Problema", eu repetia, sentindo pena de Steve, mas pensando em Sidney, como sempre fazia ao ouvir essa palavra.

Formávamos uma dupla improvável, o tira e o estagiário, mas havia muita coisa improvável em relação a Bob Tira. O estóico contador de histórias. O leitor bestial. O cara durão com um coração mole. Uma vez, ouvi-o contando uma história sobre seus filhos que era tão tocante que levou Cager a enxugar as lágrimas. Logo em seguida, perguntei a Bob Tira se sua mulher nunca ficava desconfiada por ele passar todas as noites na rua.

— Não — ele respondeu. — Ela sabe que eu não sou um frango irlandês.

Eu lhe disse que não estava familiarizado com aquela expressão.

— Frango irlandês — ele me explicou — é um cara que deixaria o bar de lado para sair com uma dona.

Desde que começou a pegar livros emprestados comigo, Bob Tira pareceu mudar. Estava mais falante, expunha suas opiniões com maior freqüência sobre vários assuntos esotéricos. Os livros pareciam ter-lhe dado não apenas novas opiniões, mas nova confiança em suas opiniões. Não estava exatamente feliz, mas parecia bem menos oprimido, e mesmo seus passos estavam mais leves. Não entrava mais no bar arrastando os pés, carregando o mundo nas costas. Por isso fiquei surpreso, certa noite, quando vi Bob Tira taciturno e melancólico, bebendo avidamente seus Pregos Enferrujados.

— O que há de novo, samango?

Ele me olhou como se nunca tivesse me visto antes.

— Está trabalhando hoje? — perguntei.

— Funeral.

Suas luvas brancas estavam sobre o balcão.

— De alguém que você conhecia?

Ele não respondeu.

— Você está com péssima aparência — eu disse.

— Eu não me sinto bem em enterros. Principalmente quando é o enterro de um tira.

Ele me contou a cerimônia. Caixão coberto com uma bandeira. Luvas brancas batendo continência. Gaitas de fole.

— Nada no mundo — ele disse — é tão triste como uma gaita de fole.

— Mas você não conhecia o tira que foi morto? — indaguei.

— *Conheço todos eles.*

Ele esfregou os olhos e então bebeu o resto do seu Prego Enferrujado, em grandes goles, como se fosse mate gelado.

— Você nunca procurou meu nome no *Times*, procurou?

— Não.

Ele ficou calado, como se esperasse as palavras subirem à superfície de seu âmago profundo.

— Eu era um novato... da sua idade — disse ele. — E estava fazendo uma ronda quando ouvi disparos. Sabe o que dizem a respeito de tudo passar em câmera lenta? É verdade. Você corre, corre e os pés parecem presos a blocos de concreto.

Ele virou numa esquina e entrou num beco. Lá, na frente dele, estava um homem apontando uma arma para outro homem. Quando Bob Tira gritou, o homem armado se virou e apontou o revólver para ele. Bob Tira abriu fogo, matando-o instantaneamente.

— Minha nossa! — eu exclamei.

— O pior não é isso — disse ele. — O cara que eu matei era um tira. Dezenove anos de polícia. Vestido em trajes civis. Estava tentando capturar o outro cara.

Amigos do policial morto tentaram fazer com que Bob Tira perdesse o distintivo, mesmo após as investigações terem constatado que fora um acidente. Um *acidente*, repetiu Bob Tira. Os amigos do morto não ficaram satisfeitos. Eles o seguiram, pularam sobre ele, o surraram até lhe tirar sangue. Por isso Bob foi transferido para o departamento marítimo da polícia. Precisava de um lugar discreto para trabalhar, um lugar para se esconder.

— Esse policial tinha... família? — perguntei.

Bob Tira olhou fixamente para o tampo do balcão.

— Um filho — respondeu. — Um filho que se suicidou um ano depois.

Todas as conversas que já tivera com Bob Tira voltaram de repente. Eu pensei como teria escolhido melhor as palavras de cada frase se conhecesse seu passado. Pensei em meu acesso de raiva por ter grafado erradamente o nome Kelly. Lembrei-me de ter chamado aquilo de erro, um erro com o qual teria que viver o resto dos meus dias, tornando as coisas piores para o filho de Kelly, depois de um tira ter fuzilado seu pai.

Eu disse a Bob o quanto eu lamentava. Ele dispensou minhas desculpas.

— Foi um erro honesto — disse ele. — Como eu disse, é por isso que colocam uma borracha na extremidade de um lápis. Mas, J.R., acredite em mim: eles não põem borrachas nas pontas dos revólveres.

TRINTA E OITO
MICHELLE E A RAINHA DA PESCA

Muita gente imaginava o Publicans como a mansão Playboy de Manhasset. Como um santuário, o sexo era uma das premissas fundadoras do bar, sendo então normal que as pessoas fizessem sexo em todas as oportunidades. No estacionamento, nos banheiros, no porão — de pessoas que bebiam até afogar toda sua inibição não se podia esperar que resistissem ao mais forte de todos os impulsos. Mesmo os empregados eram varridos pela ressaca hormonal. Uma garçonete e um cozinheiro foram pegos certa vez fazendo sexo na mesma chapa sobre a qual Quissidane preparava os hambúrgueres. Seguiram-se várias piadas depois disso sobre o gosto estranho dos hambúrgueres, e tio Charlie nunca se cansava de perguntar aos clientes se eles de fato queriam comer um hambúrguer.

Na primavera de 1989, contudo, o nível de energia sexual do Publicans aumentou dez vezes. Uma virulenta febre epidêmica se insinuou e todos se aproximavam cambaleantes do balcão, como se estivessem entorpecidos, embora fosse necessária uma atenta observação para detectar a diferença em relação às outras noites do ano. Todas as tardes, nós ficávamos do lado de fora ao pôr-do-sol, em grupos de vinte ou trinta homens e mulheres, vendo o céu de abril escurecer, num azul etéreo — "Um azul de Maxfield Parish", observou uma garçonete quando voltamos para o bar. Depois de carregar para dentro do Publicans restos de lama e neve durante todo o inverno, agora cada um de nós levava para dentro do bar um pouco do céu azul.

O Ator apareceu por lá outra vez. Disse que viera visitar a mãe, mas era mentira. Estava se curando de um amor não correspondido. Tinha tomado o fora de uma linda atriz, uma loura selvagemente *sexy* que todos desejávamos. Muitas noites, o Ator trazia seu violão para o Publicans e cantava baladas românticas espanholas — a voz lembrava a de Neil Young — enquanto Dalton recitava Rilke para uma deliciosa loura do Upper Hudson Valley, com quem dizia que ia se casar. Até o tio Charlie arrumou uma namorada naquela impetuosa primavera. Ele se inclinava na cabine de telefone e cantava "My Funny Valentine" para ela. Ele nem se preocupava em fechar a porta, assim todos nós tínhamos que ouvir. Ele tampouco se preocupava em verificar as horas e a namorada ficava furiosa por ter sido acordada às duas da madrugada. Ela lhe dizia isso e ele parava de cantar para repreendê-la por ficar brava com ele, depois recomeçava a cantar e a cantoria ficava mais ou menos assim: "'Minha divertida Valen' — cale a boca! 'Doce e alegre Val' — fecha a porra dessa boca! 'Você me faz sorrir com' — fecha o bico quando eu estiver cantando uma serenata para você, sua vadia!"

Como as cerejas selvagens e as alfarrobas pretas ao longo da baía de Manhasset, uma nova fornada de mulheres florescia a cada noite no bar. Tio Charlie e eu as observávamos aparecendo ao nosso redor.

— De onde vêm elas todas? — ele perguntava. — De onde vêm e para onde vão, J.R.?

Eram perguntas abstratas, existenciais, mas o fato era que muitas vinham de Helsinki e Londres trabalhar como babás para as famílias ricas da cidade. Outras eram de novas vendedoras contratadas pela Lord & Taylor. E pelo menos uma dúzia delas era de enfermeiras recém-chegadas para trabalhar no setor de emergência do North Shore. Havia também uma porção de universitárias que morava com os pais, enquanto não encontravam um lugar para viver na cidade. Neste último grupo estava Michelle.

Ela tinha cabelos pretos muito escuros e cálidos olhos castanhos com um toque de canela no centro. Sua voz era mais fumegante do que o bar, e a fazia parecer forte, o que ela era, embora também fosse tímida. Ela se retraía, mansa, na presença de tio Charlie, depois se virava para mim e zombava destemidamente dos meus suspensórios e gravata "emprestados". Eu gostava um bocado de Michelle. Gostava do seu jeito de rir, silenciosamente, a boca se abrindo alguns segundos antes de emitir qualquer som. Gostava de seu sorriso, que numa outra época teria sido chamado de cativante. Gostava do fato de conhecer sua família a vida toda — eu e McGraw tínhamos jogado na Liga Infantil com seu irmão mais velho. Após alguns poucos encontros eu comecei a alimentar altas esperanças em relação ao nosso amor florescente, mesmo depois de Michelle confessar que certa vez tinha transado com McGraw.

— Você e McGraw? — eu disse. — Não é possível.

— Estávamos na sétima série. Foi numa festa. Tínhamos bebido rum e... leite, eu acho.

— Então era ele mesmo.

Michelle era perfeita, o melhor que Manhasset tinha a oferecer. Eu deveria ter me dedicado inteiramente a ela, colocado toda minha energia no objetivo de conquistá-la, mas não acreditava que eu fosse o homem que ela merecia. Depois de Sidney, e várias tentativas fracassadas de substituir Sidney, eu não estava mais seguro de que acreditava no amor romântico. Minha única meta com as mulheres era evitar ser enganado novamente, o que significava manter distância, não me comprometer, como a própria Sidney fazia. Além disso, não sabia o que fazer de uma mulher como Michelle — leal, gentil, sincera. Suas virtudes iam de encontro à minha experiência e às minhas reduzidas expectativas.

Mantive Michelle em compasso de espera na época, enquanto me encontrava ocasionalmente com uma mulher que se maquiava exageradamente e era a combinação certa de discrição e falta de discernimento. Na hora do último drinque, ela procurava meus olhos do outro lado do balcão e erguia o polegar com uma expressão lamuriante. Se eu colocasse o polegar para baixo, ela encolhia os ombros e acenava adeus. Se colocasse o polegar para cima, ela saltava do banco e saía apressada do bar, me encontrando cinco minutos depois em frente ao restaurante grego do Louie. Quando Pequeno Polegar não estava por perto, eu paquerava sem nunca chegar a lugar algum uma babá inglesa de nariz arrebitado que falava como Margaret Thatcher e me arrastava para longas discussões sobre a Batalha de Hastings e o Almirante Horatio Nelson. Achava seu sotaque divertido, sua paixão pela história inglesa difícil de ser partilhada, mas eu estava fascinado pela sua pele de porcelana chinesa, e seus olhos, que eram duas safiras. Tive também alguns encontros frustrados com uma estudante de mestrado que conheci na cidade, que tinha uma visão boêmia em relação à higiene. Seus cabelos viviam embaraçados, suas roupas amassadas, os pés sujos — um intelecto inigualável e seios encantadores em forma de pêssego. Quando ela me contou que sua tese era sobre a vida marinha em Nova York, eu a levei imediatamente para o Publicans e a apresentei ao Bob Tira. Ela lhe falou como era nadar nos rios e nas enseadas, e Bob Tira lhe falou sobre como era flutuar nessas águas. Na primeira vez que ela foi ao banheiro, Bob Tira me puxou de lado e disse entusiasmado:

— Não acredito que você achou uma mulher com uma bunda dessas e que entende de peixes!

Cager, todavia, não apreciou a moça. Ele ordenou que eu rompesse com a Rainha da Pesca imediatamente.

— Por quê?

— Ela é... inteligente demais.

Achei graça.

— Faça como achar melhor — ele disse.

Horas depois, no meu apartamento, eu estava deitado com a Rainha da Pesca ouvindo Sinatra.

— Por que você gosta tanto de Frank Sinatra? — ela perguntou.

Nunca ninguém me perguntara aquilo. Tentei explicar. A voz de Sinatra, eu disse, é a voz que a maioria dos homens ouve em sua cabeça. É um paradigma do gênero masculino. Ela tem o poder que os homens almejam, e a confiança. E, assim mesmo, quando Sinatra está magoado, arrasado, sua voz muda. Não que a confiança suma, mas logo abaixo da confiança há um traço de insegurança, e pode-se ouvir os dois impulsos guerreando pela sua alma, pode-se ouvir toda essa confiança e insegurança em cada nota, porque Sinatra nos deixa ouvir, põe-se a nu, algo que os homens raramente fazem.

Satisfeito com a explicação, aumentei o volume do disco de Sinatra com as primeiras parcerias feitas com Tommy Dorsey.

— Você sempre gostou dele? — perguntou a Rainha da Pesca.

— Sempre.

— Mesmo quando criança?

— Especialmente quando criança.

— Interessante. — Ela percorreu os cabelos com os dedos até encontrar um nó. — Eu tenho pensado em perguntar a você. Seu pai deixou alguma coisa para trás, quando se separou da sua mãe? Alguma foto?

— Minha mãe jogou fora todas as fotografias.

— Roupas?

— Ele deixou algumas camisas com gola olímpica. Coisas assim. Lixo.

— O que mais?

— Lembro de uns livros de culinária italiana com manchas de molho de tomate na capa.

— E?

— Lembro de uma pilha de discos de Sina... — Virei a cabeça na sua direção. A Rainha da Pesca parecia triste, porém orgulhosa, quase malignamente orgulhosa, como se tivesse adivinhado o final de um romance de suspense logo na primeira página.

— Está vendo? — ela disse. — Sempre tem uma razão.

— Eu devo ter começado a escutar Sinatra quando não consegui mais encontrar a voz do meu pai no rádio.

Levantei e dei alguns passos.

— Eu te assustei? — ela perguntou.

— Você quer dizer: se extraiu alguma dolorosa revelação de mim? Não.

Fiquei deitado e acordado a maior parte da noite e, pela manhã, me despedi para sempre da Rainha da Pesca. Quem sabe qual seria a verdade perturbadora que ela descobriria em seguida? Difícil foi dizer isso a Bob Tira, que esperava vê-la outras vezes. Mas, quando contei a história, ele entendeu. Mais do que a maior parte dos homens, Bob Tira acreditava que o que se encontrasse no fundo de nossa enseada mais profunda deveria flutuar a seu tempo, quando fosse a hora.

Agradeci a Cager pelo aviso e desculpei-me por ter duvidado dele. Ao contrário da Rainha da Pesca, ele não assumiu ares de orgulho.

— As burras — ele disse. — Prefira as burras, garoto.

Ele estava parcialmente brincando, mas naquele instante decidi parar de procurar Michelle. Considerei aquilo uma gentileza com ela, removendo a mim mesmo de sua vida. Eu estava muito confuso em relação às mulheres e só conseguiria desperdiçar o tempo dela. Ela merecia o melhor, e eu não merecia ninguém melhor do que Pequeno Polegar.

Pouco depois de minha resolução quanto a Michelle, eu estava bebendo com Dalton e sua nova namorada. Peter estava atrás do balcão, lendo algumas de minhas páginas. Disse a ele que, enquanto sua edição melhorava, minha escrita estava cada vez pior. Tudo estava piorando, eu lhe disse. Peter começou a dizer algo encorajador, mas, como um sonâmbulo, fui até a cabine de telefone e liguei para Sidney.

Eram duas da madrugada. Um homem respondeu. O Herdeiro? Eu não disse nada. Fiquei escutando ele me escutando. "Quem é?", a voz de Sidney soou ao fundo. "Não sei", respondeu o Herdeiro. Eu ia pedir que chamasse Sidney. Mas acabei cantarolando "My Funny Valentine". Eu estava bastante bêbado, bastante audacioso com aquela febre primaveril, mas não estava totalmente seguro de que aquela era a melhor maneira de reconquistar Sidney, e enquanto a confiança e a insegurança guerreavam em minha alma, a ligação caiu.

TRINTA E NOVE
O EDITOR

Cancelei o embargo que eu mesmo impusera à minha mãe ainda naquela primavera. Novamente, passei a lhe telefonar da redação com regularidade. Ela nunca me perguntou por que eu parara de ligar, ou por que eu recomeçara. Ela compreendia, melhor do que eu, e retomou a história onde ela havia ficado, oferecendo encorajamento e sabedoria. Algumas vezes eu a citava no bar — sem lhe dar o devido crédito, é claro — e o pessoal cumprimentava minha sagacidade.

Continue escrevendo, minha mãe disse. Continue se esforçando. Talvez, se eu esquecesse o Fiasco Kelly, o *Times* também o fizesse. Achei que era esperar em demasia, mas segui seu conselho, pois não sabia mais o que fazer.

Toda semana, o caderno de classificados de imóveis do *Times* publicava um artigo obscuro denominado "Se você está pensando em morar em...". A cada domingo, abordavam uma cidade diferente, e eu propus uma matéria sobre Manhasset. Os editores autorizaram e por semanas revirei a Plandome

Road, entrevistando as pessoas sobre sua cidade natal. Estava feliz voltando a trabalhar com reportagens e me diverti aprendendo coisas sobre Manhasset, como o fato de Os Irmãos Marx costumarem aparecer por lá apenas para se embebedarem. Quando me sentei na redação com minhas anotações, fiquei mais travado do que quando tentei escrever o romance do bar. Assombrado pela voz de Stephen Kelly Jr., verificando várias vezes a grafia de cada nome e palavra, não consegui avançar mais do que alguns parágrafos. Por fim, levei a matéria para o Publicans, sentei diante de Mapes, e dei uma polida no texto enquanto ele polia as letras em metal. Escrevi a matéria a mão no balcão, o que deve ter sido o motivo para que o texto começasse e acabasse ali. A última palavra da matéria era "Publicans".

Foi publicada num domingo, dia 19 de abril de 1989. Quando entrei no Publicans naquela noite, Steve estava esperando por mim. Ele veio na minha direção, o rosto singularmente avermelhado. Achei que ele devia estar furioso. Talvez tivesse grafado errado o nome do bar.

— Junior! — ele berrou.

— Oi.

Ele abriu seu maior sorriso Cheshire, aquele que guardava para os amigos mais íntimos e para as maiores vitórias no beisebol, e me envolveu num abraço.

— Que belo texto — ele disse.

Vi meu artigo aberto sobre o balcão, sua Heineken servindo de peso de papel.

A matéria era trivial, uma visão geral e enxuta de Manhasset — escolas, preços dos imóveis, esse tipo de coisa — e duas menções a seu mais importante ponto de encontro. Mas Steve agia como se eu tivesse escrito *Finnegans Wake*. Ele disse que eu tinha "jeito com as palavras", e eu dei um passo para trás, sabendo que aquele era um dos maiores cumprimentos de Steve. Steve era um homem das palavras. Ficava claro no cuidado ao batizar seu bar e a nós todos, e na multidão que o bar atraía. Contadores de histórias eloqüentes, artistas da conversa fiada, narradores exagerados. Da mesma forma, talvez mais do que os outros, Steve adorava os jornais, e ver seu boteco mencionado no maior jornal do mundo era uma das poucas coisas boas que lhe acontecera recentemente. Por instantes, eu desviara sua atenção do outro Publicans, o Publicans agonizante, que estava à falência. Ele se mostrou tão agradecido, tão gentil, que acabei me deixando empolgar e disse a Steve que esperava um dia poder escrever um romance sobre o Publicans.

Sua reação veio com mais ou menos o mesmo entusiasmo que a da minha mãe, quando eu contei isso para ela, ali mesmo naquele bar. "Oh", ele murmurou. Era uma resposta enigmática e, pensando nela mais tarde, me perguntei se Steve acreditava que o Publicans *era* um livro. Atravessar aquela porta dava sempre a impressão de se estar penetrando numa extensa obra ficcional. Talvez fosse esse sentimento que Steve tinha em mente quando inicialmente batizou o bar de Dickens. Ele havia criado seu mundo dickensiano, completo, até com nevoeiro dickensiano — as nuvens de fumaça dos charutos e cigarros. Ele batizara inclusive todos os personagens. Talvez o Publicans fosse o Grande Romance Americano de Steve, e ele não via sentido em alguém escrever outro romance sobre ele.

Ou então, pensei, Steve apenas estava com problemas demais na cabeça.

Os editores gostaram da minha matéria sobre Manhasset, mas não o suficiente para esquecerem meus pecados anteriores. Fiquei sabendo que o meu caso em breve teria sua avaliação final. O comitê secreto se reuniria e decidiria de uma vez por todas se J.R. Moehringer era material para o *Times*, e para ajudá-los em sua deliberação me foi "pedido" que escrevesse uma página abordando a seguinte questão: "Por que um universitário formado em Yale tem tantos problemas com a ortografia?"

Bob Tira balançou a cabeça quando lhe contei sobre essa tarefa humilhante. Eu estava pensando em escrever uma carta para o comitê secreto na qual incluiria algumas palavras bem escolhidas de quatro letras, todas grafadas corretamente, mas ele me disse para ficar frio e fazer o que o comitê secreto pedira. Mantenha o rumo, ele disse. Você está na reta final.

Trabalhando uma noite até tarde na redação, preparando minha carta de desculpa-eu-sou-um-idiota para o comitê secreto, recebi um telefonema de Bebe, minha colega de faculdade que também adorava um bar, entre meus amigos era a única a ter "conhecido" JR Maguire. Ela me convidou para tomar um drinque. Encontramo-nos num bar na Broadway do qual ambos gostávamos. Ela me abraçou assim que entrei.

— Vamos tomar um porre — disse ela.

— Nem precisa dizer duas vezes.

Pedimos martínis. Eles vieram em copos grandes como cones de trânsito de cabeça para baixo. Bebe me colocou a par das fofocas de nossa turma. Perguntei sobre Jedd II. Ela o vira recentemente numa festa e ele parecia formidável. Enquanto falava, ela ficava de olho no *barman*. Sempre que nossos copos começavam a esvaziar, ela fazia sinal para ele, pedindo outra rodada.

— Uau — exclamei. — Ainda nem jantei. Vou ficar mal.

Ela disse ao *barman* que me ignorasse e continuasse descendo os martínis.

Quando terminei meu terceiro copo, ela se inclinou para frente e me perguntou:

— Você está bêbado?

— Nossa, estou sim.

— Ótimo — disse ela voltando ao lugar. — Sidney vai se casar.

Existem 206 ossos no corpo humano e subitamente eu tomei consciência de cada um deles. Olhei para o chão, depois para os pés de Bebe, em seguida olhei para o *barman*, que estava em pé de braços cruzados, olhar estreito, me observando atentamente, como se Bebe lhe tivesse advertido antes sobre o que iria acontecer.

— Querido, eu não sabia se devia te contar — disse ela com uma voz chorosa.

— Tudo bem. Você fez a coisa certa. O que mais você está sabendo?

Ela sabia de tudo. Ouvira de uma amiga da melhor amiga de Sidney. Sidney ia se casar com o Herdeiro.

— Já marcaram uma data?

— No feriado de Memorial Day.

— Tudo bem. Já basta. Não quero saber de mais nada.

Só queria pagar minha conta e correr para o Publicans.

Na sexta-feira antes do Memorial Day, eu estava separando folhas de papel carbono na redação, pensando em Sidney e em como eu sobreviveria nas próximas 72 horas, quando olhei para frente. Lá estava a secretária do editor responsável pelo programa de treinamento.

— Ele estava justamente procurando você — disse ela, apontando o lápis para o aquário do editor.

— Eu estava bem aqui.

— Eu olhei e não te vi.

— Devo ter ido apanhar uns sanduíches.

— É uma pena. Ele queria falar com você. — Ela arregalou os olhos, sugerindo que a vontade do editor de me ver era importante e sem precedente. — Mas agora ele se foi. Vai ficar fora durante o feriado. Você está livre na terça-feira?

— São boas notícias?

Seus olhos se arregalaram ainda mais, ela apertou os lábios e os trancou com uma chave invisível.

— *São boas notícias?* — repeti.

Ela passou a chave novamente sobre os lábios e a atirou por cima dos ombros. Depois me concedeu um caloroso sorriso de congratulação.

— Vou ser promovido?

— Terça-feira — ela disse.

Que perfeito. Que adequado. No mesmo fim de semana em que Sidney se casaria com o Herdeiro, eu me tornaria repórter do *New York Times*. Se ao menos eu estivesse à minha mesa quando o editor me procurou, poderia ter passado o fim de semana revivendo aquela cena feliz, o que teria ajudado a apagar a imagem recorrente de Sidney caminhando em direção ao altar.

Não, disse a mim mesmo. Assim será melhor. A expectativa será mais doce.

Foi mais uma comemoração de final de campeonato, quando anunciei no Publicans que eu fora promovido. O pessoal jogou guardanapos para o ar e me felicitou. Bagunçaram meus cabelos e imploraram ao tio Charlie o privilégio de pagar ao repórter sua primeira bebida como repórter. Steve insistiu que minha promoção tinha alguma coisa a ver com a matéria sobre Manhasset, a qual ele continuava se referindo como a "história do Publicans".

Resolvi passar meu último fim de semana como estagiário visitando meus antigos colegas de New Haven. Ainda sob os efeitos da grande comemoração no Publicans, peguei um trem bem cedo na manhã de sábado. Senti-me triste quando o trem parou na cidade natal de Sidney, mas era uma tristeza que eu conseguia controlar. As coisas estavam funcionando para nós dois. Trilhamos estradas diferentes e agora alcançávamos nossos destinos distintos ao mesmo tempo. Tudo fazia sentido. Tudo acontecera por uma razão. Se eu tivesse continuado a cortejar Sidney nos últimos três anos, lutando para arrancá-la do Herdeiro, não teria tido a energia necessária para me tornar um repórter do *Times*. Assim mesmo, pensei, ela deve estar linda, andando na direção do altar, os cabelos louros presos no alto, o rosto ofegante, quando o Herdeiro levantar o véu. Não conseguia imaginar como essas visões seriam muito mais agonizantes se o meu dia especial não estivesse a algumas horas de acontecer.

Antes de visitar meus velhos camaradas de Yale, fui ver o meu amigo mais antigo e mais fiel, meu olmo frondoso. Sentei sob a árvore, bebendo um café, vendo o quanto eu tinha progredido. Dei uma volta pelo *campus*, parando em cada banco, cada muro de pedra onde eu me desesperara enquanto estava me formando. Visitei os pátios e as esquinas onde eu e Sidney tínhamos rido, nos beijado ou planejado nosso futuro. Escutei os sinos de Harkness, almocei na livraria em que trabalhara e me senti ainda mais grato, mais vivo do que no dia da minha formatura, porque eu considerava essa promoção, de estagiário a repórter, um milagre ainda maior.

Na manhã de terça-feira, me apresentei à secretária do editor pontualmente às nove horas. Ela fez um gesto para que eu aguardasse e depois entrou no escritório do editor. Ele estava falando ao telefone. Eu a vi apontando para mim. O editor sorriu e acenou. *Entre. Entre.*

Ele fez sinal para que eu me sentasse.

— Ligação internacional — sussurrou ele, apontando para o telefone.

O editor responsável pelo programa de treinamento era um antigo correspondente internacional e as viagens pelo mundo ao longo de tantos anos haviam lhe dado um ar cosmopolita. Sua cabeça calva era muito bronzeada, e em volta dela havia vestígios de cabelos espessos e louros. Ele fazia a calvície parecer elegante, invejável. Seu terno era feito sob medida — em Londres, sem dúvida — e seus sapatos de amarrar, de um marrom-chocolate, nitidamente tinham sido fabricados na Itália. Alguém me dissera certa vez que ele comprava seus sapatos do mesmo sapateiro na Itália havia anos. Eu me perguntava se era verdade. Também ouvira rumores sobre seu caso com uma estrela de cinema notoriamente vagabunda e o profundo desencanto quando descobriu que seus seios eram falsos.

Ele desligou o telefone e cruzou as mãos sobre a mesa, perguntando como eu passara o fim de semana do feriado. Contei de minha visita a Yale.

— Eu tinha esquecido que você vem de Yale — ele disse, sorrindo. Quase um sorriso de Steve.

Sorri também.

— Muito bem — ele continuou. — Como você provavelmente suspeitava, os editores tiveram a oportunidade de examinar com cuidado seu trabalho... e ele é excelente. De verdade, alguns de seus textos escritos para nós têm sido extraordinários. É por isso que eu gostaria de ter melhores notícias para te dar. Como você sabe, quando o comitê se reúne para avaliar um estagiário, há o apoio de uns, enquanto outros se abstêm. É feita uma votação. Não posso lhe dizer como votou cada um, ou o motivo de seu voto, mas lamento que o resultado final é que não podemos oferecer a você um cargo de repórter.

— Entendo.

— Achamos que você precisa de mais experiência. Mais "tempero". Num jornal menor, talvez, onde você possa aprender e crescer.

Ele não mencionou o *pretzel* em chamas ou a grafia errada do nome Kelly. Não falou da minha produtividade inconstante, não se referiu à minha carta desculpe-por-ser-um-idiota. Ele foi um modelo de tato e compaixão. Assegurou que eu poderia ficar no *Times* o tempo que quisesse. Mas se decidisse partir, se eu quisesse adquirir aquele tipo de corajosa experiência que pode ser obtida somente escrevendo diariamente num jornal, o *Times* certamente entenderia, e os editores me desejariam boa sorte e me municiariam com ótimas cartas de recomendação.

Ele estava com razão, sem dúvida. Eu havia sido prepotente e presunçoso ao imaginar ter qualificações para ser um repórter do *Times*. Eu precisava de tempero, muito mesmo, mais do que imaginava. Agradeci-lhe a atenção e estendi o braço para apertar sua mão. Observei seus dedos vindo na minha direção. Eram esguios, pareciam tratados por uma manicure. O aperto foi firme, a pele macia, porém não em excesso, não efeminada. Eram mãos de um pianista, ou mágico, ou cirurgião. Eram as mãos de um homem maduro, diferentes das minhas, com as cutículas rachadas e as pontas manchadas de tabaco. Minhas mãos eram as de um rapaz maltrapilho. Suas mãos haviam batido relatórios urgentes das zonas de conflito e acariciado os seios de estrelas de cinema. As minhas haviam cometido erros espantosos, numa ortografia ridícula e habitualmente se transformavam em garras como se tivessem uma rigidez cadavérica criativa. Desejei que pudéssemos trocar de mãos por um dia. E de cabelos. Depois me desprezei por causa daquele desejo. O homem acabara de dizer que eu não era bom o bastante, e ainda assim eu não conseguia parar de gostar dele, de invejar partes de seu corpo. Quando ele me concedeu algumas poucas palavras finais de encorajamento, eu não estava escutando. Estava dizendo a mim mesmo, "Se solta!". Devia haver algo de saudável em berrar com o editor, ou lhe dar um murro. Joey D faria picadinho desse cara, pensei, subiria em cima da mesa, agarraria o editor pelos cabelos louros que lhe restavam — *quanto ele devia gastar em condicionadores?* — e o esfregaria no tampo da mesa. Eu queria ser o Joey D, eu queria ser aquele editor, que agora me conduzia para fora de seu escritório, fechando a porta na minha cara.

Andei pelas ruas de Manhattan, tentando refletir, durante horas. Por fim, telefonei para minha mãe de um bar na Penn Station. Ela disse que estava orgulhosa do meu empenho.

— Por que você não vem para o Arizona? Para começar de novo.

— Estou indo para o Publicans.

— Eu quero dizer, no futuro.

Mas o Publicans era o futuro mais distante que eu conseguia enxergar.

QUARENTA
SECRETARIADO

Tirei uma semana de folga no *Times* e fiquei trancado no meu apartamento. Só saía duas vezes por dia, para o café da manhã no restaurante grego e para ir até o Publicans, ao anoitecer. O resto do tempo, eu ficava sentado de *short*, bebendo cerveja e assistindo a filmes de Cary Grant numa TV portátil em preto-e-branco. Nunca me senti tão grato pelos meus dois cômodos sobre o restaurante. Eu já não me importava mais com o fedor, ou com o fato de Dalton tirar uma soneca na minha cama, quando eu estava ausente. Com todas suas limitações, aquele apartamento era meu lar. Foi um choque, portanto, quando Don e Dalton me disseram que estavam expandindo o escritório e precisavam daquele espaço. Em troca de alguns livros, Bob Tira me ajudou na mudança de volta para a casa do vovô.

A casa estava cheia — tia Ruth e várias primas tinham voltado a morar lá —, mas eu disse a mim mesmo que não seria ruim. Poderia economizar o dinheiro do aluguel. Estaria a poucos passos do Publicans. E veria mais o

McGraw, que em breve voltaria do Nebraska para passar o verão em casa. Dividiríamos de novo o mesmo quarto, pela primeira vez desde crianças.

O melhor de tudo, McGraw já podia beber dentro da lei. A Legislatura do Estado de Nova York tinha feito o possível para manter McGraw fora do Publicans, elevando a idade mínima autorizada cada vez que ele estava às vésperas de um aniversário. Mas, em 1989, os legisladores finalmente pararam em 21, deixando McGraw, que acabara de completar esta idade, livre para visitar o bar. Na primeira noite em casa, uma semana depois de eu me mudar para lá, forramos os estômagos com um dos ensopados gosmentos da vovó, nos encharcamos de água-de-colônia e voamos para o bar. Segurei a porta para McGraw entrar.

— Faça o favor.

— Não. Você faça o favor.

— Por favor.

— Eu insisto.

— A idade tem prioridade sobre a beleza.

Acabamos entrando ao mesmo tempo. Uma saudação ecoou no bar vinda do balcão.

— Olhem. Quem. Está. Aqui.

— Meu irmão! — exclamou Cager. — Adultos, fora d'água! As crianças entraram na piscina.

Todos tiraram dinheiro de suas pilhas e o agitaram na direção de tio Charlie. Parecia uma corrida aos bancos.

— Meus sobrinhos! — disse tio Charlie. — Todos estão bancando vocês.

O pessoal começou a fazer perguntas a McGraw. Como está seu braço, campeão? Como vai ser a próxima temporada? Tem comido muitas filhas de fazendeiros ultimamente? McGraw respondia a cada pergunta calmamente, cuidadosamente, como se fosse uma entrevista no vestiário do estádio. Afastei-me, sumindo nas sombras do bar, que pareciam ter uma tonalidade mais escura do que a noite por causa da aura dourada que envolvia McGraw. Ele era uma estrela em Nebraska, e todos sabiam que quebrara o recorde universitário de presença em campo numa única temporada. Quantas partidas? Qual era o recorde anterior? Tio Charlie disse que McGraw estaria na liga profissional dentro de três anos. Conseguiria um excelente contrato, compraria um carro esporte, deixaria para trás as divisões inferiores e logo, logo estaríamos todos nos encontrando no Publicans, antes de pegar o trem para o Shea Stadium, onde assistiríamos ao McGraw demolindo os batedores da primeira divisão.

Apesar da calorosa acolhida que lhe deram, os caras não sabiam ao certo como lidar com aquele novo McGraw. Assim como eu, sentiam-se orgulhosos e intimidados ao mesmo tempo. Alternavam as brincadeiras, como se ele ainda tivesse dez anos, e o tratavam com a deferência de um rei. Por instantes, pensei que acabariam trançando uma coroa para ele feita de hastes de cerejas e palitos para misturar coquetéis. Cager caminhara sobre campos minados em Cu Chi, Bob Tira escapara de tiroteios no Brooklyn, Eddy Ligeiro mergulhara no céu a duzentos quilômetros por hora, entretanto, todos abriam alas para McGraw naquela noite, porque se tornar um jogador de beisebol profissional era a apoteose. Somente se McGraw tivesse se tornado o futuro campeão de pesos-pesados, o pessoal demonstraria tamanho respeito.

Ninguém se mostrou mais entusiasmado com McGraw do que Steve. Quando viu McGraw do outro lado do balcão, ele deu um berro e correu na sua direção, como se fosse um zagueiro perseguindo um atacante no campo.

— Olha o tamanho desse garoto! — gritou Steve.

Steve sempre adorara McGraw. Desde o tempo em que ele era um garotinho, a risada inconfundível de McGraw encantara Steve, e naquele verão de 1989, Steve precisava de todas as risadas disponíveis. Ele começava a se tornar incoerente por causa das preocupações. Muitos entre nós haviam notado como Steve estava bebendo exageradamente. Era preciso beber muito para ser percebido no Publicans, e ainda mais para que o pessoal começasse a comentar.

Além de aclamá-lo, Steve estava introduzindo McGraw ao Clube dos Homens Grandes. Sendo ele mesmo grande, Steve gostava de outros homens da mesma estatura, se relacionava melhor com eles, e seu jeito descontraído com McGraw me levou a pensar sobre a conspiração e a primazia dos homens grandes. Eu tinha uma estatura mediana, mas em pé naquela noite perto de Steve, McGraw, Cager, Bob Tira, Cheiramal e Jimbo, eu me senti como um arbusto no meio de um bosque de sequóias.

Steve perguntou a McGraw se um atleta de destaque como ele precisava freqüentar as aulas. McGraw ficou pálido. Ele adorava as aulas, disse. Falou então sobre os estudos, as leituras, com uma paixão e consistência que lembravam as de Bob Tira.

— Eu li *O som e a fúria* nesse semestre — disse McGraw. — O livro todo. É um livro difícil. Mas é foda. Como aquela passagem em que Benjy pega Caddy fazendo aquilo num pneu pendurado. O professor me chama durante a aula e diz "O que você acha que essa cena significa?". Então eu lhe respondi, "sexo com um pneu pendurado... isso não deve ser fácil", e o professor disse que nunca tinha ouvido aquela abordagem sobre Faulkner antes.

Duas discussões simultâneas tiveram início. Uma sobre Faulkner e outra sobre pneus de liga leve.

Esse Faulkner era pé-de-cana, não? Preciso mesmo colocar pneus para neve no meu Chevy. Todos os escritores são pé-de-cana. Quanto estão custando esses pneus novos atualmente? Talvez eu devesse então ser escritor, se, para isso, tudo de que se precisa é encher a cara. Você precisa saber ler antes de escrever, seu merda. O que significa esse título, afinal de contas, *O som e a fúria*? Eu vi uns pneus Michelin à venda na Sears. McGraw disse que vem de Shakespeare. Se rola tanto sexo nos pneus, talvez o livro devesse se chamar *O som e o firestone*. E como pode Firestone desbancar Shakespeare dessa maneira? Você quer dizer Faulkner. O que você disse? Você disse Firestone, Einstein. Esse seria um bom pseudônimo — Einstein Firestone. Se um dia te colocarem num Programa de Proteção a Testemunhas, você pode escolher esse nome. Ele não está desbancando Shakespeare — trata-se de uma *ilusão* literária. Preciso parar de beber. Vou até a Sears amanhã para ver esses pneus Michelin. Não me recordo de nenhuma peça da porra do Shakespeare com esse título, *O som e a fúria*.

"Foi tirado de *Macbeth*!", eu quase cheguei a gritar, mas não quis parecer o especialista de plantão versado em Shakespeare. O pessoal estava ocupado com McGraw, não com *Macbeth*, então fiquei fumando de mau humor, sem dizer nada.

Quando a coroação acabou, McGraw me encontrou na outra extremidade do balcão, conversando com Bob Tira.

— Então o cara se aproxima com seu iate — Bob dizia —, e vê os cadáveres amarrados à lancha da polícia e me pergunta: "Ei, qual é o tipo de isca que você está usando?"

Eu e McGraw rimos. Bob Tira saiu para fazer sua doação ao Fundo Don e McGraw me perguntou o que havia de novo na minha vida. Fiz-lhe uma melancólica recapitulação, desde o "incidente do sr. Exagerado" até o "fiasco Kelly", concluindo com o casamento de Sidney e minha não-promoção.

— Isso é cruel — disse meu primo. — Especialmente Sidney. Ela é sua Daisy Bohannon.

— Buchanan.

— Ou isso.

Fiquei surpreso que McGraw tivesse lido *Gatsby* e ainda se lembrasse, a ponto de fazer referência a seus personagens. Ele me contou que também tinha sua Daisy, uma garota em Nebraska que tinha brincado com seu coração.

— Ela é tão linda que chega a ser feia — ele disse. — Você entende o que estou dizendo?

Perguntamos ao Bob Tira, quando ele voltou, se havia uma Daisy também em seu passado. Ele pareceu não entender. Prometi me lembrar de trazer um exemplar do *Grande Gatsby* para o bar a fim de que Bob Tira pudesse lê-lo. Afinal, pensei, não o estou usando no momento.

Eu estava esperando poder passar um tempo com McGraw naquele verão, mas não esperava que ele se tornasse minha sombra. Em vez de levantar pesos, descansar, manter-se em forma para a fase final do campeonato, McGraw ficava encostado no balcão do Publicans noite após noite, na minha companhia. Quando perguntei por que ele estava desafiando meu recorde de presença no Publicans em uma única temporada, ele sorriu e depois estremeceu. Então, esfregou o ombro e pensei que ia chorar. Algo estava errado.

Ele percebeu pela primeira vez ao arremessar uma bola no começo do ano. Uma pontada. A bola desviou-se do objetivo. Naquele momento, ele soube. Ignorando a pontada, e todas as pontadas que se seguiram, ele continuou lançando as bolas em meio a muita dor, e estabeleceu um novo recorde, mas agora a dor ficara insuportável. Não conseguia erguer o braço. Não conseguia dormir. Tia Ruth o levara a vários especialistas, ele me disse, e todos tinham diagnosticado uma torção no músculo rotador do ombro. A única chance de McGraw voltar a jogar era uma cirurgia, o que ele não queria. Arriscado demais, me disse. Poderia perder a mobilidade de todo o braço.

Então McGraw confessou a principal razão porque não queria a cirurgia. Perdera o amor ao jogo.

— Estou cansado — disse. — Cansado de treinar, cansado de viajar, cansado de sentir dor. *Cansado*. Acho que não tenho mais vontade sequer de pegar numa bola de beisebol.

Nos dois últimos anos que lhe restavam de faculdade, McGraw disse que queria ler, pensar, melhorar as notas e talvez ir para uma escola de Direito.

Escola de Direito? Tentei esconder meu espanto. Quando consegui me recompor, prometi a McGraw que o apoiaria, não importava o que quisesse fazer.

— Obrigado — ele disse. — Mas o problema não é você.

— É sua mãe?

— Ruth está em pé de guerra — disse, depois de tomar um gole de cerveja.

McGraw disse que, pela manhã, falara com sua mãe que me contaria tudo, e ela ficara furiosa. Assim que voltamos para a casa do vovô, eu vi que meu primo não tinha exagerado. Tia Ruth nos aguardava acordada. Ela nos encurralou na cozinha e me perguntou se McGraw me contara sobre o braço.

— Contou.

— E o que você disse a ele?

— Disse que o apoiarei, não importa o que decida.

Resposta errada. Ela ergueu a mão e bateu com força na mesa da cozinha, fazendo tremer os copos do Publicans na prateleira. Seus olhos lançavam chamas de um lado para o outro, como se ela procurasse alguma coisa para atirar contra nós. Então atirou palavras, as palavras mais duras que jamais a ouvi proferir. Todos os berros da tia Ruth nos últimos 24 anos pareciam ter sido apenas um aquecimento para aquela noite. Ela gritou que McGraw e eu éramos covardes, a mais desprezível espécie de covardes, porque não tínhamos medo do fracasso, mas sim do sucesso. Nós éramos como todos os homens da família, disse ela, e mesmo com medo da sua fúria, senti-me solidário a ela, porque estava claro que muitos homens a tinham decepcionado, desde o pai até o irmão, passando pelo marido e o único filho. Seu coração estava partido. Apesar do pavor que ela me causava, eu a compreendia, pois ela queria o melhor para McGraw, assim como eu. Ela não queria que ele parasse de jogar só porque estava sentindo dores. Queria que ele enfrentasse a dor, continuasse se esforçando. Como minha mãe, tia Ruth havia enfrentado a dor a vida toda. Ela enfrentara anos de trabalhos desagradáveis, pobreza e desgraça, sempre regressando à casa do vovô, e a única coisa que lhe fazia seguir em frente era a esperança de que a vida dos filhos fosse diferente, que os filhos fossem diferentes. Agora, ela pressentia que McGraw viria ser a *mesma* coisa, e isso lhe causava uma dor tão ou mais excruciante quanto a que seu filho sentia no ombro. Quando McGraw disse que queria desistir do beisebol, tia Ruth não ouviu sua voz. Ouviu um coro de vozes masculinas dizendo "Desisto" e aquilo lhe fez desabar em gritos de angústia e raiva que acabaram me levando a sair correndo da cozinha, McGraw um passo atrás de mim.

A mãe de McGraw fechava seu caminho. Ele tentava passar agachado sob seus braços estendidos, mas ela o impedia. Ele abaixava a cabeça como um boxeador, fingindo estar encurralado nas cordas, mas era impossível fingir para a tia Ruth. Ela fazia chover palavras sobre ele. Chamava-o de pirralho, imbecil, fracassado, nojento e coisas piores. Eu tentava apartá-los, implorava a ela que parasse, mas eu tinha esquecido, por ter ficado algum tempo longe daquela casa, que a tia Ruth era como o vento. Quando soprava, soprava, e só parava quando parava. E embora nunca tivesse havido lugar algum para nos protegermos quando crianças, agora nos sentíamos especialmente expostos. Meu apartamento já era, o Publicans estava fechado, nenhum de nós tinha um carro. E também não podíamos contar com nenhuma ajuda da vovó e do vovô. Eles nunca tiveram coragem de enfrentar a tia Ruth quando eram mais novos, e agora que tinham envelhecido ficavam mais ainda longe do seu caminho.

Eu e McGraw não tínhamos escolha, senão ir para a cama no quarto dos fundos e nos escondermos da tempestade. Durante meia hora, sem interrupção, tia Ruth berrou com a gente na entrada do quarto, e então parou bruscamente e bateu a porta com força. Ficamos deitados, olhando para cima, tentando acalmar a respiração e reduzir nossos batimentos cardíacos. Fechei meus olhos. Cinco minutos se passaram. Escutei a respiração ainda ofegante de McGraw. Depois, a porta foi reaberta e tia Ruth começou novamente.

Na manhã seguinte, nós a encontramos encostada na mesa da cozinha, esperando, pronta para recomeçar.

Todas as noites acontecia a mesma coisa. Tia Ruth esperava que voltássemos do Publicans e começava a gritar no momento em que entrávamos pela porta. Só havia uma opção. Nunca sairmos do Publicans. Ficávamos escondidos no bar até de madrugada, e tia Ruth não conseguia ficar acordada até tão tarde. Nossa estratégia era à prova de acidentes. Tia Ruth sabia que estávamos nos escondendo dela, e sabia onde, mas estava impotente. Mesmo naquele estado emocional turbulento, ela reconhecia a inviolável neutralidade do bar, como uma embaixada suíça. Ela sabia que tio Charlie e os homens do bar não suportariam que uma mãe fizesse uma emboscada para seu filho dentro do bar, embora, algumas noites, tia Ruth mandasse uma das irmãs mais novas de McGraw até o Publicans para conversar com ele, e o deixar embaraçado. Nessas vezes o sentimento de vergonha e *déjà vu* que experimentava meu primo, o receio de agora se transformar oficialmente em seu pai, era palpável, e nos fazia beber um pouco mais.

No meio do verão McGraw e eu estávamos elaborando planos para uma fuga mais duradoura e radical do que o Publicans. Ele deixaria Nebraska, eu deixaria o *Times*, e iríamos com nossas mochilas para a Irlanda, nos hospedando em albergues quando tivéssemos dinheiro, e dormindo nos seus gramados magníficos sob as estrelas quando estivéssemos duros. Faríamos qualquer tipo de trabalho, preferencialmente nos *pubs*, onde acabaríamos empregados em tempo integral, e nunca mais voltaríamos. Esboçamos os detalhes de nosso plano nos guardanapos das bebidas, muito solenemente, como se fosse algo mais nobre e mais complicado do que um plano de bar. Contamos ao pessoal o que pretendíamos fazer e a idéia foi considerada ótima. Fazia-lhes lembrar de suas próprias viagens, quando eram mais jovens. Joey D nos contou sobre uma viagem com tio Charlie ao Caribe. Uma velha feiticeira olhou para o tio

Charlie e disse "ele magia ruim". Aquela recordação deixou Joey D tão triste que ele teve de enxugar os olhos com um dos guardanapos em que tínhamos esboçado nosso plano irlandês.

Telefonei para minha mãe e lhe falei sobre a Irlanda. Ela soltou um suspiro. Você não precisa de férias, ela disse, precisa voltar à ativa. Tente se candidatar a jornais menores, faça como o *Times* o aconselhou, depois, daqui a alguns anos, tente o *Times* novamente. Aquilo soava como aquela velha insensatez de tentar e tentar outra vez, que não havia me levado a lugar algum, e eu estava me despedindo daquilo tudo. Expliquei a minha mãe que eu estava "cansado", tomando emprestada conscientemente a frase de McGraw, e esquecido de que aquela era uma palavra saturada de significados para ela. Há vinte anos ela estava cansada, me disse. Desde quando o cansaço era uma desculpa para parar de tentar?

Agora McGraw e eu tínhamos algo mais em comum. Além de chegarmos ao fim de nossas carreiras ao mesmo tempo, ambos fugíamos aflitos de nossas mães. Várias vezes naquele verão recorremos aos homens do Publicans, e como um túnel de metrô para os marginais, eles nos escondiam, não apenas no bar, mas no Shea Stadium, em Gilgo, na casa de Steve, e especialmente em Belmont, onde fizemos um curso intensivo no esporte dos reis com o Rei de Belmont — Cager.

Cager adorava as pistas de corridas de cavalo. Cager vivia para as pistas. Cager falava das pistas numa linguagem romântica que McGraw e eu ansiávamos por aprender. Algumas vezes eu tomava notas no verso do meu talão de apostas, tentando registrar o vocabulário de Cager, sua cadência, sua voz. "Estão vendo o treinador do cavalo número cinco? Ele é bom com animais de dois anos, por isso eu adoro o cinco, posso apostar vinte nesse animal, mas aquele número sete, meninos, está cotado a oito contra um, e esse é um preço legal para um demônio veloz como ele, podem ter certeza. Agora, o apostador fanático que existe dentro de mim me diz "aposte no sete, aposte no sete", mas aí, eu olho aqui a preparação matinal do número quatro e o bicho já está treinando aqui de manhã, enquanto nós ainda estamos dormindo, sob os efeitos da última noite no Publicans. O bicho voa. Por outro lado, ou por outro casco, o nove deve sair na frente correndo como um bandido, porque ele adora uma poça d'água, sempre gostou, e está vendo como está começando a chover? Ele estará bebendo uma Budweiser na linha de chegada quando os outros animais aparecerem na reta final. Então estou pensando em apostar dez dólares exatos, no nove e no quatro, ou então dispensar o cinco e o nove e apostar dez dólares no sete. O que vocês acham, meninos, vamos até as caixas de aposta, porque vocês sabem o que dizem: A pista é o único lugar onde as caixas limpam as pessoas!"

Certa vez estávamos atrasados para o hipódromo e a possibilidade de perder o primeiro páreo deixara McGraw nervoso. Antes de entrar pelo portão principal, Cager parou diante da estátua gigante do cavalo Secretariat para prestar seu respeito. McGraw se agitava de um lado para o outro como se estivesse a fim de mijar.

— A primeira corrida começa em cinco minutos — disse McGraw.

Cager, sem desviar os olhos da estátua, disse a McGraw calmamente que havia duas regras que todo apostador de corridas de cavalo devia obedecer, e a primeira era: "Nunca tenha pressa para perder dinheiro."

— E qual é a segunda regra? — perguntou McGraw.

— Tenha sempre certeza de que, ao fim do dia, sobre dinheiro para comer um *pretzel* quente.

Depois de três páreos corridos, Cager já tinha acumulado algumas centenas de dólares. Eu e McGraw tínhamos perdido cem. Observávamos Cager colocando seu dinheiro no bolso da camisa.

— O que você vai fazer com toda essa grana — McGraw quis saber.

— Investir.

— Verdade?

— É. Em Budweiser.

Entre um páreo e outro Cager colocou as pernas sobre o assento à sua frente e nos perguntou o que estávamos pensando em fazer, agora que havíamos sido rejeitados pelas nossas mães e nossas carreiras. Mencionamos a Irlanda. Falamos para ele que estávamos esperando ganhar o bastante nas corridas para fazer uma peregrinação à terra de nossos ancestrais.

— E depois? — interrompeu Cager. — Vocês não podem ficar sentados num *pub* para o resto da vida. Espere. Que diabos estou dizendo?

McGraw falou que estava pensando na escola de Direito, ou talvez no exército. Eu falei sobre Yucon. Tinha ouvido dizer que o *Alaska Daily News* estava procurando repórteres e me candidatei. Tinha recebido uma carta animadora do editor. Cager se agitou de um lado para o outro, se esforçando para não cuspir a cerveja pelo nariz. Depois ele disse com muita gentileza que eu não sobreviveria nem dez minutos em Yucon.

Observamos os cavalos sendo levados para a linha de partida. Os jóqueis, em fila, inclinados sobre seus cavalos, pareciam ajudantes de garçom debruçados no balcão. Perguntei ao Cager se ele se lembrava da vitória espetacular de Secretariat em Belmont.

— Como se tivesse sido hoje de manhã — disse ele. — Eu estava aqui.

Ele descreveu a corrida, cada metro, e embora eu tivesse lido histórias e visto filmes, nada se comparava à narrativa de Cager. Chegava a dar arrepios. Ele falava de Secretariat num tom de reverência que só dedicava a duas pessoas: Steve e Nixon.

— A *estátua* do Secretariat era mais veloz do que esses cavalos todos — disse ele.

Então nos mostrou o local exato em que Secretariat se afastara do resto dos cavalos. Eu podia ver o fantasma do cavalo correndo, colocando um campo de futebol de vantagem sobre os outros. Podia ouvir a multidão e sentir aqueles mil olhos presos ao avanço do formidável animal.

— As pessoas estavam com lágrimas nos olhos — contou Cager com lágrimas nos próprios olhos. — Estava muitos metros à frente dos outros. Ele estava *aqui*, os outros *lá*. Que performance! Sempre que um atleta se afasta assim dos outros, isso causa um arrepio na gente. Haja coração.

Notei como Cager enfatizou a palavra coração, e pensei como o coração era capaz de compensar outras coisas. Todos os detalhes de uma pista, velocidade e talento, peso e condições climáticas, todos os fatores que decidem quem ganha e quem perde, eram subjugados pelo coração. Eu queria ter um coração como o de Secretariat. Senti-me ridículo invejando um cavalo, mas, ainda assim, homem ou animal, seria ótimo conseguir o respeito de alguém como Cager. Para isso eu teria que ser um vencedor? Ou seria mais uma questão de me afastar dos outros?

No último páreo, McGraw e eu já tínhamos perdido todo o nosso dinheiro.

— Vocês esperavam ganhar o suficiente para ir à Irlanda — disse Cager — e não têm sequer o suficiente para tomar um *Irish coffee*. Assim são as corridas, meninos.

— Mas temos o suficiente para comer um *pretzel* quente! — disse McGraw cheio de orgulho, com três notas de um dólar amassadas na mão.

Na carrocinha de *pretzel* do lado de fora do hipódromo, McGraw virou-se para mim.

— Aquele ali parece queimado — disse ele, apontando para um *pretzel* fumegante. — Você quer telefonar para o *Times*?

Cager achou engraçado.

Mais tarde, naquela noite, depois do fechamento, McGraw e eu tentamos recuperar um pouco do nosso dinheiro jogando pôquer no Publicans. Os outros na mesa eram Cager, Colt, Don, Eddy Ligeiro, Jimbo e Peter, que estava atendendo no bar.

— Como vai sua literatura? — Peter me perguntou.

— Melhor do que nunca.

— É mesmo?

— Não, mas não se esqueça, no pôquer podemos blefar.

Ele e McGraw olharam com pena para mim.

Tirando uma nota de sua pilha de dinheiro, tio Charlie a colocou sobre a testa.

— Sem olhar, aposto que tenho uma trinca de quatro.

Precisamos acender algumas velas porque as luzes do bar estavam apagadas.

De madrugada, o caminhão do leite estacionou ao lado da porta dos fundos.

— Última rodada — disse Cager.

McGraw e eu demos uma gorjeta para Peter, contamos nosso dinheiro e descobrimos que tínhamos saído ganhando. Não era o bastante para ir até a Irlanda, mas o suficiente para retornar a Belmont. Voltando para casa, eu carreguei nossos ganhos, centenas de notas de um dólar como um punhado de folhas mortas. Olhei para a lua.

— Que lua linda — eu disse a McGraw.

— Não importa — respondeu.

— Temos que dar uma gorjeta para aquela lua por ser tão bela — sugeri.

Atirei todas as notas na direção da lua, arremessando-as o mais alto possível, depois fiquei no meio da Plandome Road, os braços abertos, girando enquanto elas caíam sobre mim como uma cascata.

— Que porra é essa? — exclamou McGraw, correndo à minha volta, tentando pegar as cédulas. Quando ele correu para apanhar uma nota na rua, o caminhão do leite quase o atropelou.

— McGraw atropelado por um caminhão de leite — eu disse. — Isso seria muita ironia.

Horas mais tarde, McGraw veio me encontrar na varanda, bebendo uma xícara de café, a cabeça entre as mãos.

— Rapaz — disse ele, acendendo um cigarro. — Nunca vi você tão bêbado.

Ele ainda não tinha visto nada.

QUARENTA E UM
HUGO

Contrariada com nossa estratégia de nos escondermos no Publicans a noite toda, tia Ruth abriu uma segunda frente de batalha. Ela passou a faltar no seu trabalho de recepcionista no centro da cidade, alegando problemas de saúde. Agora ela podia berrar com McGraw de manhã e de tarde. McGraw implorava para que ela o deixasse em paz, mas tia Ruth jurara não parar até que ele concordasse com a cirurgia no ombro e continuasse a jogar beisebol. McGraw disse que não suportava mais ouvi-la gritando com ele, queria voltar para a faculdade. Ela lhe disse que ele nunca voltaria. Não lhe compraria uma passagem de avião até que fosse operado.

No início de agosto, McGraw se rendeu.

— Qualquer coisa para acabar com a gritaria — resmungou ele, sentado entre mim e o Jimbo no balcão. — Ela venceu — ele disse, e tanto eu quanto Jimbo percebemos que sua gagueira tinha voltado.

Tia Ruth levou McGraw para o hospital dias depois, numa manhã quente e abafada. Ele parecia entorpecido quando saiu, e assustado quando voltou à tarde. Estava certo de que nunca mais recuperaria as funções de seu braço. Eu temia que nunca viesse a recuperar o bom humor. Ele queria se deitar e descansar, mas tia Ruth tinha mais uma tarefa para ele. Ela insistiu para que ele fosse até um hotel barato em Port Washington e fizesse o pai assinar alguns papéis.

Encontramos Jimbo no Publicans naquela noite para jantar. McGraw, grogue por conta dos analgésicos que tomara, quase chorando por causa de toda a tensão daquele dia, mal conseguia levar o garfo à boca. Lembrei de Jedd me dizendo por que os cactos têm tantos braços. A "perda" de um braço de fato custara a McGraw seu equilíbrio.

— Vá para casa — eu lhe disse. — Vá para a cama.

Ele não queria, e seus motivos eram sinceros. Ele *precisava* ficar no bar. Agora que tinha feito a cirurgia, ele disse, tia Ruth estava atrás dele para começar o programa de reabilitação. Ela o importunava para que estivesse preparado para a próxima temporada. E nunca sossegava. Precisava sair de Manhasset, ele continuava resmungando. Imediatamente. Naquela noite. Agora. Voltou a falar no exército. Mencionou a possibilidade de voltar de carona para Nebraska.

— Isso não será necessário — eu lhe disse.

Eu odiava a idéia de dizer adeus novamente a McGraw, mas prometi comprar uma passagem de avião para ele voltar à faculdade no dia seguinte.

McGraw começou a preparar a mala dez minutos depois de a mãe ir para o trabalho. Jimbo veio nos buscar com seu jipe e saímos apressadamente, nervosos, olhando pela janela de plástico de trás, como se tia Ruth pudesse surgir de repente do mato, pronta para nos perseguir como uma chita correndo atrás de três gazelas. Três gazelas numa tremenda ressaca.

Faltavam seis horas para o avião de McGraw decolar e resolvemos matar o tempo no Shea Stadium. Era um jogo diurno contra um time chamado Padres. O calor do verão diminuíra e fazia uma daquelas tardes de agosto que parecem um *trailer* para o filme do outono. Compramos lugares atrás da terceira base e chamamos o vendedor de cerveja. Não fique muito tempo longe de mim, eu lhe disse, ouvindo os ecos de tio Charlie na minha voz. As primeiras cervejas geladas desceram como *milkshakes*. Lá pelo sexto turno da partida estávamos nos sentindo ótimos e o Mets estava ganhando. A multidão se levantou, urrou e era bom ouvir aquelas pessoas berrarem de alegria, e não de ódio.

— Melhor irmos embora — disse McGraw com uma voz triste, olhando as horas no placar. O avião. Quando saíamos do estádio, McGraw se virou para dar uma última olhada. Dizendo adeus. Não ao Mets. Mas ao beisebol.

Naquela noite, na casa do vovô, deitei na minha cama, olhando o espaço vazio deixado por McGraw, e me senti desolado. A porta foi aberta bruscamente. Tia Ruth, a luz do corredor atrás dela, começou a berrar.

— Vocês não vão se livrar de mim assim! Seu covarde! Intrometido! Você e Jimbo acham que estão ajudando? Vocês estão *arruinando* a vida dele!

Depois ela sumiu por mais de uma hora.

Era a mesma coisa todas as noites. Não importava a hora que eu voltasse do bar, não importava se eu entrasse sorrateiramente em casa, a porta era aberta com violência um minuto depois e recomeçava a gritaria. Depois de uma semana, meus nervos estavam em frangalhos. Telefonei do Publicans para Bebe e lhe disse que precisava de ajuda. Em poucas horas, ela localizou uma amiga no Upper East Side que tinha um quarto para alugar.

— É pequeno — disse Bebe —, mas dá pra você pagar.

Não podia pedir a Bob Tira que me ajudasse outra vez com a mudança. Além disso, aquele era um trabalho para Jimbo. Achei-o no bar, no meio de um Rock à l'Orange, um coquetel que tinha inventado (cerveja Rolling Rock com Grand Marnier). Jimbo afirmava que ele tinha propriedades mágicas e medicinais que curavam a dor de cotovelo. Jimbo tinha sua própria Sidney, uma menina da faculdade que acabara com ele.

— Jimbo — eu disse, a mão no seu ombro. — Estou precisando de um grande favor.

— É só dizer.

— Não posso agüentar outra noite de gritaria. Preciso cair fora. — Sem hesitar nem terminar o copo, ele veio comigo até a casa do vovô.

No caminho, espiei Jimbo com o canto do olho. Eu tinha passado um bocado de tempo com ele naquele verão, e aprendera a conhecê-lo melhor, a confiar nele. Queria agradecer Jimbo por sempre vir ao meu socorro com seu jipe fiel, e lhe dizer que deveria haver uma grande cruz vermelha pintada na carroceria. Queria dizer o quanto ele significava para mim, como um irmão, que eu o amava, mas perdi a chance. Somente no bar esse tipo de coisa poderia ser dita entre homens.

Seguindo-me até o quarto nos fundos da casa, Jimbo olhou à sua volta e perguntou:

— Como você quer resolver isso?

— Empacotar tudo como se a casa estivesse pegando fogo.

Jimbo me conduziu até o endereço que Bebe me dera e me ajudou a carregar minhas coisas até o apartamento. Como estava em fila dupla, não houve tempo para longas despedidas. Ainda na rua, nos abraçamos, aqueles abraços contagiantes que os jovens se dão.

— Volte logo — disse Jimbo, arrancando com o jipe.

Vi-o desaparecendo no meio do trânsito.

— Voltarei — eu disse. — Eu voltarei.

A amiga de Bebe era uma estudante de direito em Columbia chamada Magdalena, que começava quase toda frase com a mesma expressão retórica.

— Na verdade — disse ela abrindo a porta do meu quarto —, não é exatamente um quarto, *per se*, mas um cômodo sanitário convertido.

— O que é um cômodo sanitário?

— Na verdade, é um banheiro. Mas tem uma cama e... bem, uma cama. Mas é superaconchegante, como você pode ver.

Assegurei-lhe que era um banheiro bem aconchegante.

Ela me explicou que passava a maioria das noites no apartamento do namorado. Ela falava o tempo todo do namorado. E ele era um cara tão sossegado que ninguém notava sua presença.

— Você quer dizer que terei o apartamento só para mim? — perguntei.

— Isso — ela respondeu. — É claro, minha mãe pode aparecer de vez em quando.

A mãe dela vivia em Porto Rico, mas às vezes vinha a Nova York para fazer compras e visitar os amigos. Ela dormia no sofá de Magdalena.

— Na verdade, minha mãe é discreta como um rato.

Agradeci a Magdalena por ter me alugado o local assim tão rapidamente, e lhe disse que ia tomar um banho quente e dormir.

— Tudo bem — ela disse. — Fique à vontade. Se precisar de alguma coisa, estamos estudando na cozinha.

O banheiro que funcionava ficava do outro lado do apartamento. Para chegar lá saindo do meu quarto-banheiro, era preciso atravessar a cozinha. Enrolado numa toalha, sorri timidamente para Magdalena e disse a seu namorado "Só estou de passagem", mas ele não me respondeu.

Abri toda a torneira de água quente e sentei ao lado da banheira enquanto o vapor tomava conta do banheiro. Jimbo, àquela hora, estaria no Publicans, pensei. Tio Charlie se servindo um Sambuca. General Grant acendendo seu primeiro charuto da noite, e Cager mudando os canais de TV, em busca de um bom jogo. Colt devia estar na cabine de telefone, Eddy Ligeiro e Agnes pedindo o jantar, Cheiramal atormentando os garçons preguiçosos. Olhei para meu reflexo no espelho sobre a pia. Um pouco antes de meu rosto desaparecer na nuvem de vapor, perguntei a mim mesmo: É possível... é sensato... sentir saudade de um bar?

Entrei no banho. A água quente abriu instantaneamente meus poros e acalmou minha mente. A água caía no meu rosto e eu suspirei de prazer. Um berro atravessou o ruído da água. Tia Ruth. Ela tinha seguido Jimbo e agora estava gritando dentro do banheiro. Eu berrei também, como Janet Leigh. Dei um pulo, escorreguei e me agarrei na cortina para não cair. A cortina soltou-se do gancho e eu caí no chão, ao lado da banheira, empenando a haste que a sustentava e, por certo, quebrando meu cotovelo. Olhando no meio da névoa de vapor, eu vi, empoleirado no alto do chuveiro, um papagaio do tamanho de um chimpanzé. Ele estendeu as asas fazendo um barulho de guarda-chuva sendo aberto.

Enrolei-me na toalha e corri para a cozinha.

— Esqueci de falar do Hugo — disse Magdalena, roendo a unha do polegar.

— Hugo? — exclamei.

— Hugo mora no banheiro. Ele gosta do vapor.

Com água pingando do meu corpo, a toalha em torno da cintura, pedi-lhe que retirasse Hugo do banheiro. Não me sentia à vontade, eu disse, pelado na proximidade de um animal selvagem que tinha um bico afiado como uma faca Ginsu.

— Na verdade, não posso fazer isso — ela respondeu. — Hugo mora no banheiro.

Olhei para o seu namorado em busca de apoio. Nada.

Saí para dar uma volta e, quando retornei ao apartamento, Magdalena e o namorado tinham ido embora. Hugo, todavia, ainda estava lá. Espiei dentro do banheiro e ele me encarou de um modo sinistro. Deu para sentir que ele estava puto da vida por eu ter tentado despejá-lo da sua morada. Fui para a cama, mas não consegui dormir, atormentado por pesadelos com tias e papagaios estridentes.

Entrando na redação com uma caixa cheia de sanduíches, ouvi o cara da previsão do tempo na TV dizer que uma grande tempestade estava se formando no Atlântico. Um furacão chamado Hugo, ele disse. Eu ri comigo mesmo. Devia ter ouvido mal. Estava com Hugo na cabeça. Então o cara da previsão do tempo repetiu. O furacão Hugo estava ganhando força e se encrespando no Atlântico. O que exatamente o universo estava tentando me dizer agora?

Dormi mal naquela noite, e quando acordei uma mulher estranha estava fazendo café na cozinha. A mãe de Magdalena, presumi. Seu inglês era sofrível, mas consegui descobrir que ela saíra às pressas de Porto Rico. Fugindo do Hugo, ela falou.

— É o que todos estamos fazendo — eu disse.

Nos dias que se seguiram, eu li sobre Hugo, acompanhei sua trajetória, temi pela devastação que ele produziria. Não sabia por que o furacão me obcecava, porque eu me apavorava tanto quanto as pessoas que moravam nas zonas mais expostas. Talvez fosse a falta de sono, talvez por estar morando num banheiro, talvez por ser obrigado a tomar banho com medo, o fato é que deixei o furacão Hugo se tornar uma metáfora da minha vida, e então deixei que ele a consumisse. Como se seu sistema de baixa pressão tivesse colidido com minha alta pressão, Hugo reunia todas as minhas tristezas em relação a McGraw, tia Ruth, Sidney e ao *Times*, e se concentrava num só ponto. De manhã até a noite eu não conseguia pensar em outra coisa senão no Hugo.

Quando Hugo atingiu a costa, no final de setembro de 1989, eu estava no *Times*, lendo os telegramas, monitorando os canais de TV, como um estagiário do Serviço Nacional de Meteorologia. Eu fiquei na redação e assisti à CNN até depois da meia-noite, e quando os faxineiros começaram a passar o aspirador na sala, fui para o apartamento de Magdalena e assisti à TV com sua mãe, que parecia tão traumatizada quanto eu. Até mesmo Hugo parecia traumatizado com Hugo. Ouvindo seu nome sendo repetido tantas vezes na TV, o papagaio começou a gralhar freneticamente. Com o gralhar, o vento uivando lá fora e a mãe de Magdalena lamuriando em espanhol, aquela foi uma noite longa e angustiante.

Quando o céu sobre a Carolina do Sul clareou na manhã seguinte e os danos foram divulgados, lamentei por todos que tinham perdido suas vidas e suas casas. Mas embora a compaixão seja saudável, o que senti foi algo diferente, algo desproporcional e irracional. Ocorreu-me que meu raciocínio estava distorcido, que eu poderia estar à beira de um colapso qualquer. Então, esse pensamento foi rapidamente tragado pelas novas imagens da devastação de Hugo.

Dias depois de Hugo atingir a costa, eu estava outra vez assistindo à TV com a mãe de Magdalena, ambos bebendo uísque e fumando um cigarro atrás do outro, quando vi que os cigarros estavam acabando. Desci para comprar um maço, com uma parada no bar no meio do caminho. Chovia forte, resquícios de Hugo ainda encharcando Nova York. Voltando para o apartamento, encontrei a sala de estar como um campo de batalha, móveis quebrados, almofadas do sofá rasgadas, vidros partidos espalhados sobre o assoalho de madeira. Chamei a mãe de Magdalena e ouvi alguém choramingando dentro do quarto. Corri pelo corredor e abri a porta. A mãe de Magdalena estava deitada de bruços dentro do quarto, que também fora saqueado. Ajoelhei-me ao seu lado e perguntei se ela estava bem.

— Chamei todo mundo — ela disse. — Ninguém em casa! Ninguém me ama!

Ela estava com o telefone em uma das mãos e a agenda na outra, agitando as pernas como uma criança tendo um acesso de raiva.

— *Você* fez isso? — perguntei. — Foi você que destruiu o apartamento?

— Eu chamei todo mundo! — ela gritou, a maquiagem escorrendo pelo rosto. Depois atirou a agenda de telefones contra a parede. — Ninguém se importa comigo!

Aliviado por ela não ter sido vítima de um assalto, fui até a cozinha buscar água para nós dois. Escutei a mulher quebrando mais copos e me dei conta de que ela poderia se ferir. Sobre a geladeira havia o número do telefone do namorado de Magdalena. Liguei e lhe disse que sua mãe estava mal, sugerindo que voltasse logo para casa. Ela não se preocupou em perguntar o que havia de errado, e concluí que não era a primeira vez que sua mãe fazia algo assim.

Magdalena chegou com o namorado, que se manteve impassível num canto, enquanto ela falava com a mãe.

— Mãe — ela disse. — O que houve, mãe?

Agora, a mulher estava balbuciando. Magdalena ligou para o número de emergência e o apartamento logo foi invadido por policiais e paramédicos. Eles olharam ao redor e devem ter percebido, como eu, que o apartamento devastado evocava as imagens que tinham aparecido na TV durante dias.

— Quem é você? — um tira me perguntou.

— Eu alugo o banheiro... quer dizer, o quarto extra.

Todos cercaram a mãe prostrada, que estava rasgando sua agenda de telefones em pequenos pedaços. Um policial lhe perguntou o que estava acontecendo e ela repetiu o que me dissera. Tinha telefonado para todo mundo que conhecia, procurando alguém com quem falar sobre o furacão Hugo, mas ninguém atendia.

— Devemos levá-la a um hospital? — um tira perguntou a Magdalena.

— Hospital? — berrou a mãe. — Vocês não vão me levar para hospital nenhum, seus crioulos filhos-da-puta e imbecis!

Então os policiais recuaram e os paramédicos caíram sobre ela com uma camisa-de-força. Ela esperneou, os arranhou e se debateu, mas em dez segundos já estava imobilizada. Hugo grasnava, Magdalena chorava, o namorado não dizia nada e eu pulei para o lado quando os paramédicos ergueram a mulher e a levaram pela porta como se fosse uma árvore de Natal no primeiro dia do ano. Ela agora ia para Bellevue.

Magdalena, o namorado e eu sentamos à mesa da cozinha. Eu lhe disse que lamentava pelos problemas e disse que não me importava em ir embora. Ela sabia disso. O namorado sabia. Hugo sabia.

— Na verdade — ela perguntou —, se você for embora, pra onde vai? Bebe disse que você não tinha onde ficar.

QUARENTA E DOIS
STEVE

Dormi no sofá de Bebe por algumas semanas, antes de voltar a Manhasset, para a casa do vovô. A essa altura, o furacão Tia Ruth tinha sido reduzido a uma rajada de vento. Minha tia estava relativamente calma e me deixou em paz. Eu também estava mais calmo. A visão da mãe de Magdalena numa camisa-de-força tinha me deixado sóbrio.

Além disso, senti-me aliviado por me encontrar a somente 142 passos do Publicans. O bar nunca estivera tão agradável quanto naquele outono. Toda noite havia uma festa de escritório, reunião familiar ou apenas uma divertida e incomum galeria de personagens e personalidades. Na primeira noite de novembro, eu mal consegui entrar. Havia um muro sólido de gente. Um constante rugir de risadas. O único que não ria era Steve, em pé no meio do salão do bar, tendo acabado de chegar do boliche. Ele estava se inclinando sobre o balcão como se ele, ou aquilo que se parecia com ele, estivesse à beira de um colapso, e devo tê-lo encarado com demasiada intensidade, pois ele se virou para mim como se eu o tivesse chamado pelo nome. Steve sorriu, mas não era seu sorriso Cheshire. Havia algo de errado com aquele sorriso do outro lado do bar, embora eu não conseguisse saber o que era. Com um gesto, ele fez sinal para eu me aproximar.

Falamos sobre McGraw, de quem ambos sentíamos falta, e sobre o braço de McGraw, que não havia ficado bom após a cirurgia. O debate sobre a questão de McGraw continuar ou não jogando estava rendendo. Lamentamos a perda de Jimbo, que alguns dias antes se mudara para o Colorado. Dava para ver o quanto Steve sentia falta de Jimbo. Ele fizera uma oferta para manter Jimbo em Manhasset, se propondo a encontrar um trabalho para ele em Wall Street. Um telefonema para um dos freqüentadores do Publicans resolveria o problema dele. Mas Jimbo queria ser esquiador profissional. Steve entendeu suas razões.

Enquanto conversava com Steve, mantive-me firme, temendo que ele retomasse nossa reunião de uma semana antes, a última vez que nos vimos. Logo após ter saído do apartamento de Hugo, Steve me convocou em seu escritório no subsolo. Sentados um na frente do outro à sua mesa, ele me entregou uma pilha de cheques que eu havia trocado no caixa do bar durante o verão, em todos o mesmo carimbo *Sem fundos*. Steve temia que eu tivesse deliberadamente passado aqueles cheques borrachudos no seu bar, e temia por mim, não por ele. Sua mágoa não tinha nada a ver com os problemas financeiros. Steve acreditava que valia a pena confiar nas pessoas. Toda nota no seu restaurante era escrita à mão, toda bebida solicitada oralmente. Não havia computadores, registros, e os fregueses e funcionários obedeciam a esse sistema desordenado. Quando um ajudante de garçom era surpreendido retirando uma garrafa cara de champanhe do bar, o pessoal resolvia o problema "internamente". Davam uma surra no ajudante de garçom e pronto.

Contei a verdade para o Steve. Minha cabeça não andava muito boa e eu não sabia, no dia-a-dia, quanto restava na minha conta bancária. Eu era desorganizado, não desonesto.

— Junior — ele disse, recostando-se na sua velha cadeira rangente —, todos nós perdemos a cabeça, de vez em quando. Mas isso não é bom. Nada bom. *Você não quer ser um homem assim.*

Sua voz ecoou no subsolo e na minha cabeça.

— Não, senhor — respondi. — Não quero ser assim.

Aguardei para ver se ele dizia mais alguma coisa, mas não tínhamos mais nada a ser dito. Olhei nos olhos azul-cinzentos de Steve. Ele sustentou meu olhar, a mais longa troca de olhar que jamais tivemos, e quando Steve viu o que queria ver — o que, suponho, ele precisava ver — ele me disse para voltar para o bar. No dia seguinte, deixei um envelope no Publicans, com dinheiro em espécie, para cobrir meus borrachudos e qualquer multa que lhe tivesse aplicado o banco. Eu estava oficialmente duro, mas estava em dia com Steve, e isso era o que importava.

Agora, naquela primeira noite de novembro, Steve não mencionou aquele episódio embaraçoso. No que lhe dizia respeito aquilo era uma história antiga. Quando acabou de falar comigo sobre os "garotos", como ele se referia a McGraw e Jimbo, deu um tapinha no meu ombro e disse a Colt, "sirva uma bebida ao Junior", depois se foi, arrastando os pés.

— Garoto — disse Colt —, o patrão está bancando.

Senti então um acesso de amor por Steve e por Colt, e por todos os caras do Publicans, pois acabara de me dar conta de algo importante. Sempre imaginei que os caras não tinham ouvido Steve me chamando de Junior, mas é claro que ouviram. Simplesmente não adotaram o apelido, pois sentiram o significado que ele tinha para mim. Steve não entendia, e eles não explicaram — o pessoal do Publicans nunca dava explicações. Eles apenas deixaram que Steve continuasse me chamando de Junior, e nunca o fizeram. Sequer uma vez. Era uma violação do protocolo, e um ato de ternura, que eu não havia reconhecido. Até aquela noite.

Sentei num banco na extremidade do balcão onde estava o tio Charlie e tentei contar a ele sobre Steve e meus cheques sem fundos. É... ele disse, como se estivesse em transe. Estava assistindo à TV. De repente, ele soltou um grito medonho. Seu time — o Celtics, eu acho — acabara de perder uma chance de ouro. Ele fechou os olhos com as mãos. No começo da semana, tio Charlie dissera que tinha apostado uma grana violenta numa partida de futebol, e tudo de que seu time precisava era um empate. Inexplicavelmente, deram um passe errado que foi interceptado pelo adversário, que acabou ganhando o jogo. Tio Charlie serviu-se de uma dose de Sambuca e disse:

— Todo mundo está me fodendo.

Mais adiante no balcão, notei que Steve estava falando cada vez mais alto. Seu rosto parecia o Grand Canyon, estriado de camadas em tom vermelho, laranja, violeta, acentuado pelo orifício púrpura de sua boca aberta. Era aquilo que eu tinha notado mais cedo em relação a seu sorriso, mas não fora capaz, ou não quisera reconhecer. Anos de alcoolismo haviam danificado os dentes de Steve, e ele estava precisando de uma cirurgia na boca. Até lá, deveria usar dentadura, mas a dentadura fazia sangrar sua gengiva, então naquela noite ele a retirara, deixando-a no balcão ao lado de sua Heineken. Ele estava conversando com Dalton, que bebia uma garrafa de vinho. Dalton serviu um copo para Steve, a última coisa de que Steve necessitava. O vinho, misturado a dez ou 12 Heinekens e 24 meses de estresse, deixaram-no fora de controle. Ele ficou tão ininteligível e beligerante que o tio Charlie teve que interferir. Steve não conseguia acreditar.

— *O que é isso? Se recusando a me servir no meu próprio bar?*

— Você já bebeu o bastante — disse tio Charlie. — Bons sonhos, patrão.

Joey D ofereceu ao Steve uma carona até sua casa. Steve recusou. Joey D se retirou furtivamente murmurando, acabrunhado, alguma coisa para seu camundongo. O ajudante de garçom conduziu Steve pelo salão do restaurante. Quando cambalearam pela porta dos fundos, Colt notou os dentes de Steve no balcão.

— Você esqueceu seus mordedores! — gritou Colt.

Mas Steve já se fora. Alguém mencionou que Steve deixara seu sorriso no bar. Lá estava a dentadura diante de nós, sorrindo. Era impossível não lembrar do gato de *Alice no país das maravilhas*, aparecendo e desaparecendo sem avisar, seu sorriso sendo a primeira coisa visível, e a última.

Minutos depois, o telefone tocou. A mulher de Steve, Georgette, disse que Steve voltara sem dentes para casa. "Eles estão bem aqui", disse-lhe tio Charlie. O telefone tocou outra vez. Georgette outra vez. Steve tomou um tombo, ela disse. Bateu com a cabeça. Estão levando-o para o North Shore Hospital.

As pessoas viviam tomando tombos no Publicans, pensei, ao dizer boa noite ao tio Charlie e sair cambaleando para a casa do vovô.

Bem cedo, na manhã seguinte, ouvi a voz do tio Charlie vindo da sala de estar. Coloquei um roupão por cima do corpo e desci para saber o motivo de ele estar de pé àquela hora. Ele estava sentado na extremidade do sofá bicentenário. Seu rosto pálido como uma folha de papel. As veias em seu crânio pulsavam visivelmente. Ele tragava seu Marlboro com intensidade e olhou para mim, através de mim, através da parede atrás de mim, ao repetir o que estava dizendo à vovó. Steve estava em coma e talvez não sobrevivesse.

Aconteceu da seguinte maneira: quando Steve chegou em casa, Georgette esquentou um prato de comida para ele. Ele comeu, bebeu um copo de leite, conversou com ela sobre o desastre que se tornara o Publicans do Píer. Desolado, Steve saiu da mesa, indo para a cama. Georgette escutou um baque surdo e correu, encontrando Steve caído ao pé da escada.

— Quantos anos ele tem? — perguntou a vovó.

— Quarenta e sete — disse tio Charlie. — Um ano mais velho do que eu.

As calçadas dos dois lados da Plandome Road estavam cheias de carros estacionados. O trânsito fora interrompido a quilômetros dali. As pessoas de luto chegavam de todas as direções na Christ Church, no alto da Plandome Road, contígua à igreja de St. Mary. A igreja era ampla, com espaço para duzentas pessoas, mas havia um número cinco vezes maior de gente convergindo para sua entrada. Joey D recebia a todos, embora não houvesse apresentações a serem feitas. Horas antes da missa de corpo presente os bancos já estavam todos ocupados.

Eu me esgueirei por uma porta lateral a tempo de ver Georgette chegar, amparada pelos filhos, Brandy e Larry. Localizei tio Charlie encostado na parede do outro lado, conversando com alguém. De repente, seus olhos viraram para cima como se estivesse imitando Billy Budd e ele caiu para trás.

— Tem um homem passando mal aqui! — alguém gritou.

Várias pessoas ajudaram a retirar tio Charlie da igreja. Segui-as e vi quando o deitaram na grama, encostado numa lápide coberta de musgo. Ao lado, havia outra pedra tumular datada do século XVIII, o epitáfio pouco legível: *Aqui ele descansa em paz.*

De volta à igreja, penetrei no meio da multidão e vi de relance o caixão de Steve. Havia um ruído como o de ondas se quebrando na areia, causado pelos soluços, pela respiração arfante e pelo choro das pessoas. Uma procissão de homens grandes subiu até o altar e leu a Bíblia em voz alta, acompanhados por Jimbo, que tentava conter as lágrimas enquanto falava. Observando Jimbo, sofrendo por ele, me dei conta de uma coisa com tanta força, com uma nitidez tão lancinante, que senti vontade de sair da igreja e me deitar ao lado do tio Charlie.

Eu sempre pensei em Steve como nosso Gatsby — rico e misterioso, realizando festas extraordinárias para centenas de pessoas estranhas na Gold Coast de Long Island. E essa idéia foi ainda mais reforçada pela sua morte prematura. Todavia, como ocorreu com Gatsby, o verdadeiro caráter de Steve foi revelado no seu enterro, e foi o elogio fúnebre de Jimbo que o desvendou para mim. Steve havia sido um pai para Jimbo e, de um modo ou de outro, ele fora um pai para todos nós. Mesmo eu, que não conhecia Steve tão bem assim, era mais um filho na sua extensa família. Publicano de profissão, Steve era um patriarca em seu coração, e talvez por isso desse tanta importância a nossos apelidos. Talvez por isso tio Charlie estivesse agora apoiado contra uma lápide, e todos os homens do Publicans parecessem ter ficado órfãos.

Quando a missa terminou, nós saímos, murmurando preces, abraçando-nos uns aos outros, e seguimos para o cemitério. O cortejo do funeral passou lentamente pelo Publicans. Embora o bar não ficasse no caminho, reinava um sentimento de que Steve precisava passar por aquele lugar uma última vez. Depois de baixarem o caixão na sepultura, voltamos para o Publicans em grande número, centenas de pessoas. Alguns pediram a Georgette que não abrisse o bar naquele dia, em homenagem a Steve, mas ela disse que essa não teria sido a vontade dele. Steve sempre dissera que o Publicans deveria ficar sempre aberto — durante as obras de manutenção, durante as recessões, os apagões, as nevascas, as tempestades de gelo, as crises financeiras e as guerras. Manter o bar aberto era a missão de Steve. O seu maior pavor era ter de fechá-lo. Esse pavor, segundo alguns, o havia matado. Com tantos pontos de interrogação envolvendo Steve enquanto estava vivo, sua morte foi inevitavelmente coberta de mistérios. A maior parte das pessoas achava que ele morrera por causa de uma queda das escadas, e alguns em Manhasset pensam assim até hoje. Georgette era uma delas, no início. Mas os médicos garantiram que um aneurisma matara Steve, não a queda.

Em homenagem a Steve, Georgette não apenas manteve o Publicans aberto após o enterro, como declarou que ninguém pagaria pela bebida, ninguém ousaria dizer "a saideira" e a bebedeira prosseguiria até que não sobrasse ninguém em pé. Um gesto generoso e extravagante. E também alarmante. Um bar com bebidas grátis em Manhasset? Um lugar onde as pessoas entornavam álcool como se fosse água mineral? A mim e aos outros, a idéia pareceu temerária e perigosa. Como acender uma fogueira numa comunidade de piromaníacos. Georgette, contudo, não quis saber desses argumentos. Ela contratou *barmen* de outros bares da Plandome Road para trabalharem naquele dia, assim os do Publicans não precisariam fazê-lo, e ela convidou — ordenou — que todos bebessem. Georgette estava bancando Manhasset.

O Publicans nunca estivera tão cheio, tão barulhento, tão alegre e tão triste ao mesmo tempo. À medida que o álcool corria solto, o pesar crescia e as risadas proliferavam, uma espécie de histeria se instalou no bar, embora parte dessa histeria possa ter sido causada pela falta de oxigênio. O ar estava tão espesso e quente com o suor e a fumaça que era preciso um grande esforço para respirar. O bar parecia o Manhasset de Dante. Olhos esbugalhados. Línguas de fora. A cada cinco minutos, alguém derrubava uma garrafa, e grandes poças brilhantes de bebidas e vidros partidos começaram a se formar. As mesas com comida foram dispostas ao longo da parede, mas ninguém se aproximou delas. Todos estavam ocupados demais bebendo.

— O pessoal está bebendo como se fosse para a cadeira elétrica amanhã — disse Colt.

E ainda ouvi alguém reclamar que o álcool não estava adiantando nada. Em tamanho mar de tristeza, ao que parecia, todo o uísque gratuito do mundo não passava de uma gota.

Abri caminho até o balcão, sentindo-me num museu de cera povoado de pálidas réplicas das pessoas mais importantes na minha vida. Vi tio Charlie, ou uma versão em cera do tio Charlie, a gravata torta, as costas curvadas, ainda abatido por causa do desmaio na igreja. Ele estava mais bêbado do que no dia em que Pat morreu, mais bêbado do que eu jamais o vira. Atingira um novo patamar da bebedeira, uma bebedeira transcendente, e foi a primeira vez que sua bebedeira me assustou. Vi Don e Eddy Ligeiro entabulando sussurros conspiratórios, e Tommy bem atrás deles, uma expressão muito séria no rosto, seus traços pareciam estar sendo sugados pelo seu queixo. Parecia 75 anos mais velho do que no dia em que me acompanhou até o campo do Shea Stadium. Vi Jimbo consolando McGraw, que soluçava. Vi Bob Tira no centro do bar, falando com Cager e, mais à frente, estava Dalton, encostado numa coluna, aparentemente perdido sem um livro de poemas para ler ou uma mulher para paquerar. Joey D conversava com Josie, uma trégua induzida pela morte de Steve, e seu primo, o General Grant, estava em pé ao lado, num terno preto, precisando somente do consolo de seu charuto. Quissidane, também de terno, a cara lavada e os cabelos escovados para trás, talvez fosse a pessoa mais sóbria ali dentro. Ouvi-o conversando com alguns corretores da bolsa de valores e ele soava quase articulado. A eloqüência da dor. Vi Colt e Cheiramal, encostados um no outro, e DePietro perto deles conversando com um cara que trabalhava em Wall Street. Vi Pequeno Polegar e evitei seu olhar — e o polegar. Vi Michelle, sempre adorável, ansiosa para ir embora. Vi Crazy Jane, que desenhara o vitral com as genitálias atrás do balcão, ela vinha subindo do subsolo, acompanhada por um cheiro de maconha. Vi pessoas que reconheci, cujos nomes esquecera, e pessoas que nunca vira antes falando sobre os favores que Steve lhes fizera, atividades de caridade que apoiara, refeições que oferecera, empréstimos que concedera, piadas que inventara, peças que pregara, estudantes que ele ajudara secretamente a entrar na faculdade. Eu pensei, aprendemos mais sobre Steve nas últimas horas do que durante todos os anos conversando com ele e desfrutando sua companhia no bar.

Vi Peter e corri para o seu lado, aliviado. Fiquei plantado próximo a Peter, meu editor, meu amigo, pois estava precisando da sua gentileza e sanidade. Tentei bolar um jeito de ficar ao lado de Peter a noite toda sem incomodá-lo. Ele perguntou como eu estava e quando comecei a responder Bobô me empurrou. Há anos eu não via Bobô. Ele estava contando uma história de Steve, mas eu não conseguia entender. Estava bêbado e ainda sofria os efeitos de sua queda na escada do bar, seu rosto ainda parcialmente paralisado. Eu me perguntei se estaria comparando a queda de Steve com a dele. Quando Bobô deu um tempo, eu disse alguma coisa a Peter sobre como as pessoas caíam com freqüência no Publicans. Antes que ele pudesse dizer algo, ouvimos Georgette, perto da porta dos fundos. Estava chorando e repetindo:

— Perdemos nosso Patrão. O que vamos fazer sem nosso Patrão?

O som tocava música clássica de tom fúnebre. Alguém disse que deveríamos estar ouvindo as músicas de que Steve gostava. Elvis. Fast Domino. Johnny Preston. Um dos *barmen* encontrou uma fita com as músicas preferidas de Steve. Aquelas músicas deixaram todos se sentindo alegres e horríveis, porque traziam Steve de volta. Com certeza o Patrão estava lá. Teríamos morrido de rir com ele sobre a estranheza de tudo aquilo, se ao menos pudéssemos encontrá-lo naquela aglomeração de seres humanos bêbados.

Apanhei outro uísque e fiquei ao lado de Bob Tira, que estava bebendo seus Pregos Enferrujados.

— Quanto tempo você acha que este boteco vai durar? — ele me perguntou.

— Você acha que o Publicans vai fechar? Meu Deus! Não tinha pensado nisso.

O que não era exatamente verdade. Aquela possibilidade tinha me ocorrido e atormentado, mas eu não quisera enfrentá-la. Quando Bob Tira o disse em voz alta, porém, eu entendi melhor meu sofrimento, e o de todo mundo. Havia um elemento de egoísmo em relação a tudo aquilo. Sentíamos falta de Steve, estávamos em luto por ele, mas sabíamos que, sem ele, o Publicans também poderia morrer.

Minhas pernas tremeram. Procurei um lugar para cair, mas não havia assento disponível. Achei que ia vomitar. De repente, tudo ali me causava repulsa. Até o balcão de madeira polida do bar fazia meu estômago revirar, pois me lembrava o caixão de Steve. Saí empurrando as pessoas para alcançar a porta de saída e voltei cambaleante para a casa do vovô, onde desabei no quarto dos fundos. Quando abri meus olhos, horas depois, eu não tinha a menor idéia de onde estava. Em Yale? No Arizona? Na casa de Sidney? No meu apartamento em cima do restaurante grego? No apartamento de Hugo? Gradativamente, as peças começaram a se encaixar na minha mente, e me lembrei que estava na casa do vovô. Novamente.

Depois de um longo banho quente, vesti roupas limpas e voltei para o Publicans. Deviam ser três ou quatro horas da madrugada, mas todos estavam exatamente onde eu os havia deixado, embora agora começassem a derreter e implodir, como se o aquecimento tivesse sido ligado no máximo dentro do museu de cera. Consegui abrir caminho até o centro do bar e encontrei Bob Tira e Cager no mesmo lugar ao lado do balcão. Eles não se deram conta de que eu tinha passado em casa e voltado. Não sabiam que horas eram, que dia era, e não se importavam nem um pouco. Bebi com eles até o sol nascer. Ainda assim, eles não deram sinal de querer partir, mas eu precisava de ar e de comida.

Andei até o restaurante do Louie. O lugar estava cheio de trabalhadores com os olhos aguçados e ansiosos para começar o dia após oito horas de sono. Vi a menina inglesa com quem saíra, aquela que falava como Margaret Thatcher. Seus cabelos estavam úmidos e suas faces vermelhas como uma maçã. Ela estava mordiscando um pedaço de bolo e bebendo chá. Ela sorriu para mim.

— De onde você está vindo? — perguntou.

— De um enterro.

— Puxa vida, querido, de *quem*? Do seu?

QUARENTA E TRÊS
CHEIRAMAL

Descendo a Plandome Road, algumas semanas depois, vi uma lua pálida subindo no céu sobre o Publicans. A lua parecia inchada, como se tivesse bebido demais. Sempre atento aos sinais, hipersensível a seus significados, não deveria ser difícil interpretar aquele. *Até a lua está abandonando o bar.* Mas eu o ignorei. Nas semanas que se seguiram à morte de Steve, eu ignorava tudo, tratando os sinais e os fatos desagradáveis como Joey D tratava os chatos falastrões. Simplesmente recusava-me a servi-los.

Assim mesmo, a morte de Steve — a sordidez, o desperdício — não podia ser ignorada por muito tempo. Pelo menos uma vez por dia, eu pensava em Steve, ou no modo como morrera, e tentava imaginar o que ele diria, agora que tinha todas as respostas, sobre a maneira como estávamos vivendo. Sempre cultivei uma noção romântica de que nos escondíamos da vida no Publicans. Depois da morte de Steve, não conseguia parar de escutar sua voz perguntando: "Estamos nos escondendo da vida ou cortejando a morte? E qual é a diferença?"

Várias vezes, naquele mês de novembro, eu olhei para o balcão do bar, para aqueles rostos pálidos de olhos fundos, e pensei que talvez já estivéssemos mortos. Pensei em Yeats: "Um bêbado é um homem morto, / E todo homem morto está bêbado." Pensei em Lorca: "A morte / entra e sai / da taberna, / a morte / sai e entra." Seria uma coincidência o fato de meus dois poetas favoritos descreverem a morte como um freguês assíduo do bar? Algumas vezes eu via meus próprios olhos fundos e meu pálido reflexo numa das caixas registradoras. Meu rosto estava como a lua, branco e inchado, mas, ao contrário da lua, eu nunca deixava o bar. Eu não podia. Sempre vira o bar de Steve metaforicamente, como um rio, um oceano, uma balsa, um navio, um trem me levando para uma cidade distante. Agora, eu via o bar como um submarino preso no fundo do mar, e estávamos ficando sem ar. Essa imagem claustrofóbica foi cruamente reforçada quando alguém deu ao tio Charlie uma fita com sons de baleias, que ele tocava incessantemente no bar, pondo o volume no máximo. Os gritos e estalidos eram tão altos que os mamíferos pareciam estar ali fora, flutuando na Plandome Road, como se a porta da frente do bar fosse uma escotilha.

— Isso não é melífluo? — dizia tio Charlie. — Você não se importa se eu disser "melífluo", não é? Não é linda a maneira de se comunicarem entre si?

A comunicação entre nós não chegava à metade daquilo. Um bar cheio de virtuoses da conversa agora virara uma câmara de eco com longos e desconfortáveis silêncios, porque só havia uma coisa a dizer e nenhum de nós era corajoso o bastante para dizê-la: tudo mudou. A morte de Steve desencadeara uma reação em cadeia de *mudanças*, justamente aquilo para que estávamos menos preparados. Sua morte nos afetara de um modo que não entendíamos, e afetou o bar de um modo que não podíamos negar. As risadas ficaram mais agudas e o bar mais vazio. As pessoas não iam mais ao Publicans para esquecer os problemas ou abrandar a tristeza, pois o Publicans lhes fazia pensar na morte, na morte de Steve, o mais triste evento na história de Manhasset. Bob Tira questionara se o bar poderia sobreviver à morte de Steve, mas o que tinha acabado, para sempre, era nossa idéia do Publicans como um santuário. Em pouquíssimo tempo, o Publicans tinha passado de um santuário a uma prisão, como ocorre com freqüência com os santuários.

Quanto mais esses pensamentos me atormentavam e me enervavam, mais eu bebia. O porre do funeral de Steve durara dois dias para a maioria de Manhasset, mas eu ainda estava bêbado um mês depois. Dentro do trem, indo para o *Times*, sofrendo de mais uma ressaca paralisante, eu falava sozinho, me fazia perguntas, me torturava. Invariavelmente, essas auto-inquirições acabavam com a mesma árdua pergunta: "Sou um bêbado?" Eu achava que não. Se eu era dependente de alguma coisa, essa coisa era o bar. Não conseguia imaginar minha vida sem ele. Não conseguia conceber deixá-lo um dia. Para onde eu iria? E se eu fosse embora, quem seria eu? Quem eu era acabara se confundindo com onde eu estava, e a idéia de jogar isso fora, o bar e minha imagem de JR-dentro-do-bar, me aterrorizavam. Depois de repensar essas questões dentro do trem pela manhã, e depois trabalhar o dia todo num emprego em que fracassara e no qual não teria futuro algum, mal podia esperar para voltar ao Publicans e afogar meu dilema sobre aquele local. Algumas vezes eu começava mais cedo, entornando uns coquetéis na Penn Station, depois comprando duas ou três garrafinhas de Budweiser para tomar no trem. Ocasionalmente eu desmaiava no trem, passava da minha estação e o condutor me acordava no meio da noite depois de o trem ter sido recolhido. Ao tocar nos meus ombros, eles sempre diziam a mesma coisa: "Fim da linha, companheiro."

Eu já não fingia beber para criar laços com os caras, ou relaxar das preocupações diárias, ou participar de um ritual masculino. Bebia para ficar bêbado. Bebia porque não conseguia pensar em outra coisa a fazer. Bebia como Steve bebia no final, para alcançar o esquecimento. E eu estava a alguns goles do esquecimento, numa certa noite gelada de dezembro de 1989 — não me recordo se foi alguns dias antes ou depois de ter completado meus 25 anos —, quando o bar decidiu finalmente que aquilo bastava. O bar preenchera todas as necessidades que já tive, e necessidades que eu não sabia que tinha, e agora eu necessitava de mais uma coisa.

Estava em pé ao lado de Cager e Cheiramal. General Grant atendia do outro lado do balcão. Devia ser por volta das três da madrugada e estávamos falando sobre a guerra. Mencionei que com freqüência falávamos sobre as guerras, mesmo quando estávamos pretensamente falando sobre outra coisa. Cager disse que aquilo era bem natural, visto que a guerra era o Grande Tópico. A vida, ele disse, é uma guerra. Uma infinita seqüência de batalhas, conflitos, emboscadas, escaramuças, com brevíssimos intervalos de paz entre eles. Ou talvez tenha sido o General Grant que disse isso. Então Cager disse algo sobre o Oriente Médio, e eu questionei sua opinião, não porque discordasse, mas porque temia que, se não continuasse falando, minha testa acabaria batendo sobre o balcão.

— Por que você não fecha a porra da sua boca? — disse Cheiramal.

Todos pararam de falar. Cager, entre mim e Cheiramal, disse-lhe para pegar leve.

— Não — reagiu Cheiramal. — Estou cansado desse inútil que acha que sabe de tudo. Só porque estudou em Yale pensa que conhece tudo. Mas não conhece merda nenhuma.

— Acalme-se — disse o General Grant.

— Porra nenhuma! — respondeu Cheiramal. Bufando como um touro, a barriga balançando, ele saiu de trás de Cager e veio na minha direção.

Que fio na caixa de fusíveis de Cheiramal eu teria cortado? Tentei dizer alguma coisa em minha defesa, mas naquele instante as palavras não eram capazes de parar Cheiramal. Balas não seriam capazes de segurá-lo. Ele avançou os três metros que nos separavam em dois passos, surpreendentemente leves para um homem daquela circunferência. Estendendo as duas mãos, ele agarrou meu pescoço como se fosse uma corda pela qual pretendia subir. Apertou-o com força e comecei a sentir falta de ar. Pensei que Cheiramal poderia esmagar minha laringe e danificar permanentemente minha voz, que passaria a soar ríspida e rouca, como a de Sandman, e isso me assustou ainda mais do que a perspectiva — mais provável — de ser estrangulado.

Cheiramal me empurrou para trás, torcendo meu pescoço agora com mais força. Suas mãos estavam impregnadas de alho e carne crua. *As mãos de Cheiramal cheiram mal.* Esperei que aquele não fosse meu último pensamento em vida. Tentei retirar suas mãos de meu pescoço, mas estavam escorregadias também, e o aperto era de puro aço. Pensei em desferir um soco contra ele, mas não queria que ficasse ainda mais furioso. Olhei profundamente nos seus olhos, mas não havia profundidade nos olhos de Cheiramal. Eram pontos negros, como os olhos de um personagem de história em quadrinhos. Entre eles, formando um V perfeito, as sobrancelhas alaranjadas pareciam vibrar, e como o bigode alaranjado e os cabelos alaranjados na sua cabeça, aquelas sobrancelhas brilhavam de suor. Ele era extremamente pesado, parecia extenuado, saturado e vermelho como um tomate. Ele era uma mistura de loucura e ódio, e este, eu tinha certeza, seria meu último pensamento em vida, porque Cheiramal estava determinado a me matar.

Mesmo quando Cheiramal apertou meu pescoço, não o odiei. Eu gostava tanto dele quanto dos outros caras do bar e, quando comecei a perder a consciência, senti ódio só de mim mesmo, porque eu gostava dele, gostava de qualquer um que me desse atenção, mesmo se essa atenção viesse na forma de homicídio.

Cheiramal subiu. Flutuou na direção do teto como um anjo vingador, e eu pensei que aquela visão era certamente o primeiro indício da morte que me rondava. Então, atrás dos ombros de Cheiramal, eu vi Cager. Ele agarrara Cheiramal pelo cós da calça e o erguia com força. Cheiramal soltou meu pescoço e o ar voltou aos meus pulmões. Minhas cordas vocais produziam um som metálico. Caí no chão e, um segundo depois, Cheiramal caiu também, pois Cager o tinha esmurrado com vontade. Cager estava em pé ao lado de Cheiramal, agarrando-o pela manga da camisa:

— Se você tocar mais uma vez nele, eu te mato.

Caído no chão, segurando meu pescoço, olhei para Cager. Nunca o amara tanto. Ele ajustou sua viseira, voltou para o balcão e tomou um gole de Budweiser.

— E aí — disse calmamente. — Onde eu estava?

Andei até a casa do vovô, cabisbaixo, contando meus passos — 170. *Isso faz 28 a mais do que o normal, sinal de que estou caminhando em ziquezague.* Na mesa da sala de jantar encontrei um presente esperando por mim. Era de Sheryl. Ela havia se casado recentemente, e o fato de começar sua própria família a inspirara a pensar sobre a família em geral e vasculhar os filmes que havia na casa do vovô, convertendo em vídeo os mais interessantes. Deixara uma fita para mim com um bilhete colado em cima: "Achei que você ia curtir essas imagens."

Coloquei a fita no videocassete e me instalei no sofá bicentenário, com uma lata de cerveja apoiada contra o meu pescoço, no ponto onde ainda podia sentir os dedos de Cheiramal. A tela ficou branca, depois uma imagem começou a se formar. A casa do vovô. Tão nítida e iluminada que devia ter sido filmada naquela mesma manhã. Mas o telhado não estava danificado, a tinta não estava descascando, as árvores floresciam e a entrada da garagem não tinha aquelas enormes rachaduras no chão. Então, apareceu tio Charlie atravessando a tela com um penteado *à la Pompadour* e a imagem pareceu pré-histórica.

A câmera se agitou loucamente, da direita para a esquerda, e novamente, até se fixar numa mulher bonita e magra sentada na varanda. Ela segurava um bebê no colo. Balançava-o delicadamente, ninando-o e sussurrando algo no seu ouvido. Um segredo. Ele virou a cabeça na direção dela. Minha mãe e eu, 24 anos antes. Minha mãe olhou para seu filho de nove meses, depois se virou para mim, seu filho bêbado de 25 anos. Senti-me surpreso, como se ela estivesse espiando o futuro e vendo o que eu me tornaria mais tarde.

Certamente, aquele filme fora feito logo depois de minha mãe ter vindo morar na casa do vovô, pouco depois de meu pai tentar matá-la, mas isso não era possível, pois não havia indícios de medo nos olhos da minha mãe. Ela parecia feliz, confiante, como uma mulher com dinheiro no banco e um futuro brilhante lhe sorrindo no horizonte. Escondia seus sentimentos do vovô e da vovó, eu pensei. Não queria lhes preocupar. Então entendi. Não era a eles que ela tentava enganar.

A primeira mentira que minha mãe me contou estava gravada numa fita.

Como ela fez? Sem estudo, sem dinheiro nem perspectivas, como ela fez para parecer tão *confiante*? Acabara de sobreviver ao meu pai sufocando-a com um travesseiro até ficar sem ar, e ameaçando-a com uma navalha na mão e, embora devesse estar se sentindo aliviada por ter escapado, ela devia também saber o que a esperava pela frente — solidão, preocupações financeiras, o Pardieiro. Mas ninguém diria, olhando para ela. Era uma grande mentirosa, uma magnífica mentirosa, e estava também mentindo para si mesma, o que me fez entender suas mentiras sob uma outra luz. Percebi que devemos mentir para nós mesmos de vez em quando, nos dizer que somos capazes e fortes, que a vida é boa e o trabalho árduo será recompensado, e depois devemos tentar fazer com que essas mentiras se tornem verdade. Esta é nossa missão, nossa salvação, e a ligação entre a mentira e o esforço para se dar bem na vida foi um dos muitos presentes que me deu minha mãe, a verdade que estava sempre estendida sob suas mentiras.

Minha mãe brincou com seu filho de nove meses, depois o ergueu, admirando-o, e 24 anos depois eu a admirava de um modo totalmente diferente. Sempre acreditara que ser um homem significava manter-se firme, mas isso era algo que *minha mãe* fizera melhor do que ninguém. E além disso ela também soubera a hora de partir. Ela deixara meu pai, deixara a casa do vovô, deixara Nova York e eu era sempre beneficiário de sua incansável coragem. Eu tinha me concentrado tanto em ser aceito, que não percebera o talento da minha mãe para cair fora. Sentado no sofá bicentenário e olhando seus olhos castanho-esverdeados, entendi que toda virtude que eu associava à masculinidade — firmeza, persistência, determinação, confiança, honestidade, integridade, coragem — tinha em minha mãe um exemplo. Eu sempre estivera vagamente consciente disso, mas naquele instante, quando vislumbrei pela primeira vez o guerreiro por trás do rosto sem expressão da minha mãe, eu absorvi inteiramente aquela impressão e, pela primeira vez, as coloquei em palavras. *Toda essa busca e ânsia por descobrir o segredo para ser um homem bom, e tudo o que eu precisava fazer era seguir o exemplo de uma mulher muito boa.*

Desviei o olhar de minha mãe e olhei para mim mesmo com nove meses de idade. Como aquele bebê indefeso se transformou neste bêbado indefeso? Como pude viajar tão longe e acabar apenas 142 passos adiante, com o pescoço apertado pelo Cheiramal? E o que eu faria em relação a isso? A fita estava acabando. Minha mãe disse mais alguma coisa para seu filho de nove meses, alguma coisa importante, e seu rosto se contorceu, se transformando num olhar zangado e inquisidor. Eu conhecia aquela expressão. Levantei e fui olhar no espelho que havia sobre a lareira — lá estava ela. Olhei de novo para a tela, onde minha mãe segurava a mão do filho e acenava para a câmera. Novamente ela sussurrou no seu ouvido, novamente seu rosto ficou sério. Embora ele ouvisse sua voz, suas palavras, ele não conseguia entender o significado.

Mas eu, sim. Vinte e quatro anos mais tarde eu ouvi minha mãe de forma alta e clara.

— Diga adeus.

Cada um reagiu de um modo diferente quando eu disse, no primeiro dia de 1990, que sairia do *Times* e de Nova York. Eddy Ligeiro mostrou-se indiferente. Don foi cortês. Colt, tranqüilo. General Grant soltou uma baforada de seu charuto e me disse para mandar ver. Cager ficou orgulhoso. Peter me pediu para lhe enviar de vez em quando um capítulo do meu romance. Joey D ficou preocupado e olhou para mim do modo como olhara para McGraw nadando além da rebentação: eu estava me afastando demais, indo para onde era muito profundo. Eu lhe disse que ficaria bem, e agradeci por tudo, e ele sussurrou um monte de coisas sentimentais sobre "esses garotos" para seu camundongo, dentro do bolso da camisa, coisas que eu teria gostado de ouvir.

Se Cheiramal esboçou alguma reação, eu não percebi.

Bob Tira olhou para seus pés enormes, balançou a enorme cabeça, e disse:

— Esse lugar não será mais o mesmo sem você.

Mas ambos sabíamos que, estando eu lá ou não, o lugar nunca mais seria o mesmo, e essa era a questão fundamental.

Quissidane me abraçou e disse:

— É melhor você vialogo jeca, meu amigote. E pega leve com as mulas. Fica com a sabeca no galume. Tem dias de baita e dias de butapé. Sacando? Mas nunca memosqueça... tá meuvindo?... Não deixa o socaroço escruchar o chaméu, é isso o que vale. Certo? E lembrulhe sempre: Que se dane, garoto. Que se dane.

A reação de Dalton foi a mais inusitada:

— Você não imagina os horrores que o esperam lá fora — disse ele, apontando para a porta. — Você sabia que em algumas partes deste país a saideira rola à uma hora da madrugada? Uma hora! Lá fora, em lugares como Atlanta, e Dallas, eles vêm até você e tiram seu martíni da mão... *com o copo ainda cheio.*

— Vou tentar lembrar disso — eu disse.

E ele não estava brincando. E estava furioso porque eu não o estava levando a sério.

— Pode rir — disse ele. — Mas você conhece aquele ditado "As pessoas são as mesmas aonde quer que você vá"? Pois bem, não é verdade.

— Mas elas são as coisas difíceis às quais fomos condenados — respondi. — Rilke.

O rosto de Dalton se iluminou.

— Você vai se sair bem — disse ele, me dando um empurrão. Para dar mais ênfase, por conta dos velhos tempos, ele acrescentou afetuosamente: — Seu imbecil.

Tio Charlie estava trabalhando. Tomou uma dose de Sambuca e eu lhe disse que estava indo visitar minha mãe, passar um tempo com ela, e depois iria ver meu pai, que estava vivendo na Carolina do Norte, fazendo um programa de entrevistas numa rádio. Quando tio Charlie perguntou o porquê, lhe disse que havia algo de errado comigo, e eu queria descobrir o que era, para isso era necessário ir até a raiz.

As narinas do tio Charlie expeliram a fumaça do cigarro. Ele levou a mão até a testa.

— Seu pai veio aqui certa vez — disse ele. — Já te contei isso?

— Não.

— Ele veio para Manhasset conversar com sua mãe logo depois de se separarem. Acho que estava tentando uma reconciliação. No caminho de volta para pegar o trem, ele parou aqui para beber. Uísque. Puro. Ficou sentado ali.

Ele indicou o banco onde ele se instalara. Perguntei sobre o que tinham conversado, o que meu pai estava vestindo, como se comportou.

— É engraçado — respondeu tio Charlie, os cotovelos apoiados no balcão. — A única coisa de que me lembro sobre seu velho é aquela voz incrível. Um belo naipe de sopro. Não é estranho isso?

— Não, na verdade, não. Isso é tudo de que me lembro também.

Tio Charlie acendeu outro Marlboro. Ele não teria parecido mais com Bogart se tentasse, e aquilo me surpreendeu — ele *estava* se esforçando. Aquela semelhança não era um acidente. Devia ter começado quando ainda era garoto. Devia ter descoberto *Casablanca*, como eu mesmo, e sido enfeitiçado por Bogart, e começou a falar como ele, agir como ele, até que a imitação se transformou em sua segunda natureza. O que significava que minhas imitações ocasionais do tio Charlie haviam sido imitações de segunda mão de Bogart. Percebi naquele momento como aquela cadeia de imitações podia acabar. Estávamos todos prestando nossa homenagem particular a Bogart, Sinatra, Hemingway, The Duke, Zé Colméia ou Ulysses Grant. E Steve. Como todos os *barmen* estavam parcialmente imitando Steve, e estávamos parcialmente imitando os *barmen*, talvez o Publicans fosse somente uma sala de espelhos, cheia de atores interpretando Steve.

Não fiquei até a saideira. Tinha que arrumar minha bagagem antes de o vôo sair, na manhã seguinte. Dei um beijo de despedida no tio Charlie. Ele deu um tapa no balcão e apontou para meu peito. Andei ao longo do balcão apertando mãos, um nó na minha garganta. Dei um abraço em Bob Tira e em Cager, mas eles não eram dados a abraços. Era como abraçar dois velhos cactos.

— Manda notícias — disseram.

— Mandarei — respondi, ao sair pela porta.

QUARENTA E QUATRO
MEU PAI

ESTAVA LOUCO POR UMA BEBIDA, MAS não podia pedir uma. Meu pai estava sóbrio havia anos e eu não queria parecer desrespeitoso, virando um uísque duplo na sua frente. Sentamos num canto do restaurante, bebendo Coca-Cola, e lhe contei sobre o funeral de Steve, minha saída de Nova York e a visita recente que fizera à minha mãe. Foi ótimo voltar a vê-la, eu disse, mas era estranho porque morar com minha mãe, ainda que por poucas semanas, me fizera sentir-me como tio Charlie, o que me fazia sentir mal em relação a mim mesmo e ao tio Charlie ao mesmo tempo.

Não contei ao meu pai sobre a longa conversa que tivera com minha mãe, na qual eu me desculpara às lágrimas por ter sido incapaz de cuidar dela. Eu tinha chorado no seu ombro e ela me garantira que não era minha obrigação cuidar dela, que nunca fora uma obrigação, que eu devia parar de me sentir responsável por ela e encontrar um meio de cuidar de mim mesmo. Queria dizer tudo isso ao meu pai, mas não o fiz, pois essa história, na verdade, era sobre as conseqüências do desaparecimento dele, e eu estava determinado a evitar esse assunto com ele.

Falei sobre McGraw, que se formara em Nebraska e se mudara para o Colorado para viver nas montanhas com Jimbo. Eu sentia inveja da proximidade entre os dois, eu disse, e da liberdade deles. Meu pai murmurou alguma coisa, enquanto eu me esforçava para não pensar em como seria delicioso tomar um uísque. Tentei não notar ou me preocupar com o fato de ele se manter tão calado. Ele não estava me ouvindo. Estava arrancando suas cutículas, partindo os biscoitos sobre a mesa em pequenos pedaços, cobiçando a bunda da garçonete. Finalmente, ele estendeu o braço na direção dela. Pensei que fosse lhe passar a mão no traseiro, mas apenas tocou no seu braço.

— Pode me trazer uma vodca com martíni duplo? E duas azeitonas.

Olhei-o estarrecido.

— Oh — ele suspirou. É mesmo, esqueci de te falar ao telefone. De vez em quando eu me autorizo um bom drinque. Sabe, me dei conta de que não sou um alcoólatra de verdade. É, isso é bom. Quando a vontade bate, de tempos em tempos, eu posso *saborear um drinque.*

Ele prosseguiu repetindo a mesma frase, "saborear um drinque", possivelmente por considerar que havia algo de reconfortantemente banal naquela expressão.

Fiquei assustado, no início, mas depois de meu pai saborear metade de seu drinque, ele começou a me saborear. De repente, tornou-se mais expansivo. Estava me ouvindo. Mais do que isso, estava me oferecendo conselhos, me fazendo rir, falando com aquelas vozes engraçadas. Diante de meus olhos, estava se transformando num homem diferente, num homem do Publicans, então incitei-o a saborear outro drinque.

— Com os diabos — eu disse à garçonete, como se aquilo acabasse de me ocorrer. — Acho que também vou saborear um drinque.

Passei uma semana dormindo no apartamento de meu pai, lendo seus livros, fumando seus cigarros, escutando seu programa no rádio. Era a realização de um sonho de menino: ouvir sua voz e ter certeza de que quando o programa acabasse, ele voltaria para casa. Saíamos para jantar, saboreávamos vários drinques, voltávamos bêbados para casa bem tarde, um se apoiando no outro. Ouvíamos Sinatra, tomávamos uma saideira e, às vezes, assistíamos a uma reprise de *Arquivo confidencial.* Meu velho adorava *Arquivo confidencial.* Havia no apartamento algumas fotos de divulgação dele mesmo, e notei que, quando estava em sua melhor forma, ele tinha se parecido com James Garner.

Ainda gostava de cozinhar e continuava sendo um *gourmand* e, depois de uma noite bebendo, freqüentemente ele se dispunha a preparar uma sobremesa, como uma *cheesecake* com Amaretto. As sobremesas eram deliciosas, mas o grande prazer era ajudá-lo na cozinha, aprendendo com ele a prepará-las. Éramos camaradas, fazendo coisas juntos, como Rockford do *Arquivo confidencial* e seu pai. Eu sabia que as bebidas eram o motivo daquela recém-descoberta intimidade, mas e daí? Os coquetéis nos ajudavam a relaxar e superar qualquer culpa que sentíssemos pelo fato de amarmos um ao outro. Os drinques tornaram possível para nós dois esquecer tudo o que ele havia feito, e tudo que deixara de fazer. Que objeções poderia haver em relação aos drinques, já que eles podiam realizar aquilo tudo?

No começo do fim de semana, meu pai disse que gostaria que eu conhecesse sua namorada. Tomamos alguns drinques num bar à beira da estrada, antes de seguirmos para a casa dela, um pequeno chalé no meio do bosque. Ela abriu a porta e seu queixo caiu ao nos ver, caminhando abraçados e ébrios.

— Pô, vocês começaram a festa sem mim! — ela disse.

Ela era aflitivamente magra, toda feita de ângulos retos e ossos pontiagudos. Não era bonita, mas bem *sexy*. Sua filha de 12 anos, em pé atrás dela, era extremamente gorducha, como se tivesse comido tudo aquilo que a mãe não comera.

Fomos até a cozinha, onde a filha retomou seu lugar à mesa e se inclinou sobre um livro. Chamava-se *Escolha sua própria aventura*, ela me disse. Toda vez que você atingia um ponto crucial, o livro fazia você escolher. Quer entrar na caverna proibida? Vá para a página 37. Quer descer o rio flutuando? Vá à página 42.

— Eu só leio *Escolha sua própria aventura* — disse a menina — porque prefiro inventar minha própria história.

Enquanto meu pai preparava o jantar, sua namorada me levou para conhecer a casa, o que levou três minutos, já que esta não era maior do que o Publicans. Pendurado na parede do corredor havia, dentro de uma moldura, um quebra-cabeça feito de uma pintura recortada, que ela me mostrou dizendo ser um Van Gogh original. Ao voltarmos à cozinha, percebemos que algo havia acontecido. Meu pai mudara. Seus olhos estavam bem apertados. Suas bochechas vermelhas. Teria a menina dito alguma coisa? Teria a menina falado tanto sobre o *Escolha sua própria aventura* a ponto de aborrecer meu pai?

— O que houve? — perguntei.

— Nada — respondeu ele.

Sua namorada fez um comentário meio velado sobre as "oscilações de humor" do meu pai. Grande erro. Ele a xingou. A menina falou para o meu pai não tratar sua mãe daquela maneira. Ele xingou a filha também. Tentei me intrometer, acalmando-o, e ele me disse para "fechar a porra da minha boca". Eu já não agüentava mais as pessoas me dizendo para fechar a porra da boca. Disse-lhe para fechar a porra da própria boca, e foi naquele instante que tudo mudou para sempre.

Ele partiu na minha direção. Como Cheiramal, meu pai bufava como um touro, a barriga balançando, mas com uma leveza surpreendente. Dei um passo atrás e me preparei. Dessa vez seria diferente, prometi a mim mesmo. Dessa vez não deixaria meu agressor ficar por cima. Quando Cheiramal me atacou, eu estava triste e despreparado. Desta vez eu estava furioso e cheio de energia. Todos os lutadores que eu conhecia me passaram pela cabeça. Bob Tira, Joey D, Cager, até mesmo o tio Charlie gingando na frente de um Hagler imaginário. Tentei me lembrar das dicas que Joey D me dera sobre brigas de bar, e tudo o que Don me contara sobre luta livre. Eu me perguntei se eu e meu pai iríamos trocar socos ou se nos atracaríamos. Olhei para baixo para ver se ele estava preparando um murro e vi uma faca na sua mão.

Em algum remoto buraco da minha mente, me dei conta de que aquela era a mesma ameaça que minha mãe sofrera certa vez — meu pai enlouquecido brandindo uma navalha. Eu sempre acreditara que sabia como ela devia ter se assustado, mas não tinha a mais vaga idéia, até ver aquela faca na mão do meu pai. Seria aquela minha chance de vingá-la? Estaria o universo me dizendo que acertasse uma velha desavença desarmando meu pai e o botando para correr pelo bosque? Tinha certeza de que minha mãe não gostaria que eu fizesse algo assim. *Se ali estivesse, me diria para sair correndo.* Mas eu não podia. Não havia como recuar. O que quer que meu pai fizesse, algo ruim aconteceria, e fosse o que fosse, eu só sabia que não seria o primeiro a cair.

Ele largou a faca. A lâmina atingiu o chão da cozinha fazendo um barulho desagradável. Ele saiu desarvorado de casa, entrou em seu carro esporte e sumiu. A namorada dele olhou para mim. Eu olhei para ela. Ambos olhamos para sua filha, que estava tremendo. Todos estávamos prendendo a respiração, esperando que ele voltasse a qualquer instante. Como isso não aconteceu, perguntei à sua namorada:

— Pode me levar até o aeroporto?

— Claro.

— Pode passar primeiro na casa dele? Para eu pegar minhas coisas?

— Mas ele vai estar lá!

— Não. Ele não está lá.

Eu sabia que meu pai em poucos minutos estaria dentro de algum bar, e que ficaria lá por um bom tempo.

Fomos rapidamente para o apartamento de meu pai. A porta estava trancada mas eu subi por uma janela lateral. Mal tinha tido tempo para desfazer minha bagagem na semana que passara ali, e assim, em poucos minutos, tudo estava pronto. Depois seguimos por umas ruas escuras. Como num filme de terror íamos olhando pelo retrovisor, esperando ver os faróis surgirem atrás de nós. A filha dela estava deitada no banco de trás, adormecida ou rígida de tanto medo. Era uma noite sem lua e extraordinariamente escura. Só conseguia ver as estrelas, embora soubesse que estávamos seguindo por uma estrada rural, pois podia sentir o cheiro de terra revolvida e adubada e, a cada cem metros, as luzes amareladas de casas de fazenda reluziam ao longe. Quando chegamos ao aeroporto, a namorada de meu pai estacionou e puxou o freio de mão. Ficamos sentados por alguns instantes tentando nos recompor.

— Sabe — ela disse finalmente. — Tenho que dizer, você não se parece nem um pouco com seu pai.

— Se ao menos isso fosse verdade.

Despedi-me dela com um beijo e desejei-lhe sorte para quando meu pai aparecesse novamente.

O aeroporto estava fechado. Vôos só no dia seguinte. Todas as lojas e bares também estavam fechados. Um faxineiro limpava o chão. Estendi-me numa fila de cadeiras de plástico na sala de espera e fechei os olhos. Quando os reabri, o dia amanhecia. Senti cheiro de biscoito e café fresco. As lojas estavam abrindo as portas. Comprei um barbeador e creme de barbear e fui para o banheiro. No espelho vi um rosto diferente. Havia um aspecto severo e familiar, mas os olhos estavam mais atentos. Em relação a quê? Eu não tinha certeza.

Lembrei de Bill e Bud. Eles haviam me advertido sobre as desilusões, que eram o maior perigo que eu enfrentaria, e eles tinham razão. Mas naquela manhã, livre das ilusões sobre meu pai e em relação a outros homens que me atormentavam havia tanto tempo, me surpreendi assobiando enquanto colocava creme no meu queixo, porque sentir-se desiludido queria dizer que estava pensando e agindo por minha própria conta. Ninguém a venerar, ninguém a imitar. Não lamentei todas as minhas ilusões, e certamente não as perdi todas naquele instante no banheiro do aeroporto. Algumas levariam anos para ser eliminadas, outras eram permanentes. Mas o trabalho começara. "Seu pai não é um homem bom, mas você não é seu pai." Dizendo isso para o jovem no espelho com o rosto cheio de creme de barbear, me senti independente. Livre.

Comprei um café e sentei para bebê-lo no meio do aeroporto, sob o painel que listava as chegadas e as partidas. Tantas cidades, tantos lugares para recomeçar. Talvez voltasse para o Arizona e contasse a minha mãe que eu enfrentara corajosamente meu pai. Talvez voltasse para Nova York, para ver a cara do pessoal quando me visse entrando pela porta do Publicans.

E então, aquelas quatro palavras estranhamente encorajadoras atravessaram minha mente. "Escolha sua própria aventura."

Telefonei para McGraw e Jimbo no Colorado. Quando contei a McGraw minha briga com meu pai, ele riu. McGraw recuperara o riso. Ouvi-lo rindo me deu vontade de rir, e eu soube exatamente o que queria ser.

— Junior! — ele disse quando saí do avião.

— Jimbo — eu disse. — Você está salvando minha vida.

Somente oito meses haviam se passado desde que o vira pela última vez, mas ele estava quase irreconhecível. Maior, mais velho, mais vermelho, não se parecia mais com o jovem Babe Ruth, mas sim com o jovem Steve. Aquela elegância familiar, aquela qualidade de assumir as responsabilidades, e ele estava desenvolvendo seu próprio sorriso Cheshire.

— Onde está McGraw? — perguntei.

— Trabalhando. Seu primo é o mais novo funcionário da lavanderia de um hotel local.

Comecei a rir, depois me contive.

— De que estou rindo? Eles precisam de mais um funcionário lá?

Era uma luminosa tarde de junho. O céu estava inteiramente azul, o ar tinha um gosto de água gelada. Jimbo removeu o teto do jipe, quando subíamos pelas montanhas nos arredores de Denver, e nossos cabelos se agitaram selvagemente ao vento. Quando chegamos no alto de uma colina, o jipe fez um ruído dissonante, trovejante. Olhei para a direita e percebi que não era o carro, mas uma manada de búfalos que corria ao longo de estrada. Depois, bem à frente, vi pela primeira vez as Montanhas Rochosas. Camelback era insignificante em comparação a elas. Soltei um urro e Jimbo sorriu, como se ele tivesse colocado aquelas montanhas ali. Eu esperava que aquelas montanhas não fossem, como certos homens, mais impressionantes quando vistas de longe.

Por cima do barulho do motor, Jimbo perguntou aos berros algo sobre a galera do bar. Eu estava disposto a lhe contar sobre Cheiramal, mas minha impressão era de que eu tinha estado nas trevas por muito tempo, e agora queria aproveitar aquela brilhante claridade das montanhas e não dizer nada capaz de lançar uma sombra sobre aquele momento. Além disso, iríamos encontrar McGraw mais tarde num bar. Eu poderia então lhes falar sobre isso.

Sentado ao lado de Jimbo no carro, ouvi a fita que ele colocara para tocar. Allman Brothers. "Blue Sky."

You're my blue sky.
You're my sunny day.
Lord You know it makes me high
When you turn your love my way, yeah.[1]

Jimbo começou a tocar uma guitarra invisível, conduzindo o jipe com os joelhos, enquanto subíamos ao longo dos prados alpinos. Os carneiros, empoleirados como bailarinas arrogantes no alto das rochas, olhavam para nós. Minha cabeça parecia um balão preso a um fio. Jimbo disse que era por causa da altitude. O jipe rosnou ao subir uma ladeira mais íngreme, que pensei se tratar de Great Divide.

— Tenho uma surpresa para você — Jimbo me disse.

Ele tirou a fita dos Allman Brothers e enfiou outra. A voz de Sinatra soou nos alto-falantes. Jimbo riu e eu lhe dei um soco no ombro.

Alguns quilômetros adiante, o jipe começou a chiar. Jimbo olhou para o painel e disse "Merda", estacionando o veículo no acostamento. Depois, ele saltou e abriu o capô. A fumaça começou a sair do motor.

— Talvez tenhamos que esperar algum tempo — disse, olhando para o sol se pondo no horizonte.

Ele parecia preocupado. Eu não, pela primeira vez. Enquanto a voz de Sinatra ecoava nas paredes íngremes das rochas, eu me sentia perfeitamente satisfeito, sentado no alto dessa vã estrela, sob o sol. Não me importava quanto tempo levaria até ele desaparecer atrás das montanhas. Por um instante magnífico — e quem pode pedir mais da vida? — eu não precisava nem queria nada.

---

[1] Você é meu céu azul. / Você é meu dia de sol. / Você sabe que me deixa louco / Quando me entrega seu amor. (N.T.)

EPÍLOGO
UM ENTRE TANTOS

Mantenham longe a cerveja e o uísque
Não toquem nada sentimental que me faça chorar
Tenho que voltar, meu amigo,
É realmente necessário me perguntar o motivo.
Van Morrison, "Got to Go Back"

No dia 11 de setembro de 2001, minha mãe me telefonou do Arizona com a notícia. Ficamos colados ao telefone, olhando para a TV, e quando conseguimos voltar a falar, nos perguntamos com terror quantas pessoas de Manhasset deviam estar naquelas torres.

Havia sido pior do que temíamos. Quase cinqüenta pessoas de Manhasset morreram nos ataques ao World Trade Center, entre as quais Peter Owens, o *barman* que fora um simpático editor e amigo para mim. Além dele, meu primo, Tim Byrne, o filho forte e carismático de uma prima de primeiro grau da minha mãe, Charlene. Corretor da bolsa na Sandler O'Neill, Tim estava no seu escritório no 104º andar da torre sul, quando o primeiro avião atingiu a torre norte. Ele ligou para a mãe e disse que estava bem, que não se preocupasse. Então o segundo avião acertou sua torre e ele desapareceu.

Eu estava em Denver naquela época. Fui de carro até Nova York para as missas e funerais. No caminho, ouvi programas de rádio em que os ouvintes ligavam para dizer alguma coisa mas, surpreendentemente, muitas pessoas telefonavam não para falar, mas para chorar. Já fora de St. Louis, tentei sintonizar McGraw, que havia sido convidado pela KMOX, uma das maiores estações de rádio dos Estados Unidos. Queria ouvir o que ele tinha a dizer sobre os ataques, e simplesmente ouvir sua voz, o que achei que me traria algum conforto. Eu perdera contato com McGraw. Quando vovô e vovó ficaram doentes, muitos anos depois de eu sair de Nova York, minha mãe e a mãe de McGraw tiveram uma briga sobre quem cuidaria deles, e a amargura daquela contenda, que acabou nos tribunais e não terminou antes de ambos avós morrerem, em 1997, dividiu a família. McGraw e as irmãs, Sheryl inclusive, não falaram mais comigo, pois apoiavam sua mãe, e eu apoiava a minha. Dirigindo através do Missouri, no meio da noite, eu girava o botão do rádio de uma extremidade à outra e, por um segundo, pensei ter localizado McGraw naquela balbúrdia de vozes e soluços. Mas logo em seguida o perdi.

Desliguei o rádio e telefonei para todo mundo em Nova York. Meu companheiro de quarto me contou que Dave Berray — o aluno de Yale altamente confiante, que eu apelidara de Jedd II — tinha morrido no atentado. Ele era casado e tinha dois filhos pequenos. Telefonei para Jimbo, que vivia nos arredores da cidade de Nova York.

— Você se lembra da Michelle? — ele me perguntou.

Eu não falava com Michelle havia anos, mas podia ver seu rosto com a mesma nitidez com que via o cartaz anunciando Coca-Cola à minha frente.

— O marido dela está desaparecido — disse Jimbo.

— Ela tem filhos? — perguntei.

— Um menino.

Quando cheguei a Huntington, em Long Island, na casa que Tim comprara para a mãe, tia Charlene estava chorando, um tipo de choro que se podia dizer que duraria anos. Passei uma semana com ela, tentando ajudar, mas a única maneira de ajudar tia Charlene e os Byrne era colocando em palavras a perda que haviam sofrido. Escrevi um artigo para meu jornal, o *Los Angeles Times*, sobre Tim, sobre como ele havia cuidado da sua família após a morte do pai. Eu ainda me lembrava do enterro do pai dele, quando Tim segurou a maior parte do peso do caixão e a responsabilidade de reconfortar a mãe. Ele continuou desempenhando aquele papel, ajudando e orientando tia Charlene, financeira e emocionalmente, sendo o tipo de filho que eu lutava para ser. Acima de tudo, fora um patriarca para os irmãos. Preenchera o lugar do pai e depois se tornou pai deles, e entre as muitas coincidências cruéis envolvendo a morte de Tim, a mais improvável era que o aniversário do pai era em 11 de setembro.

Ao fim daquela semana terrível, encontrei com Jimbo e fomos à missa de Peter. Quando Jimbo chegou ao meu hotel, fiquei mudo. Perdera contato com ele, assim como com todos do Publicans, e após ficar sem vê-lo durante anos, mal podia acreditar na metamorfose que sofrera, se transformando num Steve II com o rosto vermelho. Na verdade, ele parecia estar lutando com o limite entre a identidade de Steve e a sua própria. Ele me contou que já havia aberto um bar chamado Dickens, que falira, e agora pensava em tentar mais uma vez.

Seguindo de carro para a igreja, falamos sobre Steve, pois aquele momento trazia uma reminiscência do enterro de Steve. De luto, as pessoas convergiam de todas as direções, muito mais gente do que a igreja podia comportar. Reconheci uma dúzia de rostos, inclusive um homem que parecia uma versão mais idosa de Colt. Na verdade, se tratava de uma versão mais velha de Colt. Por alguma razão ele caminhava bem no meio da rua. Eu e Jimbo acenamos para ele, e o Colt de cabelos grisalhos retribuiu o cumprimento, como se fosse um sonho.

Jimbo estacionou e corremos para a igreja. Não fazia sentido correr. Todos os lugares já estavam ocupados, e as pessoas se aglomeravam nas portas. Os degraus mais altos da igreja pareciam com o balcão do Publicans por volta de 1989 — Cager, Joey D, Don. Abracei a todos e apertei suas mãos. Lá dentro, ouvíamos o pai de Peter lutando para falar sobre o filho. Tivemos que ficar na ponta dos pés para vê-lo. Quando o pai de Peter ficou extenuado demais para prosseguir, desviamos o olhar e enxugamos as lágrimas.

Depois disso, eu e Jimbo encontramos a viúva de Steve, Georgette, no local onde antes se situava o Publicans. Steve estava afundado em dívidas, mais do que imaginávamos, e os negócios foram caindo mais rápido do que temíamos. Georgette, contudo, resistira mais tempo do que qualquer um poderia ter imaginado. Ela tentou tudo, até mesmo trazer bandas de *rock* para tocarem ao vivo, mas por fim desistiu do negócio, em 1999. Muito antes de vender o local, porém, ela tivera que despedir tio Charlie. Ele não podia trabalhar para ninguém, a não ser Steve, ela dissera. Sua grosseria resplandecente tornara-se outra coisa, não era mais engraçada, apenas desagradável.

Ele se tornara também o pobre zelador da casa do vovô, ainda mais descuidado do que o vovô. Quando estava morando lá sozinho, certa vez ele pôs fogo na casa por acidente, ou então um de seus credores o fizera de propósito.

Ouvi todos os tipos de rumores pela cidade. Quando a casa incendiada foi vendida, tio Charlie saiu de Nova York, passando por um indócil isolamento até desaparecer de uma vez. Suponho que, no fundo, sempre temi que um dia tio Charlie desaparecesse, que seria mais um membro da minha família a sumir de forma dramática e misteriosa. Mas quando aconteceu, quando ele simplesmente sumiu de vista um dia, aquilo ainda assim se abateu sobre mim como um choque.

Os novos donos do Publicans haviam rebatizado o lugar como Edison's e remodelaram o balcão de várias maneiras. Senti-me como se estivesse encontrando um velho amigo que tivesse passado por uma cirurgia plástica desnecessária.

— Pelo menos, o longo balcão ainda está aqui — disse Jimbo, esfregando o tampo de madeira.

— E os mesmos bancos — eu disse.

Sentamos no lado do balcão em que Steve costumava ficar e brindamos à sua memória. Eu brindei com um refrigerante.

— Você não está bebendo? — perguntou Jimbo.

— Não.

— Desde quando?

— Há dez anos, mais ou menos.

Não quis embarcar numa longa explicação. Não queria relacionar todas as razões pelas quais beber — assim como fumar, apostar e a maioria dos outros vícios — perdera o interesse para mim após ter deixado o Publicans. Não queria dizer ao Jimbo que *beber* e *se esforçar* me pareciam impulsos opostos, que quando eu parei com um, imediatamente comecei com outro. Não queria dizer que, algumas vezes, tarde da noite, me lembrando de Steve, eu sentia uma pontada no estômago porque me perguntava se ele não havia morrido pelos nossos pecados. Estivesse Steve ainda vivo, eu teria continuado a viver no seu bar, e talvez um bar em Manhasset não fosse mesmo o melhor lugar para mim. Um veterano do Publicans costumava dizer que beber é a única coisa que não melhora quanto mais o fazemos, e quando abandonei o Publicans enfim absorvi aquele sensato parecer. Não disse nada disso ao Jimbo porque eu não sabia como fazê-lo. E ainda não sei. Decidir parar de beber foi a coisa mais fácil que fiz. Descrever como o fiz, e os motivos, e saber se voltaria ou não a beber, isso é bem mais difícil.

No entanto, a principal razão pela qual eu não disse nada a Jimbo foi por não querer profanar o Publicans. Na seqüência dos acontecimentos de 11 de setembro, senti gratidão por todos os minutos passados naquele bar, mesmo aqueles de que me arrependia. Sabia que isso era uma contradição, mas não era menos verdadeiro por isso. Os ataques terroristas complicaram minhas já complicadas lembranças do Publicans. Com os locais públicos de repente considerados alvos fáceis, eu sentia apenas carinho por um bar que havia sido fundado com base na antiquada noção de segurança. Vestido com meu terno preto, sentado em meio às ruínas do Publicans, eu amei aquele boteco mais do que nunca.

Pedi a Georgette que me contasse a última noite oficial do Publicans. "Ah, todos choraram", disse ela, especialmente Joey D, que estava tão arrasado que teve de ir embora mais cedo. Ele acabou virando professor numa escola pública no Bronx. Quarta série. No primeiro dia de aula, Joey D me contaria mais tarde, ele escreveu seu nome no quadro-negro e virou-se bruscamente. "Todos aqueles rostos estavam olhando para mim, e eu pensei, tudo bem, posso fazer isso." *Possofazerisso*. Havia passado a vida observando um mar de fisionomias sedentas, e agora se confrontava com uma parede de fisionomias famintas de conhecimento. Ele daria um ótimo professor, pensei. Os alunos iam ficar fascinados com o camundongo no seu bolso. E coitado do pequeno arruaceiro que começasse uma briga no pátio do recreio.

Eddy Ligeiro insistiu em pagar a última rodada no Publicans, Georgette nos contou. Quando o último copo foi lavado, o último cigarro apagado, General Grant desligou as luzes e trancou as portas. Eu pude imaginar a brasa de seu charuto brilhando no breu do bar como a luz de freio de uma motocicleta numa estrada campestre. Olhei para as mesas e bancos ao lado do balcão — estavam vazios, mas eu pude *ouvir* risadas. Pude ouvir as vozes das últimas noites, de todas as noites, depois de décadas. Pensei então que costumávamos assombrar aquele lugar, e agora ele nos assombraria para sempre.

Georgette pediu outra taça de vinho. Eu e Jimbo pedimos *cheeseburgers*. Eles não tinham o mesmo gosto, pois Quissidane e Cheiramal não estavam mais ali. Quissidane estava morto e Cheiramal estava trabalhando em algum lugar em Garden City. Perguntei pelo Bobô. Jimbo e Georgette não sabiam por onde andava ou o que estava fazendo.

Georgette perguntou pela minha mãe. Disse-lhe que ela estava bem, ainda morando no Arizona e, embora ainda se sentisse cansada e tivesse outros problemas de saúde, ela esperava poder se aposentar em breve. Georgette então perguntou sobre mim. O que estivera fazendo nos últimos 11 anos? Contei a ela que, em 1990, depois de morar alguns meses com Jimbo nas

Montanhas Rochosas, me mudara para Denver com McGraw. Lá conseguira um emprego como repórter no *Rocky Mountains Times*, onde passei quatro anos aprendendo o básico que o *New York Times* não me oferecera. McGraw voltou para Nebraska e encontrou trabalho numa pequena estação de rádio, dominando a gagueira e descobrindo sua vocação. Sempre fora um conversador, disse Georgette, sorrindo. Um sedutor, eu disse. Um ator, disse Jimbo. Mas agora ele era uma celebridade. Sua risada típica podia ser ouvida em quarenta estados.

Em 1994 comecei a trabalhar como repórter para o *Los Angeles Times*, e em 1997 fui promovido a correspondente nacional, com base em Atlanta. Depois consegui uma bolsa de estudos de jornalismo em Harvard, em 2000. Enquanto estava em Harvard, dei mais uma olhada no meu livro sobre o Publicans, que eu resolvera escrever como não-ficção. Como sempre, o livro fugiu de mim. Quando meu curso terminou, os editores do *Times* me pediram para assumir o cargo de correspondente da Costa Oeste, cobrindo a região das Montanhas Rochosas, a partir de Denver. Eu tinha acabado de chegar a Denver para uma visita, a fim de ver como seria voltar a morar lá, quando as torres foram destruídas.

— Não podemos prever o futuro — disse Georgette num sussurro.

Eu pensava que podia, lhe disse. Na noite em que deixei o Publicans para sempre, tinha me vangloriado diante de Cager, Dalton e tio Charlie de que eu tinha duas certezas sobre o meu futuro: nunca viveria na Califórnia ou no sul do país. Quando me tornei correspondente na região sul para o *Los Angeles Times*, eu soube que o universo me espreitava clandestinamente dentro do Publicans, e ele tinha um estranho senso de humor. Georgette abriu um sorriso melancólico. Verdade, disse ela.

Estava escurecendo. Georgette tinha que ir para casa. Eu e Jimbo caminhamos até o estacionamento. Ela nos beijou e disse que Steve estaria orgulhoso se nos visse agora. Mantenham contato, ela disse.

Manteremos, nós dissemos. Manteremos.

Eu não podia me mudar para Denver. Ainda não. Não podia sair da Costa Leste sem antes ter escrito alguma coisa sobre o lugar onde nascera, e sobre como ele havia sido transformado pelos ataques. Mantive meu apartamento em Harvard, mas basicamente vivia em Manhasset, num hotel nos arredores, e passava meus dias andando pela Plandome Road, entrevistando desconhecidos, renovando antigos conhecimentos. A maior parte da antiga galera do

Publicans, eu ouvira dizer, se reunia num boteco novo da Plandome Road. Passei por lá no momento do *happy hour* e os vi, um a um, entrando pela porta, um pouco mais grisalhos, um bocado mais tristes. Eu estava lendo *David Copperfield* novamente, por distração, reconforto, e me recordei de uma frase no final do romance quando David lamenta "os errantes remanescentes" do bairro da sua infância.

DePietro entrou, com um terno preto, voltando de seu vigésimo enterro. Don, também com um terno escuro, disse que conhecia um homem que já estivera em cinqüenta enterros. Conversamos durante horas, e alguém no balcão descreveu para mim como as cinzas vindo das torres flutuaram sobre as águas. Pensei no trecho pantanoso que havia na saída de Manhasset, que Fitzgerald chamara de Vale das Cinzas. Aquela descrição agora soava como uma terrível profecia.

Perguntei pelo Dalton. Ele e Don haviam dissolvido a parceria e Don estava indo bem sozinho, em cima do restaurante grego do Louie. A última vez que Don ouvira falar de Dalton, ele andava em algum lugar no Mississippi, tentando publicar um livro com suas próprias poesias.

Cager chegou, parecendo exatamente o mesmo, os cabelos ainda ruivos transbordando do que parecia ser ainda a mesma viseira. Ele apertou minha mão e perguntou como eu estava — e se ainda ia ao hipódromo.

— Não — respondi. — Parei de fazer coisas que não sei fazer direito.

— Ainda assim... você ainda é um escritor. — Ele me deu um tapinha nas costas e se ofereceu para me pagar um drinque. Quando pedi uma Coca-Cola, ele não pegou no meu pé.

Conversamos sobre a situação do mundo, e todos os homens ao longo do balcão tomaram parte da conversa, enquanto aparelhos de TV instalados no bar mostravam cenas das duas torres queimando e pessoas segurando fotos de entes queridos que estavam desaparecidos. Notei como as conversas rapidamente voltavam para os anos 1980 e não apenas por conta de nossos laços comuns. Éramos todos mestres em idealizar lugares, e depois de 11 de setembro só sobrara um lugar para ser idealizado, um lugar que nunca poderia nos desiludir. O passado. Só o Colt não estava a fim de discutir sobre o passado, pois não se lembrava dele.

— Don, fale para mim sobre os anos 1980 — ele disse. — Eu estava lá?

Mais tarde naquela noite, em pé entre Cager e Colt, senti um braço pesado pousar sobre meus ombros. Virei-me e vi Bob Tira. Seus cabelos tinham ficado totalmente brancos e ele parecia exausto.

— De onde você está vindo? — perguntei.

— Do Marco Zero, local do atentado.

Ele sentou-se ao meu lado e olhou firme nos meus olhos.

— Como você está? — perguntei.

— Vinte e cinco anos na polícia. Pensei que já tivesse visto de tudo. — Ele continuou me olhando, depois fechou os olhos e balançou a cabeça devagar, de um lado para o outro.

Então tomei coragem e telefonei para Michelle. Eu lhe disse que fora informado sobre seu marido e perguntei se podia fazer alguma coisa. Ela respondeu que precisava sair para tomar um drinque. Fui de carro até a casa de seus pais, onde ela e seu bebê de 11 meses, Matthew, estavam morando desde o atentado. Quando abriu a porta da frente, ela parecia exatamente a mesma. Matthew, escondido atrás de suas pernas, tinha enormes olhos castanhos com cor de canela no meio. Ele me encarou como se nos conhecêssemos, e de certa maneira nos conhecíamos. Parecia que, para ele, alguém importante tinha acabado de sair da casa, e agora se perguntava quando essa pessoa voltaria.

Levei Michelle para jantar em Port Washington e ela me falou sobre o marido, Mike Lunden, um corretor da bolsa que trabalhava com empresas de energia elétrica e adorava gravatas-borboletas, charutos, hóquei, cerimônias de casamento, Chicago e vinhos finos — e ela. Michelle me contou sobre seu namoro e feliz casamento. Embora morassem num pequeno apartamento com um bebê recém-nascido, ela disse, eles nunca se cansavam um do outro. Enquanto Michelle falava, percebi que ela também se formara na Academia Publicans de Contadores de Histórias. Num instante me fazia rir, no outro me deixava com o coração apertado.

Ela quis saber sobre mim. Tinha me casado? Respondi que chegara perto uma ou duas vezes, mas sentira que ainda precisava amadurecer. E também que eu levara muito tempo para superar o meu primeiro amor.

— Entendo — ela disse. — O que aconteceu com...?

— Sidney — emendei, limpando a garganta. — Ela me telefonou sem mais nem menos, quando soube que eu estava em Harvard. Nós saímos para jantar.

— E então?

— Ela continuava exatamente a mesma.

— E então?

— Eu não era mais o mesmo.

Sidney explicara, com cuidado e sinceridade, sua decisão de não ficar comigo anos antes, dizendo que estivera apreensiva em relação a um rapaz tão encantado por um bar. Disse a Michelle que eu achava que Sidney tinha tido razão de sentir-se apreensiva.

Depois do jantar, levei Michele para tomar um último drinque onde antigamente era o Publicans. Sentamo-nos próximos da porta e senti o humor de Michelle melhorar, ainda que ligeiramente, à medida que despertávamos boas lembranças. Mas seus pensamentos logo voltaram para seu marido. Era um homem tão bom, ela me disse, repetindo as palavras "tão bom" várias vezes. E estava encantado com Matthew, acrescentou. Agora Matthew só conheceria Mike pelas cartas, fotos e histórias. Preocupava-lhe que seu filho crescesse sem um pai, como isso o influenciaria.

— Pelo menos ele terá os tios — ela concluiu com um suspiro. — E os primos. Ele é louco pelos primos. E na escola vai conhecer muitos outros meninos que perderam os pais, assim ele não se sentirá... diferente.

Deixei meu corpo se inclinar para trás no encosto do banco. Não me havia ocorrido até então que Manhasset, onde certa vez eu me sentira o único garoto sem pai, era agora uma comunidade cheia de crianças órfãs.

Eu andava trabalhando na minha história sobre Manhasset havia meses, indo e vindo com freqüência do meu apartamento em Harvard para meu quarto de hotel em Manhasset e meu prazo, disseram meus editores, estava no fim. Precisavam de mim em Denver. E então me sentei e, enfim, comecei a escrever. Escrevi sobre os enterros intermináveis, ainda se realizando um mês depois. Escrevi sobre o clima reinante em Plandome Road, onde os bares e as igrejas estavam mais cheios do que de costume. Escrevi sobre a viúva que não conseguia reunir forças para ir buscar o carro do marido no estacionamento da estação de trem. Semana após semana, o carro ficou lá, coberto por velas, fitas e mensagens de apoio e amor. De vez em quando ela aparecia e tentava em vão retirar o carro dali, e as pessoas na Plandome Road a observavam sentada ao volante, o olhar fixo à frente, incapaz de ligar o motor. Escrevi num estado febril, em transe, sobre o lugar em que eu nascera, e foi a primeira vez que senti que escrever era uma catarse. As palavras brotavam, sem esforço para achá-las. O difícil era calá-las.

Quando a primeira versão ficou pronta, saí para um passeio de carro. Comecei pelo Monumento aos Mortos, onde fiquei sentado ao sol, tonto de nostalgia e fadiga. Olhando para o campo de beisebol, lembrei-me dos jogadores do Dickens, quando os vi pela primeira vez, então com sete anos. E me lembrei de todos os jogos da Liga Infantil com McGraw, e aquele dia crucial, ali mesmo, quando estávamos com vinte e poucos anos. Deixei de lado minhas recordações quando quatro pessoas chegaram para jogar basquete — três homens da minha idade e um garoto com seus 11 anos. Os olhos do menino eram grandes e brilhantes, o sorriso meio oblíquo e sua maneira de tratar os outros me diziam que ele não conhecia direito nenhum deles. Começaram jogando dois contra dois. O garoto, que usava óculos fundo de garrafa, não pegava muito na bola. Mas era rápido e determinado, mantendo-se firme na partida. Os mais velhos faziam apenas um pouco de exercício, mas o garoto estava vivendo uma experiência que guardaria para sempre. Ele devia estar pensando a mesma coisa, e assim não prestou atenção quando um dos homens lançou a bola sem olhar para ele. A bola atingiu o garoto no rosto, derrubando seus óculos e o deixando imobilizado. Os outros correram até ele.

— Você está bem? — perguntaram.

— Estou — respondeu o garoto, sorrindo com timidez, esfregando o local onde a bola deixara uma mancha vermelha.

— Ei! — disse um dos caras. — O rapaz é duro na queda.

Os outros aplaudiram e o cumprimentaram, e o garoto olhou para todos eles, um a um, com tanta afeição e gratidão que as lágrimas escorreram dos meus olhos.

Voltei para o carro e fui até a Shore Drive para ver o mar. O dono da casa mais opulenta à beira-mar em Manhasset tinha morrido nos ataques às torres. Havia telefonado para a mulher minutos antes de morrer, e diziam que agora ela estava reclusa dentro do grande palácio de estilo Gatsby, sentindo-se perseguida pelo som daquela voz. Segui a estrada que minha mãe e eu costumávamos tomar em nosso T-Bird, saindo da Shore Drive, subindo a Plandome Road e chegando a Shelter Rock, e por todo o caminho vi bandeiras americanas penduradas em todas as janelas, e fitas amarelas amarradas em muitas árvores. Continuei em frente, indo para o leste, na direção da casa de tia Charlene, e passei a tarde com ela, bebendo café e assistindo ao vídeo de formatura de Tim em Syracuse.

No trajeto de volta para o hotel, sob um lindo pôr-do-sol de inverno, escutei o rádio. A estação local de música clássica estava tocando Debussy, "Clair de lune". Eu sempre ficava emocionado quando escutava essa música, que Bud me mostrara. Mas naquela noite, ela parecia insuportavelmente triste. Eu sabia, graças ao Bud, que "Clair de lune" era a descrição musical de Debussy sobre o luar, mas de repente me pareceu que era uma música sobre a memória, sobre o som extraordinário que faz o passado quando ele volta até nós. Mudando de estação, encontrei um homem explicando como preparar "o canelone perfeito". Ele era engraçado, ditando a receita com um ridículo sotaque italiano. Tive que rir. Era meu pai. Não nos falávamos havia anos. Eu ouvira dizer que ele estava em Nova York, mas não sabia que estava fazendo um programa de culinária nas noites de domingo. Senti vontade de telefonar para ele, mas a vontade passou. Três semanas depois, ele morreu.

Não consegui me sentir bem o bastante para ir a seu enterro, por várias razões, mas especialmente porque não queria enfrentar o caixão aberto. Em vez disso, alguns dias depois, fui até o Calverton National Cemetery, na região leste de Long Island, um vasto campo espetado de cruzes brancas. Era um dia frio de fevereiro, um vento cortante soprava do oceano. O escritório estava fechado, mas uma máquina me disse que meu pai estava na Seção 23, Túmulo 591. Nunca tinha sido tão fácil encontrá-lo.

A Seção 23 era a mais nova no cemitério. Senti uma pontada no estômago quando vi inúmeras covas abertas, aguardando. Segui andando, lendo os nomes, até chegar a um túmulo recém-fechado. JOHN JOSEPH MOEHRINGER, SOLDADO RASO, FORÇA AÉREA. Meu pai me dissera que havia trocado oficialmente seu nome para Johnny Michaels e que tinha sido fuzileiro naval. Duas mentiras reveladas numa pedra tumular. Eu subi a gola para me proteger do vento e enfiei as mãos nos bolsos. Olhando para o nome do meu pai, ao lado das pegadas frescas do homem que o havia enterrado, tentei pensar em algo para dizer, mas não consegui. Fiquei ali parado por uma meia hora, esperando as palavras — e as lágrimas — mas elas não chegaram.

— Pois bem — eu disse, me virando para partir —, espero que você esteja bem, papai. Espero que tenha encontrado um pouco de... *paz.*

Por que essas palavras fizeram com que eu começasse a chorar, eu não sei, mas as lágrimas começaram a jorrar, tão repentinamente, tão violentamente, que tive de me abaixar e me curvar, o corpo sacudindo para trás e para frente, as mãos sobre o rosto. Senti que aquelas lágrimas não teriam fim, que poderia chorar o dia todo e noite afora, se não fizesse um esforço para parar. Estava envergonhado, e perturbado, pela força da minha reação.

— Desculpe-me — disse ao meu pai — por fazer uma cena dessa na sua frente.

O vento varria as folhas mortas presas aos galhos das árvores. Um som de estática. Em algum lugar dentro desse pálido ruído está seu velho. Tentei acreditar naquilo. Tentei ouvir a voz de meu pai me dizendo... o quê? Que ele lamentava? Que ele entendia? Que estava orgulhoso de mim? Que era normal sentir tristeza em relação a seu pai? Que todos a sentimos e que essa tristeza faz parte da dura tarefa de ser homem? Era o que eu desejava ouvir, ouvir essas palavras, ouvir sua voz, mas quando saí do cemitério, eu concedi a mim mesmo aquele último desejo.

Eu me despedi do pessoal do Publicans. Por várias razões, foi mais difícil me despedir dessa vez do que fora anos antes.

— Quando você vai voltar? — perguntaram.

— Não tão cedo — respondi tristemente.

— Vê se dessa vez não desaparece — disseram.

— Não desaparecerei — eu disse.

Eu tinha prometido o artigo sobre Manhasset aos meus editores até o fim da semana. Antes de enviá-lo, havia mais uma coisa que eu precisava fazer. Uma última entrevista. Um cara de Manhasset, chamado Roko Camaj, trabalhava como limpador de janelas no World Trade Center, e estava de serviço quando os aviões atingiram as torres. Seu filho de 23 anos, Vincent, ainda morava em Manhasset. Logo atrás da igreja de St. Mary.

Telefonei para ele e disse que estava escrevendo sobre a cidade, sobre como ela havia se transformado para sempre.

Ele não queria conversar. Reportagens já haviam sido escritas sobre seu pai, ele disse, e a maioria foi equivocada. Eles tinham até escrito errado o nome da família. Prometi a ele que pelo menos nisso eu não me enganaria. Insisti para que nos encontrássemos. Ele soltou um suspiro.

— Tudo bem. Onde?

Mencionei alguns restaurantes em Port Washington. Sugeri o restaurante grego do Louie. Propus outros lugares perto da casa dele, outros mais afastados. Ele se manteve em silêncio. Eu me calei. Por fim, ele disse:

— Há um lugar onde eu e meus amigos gostamos de ir.

— Que lugar é esse?

— Você se lembra onde era o velho Publicans?

# AGRADECIMENTOS

COMO O AUTOR, ESTE LIVRO FOI SALVO várias vezes por uma série de pessoas extraordinárias.

Primeiramente, Roger e Sloan Barnett. Seu amor e generosidade desde o início fizeram toda a diferença. Quando o livro ainda era uma idéia sem forma, eles me apresentaram a Mort Janklow, o arcanjo dos agentes literários, que entendeu imediatamente a história que eu queria contar. Ele me adotou, me inspirou e me pediu que escrevesse uma proposta de livro. Mais ainda, me mostrou como fazê-lo. Minha dívida com ele é eterna.

Foi Mort Janklow quem me mandou a Jeff e Tracy Smith, o Nick e a Nora da Watermill. Eles selecionaram passagens de Somerset Maugham para eu colar no meu computador, e permitiram que eu me instalasse em sua casa vazia, onde escrevi um esboço enquanto observava o degelo do lago diante da casa.

Durante minha estadia à beira do lago, fiz grande parte das minhas pesquisas, visitando várias vezes Manhasset, entrevistando a maioria das pessoas que aparece nestas páginas. Meus agradecimentos a Bob Tira, Cager, Colt, Dalton, DePietro, Don, Georgette, Joey D e Michelle. Eles e muitas outras pessoas do Publicans passaram horas confirmando ou corrigindo minhas lembranças, e me ajudando a recompor conversas travadas há muito tempo. Elas também me deram permissão para utilizar suas histórias reais e seus nomes verdadeiros. (Somente três nomes neste livro foram alterados — Lana, Magdalena e Sidney.)

À medida que o esboço progredia, eu o mostrei a um grupo de leitores atentos e solícitos. Jackie Griggs, Bill Husted, Jim Locke, McGraw Milhaven, Emily Nunn, Jim Newton e Amy Wallace, e cada um deles me ajudou de maneira única e essencial. Devo agradecer especialmente a John Stauffer, professor em Harvard, que me forneceu uma lista de livros autobiográficos raros e antigos para ler, e depois sentou comigo em seu escritório no *campus* durante longas tardes de inverno e me explicou o que era a autobiografia americana. Aqueles foram alguns dos momentos mais agradáveis da minha vida.

Desde o começo meus editores no *Los Angeles Times* — John Carroll, Dean Baquet e Scott Kraft — demonstraram resoluta paciência, apoio e interesse, chegando a me conceder uma licença para escrever o livro, num momento inoportuno para eles. Eu nunca seria capaz de agradecer-lhes o bastante.

Num momento de particular ansiedade, tive a sorte de conhecer o editor-chefe da Hyperion, Will Schwalbe, que me ajudou com uma aula sobre a "arquitetura" da narrativa. Outro encontro crucial, com o editor do *Los Angeles Magazine*, Kit Rachlis, o Mestre em pessoa, ajudou-me a chegar ao final.

Na etapa de verificação de fatos, a porta-voz de Yale, Dorie Baker e a reitora de Saybrook, Lisa Collins, foram gentis e infatigáveis. Elas são a essência do que Yale representa.

Durante todo esse tempo, fui empurrado, orientado, enfeitiçado, alfinetado, educado, fascinado e editado como nunca antes pela milagrosa Paternelle van Arsdale, minha editora na Hyperion. Tão raro e simbólico quanto seu nome, foram dois feitos que ela conseguiu produzir e que nunca outra pessoa fora capaz: fez-me acreditar na história, e graças à força de sua fé, fui capaz de continuar escrevendo.

Por fim, minha mãe. Embora seja uma pessoa discreta, ela respondeu a centenas de perguntas minhas com honestidade e surpreendente memória. Ela me deixou escrever sobre os dias mais difíceis e partilhou comigo diários, fotos, fitas cassetes e cartas cobrindo décadas da família, sem os quais este livro não seria possível. Acima de tudo, quando perdia o rumo, ela era meu farol, me levando de volta às palavras, às palavras simples. Minha grande sorte ao escrever este livro, assim como ao nascer, foi tê-la como minha fonte primária.

Edição
Izabel Aleixo
Jancy Medeiros

Revisão
Diego Berçot
Fernanda Correia

Diagramação
Fernanda Barreto

Produção gráfica
Ligia Barreto Gonçalves

Este livro foi impresso em São Paulo, em janeiro de 2007,
pela Lis Gráfica e Editora, para a Editora Nova Fronteira.
A fonte usada no miolo é Minion, corpo 11.5/15.
O papel do miolo é pólen soft 70g/m², e o da capa é cartão 250g/m².

Visite nosso *site*: www.novafronteira.com.br